Anneliese Beeck

So entstand das neue Hamm

Anneliese Beeck

So entstand das neue Hamm

Kriegsende und Wiederaufbau

Griebsch

ISBN 3-924966-03-6 — 1992

Herausgeber:	Westfälischer Anzeiger, Hamm Volksbank Hamm eG, Hamm
Verlag:	Emil Griebsch KG, Hamm
Gesamtherstellung:	Griebsch & Rochol Druck GmbH, Hamm
Umschlagfotos:	Hans-Karl Dotter, Stadtarchiv
	3., unveränderte Auflage

Vorwort

Kriegsende und neuer Anfang in Hamm – Die Demokratie lernt laufen

Mit der deutschen Wiedervereinigung ist die Nachkriegszeit endgültig zu Ende gegangen. Ein neues Kapitel unserer Geschichte hat begonnen. Dies allein wäre ein Grund genug, sich an die Vorgeschichte der jetzt so grundlegend veränderten Bundesrepublik zu erinnern.

Die in diesem Buch gesammelten Berichte und Dokumente der sogenannten Besatzungszeit in Hamm erschienen zuerst als Artikelserie im Westfälischen Anzeiger. Es ist das Verdienst von Anneliese Beeck, Zeugnisse aus dem täglichen Leben unserer Stadt gesammelt und Spuren gesichert zu haben, die leicht für immer verwischt worden wären.

Die folgenden Seiten zeigen unsere Stadt Hamm in den Jahren der fast totalen Zerstörung, der materiellen Not und des Mangels auf allen Gebieten. Dazu die Schmach und die Scham über das, was von einem verbrecherischen Regime durch Deutsche und im deutschen Namen angerichtet wurde. Es war die Zeit der Bezugsscheine, der totalen Bewirtschaftung nicht vorhandener Güter, als ein einziges Hühnerei schon ein höchst willkommenes Geburtstagsgeschenk sein konnte.

Ein breites Thema nehmen auch die sogenannten „Entnazifizierungsverfahren“ in Anspruch. Neben allen damit verbundenen negativen Erscheinungen von Korruption und Täuschungsversuchen ergibt sich aus den Berichten, daß in der Nachkriegszeit von alliierten und deutschen Stellen wenigstens der ernsthafte Versuch gemacht wurde, Belastete des alten Regimes vom Neuaufbau fernzuhalten. So wurde doch nahezu ein Drittel der Beamtenschaft entlassen. Belasteten Pensionären wurden sogar die Ruhebezüge gestrichen.

Dieses widerlegt eine heute im Zusammenhang mit der Aufarbeitung der Vergangenheit der DDR häufig zu hörende Behauptung, nach dem Krieg hätten alte Nazis mehr oder weniger ungehindert in ihren Positionen verbleiben können; deswegen könne man es mit den Belasteten des SED-Regimes ruhig ebenso halten.

Bei aller Bedrückung fehlen die positiven und anrührenden Berichte auf den folgenden Seiten nicht. Überwältigend ist vor allem die Hilfeleistung der amerikanischen „Sieger“ durch die schon bald nach Kriegsende einsetzende Sendung von Hilfspaketen. Für Hamm besonders erfreulich: In New York gab es eine Frau Margarete Hoennemann, die Neugeborenen eine komplette Babyausstattung zukommen ließ. Ein wunderbares reiches Geschenk für Hammer Eltern in einer Zeit, in der es nicht einmal Baby-Windeln gab.

Auch stieß der geduldige Fleiß und die Tapferkeit der deutschen Bevölkerung bei den damaligen Siegerstaaten schon bald auf Hochachtung. In den Blättern wird ein englischer Professor mit den Worten zitiert: „Deutschland ist in der Stunde seiner Niederlage größer als jemals in den Jahren seines vergänglichen Ruhmes."

Heute sind wir deutschen Wohlstandsbürger aufgerufen, anderen zu helfen, die bei uns ihre Rettung vor bedrückender Not suchen. Dieses bewußt zu machen in Erinnerung an die Hilfe, die wir damals von draußen erhielten, mag auch ein Sinn dieser Veröffentlichung sein.

Der WESTFÄLISCHE ANZEIGER, der seit 1822 das Geschehen in und um Hamm treu begleitet, hatte bis 1949 keine eigene Stimme. Statt seiner erschien — auch das ergibt sich aus den folgenden Seiten — ein Bekanntmachungsblatt der Militärregierung, das freilich auch im Hause Griebsch gedruckt und verlegt wurde. Erst die Wiedereinführung der Pressefreiheit durch das Grundgesetz machte am 1. Oktober 1949 das Wiedererscheinen der Zeitung möglich. Damit hatte dann auch das Bekanntmachungsblatt der Notjahre endgültig ausgedient.

Möge uns aus der Betrachtung der Geschichte die Kraft entstehen, gegenwärtige und künftige Aufgaben, die in einer neuen Epoche auf uns zukommen, in dem Geist zu meistern, der den Zusammenhalt in den Notjahren prägte.

Dr. Dirk Ippen

Zu diesem Buch

Seit der Geburt der D-Mark, mit der das „deutsche Wirtschaftswunder“ seinen Anfang nahm, sind mehr als vier Jahrzehnte vergangen. Es war ein Sonntag, als jeder Deutsche am 20. Juni 1948 zunächst 40 DM „Kopfgeld“ erhielt, die für ihn das Sesam-öffne-dich zu einer neuen Welt wurden. Wie sich später das Leben in der Bundesrepublik, die dann durch die am 23. Mai 1949 beschlossene Verfassung aus den Ländern der westlichen Besatzungszonen gebildet wurde, entwickelt hat, ist vielen noch in guter Erinnerung. Was aber war davor? In den Jahren von 1945 bis 1948? In einer Zeit, als die Demokratie laufen lernte? Vieles aus dieser wichtigen und schweren Epoche ist vergessen. Als es darum ging, das nackte Überleben zu sichern, als es an Nahrungsmitteln, Heizmaterial, Kleidung, ja eigentlich an allem fehlte, was der Mensch zum Leben braucht, gab es nur wenige Chronisten, die Tagesereignisse und politische Entwicklungen festhielten. Die Zahl der Zeitzeugen, die sich noch erinnern können, wird immer kleiner. Zeitungen, von denen die ersten erst ab März 1946 wieder erschienen, geben nur spärlich Auskunft. Ihr Umfang war gering, das Papier knapp. Ich (Jahrgang 1931) habe diese Zeit miterlebt, kann mir noch ein Bild machen von der Armut, vom Hunger und von dem Trümmerfeld, aus dem in Hamm das neue Leben wuchs. In den vergangenen Jahren habe ich mich bemüht, Protokolle und andere Dokumente ausfindig zu machen. Darüber hinaus habe ich die in Hamm erschienenen Zeitungen nachgelesen, Mitbürger aus jener Zeit befragt und so versucht, mir einen genaueren Eindruck zu verschaffen. Was ich gefunden habe, wurde in einer Dokumentation niedergelegt, mit deren Veröffentlichung der Westfälische Anzeiger aus Anlaß des 40. Jahrestages der Währungsreform im Juni 1988 begonnen hat. Bildmaterial aus dieser Zeit ist knapp. So war es leider nur in bescheidenem Maße möglich, die Berichte zu illustrieren. Tatkräftig unterstützt wurde ich bei meinen Recherchen von den Mitarbeiterinnen des Stadtarchivs und insbesondere von Stadtarchivarin a. D. Ilsemarie von Scheven. Ihnen gilt mein ganz besonderer Dank, in den ich aber auch Walter Schüerhoff, Friedrich Beier, Albert Bennemann und viele andere Zeitzeugen einschließe, die mir als Interviewpartner zur Verfügung standen.

Anneliese Beeck

Das letzte Gefecht um Hamm

Bei Brückensprengung Eisenbahndamm geschont

Das Durcheinander, das in den ersten Apriltagen 1945 in Hamm herrschte, war unbeschreiblich. Nachdem amerikanische Truppen von Norden her über die Eisenbahnbrücke in die Stadt vorgedrungen waren, wußte niemand mehr genau, wo Freund oder Feind waren. Die zehn Bunker waren mit etwa 30 000 Menschen — vorwiegend Frauen und Kinder — hoffnungslos überfüllt. Acht Tage lang harrten die Eingeschlossenen darin aus. Die hygienischen Verhältnisse waren unbeschreiblich, es gab kaum etwas zu essen und zu trinken, und selbst die Luft war knapp, da die Belüftungsmaschinen häufig ausfielen.

In einer letzten wahnwitzigen Verteidigungsanstrengung hatten deutsche Truppen die Übergänge über Lippe und Kanal — als wichtigste die Brücken im Zuge der Münsterstraße — gesprengt. Es war den Bemühungen des Hammer Rechtsanwalts Holtermann, damals als Offizier einer deutschen Truppeneinheit westlich von Hamm eingesetzt, zu danken, daß die sinn- und erfolglose Zerstörung vor der Eisenbahnbrücke haltmachte. Er hatte die zuständigen Offiziere überzeugen können, daß diese wichtige Verbindung zwischen Münsterland und Ruhrgebiet unbedingt erhalten bleiben müsse.

Da Befehlsverweigerung mit dem Tode bestraft wurde, mußten die Männer eine List anwenden. Wie Holtermann später berichtete, parkten sie ein Fahrzeug voll Sprengstoff unter der Brücke, sie wußten aber, daß die verwendete Menge nicht ausreichen würde, um das Bauwerk in die Luft zu jagen. So blieb mit dem Übergang in Hamm die entscheidende Bahnüberführung zwischen Rhein und Weser erhalten.

Die Amerikaner hätten sich ohnehin nicht aufhalten lassen. Sie besetzten zunächst den Bahndamm, hatten von dort aus die umliegenden Straßen im Visier und schossen auf alles, was sich bewegte. Zwar hatten der letzte deutsche Stadtkommandant, Ernst Damisch, und Oberbürgermeister Erich Deter sich geweigert, die Stadt militärisch verteidigen zu lassen, doch war in Unna noch eine SS-Einheit nach Hamm in Marsch gesetzt worden, die von der Schule an der Lessingstraße aus in das aussichtslose Gefecht geschickt wurde.

Stadtarchivarin i. R. Ilsemarie von Scheven, die selbst die letzten acht Kriegstage im Bunker an der Feidikstraße erlebte, erinnert sich, daß der leitende SS-Offizier versuchte, einen Gefechtsstand auf dem Bunkerdach zu installieren. Dies wurde ihm jedoch von dem als Bunkerverantwortlichen eingesetzten Arzt Dr. med. Böckelmann sen. untersagt, der sich damit der militärischen Gewalt unter hohem persönlichen Risiko widersetzte. In den umliegenden Straßen vollzogen sich derweil Rückzugskämpfe versprengter deutscher Truppen. Daß Soldaten durch Mauerdurchbrüche der Hausluftschutzkeller gezogen waren, erkannten die Bewohner nach ihrer Rückkehr an zurückgelassener Munition.

Nach den Recherchen des Studenten Winfried Brechmann wurde der letzte Infanteriekampf in Hamm zwischen Grünstraße und Gallberger Weg ausgetragen. Er kostete noch 15 deutsche und amerikanische Soldaten das Leben. Insgesamt sollen 250 Menschen bei Gefechten in und um Hamm gefallen sein. Während des Krieges hatte es über 50 Luftangriffe auf Hamm gegeben, bei denen 1 277 Tote zu beklagen waren. Die Stadt wurde zu 60 Prozent zerstört. Für viele Menschen war der Bunker die einzige Unterkunft.

Während am 5. April die Kämpfe noch in vollem Gange waren, erließ der damalige Oberbaurat Emil Haarmann folgenden Aufruf an die Bevölkerung der Stadt Hamm:

„Auf Anweisung seiner vorgesetzten Dienststelle hat Oberbürgermeister Deter heute vormittag die Stadt verlassen und mich mit seiner vorläufigen Vertretung beauftragt. Die städtischen Verwaltungsstellen führen ihre Tätigkeit vorläufig wie bisher weiter. Die Befehlsstelle der Stadtverwaltung ist in das Gebäude der Polizeidirektion verlegt."

Deter war zur Gauleitung am Harkortberg bei Hagen befohlen worden. Er hatte sich schon längst bei der NSDAP unbeliebt gemacht. Seine Weigerung, die Stadt bis zum letzten Mann verteidigen zu lassen, war für den Gauleiter willkommener Anlaß, ihn als OB abzusetzen und an die Front zu schicken. Erich Deter erlebte im sogenannten Iserlohner Kessel den vergeblichen Versuch mit, die amerikanischen und englischen Truppen aufzuhalten. Von Ardey aus, wo seine Familie Zuflucht vor den Bombenangriffen gefunden hatte, wollte er nach Abschluß der Kämpfe nach Hamm zurückzukehren. Er beantragte bei dem amerikanischen Kommandanten in Fröndenberg einen Passierschein, wurde aber am 1. Mai von Amerikanern verhaftet und am 2. Mai aus bisher ungeklärten Gründen in einem Straßengraben erschossen. Am gleichen Tag traf bei der Familie Deter ein Schreiben des englischen Kommandanten in Hamm, Major Irving, ein, der Deter aufforderte, in Ardey zu bleiben, bis er ihn rufen ließe.

Im Juni 1945 kurz notiert

- *Niemand darf sich zwischen 22.45 Uhr 5 Uhr außerhalb seiner Wohnung oder der Arbeitsstätte aufhalten. (Ausnahmegenehmigungen wurden unter anderem an Ärzte, Krankenschwestern und Geistliche erteilt)*
- *Die öffentliche Müllabfuhr wird im Stadtgebiet von Hamm vom 27. Juni an wieder aufgenommen.*
- *Der Abschnitt M 9 der Raucherkarte für Männer mit dem Aufdruck Hamm ist je nach Vorratslage in Hammer Geschäften mit Rasierseife zu beliefern.*

Die Besetzung der Polizeidirektion

Hitlerjungen wurden sinnlos in den Tod getrieben

Hamm war ein Trümmerfeld, als der Chef der Hammer Polizei, Polizeidirektor Dr. Eberhard Rotmann, am 5. April ebenfalls einen Aufruf an die Bevölkerung erließ. Er hat folgenden Wortlaut:

„Nach kurzer dienstlicher Unterbrechung habe ich heute die Dienstgeschäfte wieder übernommen. Ich werde alles tun, um der Bevölkerung zu helfen. Eigenmächtige Verhandlungen mit dem Gegner und das Zeigen der weißen Flagge sind verboten. Aufgrund meiner Verhandlungen ist von der Alliierten Truppe zugelassen, daß die Bevölkerung die Bunker verlassen darf. Der Aufenthalt auf den Straßen u. s. w. ist jedoch vorläufig von 9 bis 12 Uhr vormittags gestattet, jedoch nur ein Familienmitglied."

Rotmann, der Ende 1987 als 81jähriger starb und bis zuletzt als Rechtsanwalt und Notar in Steinfurt gearbeitet hat, berichtete dem Chronisten der Hammer Polizei, Siegfried Paul, in einem Interview über die letzten Kriegstage. Er hatte am 4. April den Befehl erhalten, sich nach Süden abzusetzen, war aber mit dem ihm als Fahrer zugeteilten Hammer Kaufmann Willi Billet-Marzahl am 5. April wieder nach Hamm zurückgekehrt. Seinen oben zitierten Aufruf erklärte er damit, daß er vor der Einnahme von Hamm bereits mit einigen amerikanischen Offizieren verhandelt habe. Das Zeigen der weißen Flagge habe er verbieten müssen, weil die Gefahr bestand, daß Bürger von deutschen Truppen beschossen worden wären.

Während einer Dienstbesprechung im Keller der Polizeidirektion wurde Dr. Rotmann verhaftet und gemeinsam mit Billet-Marzahl zunächst zur Bahnhofstraße und dann in eine Heessener Schule gebracht. Dort gelang Billet-Marzahl die Flucht. Rotmann blieb mit kurzer Unterbrechung bis 1947 in Gefangenschaft. Er wurde später rehabilitiert, kehrte aber nicht wieder in die Polizeiverwaltung zurück.

An die letzten Kriegstage in Hamm gut erinnern konnte sich auch Polizeimeister i. R. Erich Bulian, der im März 1981 von Siegfried Paul interviewt wurde. Er berichtete, daß es Anfang April 1945 wie überall so auch bei der Polizei drunter und drüber ging. Die Beamten durften ihre Reviere nicht verlassen und wußten nicht, was mit ihren Familien geschah. Bulian, der im 2. Revier an der Wilhelmstraße eingesetzt war, erfuhr am Ostersonntag, dem 1. April, daß die Amerikaner das Polizeirevier im Norden übernommen hatten. Am nächsten Tag wurde der Bahnhof besetzt. Bulian sah an diesem Tag, wie eine Gruppe von

Hitlerjungen von ein paar SS-Leuten zum Bahnhof geführt wurde. „Alles so Jungs, kein Gewehr, keine Pistole, nur eine Panzerfaust hatte jeder", erinnerte er sich. „Sie wurden vom Bahnhof aus beschossen. Dann lagen sie da tot auf dem Bahnhofsvorplatz. Alles so Jungs von 15 und 16 Jahren. Es war erschütternd."

Als die Amerikaner am 6. April 1945 gegen neun Uhr die Polizeidirektion an der Hohe Straße besetzten, war die Stadt noch nicht vollständig in ihrer Hand. Polizeiobermeister i. R. Willy Schuster erlebte die Übernahme mit. Er berichtet, daß sämtliche Personen, die sich in dem Gebäude befanden, in einen großen Kellerraum, die ehemalige Luftschutzbefehlsstelle, gesperrt wurden. Der Vertreter von Polizeidirektor Rotmann, Polizeirat August Leise, wurde von zwei amerikanischen Soldaten, die mit Maschinenpistolen ausgerüstet waren, zum Hotel Buschkühle gebracht, wo sich der Einsatzstab der Amerikaner befand. Schuster weiß noch wie heute, daß sein damals von allen Polizeibeamten geschätzter Chef sich mit den Worten verabschiedete: „Die Amerikaner werden mich bald wieder heimschicken, da sie mir nichts Böses nachweisen können." Leise kam jedoch nicht mehr zurück. Er wurde trotz seines hohen Alters als Kriegsgefangener abtransportiert und starb in einem Kriegsgefangenenlager.

Hallo, here police, come in

Beamte mit Armbinden wieder im Einsatz

Schusters Kollege Bulian erinnert sich noch gut an die Besetzung des Polizeireviers an der Wilhelmstraße am 7. April 1945. Die Beamten waren alle im Keller, als ein Panzer anrückte. Gemeinsam mit seinem Kollegen Klein ging Bulian mit erhobenen Händen auf die Straße. „Ich habe mich bemerkbar gemacht und gerufen „Hallo, hier Police", aber die Amerikaner haben mich erst gar nicht beachtet", schilderte er Siegfried Paul. „Dann habe ich gerufen „Come in", und dann kamen sie auch." Zuerst mußten Waffen und Munition abgegeben und dann alle Leute zusammengeholt werden. Gemeinsam mit dem Chef der Schutzpolizei, Karl Levsen, und Polizeiarzt Dr. Wilms, die sich beide im Westener Revier aufhielten, wurden die Polizeibeamten verhaftet und zum Bahnhof gebracht. Während die anderen in eine Schule am Bockumer Weg im Hammer Norden verlegt wurden, konnte Polizeichef Levsen bereits am 8. April seinen Dienst als Leiter der Schutzpolizei wieder übernehmen.

Bulian und seine Kollegen wurden am 9. April nach Hause geschickt. Sie mußten sich in Zivil auf den Revieren melden. Jeder bekam eine Armbinde, auf der

„Polizei“ stand, und wurden sogar schon wieder mit einigen Waffen ausgerüstet. Wichtigste Aufgabe war in diesen Tagen, die Bevölkerung vor Plünderern und vor Überfällen durch ehemalige Kriegsgefangene zu schützen.

Statt „Heil Hitler“ „Guten Tag“

Versorgung der Überlebenden ein großes Problem

Die Bunkerbewohner atmeten auf, als sie am 6. April endlich wieder in ihre Wohnungen oder in das, was davon noch übrig war, zurückkehren konnten. Wie es den Überlebenden gelang, sich notdürftig einzurichten und nicht zu verhungern, ist heute ein Rätsel. Es gab weder Wasser noch Strom oder Gas. Die Kanalisation war weitgehend zerstört. Auf den Straßen und in den Trümmern lagen noch viele Tote. Die Krankenhäuser waren mit Kranken und Verwundeten überfüllt. Die Militärregierung mußte handeln.

Am 7. April ernannte der amerikanische Stadtkommandant, Major Reilly, Stadtbaurat Emil Haarmann zum kommissarischen Bürgermeister von Hamm. Johannes Kunz, der später das Wohnungsamt übernahm, wurde ihm zur Seite gestellt. Er war bisher im Sicherheits- und Hilfsdienst eingesetzt, eine Truppe, die vorwiegend aus älteren Männern rekrutiert war, und die sich unter anderem um Luftschutzmaßnahmen, um das Auffinden von Blindgängern und um die Bergung von Verletzten nach Bombenangriffen zu kümmern hatte. Die Besatzungstruppen bemühten sich von Anfang an um Mitwirkung der Bürger an der Verwaltung der Stadt. Bevor im Juli ein Bürgerrat installiert wurde, bestellte der Stadtkommandant als Vertreter der alten Parteien Paul Schamer (Zentrum) und Gewerkschaftssekretär Peter Röttgen (SPD) als Berater.

Interessante Einblicke in die Lage in Hamm im April 1945 vermitteln Briefe, die Paul Schamer wöchentlich an seine Frau schrieb. Sie war wegen der ständigen Bombardierungen mit zwei der sieben Kinder zu Verwandten nach Hildesheim geflohen. Die Briefe hat sie nie bekommen. Ausgerechnet am sicher geglaubten Zufluchtsort kam sie acht Tage vor Kriegsende bei einem Luftangriff mit den Kindern ums Leben. Die Grüße konnten nicht einmal abgeschickt werden, weil keine Züge fuhren und keine Post befördert wurde. Für die Töchter sind die Briefe heute noch kostbare Erinnerung an ihren Vater.

„Seit vorigen Sonntag spielt sich hier der Krieg ab, der Kampf gegen die vordringenden Amerikaner. Über seine Einzelheiten während dieser Woche haben wir weniger erfahren als früher über die Kämpfe auf den Philippinen“, schrieb

Paul Schamer am Sonntag, 8. April 1945. Er fügte hinzu, daß seit einer Woche Wasser und Licht fehlen und es weder Zeitung noch Post oder Radiosendungen gibt. Der einzige Trost: „Nun haben wir wohl keine Bombenangriffe mehr zu fürchten."

Schamer hält auch eine interessante Beobachtung fest: In den letzten Tagen verschwanden im Stadtbild Uniformen und Abzeichen, und man hörte wieder „Guten Morgen" oder „Guten Tag" statt des verordneten „Heil Hitler". Die Lebensmittelversorgung ist schwierig. „Vorige Woche bekamen wir wieder drei Zentner Kohlen. Unsere Rationen sind herabgesetzt. 125 Gramm Fleisch die Woche, drei Pfund Brot, 125 Gramm Zucker und 62,5 Gramm Fett oder Butter. Nährmittel gab es diese Woche mal wieder für Kinder bis sechs Jahre. Da ist es gut, daß wir mit Kartoffeln versorgt sind", berichtete der Familienvater am 21. Mai 1945.

Deutsche Soldaten, die während der Einnahme der Stadt von den alliierten Truppen gefangen genommen wurden, kamen zunächst in die Beisenkamp-Kaserne. Von dort wurden sie über die noch vorhandene Kanal- und Lippebrücke in Werries nach Ahlen gebracht. Zu den Gefangenen gehörte auch ein Flakhelfer, der später berichtete, wie es ihm gelang, seiner Familie über seinen Verbleib zu berichten: Er kritzelte in aller Eile seine Adresse auf einen Zettel und bat den Finder, seinen Eltern in Heessen mitzuteilen, daß er gesund und in Gefangenschaft sei. Den Zettel ließ er vom Lkw auf die Straße fallen, und siehe da, die Nachricht kam an.

So glücklich die Menschen waren, ihre Bunker-Gefängnisse verlassen zu können, so groß war aber auch ihre Angst vor den Soldaten der Siegermächte. In den meisten Fällen aber konnten sie feststellen, daß die Feinde gar nicht so feindlich waren. Viele beschenkten Kinder sogar mit Schokolade und Kaugummi — eine Süßigkeit, die damals in Deutschland noch unbekannt war — und zahlreiche amerikanische Soldaten nahmen an einem Sonntagsgottesdienst in der Kapelle des Kinderheims Vorsterhausen teil, den Feldgeistliche zelebrierten. Eine Frau, die sah, daß die Soldaten Rosenkränze in den Händen hielten, versicherte später ihren Nachbarn: „Die können uns gar nicht viel tun, wenn die sogar beten." Übergriffe oder gar Greueltaten von amerikanischen oder englischen Soldaten gab es nicht, jedenfalls ist nichts dergleichen bekannt geworden. Keineswegs rücksichtsvoll benahmen sich allerdings die Angehörigen einer belgischen Einheit, die kurz nach Kriegsende in Bockum-Hövel stationiert wurde. Die Soldaten besetzten das Hotel Radbod. Innerhalb einer Stunde mußten die dort lebenden Familien das Gebäude räumen. Anschließend wurde alles Mobiliar, das den Siegern mißfiel, durch die Fenster auf die Straße geworfen und zertrümmert.

Gefahr durch plündernde Russen

Nach zehn Monaten das erste Vollbad

Für die Militärregierung und ihre deutschen Helfer war nach der Besetzung der Stadt Hamm eine der vordringlichsten Aufgaben die Bestattung der Toten, da Seuchengefahren drohten. Auch auf den Friedhöfen herrschten nach Bombenangriffen und Granatenbeschuß grauenhafte Zustände. Eines der größten Probleme war die Versorgung der Bevölkerung mit Lebensmitteln. Einige Bürger hatten bereits gehandelt und das Versorgungsdepot der Wehrmacht in der Mark geplündert. Jeder versuchte, sich selbst zu helfen so gut er konnte. Das galt auch für die Wohnunterkünfte. Zahlreiche Familien waren, vor allem während des letzten Kriegsjahres, wegen der ständigen schweren Luftangriffe aus Hamm evakuiert worden. Frauen und Kinder sollten in Sicherheit gebracht werden. Vielen Zufluchtsuchenden wurde von Amts wegen ein Wohnort in weniger gefährdeten Gegenden Deutschlands zugewiesen, andere suchten selbst eine Bleibe in der näheren oder weiteren Umgebung. Die Rückkehr der vielen Evakuierten stellte die Verwaltung vor noch größere Probleme. Ausgebombte, die keine Bleibe mehr hatten, wurden zunächst in Schulen und Turnhallen untergebracht.

Die Bevölkerung zitterte vor allem vor den Russen, die als Kriegsgefangene oder Fremdarbeiter im Bergbau oder in anderen kriegswichtigen Betrieben eingesetzt waren. Sie genossen ihre neu gewonnene Freiheit, und viele von ihnen versetzten die Menschen in Angst und Schrecken. Von den Amerikanern waren im Raum Hamm etwa 5 000 Russen befreit worden. Für die meisten von ihnen wurde in der Waschkaue Maximilian ein Sammellager eingerichtet, in dem der 1. Mai festlich begangen wurde. Wie Stadtarchivarin i. R. Ilsemarie von Scheven festhielt, wurden kranke Ausländer im Lazarett behandelt, wo zehn russische Ärzte die Behandlungsmaßnahmen der Alliierten kontrollierten. Gekocht wurde für die Russen rund um die Uhr in großen Gulaschkanonen, die im damaligen Gästehaus am Kurhaus aufgestellt waren.

Ein Hammer Arzt berichtet in seinem Tagebuch unter dem 10. Juni 1945 von einem nächtlichen Feuergefecht in Freiske zwischen plündernden Russen und englischen Soldaten. Dabei wurden ein englischer Offizier getötet und zwei Soldaten schwer und mehrere leicht verwundet. Zwei der Russen mußten ihren Überfall mit dem Leben bezahlen.

Als am 17. Juni der Abtransport aller Ausländer angekündigt wurde, erhielt die Stadt die Auflage, sofort 5 000 Anzüge, 5 000 Hemden, 5 000 Unterhosen,

5 000 Paar Strümpfe sowie 5 000 Paar Stiefel oder Schuhe dafür abzuliefern, wobei jeder Haushalt mindestens ein Stück abgeben sollte. Diese Spenden aufzubringen, waren die Bürger der Stadt nicht in der Lage. Bei Nichterfüllung der Auflagen soll angedroht worden sein, die Stadt für 24 Stunden zur Plünderung freizugeben. Dazu kam es dann aber nicht. In dem oben zitierten Tagebuch wird festgehalten, daß die letzten Russen am 12. August abtransportiert waren. Ein großes Aufatmen ging durch die Stadt.

Wie schwierig die hygienischen Verhältnisse nach Kriegsende angesichts zerstörter Wasserleitungen und Kanalisation waren, ist heute kaum noch vorstellbar. Das Baden war ein unerhörter Luxus. So steht wie ein Seufzer der Erleichterung unter dem 12. September 1945 in dem Tagebuch des Arztes: „Im Lazarett ein Vollbad genommen, das erste seit November 1944." Dem ist wohl nichts mehr hinzuzufügen.

Extra-Butterbrote für Bergleute

Mit einer Kuh mehr Sicherheit für Landwirte erkauft

„Die Alliierten Streitkräfte, die unter meinem Befehl stehen, haben jetzt deutschen Boden betreten. Wir kommen als ein siegreiches Heer, jedoch nicht als Unterdrücker", hatte es in einem Flugblatt geheißen, das kurz vor dem Einmarsch der Amerikaner in Bockum-Hövel gefunden wurde. General Eisenhower, Oberster Befehlshaber der Alliierten Streitkräfte, teilt in dieser „Proklamation Nr. 1 an das Deutsche Volk" mit, daß der Nationalsozialismus und der deutsche Militarismus vernichtet werden sollen. Eisenhower ordnet an, daß bis auf weiteres alle deutschen Gerichte sowie Unterrichts- und Erziehungsanstalten geschlossen werden. Zum Schluß heißt es: „Alle Beamten sind verpflichtet, bis auf weiteres auf ihren Posten zu verbleiben und alle Befehle und Anordnungen der Militärregierung oder der Alliierten Behörden, die an die deutsche Regierung oder an das deutsche Volk gerichtet sind, zu befolgen und auszuführen. Das gilt auch für die Beamten, Arbeiter und Angestellten sämtlicher öffentlichen und gemeinwirtschaftlichen Betriebe sowie für sonstige Personen, die notwendige Tätigkeiten verrichten." Die Bevölkerung durfte sich nur zwischen 9 und 12 Uhr außerhalb der Häuser aufhalten. Am 11. Mai wurde die Sperrstunde verkürzt und Ausgehzeit von 5 bis 21 Uhr bewilligt.

Über das Kriegsende im heutigen Hammer Stadtbezirk Bockum-Hövel hat Heimatpfleger Arthur Schauerte einen umfangreichen Bericht vorgelegt. Während des Krieges waren in der Doppelgemeinde durch Luftangriffe 166 Menschen getötet und 313 verletzt worden. 140 Wohnhäuser wurden total zerstört, 643 schwer, 110 mittelschwer und 1 643 leicht beschädigt. In den letzten Kriegstagen war Bürgermeister Lothar Held als Verteidigungskommissar eingesetzt. Er hatte unter anderem den Befehl, beim Einrücken der Alliierten die Zechenanlagen sprengen zu lassen. Glücklicherweise wurde diese Sprengung nicht ausgeführt. Held nahm sich vor dem Einmarsch der Sieger das Leben. Die amerikanischen Truppen wurden in Bockum-Hövel mit weißen Fahnen empfangen. Am 15. April erschien bei der Gemeindeverwaltung ein Beauftragter der Militärregierung, der den Bergarbeiter und Knappschaftsältesten Adolf Brühl, der schon von 1919 bis 1924 und von 1929 bis 1933 ehrenamtlicher Gemeindevorsteher war, zum Bürgermeister ernannte.

Der Enkel des damals 72jährigen, der spätere Bürgermeister Helmut Pytlik, erinnert sich: „Er war sehr beliebt und wurde von allen „Opa Brühl" genannt." Als Beigeordnete wurden Rektor Heinrich Schmitt und Brühls Schwiegersohn Anton Pytlik berufen. Die Militärregierung teilte in einem Rundschreiben unter anderem mit: „Die Verwaltung liegt grundsätzlich bei den deutschen Behörden. Die amerikanische Regierung will die deutsche Verwaltung nur überwachen."

„Wir wollen nicht mit Haß rückwärts, sondern mit Mut vorwärts marschieren", erklärte Landrat Dr. Schmitz am 8. Mai 1945 in einer Bürgermeisterbesprechung in Lüdinghausen, in der Klage über das Hamsterunwesen (die Stadtbevölkerung nahm damals weite Wege auf sich, um Schmuck oder anderes Hab und Gut auf dem Land gegen Nahrhaftes einzutauschen) und über zerstörte Straßen und Eisenbahnen geführt wurde. Für eine bessere Kunstdüngerverteilung wurde vorgeschlagen, Fahrbereitschaften zu bilden, denn Kraftfahrzeuge durften nur mit besonderer Genehmigung fahren. Die Zulassungsbescheinigung mußte jeweils an der Windschutzscheibe angebracht werden.

Ein großes Problem waren, wie überall, auch im Kreis Lüdinghausen Überfälle früherer russischer oder polnischer Zwangsarbeiter vor allem auf einsam liegende landwirtschaftliche Gehöfte. Landrat Dr. Schmitz berichtete in der Bürgermeisterrunde am 27. Juni in Lüdinghausen über das Beispiel Drensteinfurt. Der dortige Bürgermeister hatte den belgischen Besatzungstruppen zusätzlich zu ihrer Verpflegungsration eine Kuh gegeben. Als Gegenleistung erklärten sich die Soldaten bereit, die Bauern zu beschützen.

Der spätere Bürgermeister und heutige Bezirksvorsteher Helmut Pytlik war im Sommer 1945 aus der Kriegsgefangenschaft zurückgekehrt. Er arbeitete auf der Zeche Radbod. Willkommene Zusatzverpflegung waren damals für die Belegschaft Butterbrote, die in einer als Küche eingerichteten Baracke vor dem Zechentor zu haben waren. Für Bergleute gab es später auch zum Beispiel Fahrräder oder Kochtöpfe, die im Sozialbüro verteilt wurden. Sie waren auf nicht ganz legalem Wege durch den Verkauf von Kohlen und Koks beschafft worden.

Trümmerschuttmaschine

Am Steinepicken führte für viele kein Weg vorbei

Unterstützt von der Militärregierung sorgte die deutsche Verwaltung dafür, daß nach der Besetzung der Stadt durch die alliierten Truppen der Alltag wieder einkehrte. Wichtig war vor allen Dingen die Wiederaufnahme der Arbeit. In einer Untersuchung über die Stunde Null in Hamm hat Winfried Brechmann festgehalten, daß sich am 2. und 3. Mai 1945 jeder Mann im Alter von 14 bis 60 Jahren und jede Frau zwischen 16 und 45 Jahren auf dem Hammer Arbeitsamt melden mußte, um dort eine Beschäftigung nachzuweisen. Wer das nicht konnte, wurde je nach Bedarf einem Betrieb zugeteilt oder einfach nur zum Schutträumen eingesetzt. Das Ernährungsamt gab nur an solche Personen Lebensmittelkarten aus, die über einen Arbeitspaß verfügten. Privatgeschäfte wurden schon wenige Tage nach der Besetzung wieder eröffnet, das Warenangebot war allerdings mehr als bescheiden.

Die großen Werke wie WDI oder Union gingen wieder in Betrieb. Von Produktion konnte allerdings noch keine Rede sein. Es wurden zunächst Aufräumungsarbeiten erledigt. Das galt auch für die von zahlreichen Bombentreffern stark zerstörte Maschinenfabrik Banning, deren damaliger Chef, Werner Banning, sich noch ganz präzise an die ersten Nachkriegstage erinnern kann. Nachdem die Amerikaner am 6. April die Polizeidirektion an der Hohe Straße besetzt hatten, und der Hammer Osten fest in der Hand der alliierten Truppen war, machte sich Banning mit dem Fahrrad — dem einzigen Transportmittel, das der Bevölkerung damals zur Verfügung stand (Banning: „Später habe ich auch Geschäftsreisen ins Ruhrgebiet mit dem Fahrrad unternommen") — auf den Weg vom Hammer Osten zur Stadtmitte, um im Werk nach dem Rechten zu sehen.

An der Sedanstraße entdeckte er Tellerminen auf der Fahrbahn, die er vorsichtig umrundete. Als er an der Ecke Sedanstraße/Alleestraße auf einen Panzer stieß, glaubte er, daß der von den Soldaten vergessen worden sei. Er erreichte die Maschinenfabrik, sah sich die Schäden an und wollte dann zum Bunker am Vorheider Weg. „Kurz davor traute ich meinen Augen nicht", erzählt er heute. „Da waren deutsche Soldaten und ein Ortsgruppenleiter in brauner Uniform. Dem habe ich geraten, schnell nach Hause zu fahren und sich umzuziehen, weil die Stadt fest in amerikanischer Hand sei." Banning war offensichtlich, ohne es zu merken, mitten durch die Hauptkampflinie gefahren. Eilig stieg er aufs Fahrrad und machte sich auf den Heimweg ins besetzte Gebiet.

Schon wenige Tage nach dem Einmarsch bekam die Firma Banning die Anweisung, die Mitarbeiter wieder zu beschäftigen. Zunächst mußten alle beim Aufräumen mit anfassen. Die Gehälter wurden von einem Fliegerschadenkonto bezahlt, auf das im Februar noch die letzten Beträge von der zuständigen Stelle in Arnsberg als Vorschuß eingezahlt worden waren. An Produktion war in den ersten Monaten kaum zu denken, zumal der Bau von Werkzeugmaschinen in die gleiche Klasse wie die Herstellung von Waffen eingeordnet und deshalb verboten war. Den Auftrag der Militärregierung, eine Guillotine zu bauen, lehnte die Firmenleitung damals ab.

Die Todesmaschine — übrigens die letzte ihrer Art in deutschen Landen — wurde in der ersten Nachkriegszeit dennoch in Hamm hergestellt. Sie entstand, wie aus den Unterlagen des Stadtarchivs hervorgeht, in der Schlosserwerkstatt Tiggemann am Kentroper Weg und war, so lobte der WA einige Jahre später in einem Bericht über die Guillotinen-Chronik, ein „Präzisionsstück handwerklichen Könnens".

Banning nahm eine von einem Mann aus Belecke erfundene „Trümmerschuttzerkleinerungsmaschine" in das Programm auf. Sie sollte durch die Straßen fahren, vorn Schutt aufnehmen und hinten fertige Steine liefern. Zehn dieser Maschinen wurden gebaut und eine davon an die Firma Prill in Hamm geliefert. Werner Banning kann sich nicht erinnern, ob die Maschine in Hamm jemals eingesetzt worden ist. Das Steinepicken, das damals überall an der Tagesordnung war, um überhaupt Baumaterial zu bekommen, blieb der Bevölkerung durch dieses Wundergerät nicht erspart.

Erfolgreicher erwies sich für Banning später der Bau von Eisendächern. Um der drohenden Demontage der Firma entgegenzuwirken, wurde die Stahlleichtbau GmbH gegründet, die die von Banning entwickelte Eisenkonstruktion herstellte. Sie war in einer Zeit, in der es kein Holz gab, außerordentlich nützlich und hatte den Vorteil, leichter zu sein als Holz. Zu den Gebäuden, die damit ausgestattet wurden, gehörte auch die Hammer Hauptpost. Mit der Währungsreform endete die Dächer-Produktion. Es gab dann wieder Holz, und das war nicht so teuer wie Eisen.

Im Juni 1945 kurz notiert

● *30. Juni 1945: Da bei den derzeitigen äußerst schwierigen Verkehrsverhältnissen eine geregelte Betreuung ihrer Mitgliedsfirmen von Dortmund aus nicht möglich ist, hat sich die Industrie- und Handelskammer zu Dortmund entschlossen, in einzelnen Orten ihres Kammerbezirks Außenstellen zu errichten, die durch ein Mitglied der Geschäftsführung besetzt sind. Eine solche Außenstelle befindet sich für Hamm Nordstraße 11, Eingang Ritterstraße (Café Hasebrink). Sprechstunden dienstags und freitags von 9 bis 13 Uhr.*

Kinder als Schwarzhändler

Aus „Prütt" wurde köstlicher Bohnenkaffee gebraut

Die Hammer Bevölkerung hatte zunächst große Angst vor den fremden Soldaten und vor allem vor den Schwarzen, die viele zum erstenmal in ihrem Leben leibhaftig vor sich sahen. Das bestätigt auch Werner Banning, der gerade für die farbigen Besatzer aber nicht mit Lob spart. Er wohnte damals in der Von-Vincke-Straße. In der näheren Umgebung waren zahlreiche Häuser als Truppenquartiere belegt worden. Aufgeweckt vom Betrieb auf der Straße, erlebte Banning eines Nachts den Abschied der amerikanischen Soldaten mit. „Das war eine Verbrüderung", staunt er noch heute und berichtet, daß mancher Soldat später noch nach Hamm zu Besuch kam und die neugewonnenen Freunde mit Eßbarem beschenkte.

Nicht überall war das Verhältnis zwischen Besatzern und Hauseigentümern so ungetrübt. So war beispielsweise in einem Haus an der Ostenallee eine Küchenabteilung einquartiert, die sich eine Freude daraus machte, das Fleisch auf dem Eßzimmertisch zu zerhacken und wertvolle Bilder mit dem Küchenmesser zu zerschneiden. Sozusagen als Kraftprobe flog das Klavier durch das Fenster auf die Straße.

Erinnerungen ganz anderer Art hat Fritz Friemauth, der das Kriegsende als Neunjähriger erlebte. „Schon als Kinder bekamen wir Übung als Schwarzhändler", erzählt er. „Gegen Zigaretten, die als Zahlungsmittel benutzt wurden, verkauften wir den Amerikanern Bücher wie „Mein Kampf" oder Hitlerbilder. Die Soldaten stellten die Bilder auf Zäune und Mauern und schossen darauf. Wir lernten die ersten Brocken Englisch und verstanden uns aufs Schachern und Tauschen. Als im Sommer und Herbst die Felder abgeerntet wurden, machten wir uns beim „Stoppeln" nützlich. Wir holten an Getreide, Rüben und Kartoffeln, was die Bauern nach dreimaligem Verlesen übriggelassen hatten."

Friemauth schlägt auch ein anderes Kapitel auf: „Damals wurde viel ‚kompensiert'. Die Städter tauschten, was sie nicht zum Leben brauchten, gegen Nahrungsmittel. Mein Vater hatte eines Tages einige Tauchsieder organisiert. Damit zog er zu Fuß und mit einem Rucksack über Land in Richtung Vellinghausen. Abends kam er mit Wurst und Eiern zurück."

Heizmaterial war ebenfalls Mangelware. Wie man es sich beschaffte, schildert Fritz Friemauth so: „Am besten waren die Bergleute dran, die Deputatkohlen hatten. Unsereins mußte die Kohlen schon klauen. Beliebte Stellen waren die Kohlenbunker und die Loks im Güterbahnhof sowie gewisse Strecken der

Zechenbahnen in Heessen, im Hammer Norden oder in Bockum-Hövel. Eines Tages, es hatte geschneit, fuhren meine Mutter und ich mit dem Schlitten zum Güterbahnhof. Ich stieg auf eine Lok und warf Briketts herunter, die meine Mutter auf dem Schlitten in einen Sack packte. Als wir abmarschfertig waren, wurden wir von einem Bahnpolizisten erwischt. Meine Mutter gab einen falschen Namen an und die Adresse eines Trümmergrundstücks. Es war Mundraub nach dem Krieg."

Glück hatten einige Bewohner der Gemeinde Werries. Heinz Varnei, damals 13 Jahre alt, sieht die wasserdicht eingeschweißten Lebensmittelpakete noch vor sich, die die Amerikaner im Hauptmannsbusch zurückgelassen hatten. Der kostbare Fund hatte sich schnell herumgesprochen. Jeder nahm mit, was er kriegen konnte, und machte anschließend erstmals Bekanntschaft mit Neskaffee und Zitronenpulver. Natürlich gab es auch Fleischkonserven und andere Raritäten. Selbst große Filtertüten mit Kaffeeprütt, die die Armeeköche weggeworfen hatten, wurden eingesammelt. Der Prütt wurde zu Hause erneut aufgebrüht und ergab köstlichen Bohnenkaffee, der erheblich besser schmeckte als der gewohnte „Muckefuck" aus Gerste.

Im Sommer kurz notiert

● *Aus den kirchlichen Nachrichten der Pfarrvikarie Bad Hamm am 19. Juni: Dem nach dreieinhalbjähriger KZ-Haft aus Dachau zurückgekehrten hw. Herrn Pater Bernhard Ketzlick entbietet die ganze Gemeinde einen herzlichen Willkommensgruß und die besten Wünsche zu einer guten und baldigen Gesundung.*

● *Das Liebhaber-Orchester (Collegium musicum) und der gemischte Chor der Stadt sollen wieder aufgebaut werden. Anmeldungen nimmt Apotheker Kayser entgegen.*

● *Das Solebad im Kurpark ist ab 7. Juli 1945 wieder geöffnet.*

● *Wasserversorgung: Nachdem die Stromversorgung in der Pumpstation Warmen wieder funktioniert, ist die Wasserversorgung in der Stadt Hamm wieder gesichert. Die am 12. Mai 1945 angeordneten Einschränkungsmaßnahmen werden deshalb wieder aufgehoben.*

● *Der Oberpräsident der Provinz Westfalen hat angeordnet, daß die Heilkräutersammlung wieder aufgenommen werden soll. Zur Mitwirkung bei der Sammlung sind alle im Stadtgebiet wohnenden Schüler und Schülerinnen von 10 bis 14 Jahren sämtlicher Schulen verpflichtet. Sie treffen sich erstmals am Montag, 30. Juli 1945, um 9 Uhr an ihrer Schule. Gesammelt wird unter Aufsicht von Lehrpersonen.*

Die Züge fahren wieder

Landwirtschaftliche Hilfsaktion kurbelte Agrar-Produktion an

Das gute Verhältnis, das einige Bewohner des Hammer Ostens mit den schwarzen Besatzern hatten, war keinesfalls die Regel. Entschieden distanzierter als die Amerikaner verhielten sich die britischen Soldaten, die den Amerikanern auf dem Fuße folgten und in der ihnen zugewiesenen britischen Besatzungszone, zu der auch Hamm gehörte, die Federführung für die Verwaltung übernahmen. Ihre Zurückhaltung kam nicht von ungefähr. Sie handelten auf höchsten Befehl. Das brachte Feldmarschall Montgomery anläßlich der Siegesparade der Alliierten am 10. Juni 1945 in Frankfurt am Main in einer Ansprache an die deutsche Bevölkerung zum Ausdruck. Er sagte (im Amtlichen Mitteilungsblatt von den Hammer Bürgern am 30. Juni nachzulesen) unter anderem: „Dieses Mal sind die alliierten Nationen fest entschlossen, Euch eine Lehre zu erteilen; nicht nur, daß Ihr besiegt worden seid, was Ihr schon erkannt haben solltet, aber daß Ihr, das deutsche Volk, schuldig seid, wiederum den Krieg angefangen zu haben."

Montgomery machte deutlich: „Ihr habt Euch wahrscheinlich schon oft gewundert, warum unsere Soldaten Euch nicht beachten, wenn Ihr ihnen zuwinkt, oder wenn Ihr ihnen auf der Straße „Guten Morgen" sagt, und warum sie sich nicht mit Euren Kindern anfreunden. Unsere Soldaten handeln nach Befehlen, welche sie erhalten haben. Ihr habt diese Einstellung nicht gerne, ebenso nicht unsere Soldaten. Von Natur aus sind wir freundliche und hilfsbereite Menschen, aber der Befehl war notwendig, und ich will Euch erklären warum." Dabei kommt er zu dem Schluß:„Das deutsche Volk ist verantwortlich für seine Führer, und solange sie erfolgreich waren, habt Ihr ihnen zugejubelt. Ihr habt sie gefeiert und Ihr habt Euch gefreut. Das ist der Grund, warum unsere Soldaten sich nicht freundlich Euch zuwenden."

In den ersten Tagen nach Kriegsende waren alle bemüht, das Leben wieder in geordnete Bahnen zu lenken. Dabei ging es vor allem um die Lebensmittelversorgung. Da sie weitgehend von einer intakten Landwirtschaft abhing und die Feldbestellung während der Endkämpfe nur sehr lückenhaft erfolgen konnte, rief Oberbürgermeister Haarmann am 17. Mai 1945 eine „Landwirtschaftliche Hilfsaktion" ins Leben. In einer Abhandlung über den agrarpolitischen Kurs der Stadt Hamm in den Jahren von 1945 bis 1948 berichtet Ilsemarie von Scheven: „Zu den Männern, mit denen sich Oberbürgermeister Haarmann beraten konnte, gehörte Hüttendirektor Rudolf Hannesen von der Westfälischen

Union. Schon während der letzten Kriegsmonate hatten beide Herren, deren Wohnungen nahe beieinander lagen, im Feldhaus-Bunker ihre Erlebnisse und Eindrücke ausgetauscht."

Auf Vorschlag von Hannesen verpflichtete die Stadt einen seiner Kollegen, der bisher ein Werk bei Antwerpen geleitet hatte. Otto Middermann (59) wurde als Sonderbeauftragter für die Landwirtschaftliche Hilfsaktion eingesetzt. Er besichtigte Bauernhöfe und beantragte bei der Militärregierung erforderliche Maßnahmen. Dazu gehörte der Einsatz von Arbeitskräften ebenso wie die Materialbeschaffung für die Instandsetzung von Gebäuden oder Maschinen. Sein Einsatz bewährte sich so gut, daß er auf Wunsch der Nachbarn ab Oktober 1945 auch im Kreis Unna tätig wurde. Später, und zwar im Februar 1947, wurde Middermann Außendienstmitarbeiter des inzwischen eingerichteten Kleinsiedlungsamtes, das die Kleinsiedlervereine betreute. Er schied am 31. 12. 1948 aus dem Dienst der Stadt aus.

Es ist heute kaum zu glauben, wie schnell sich das Leben nach dem chaotischen Zusammenbruch einigermaßen normalisierte. Als am Dienstag, 19. Juni 1945, der Verlag Emil Griebsch das erste Mitteilungsblatt für den Stadtkreis Hamm und den Landkreis Unna mit offiziellen Bekanntmachungen der alliierten Militärregierung herausgab, war zweifellos die wichtigste Nachricht die Wiederaufnahme des Bahnreiseverkehrs. Innerhalb weniger Wochen war es gelungen, die weitgehend zerstörten Gleisanlagen so weit wieder herzurichten, daß ab 18. Juni die ersten Reisezüge zwischen Hamm und Dortmund bzw. Duisburg fünfmal am Tag verkehren konnten. Zwei Tage später gab es zusätzlich drei tägliche Verbindungen nach und von Soest, vier Züge nach Bielefeld und zurück und drei Zugverbindungen nach Münster.

Das Mitteilungsblatt, das zunächst dienstags und ab dem 30. Juni samstags einmal wöchentlich erschien, wurde für zehn Reichspfennig verkauft und für 55 Reichspfennig monatlich sogar frei Haus geliefert. Die Leser erfuhren aus der ersten Nummer nicht nur, daß aus Adolf-Hitler-Platz und Adolf-Hitler-Straße Marktplatz und Weststraße geworden waren, die Göringstraße jetzt Hohe Straße hieß und der Horst-Wessel-Park sich in den Friedrich-Ebert-Park verwandelt hatte, sondern auch, daß in den letzten Tagen die aus der Zeit vor der Besetzung der Stadt bei der Post lagernden Briefsendungen endlich zugestellt worden sind, der Postsparkassendienst am 18. Mai wieder aufgenommen wurde (Banken und Sparkassen hatten schon am 16. April die Schalter wieder geöffnet), und daß der Post- und Fernsprechverkehr voraussichtlich in Kürze, wenn auch in beschränktem Umfang, wieder funktionieren wird.

Die Bevölkerung wird am 19. Juni um 19 Uhr zum Ostring eingeladen, wo die britischen Besatzer das BBC-Rundfunkprogramm durch Lautsprecher übertragen wollen. Eindringlich ruft die Militärregierung zum Kampf gegen den Kartoffelkäfer auf, gegen den die Schulkinder klassenweise schon während des Krieges zu Felde gezogen waren. Alle gefundenen Kartoffelkäfer mußten umgehend bei der Polizei abgeliefert werden. Wer einen lebenden Kartoffelkäfer im

Besitz behielt, machte sich strafbar. Der aus Nordamerika stammende und 1877 erstmals in Deutschland entdeckte Schädling hatte sich während des Krieges breit gemacht. Er bedrohte die Kartoffelernte und tat sich auch an Tomatenpflanzen gütlich. Immerhin legt ein Weibchen 500 bis 1 000 Eier. Bei drei Generationen pro Jahr läßt sich das Ausmaß der Vermehrung ausrechnen. Und das zu einer Zeit, als eine Kartoffel eine Kostbarkeit war und jedes Stückchen Land in einen Nutzgarten verwandelt werden mußte. „Wer irgendwo brachliegende Gartenstückchen weiß, melde es unverzüglich dem Stadtbauamt, Adolfstraße 1, das den Auftrag für die Bestellung erteilt. Ohne Rücksicht auf die Eigentumsverhältnisse bleibt die Ernte dem Anbauer gesichert", ließ Bürgermeister Haarmann wissen.

Wöchentlich gab das Mitteilungsblatt nicht nur Auskunft über die Lebensmittelrationen (zum Beispiel 150 g Fleisch pro Woche für einen Normalverbraucher), es diente auch dem Aufruf zur Schutträumung, denn viele Straßen, Wege und Plätze waren unpassierbar geworden. Die Bevölkerung wurde deshalb angewiesen, überall dort, wo es vor den eigenen Wohnungen und sonstigen Grundstücken möglich war, den Schutt in Selbsthilfe wegzuräumen. „Das ist, wie durch viele Beispiele bereits bewiesen, fast überall möglich, wenn alle arbeitsfähigen Hausbewohner und sonstige im Haus oder Betrieb beschäftigten Arbeitskräfte den guten Willen zeigen und in ihrer Freizeit die Arbeiten ausführen. Ist der Nachbar zu den Räumungsarbeiten nicht in der Lage, so muß auch diesem geholfen werden", heißt es. Daß jeder für den anderen einstand, war selbstverständlich. Deshalb versichert Werner Banning noch heute: „Die Erinnerung an diese Zeit möchte ich schon wegen der Hilfsbereitschaft der Menschen nicht missen."

Im Herbst 1945 kurz notiert

● *Der Wiederaufbau in Hamm macht weitere Fortschritte... Vom Marienhospital wird gemeldet, daß jetzt bereits 100 Kranke untergebracht werden können. Mit weiteren 50 Betten wird im Laufe des Sommers gerechnet.*

● *Wegen Kohlenmangels kann das Badehaus Bad Hamm ab 15. September 1945 nur noch an Donnerstagen, Freitagen und Samstagen geöffnet sein. Durchgehende Badezeit von 8 bis 19 Uhr.*

● *An alle Handwerker: Um eine Übersicht über die zur Zeit arbeitenden handwerklichen Betriebe zu erhalten, ordnet die Handwerkskammer Dortmund an, daß die Betriebsinhaber umgehend eine entsprechende Meldung machen. (29. September 1945)*

Mit Nazis abgerechnet

Arbeitskraft und Fleiß des Volkes einziges Kapital

„In der ersten Stunde unserer Geschichte, da eine Leidenszeit hinter uns und eine dunkle Zukunft vor uns liegt, wo wir umgeben sind von den Trümmern unserer Häuser und den Ruinen unserer Fabriken, wo vieltausendfacher Schmerz die Seelen durchzittert, wo die Mütter weinen um die Millionen Gefallener und die Väter bangen um die Söhne, die noch fern der Heimat sind, wende ich mich an Euch als Euer Regierungspräsident", heißt es in einem Aufruf des Regierungspräsidenten von Arnsberg, Fritz Fries, mit dem er sich Ende Juni an „alle Schaffenden des Regierungsbezirks" wendet. In beredten Worten fährt er fort: „Eine große Verantwortung ist mir aufgebürdet worden, so daß ich verzagen würde, wüßte ich nicht hinter mir die Schar derjenigen, die mit mir bereit sind, alles zu tun, um zu retten, was zu retten ist. Eine noch schlimmere Zeit als der Weltkriegsausgang sie mit sich brachte, steht uns bevor. Ein noch schlimmeres Ende ist uns hinterlassen als 1918. Haß und Überheblichkeit wurden gesät, Blut und Tränen wurden geerntet. Und das alles im Namen eines ‚Deutschtums', dessen Triebfeder Ichsucht und Herrschsucht, dessen Methoden Lügen, Verleumdung, Brutalität und Bestialität waren. Nazismus hat nichts mit wahrem Deutschtum zu tun. Das erkennen nun die Millionen, die ihn, der einem satanischen Gehirn entsprungen war, vordem angebetet hatten. Zusammengebrochen ist ein System, das sich gottähnlich wähnte. Mit ihm aber brach auch ein deutsches Vaterland zusammen, das aus der Arteigenheit seiner Menschen und den Gaben, die Gott ihm gab, der Kulturwelt so unendlich große Werte schenkte. Ich denke dabei besonders an den größten Wertfaktor, den unser Volk aufzuweisen hat: seine Arbeitskraft und seinen Fleiß. Sie allein sind uns in dem Riesentrümmerfeld geblieben."

Fries rechnet mit den Nazis und ihrer Propaganda ab und ruft die Bewohner des Regierungsbezirks auf: „Erkennt den Ernst der Situation! Gebt Euch keiner Täuschung hin! Denkt nicht, daß andere, außer der Militärregierung, uns helfen. Wir sind sonst nur auf uns selbst angewiesen!" Und: „Wenn wir jetzt nicht arbeiten, sind wir verloren."

Natürlich rechneten auch die Alliierten mit den Nazis ab. Dabei kam es im Übereifer der ersten Stunde auch zu Verhaftungen, die sich später als ungerechtfertigt herausstellten. Die Entnazifizierungsausschüsse, die überall gebildet wurden, sahen sich vor eine schwierige Aufgabe gestellt. Ihre Entscheidungen waren — menschlich durchaus verständlich — manchmal nicht frei von persönlichen Zu- oder Abneigungen. So führte Landrat Biernat in der Kreistagssitzung in Unna am 12. Juni 1946 Klage darüber, daß das Thema der Entnazifizierung zu einem Kardinalproblem geworden sei. Er fordert: „Es muß versucht werden, daß den Ausschüssen der Charakter der Inquisitionsgerichte genommen wird", und kritisiert, daß manche Ausschüsse über das Ziel erheblich hinausgeschossen seien.

Gleich nach Kriegsende wurden Parteimitglieder aus öffentlichen Dienststellen, darunter auch Lehrer und Mitarbeiter der Gerichte, entlassen. Die Militärregierung erließ ein Gesetz, durch das das Vermögen nicht nur des deutschen Reiches und der NSDAP, sondern auch das von leitenden Mitgliedern oder Gönnern der Partei sowie von Personen, die von der Militärregierung in Haft genommen worden waren, beschlagnahmt wurde. Der Wortlaut dieses Gesetzes Nr. 52 wurde im Mitteilungsblatt veröffentlicht.

Auch bei der Stadtverwaltung wirkte sich die „Säuberungsaktion" aus. Die Personalsituation war alles andere als rosig. Viele städtische Bedienstete, die Soldat werden mußten, waren gefallen oder noch in Gefangenschaft. Ihre Plätze waren während des Krieges von Aushilfskräften besetzt worden. Von den Mitarbeitern, die am Kriegsende noch tätig waren, wurden aus politischen Gründen 79 entlassen, zwei vom Dienst suspendiert, zwei versetzt und sieben verhaftet. Ihre Namen wurden im amtlichen Mitteilungsblatt veröffentlicht.

Improvisiert werden mußte, nachdem das Rathaus am Markt völlig und das benachbarte Stadthaus gegenüber der Pauluskirche weitgehend zerstört waren, auch in räumlicher Hinsicht. So befanden sich im Oberlandesgericht (dem heutigen Rathaus) Haupt- und Personalamt, Gehalts- und Lohnabteilung und das städtische Fürsorgeamt. In der Polizeidirektion waren unter anderem Standesamt und Meldeamt untergebracht, im Rathaus, Eingang Brüderstraße, Schul- und Jugendamt sowie Kämmerei und in der Auguste-Viktoria-Schule an der Hermannstraße (heute Marker Allee) das Hauptwirtschaftsamt. Im Haus Ostenallee 29 saßen Wohnungsamt und Stadtwerke, in der Klostervikarie Bad Hamm Versicherungs- und Gesundheitsamt und im Restaurant Gries an der Nordstraße das Kriegsschädenamt. Das Chemische Untersuchungsamt hatte in der Schule an der Hohe Straße sein Domizil gefunden, und das Bauamt saß an der Adolfstraße.

Im Oktober 1945 kurz notiert

● *Schäferhunde beschlagnahmt. Alle im Stadtkreis Hamm vorhandenen Schäferhunde werden seitens der englischen Militärregierung für die englische Stelle für Hundeabrichtung beschlagnahmt. Die Besitzer sind verpflichtet, ihre Hunde in den Tagen vom 22. bis 25. Oktober bei dem zuständigen Polizeirevier anzumelden.*

Britische Stadtkommandanten

Auch in Hamm „Kalter Krieg" zwischen West und Ost

Das Sagen hatte in diesen ersten Tagen nach dem Ende des Krieges, der in Hamm schon vier Wochen vor der offiziellen Kapitulation am 8. Mai 1945 vorbei war, in allen wichtigen Fragen der britische Militärkommandant. Wann genau die Amerikaner Hamm verließen, geht aus den im Stadtarchiv vorhandenen Unterlagen nicht hervor. Es ist aber anzunehmen, daß die Amerikaner sofort nach der Eroberung der zur britischen Besatzungszone gehörenden Stadt den Engländern die Verwaltung überließen. Ein amerikanischer Stadtkommandant ist nie in Erscheinung getreten. Zahlreiche Zeitzeugen, wie zum Beispiel Fabrikant Werner Banning, erinnern sich nur an englische Gesprächspartner bei der Stadtkommandantur.

Erster Stadtkommandant war Major Reilly. Er unterzeichnete am 1. Mai ein Schreiben, mit dem Oberbürgermeister Deter aufgefordert wurde, in Ardey zu bleiben, bis man ihn rufen ließe. Reilly folgten Major Irving und im August 1945 Major Marshall. Dessen Stellvertreter Goodson übernahm das Kommando, als Marshall im Juli 1946 in den Ruhestand verabschiedet wurde. Er soll sich um den Aufbau der Stadtverwaltung sehr verdient gemacht haben und ging, wie die Westfälische Rundschau damals berichtete, nach England zurück. Eine wichtige Rolle als Stadtkommandant spielte Lt. Col. Haig, der von 1947 bis 1951 im Amt war. Sein Nachfolger, Oberstleutnant Hickson, war der letzte Resident-Officer in Hamm. Als er sich im März 1953 verabschiedete, wurde die Hammer Dienststelle von Recklinghausen aus mitverwaltet.

Die „graue Eminenz" in der militärischen Chefetage im Polizeipräsidium an der Hohe Straße war Staff Sergeant (Feldwebel) Sutton. Susanne Begemann, damals mit Annemarie und Cilly Paasch als Dolmetscherin in der Militärkommandantur tätig, erinnert sich gut an diesen Mann, der akzentfrei deutsch sprach und alle Fäden in der Hand hielt. Mit ihm hatte auch Werner Banning zu tun, wenn er sich wegen seiner Maschinenfabrik mit der Militär-Regierung in Verbindung setzen mußte. „Wenn man sich nicht ganz schnell und militärisch knapp ausdrücken konnte, drehte er sich um und ging", berichtet Banning. „Er war zwar streng, bemühte sich aber darum, gerecht zu sein", erzählt Susanne Begemann. Für die knapp 18jährige war der Dienst bei der Stadtkommandantur „wie die große, weite Welt". Fassungslos hielt sie im Juni ihr erstes Gehalt, 300 Reichsmark, in Händen. Der für damalige Verhältnisse stattliche Betrag konnte ihrer Meinung nach nur auf einem Mißverständnis beruhen. Als sie sich deshalb vorsorglich bei Sutton meldete, lachte dieser schallend. Es hatte alles seine Richtigkeit.

Alles andere als freundschaftlich war das Verhältnis zwischen Engländern und Russen. Zur Führungsriege der Briten gehörte Major Mitchell. Er war Mitglied der persönlichen Garde der britischen Königin gewesen, spielte eine wichtige Rolle in Hamm und wurde heimlich „der schöne Major“ genannt.

Eines Tages erlebte Susanne Begemann eine Szene mit, die bezeichnend war für den „Kalten Krieg“ zwischen West und Ost. Der russische Lagerkommandant (er trug Verantwortung für die Unterkunft der ehemaligen Kriegsgefangenen auf dem Zechengelände Maximilian) hatte sich im Polizeipräsidium eingefunden, um Mitchell zu sprechen. Als dieser ihm im Foyer entgegenkam, streckte der Russe freundlich seine Hand aus und eilte dem Briten entgegen. Dieser aber erstarrte zum Eisblock, verzichtete auf den Handschlag und begehrte kühl zu wissen, was der Russe von ihm wolle.

Weichen für Zukunft gestellt

Die Bauzug-Besatzungen leisteten wertvolle Hilfe

Daß Hamm während des Krieges bevorzugtes Ziel der alliierten Bomberverbände war, hatten die Bürger jener Einrichtung zu „danken“, die in Friedenszeiten als „Muster erfolgreicher deutscher Eisenbahnpionierarbeit“ von Experten aus dem In- und Ausland besichtigt worden war: dem einstmals größten Verschiebebahnhof Europas. Der damalige Chef des Eisenbahnbetriebsamtes, Reichsbahnrat Knickenberg, hat die Ereignisse jener Zeit für die Stadtchronik zusammengefaßt. Fritz Knickenberg, der von 1944 bis 1953 in Hamm tätig war, erinnerte zunächst daran, daß vor dem zweiten Weltkrieg täglich durchschnittlich je 100 Züge in Ost-West- und 110 in West-Ost- Richtung über den Verschiebebahnhof Hamm geleitet und rund 9 500 Wagen rangiert wurden. Im Personenbahnhof wurden täglich 459 Reisezüge abgefertigt. War es auch nach schwersten Bombenangriffen immer wieder gelungen, den Verkehr innerhalb weniger Tage in Gang zu bringen, so kehrte mit der Eroberung der Stadt durch die Amerikaner auf dem Bahngelände Totenstille ein. Knickenberg: „Die Besatzungstruppen wiesen jeden uniformierten Bediensteten vom Bahngebiet.“

Diesen Zustand machten sich Diebe zunutze. In einem „Raubzug ohnegleichen“ (Knickenberg) wurde gestohlen, was nur irgend brauchbar erschien, und so auch noch das letzte vernichtet, das den Krieg überlebt hatte. Immerhin waren, wie aus der Aufstellung des Reichsbahnrats hervorgeht, bei 25 Großangriffen etwa die Hälfte der über Hamm ausgeschütteten Bombenlast, schätzungsweise 10 000 Bomben schweren und schwersten Kalibers, auf das Bahngebiet und seine Einrichtungen niedergegangen. 59 vernichtete und 85 beschädigte Personenwagen, 1 255 vernichtete und 2 218 beschädigte Güterwagen, fünf vernichtete und 100 beschädigte Lokomotiven standen, abgesehen von den zertrümmerten Stellwerken und anderen baulichen Anlagen, auf der Verlustliste. Auf dem Bahngelände fanden 94 Eisenbahner, 55 Reisende und 30 Postbedienstete, von denen die meisten Frauen waren, den Tod.

Albert Bennemann, damals Reichsbahnsekretär im Personalbüro, gehörte zu jenen Eisenbahnern, die im Mai 1945 nach der Kapitulation unter Aufsicht der englischen Besatzungstruppen ihren Dienst wieder aufnehmen konnten. Wie er berichtet, waren die Büroräume völlig demoliert. Waffen, die in einer Gerätekammer für den Verteidigungsfall gelagert worden waren, gehörten zur Beute der ehemaligen russischen Kriegsgefangenen, die bei zahlreichen Raubzügen damit viel Unheil anrichteten.

„Wir alle, ob Beamte, Arbeiter oder Angestellte, wurden zunächst als Gleisarbeiter eingesetzt“, erinnert sich Bennemann. „Da außer den zerstörten Gleisanlagen auch Signal- und Fernsprecheinrichtungen, Bahnsteige, Dienstgebäude, Wagenpark, Lokomotiven und vieles andere erst wieder in einen brauchbaren Zustand gebracht werden mußte, wurden alle verfügbaren Kräfte eingesetzt.“ Stellwerke waren nicht mehr vorhanden, jede Weiche mußte per Hand bedient werden. Aufgebockte Wagenkasten wurden viel später als Stellwerke eingerichtet und das erste, in Höhe der Wilhelmstraße, am 5. Oktober 1946 in Betrieb genommen.

Wertvolle Hilfe beim Wiederaufbau der Bahnanlagen leisteten Bauzüge, von denen bis zu vier gleichzeitig jahrelang in Hamm im Einsatz waren. Aufsichtsbeamter in einem von ihnen war Adolf Kirchner, der durch diesen Einsatz in Hamm seine Heimat gefunden hat. Er war zum Kriegsende in den Ostgebieten im Dienst gewesen und kam als Zugleiter mit einem der letzten Flüchtlingszüge nach Kiel. Dort übernahm er mit seinen Leuten einen Bauzug. Nachdem die Besatzung in Kiel und in Lüneburg tätig gewesen war, wurde der Zug im Sommer 1945 nach Hamm, einem der wichtigsten Knotenbahnhöfe, abgeordnet. Zu der Besatzung von 80 Mann gehörten Eisenbahner aller Rangstufen. „Aber wir haben alle zunächst Schüppe und Hacke in die Hand genommen“, berichtet Kirchner, der ebenso wie der größte Teil seiner Kollegen auch dann in Hamm blieb, als der Bauzug 1950 seine Aufgabe erfüllt hatte. Die Instandsetzungsarbeiten mußten mit primitivsten Mitteln erledigt werden. An Kräne war nicht zu denken. Kirchner: „Wenn eine Schiene von einer Stelle zur anderen bewegt werden mußte, kamen 16 Mann an die Schienenzangen.“ An neues Material war nicht zu denken. So wurde das, was nicht zerbombt war, zunächst für die wichtigsten Fahrstraßen zusammengestückelt.

In seiner Chronik zählt Reichsbahnrat Knickenberg auf, daß von rund 330 Kilometern Gleisen 58 Kilometer zerstört worden waren. Von rund 1 000 Weichen waren 243 unbrauchbar. 80 Kilometer Gleise und 300 Weichen waren unbefahrbar geworden. Von 38 Stellwerken waren 16 vollkommen vernichtet. Die während des Krieges allein an den Bahnanlagen entstandenen Schäden wurden im Februar 1946 auf rund 13,3 Mio Reichsmark geschätzt. Trotz dieser erheblichen Zerstörungen gelang es, den Reisezugverkehr am 18. Juni 1945 in beschränktem Umfang wieder aufzunehmen. Am 16. Juli konnte bereits wieder ein Ausgang von 201 Wagen im Güterverkehr registriert werden. Am Ende des Jahres 1945 fuhren schon 110 Reisezüge, im Güterverkehr wurde ein Wagenausgang von über 3 000 pro Tag erreicht. Ende 1948 hatte sich die Zahl der Reisezüge auf 340 und die der Ausgangswagen im Güterverkehr auf 4 400 pro Tag erhöht. Bis zu diesem Zeitpunkt waren für den Wiederaufbau der Bahnanlagen 5,8 Mio Reichsmark und 1,2 Mio DM aufgebracht worden. Die Beseitigung aller Schäden nahm noch viele weitere Jahre in Anspruch.

OB Schlichter kommt zurück

Volksversammlung im Kurhaus zur Amtseinführung

„Der systematische Neuaufbau von Hamm, dem „Westfälischen Verkehrsherzen", wird ungeheure Energien erfordern. Was bis jetzt an aufbauendem Werk geschah und geschieht, ist lediglich der bescheidenste Anfang für Aufgaben, die gelöst werden müssen", schrieb die Neue Westfälische Zeitung am 29. Juni 1945 in ihrer Arnsberger Ausgabe. Das Nachrichtenblatt der alliierten Militärbehörde berichtete ausführlich über das, was sich in Hamm tat: „Am Bahnhofsvorplatz sehen wir Trichter und Schacht verschwinden. Die Postverwaltung läßt die Trümmer ihres Postgebäudes abtragen und auf einer Feldbahn wegtransportieren. Eine jetzt erbaute Wand, die über alle Stockwerke führt, hat den noch brauchbaren Gebäudeteil der Post gegen Wind und Wetter abgeschlossen. In der Nähe des Ruhr-Lippe-Bahnhofs entstand ein kleiner Fabrikbetrieb für die Herstellung bestimmter Haushaltsmaschinen."

Inzwischen hatte die Militärregierung einen Bürgerrat berufen, der am 18. Juli 1945 zu seiner ersten Sitzung im Polizeipräsidium zusammenkam. Ihm gehörten als Vertreter der vor 1933 existierenden Parteien und der Wirtschaft Geschäftsführer Peter Röttgen, Gewerkschaftsführer Ferdinand Poggel, Arbeiter Josef Berkemeier, Hüttendirektor Rudolf Hannesen, Schneidermeister Heinrich Hirsch und Gewerkschaftsführer Hugo Bröcker an. Oberbürgermeister blieb weiterhin der frühere Stadtbaurat Emil Haarmann, das Amt des Bürgermeisters wurde dem Rechtsanwalt Dr. Ferdinand Schultz, einem Neffen des früheren OB Schlichter, übertragen, Schriftführer war Assessor Dr. Heinrich Hans. Bröcker und Poggel konnten wegen einer Erkrankung an der ersten Sitzung nicht teilnehmen. Die Militärregierung war durch Kommandant Major Irving, Major Delius und Major Mitchell vertreten.

Oberbürgermeister Haarmann wies einleitend darauf hin, daß der Bürgerrat, obwohl ihm noch eine gesetzliche Grundlage fehle, den Anfang einer demokratischen Volksvertretung darstelle. Er solle das Bindeglied zwischen Bürgerschaft und Stadtverwaltung sein. Haarmanns Wunsch, daß das schwere Unrecht, das dem früheren Oberbürgermeister Josef Schlichter bei seiner Entlassung im Jahre 1933 zugefügt worden sei, in Kürze wieder gutgemacht werde, kam allen Bürgerratsmitgliedern aus dem Herzen. Peter Röttgen sprach in ihrer aller Namen, als er Schlichters baldige Wiedereinsetzung als Oberbürgermeister forderte.

Schlichter lebte zu dieser Zeit in Berchtesgaden. Er wurde umgehend von dort nach Hamm geholt, wo er sein Amt als Oberbürgermeister am 15. August 1945 in einer Volksversammlung im Kurhaus, an der auch Regierungspräsident Fritz Fries und Militärkommandant Irving teilnahmen, antrat. „Der Entschluß, in der gegenwärtigen Notzeit dieses Amt wieder zu übernehmen, ist mir, zumal in meinem Alter von 66 Jahren, nicht leicht geworden", gab Schlichter zu bedenken. „Wenn ich es trotzdem übernommen habe, so aus dem Grunde, weil ich glaube, mich dem Ruf zur Mitarbeit in einer Zeit, in der an alle dieser Ruf ergeht, nicht versagen zu dürfen", erklärte Schlichter in einer Mitteilung an die „Gefolgsschaftsmitglieder der Stadtverwaltung".

Bei seiner Einführung versicherte er: „Ich komme nicht zu Ihnen zurück mit dem Gefühl des Hasses und der Rachsucht gegen jene, die mich einst aus meinem Amt vertrieben, auch andere verfolgt und uns jetzt in dieses Unglück gestürzt haben. ... Ich stehe nicht an zu erklären, daß Unrecht, das begangen ist, wieder gutgemacht, daß Verbrechen, die verübt sind, gesühnt werden müssen, und daß Vorsorge getroffen werden muß, daß in Zukunft nicht ein System der Knechtschaft wiederkehrt, unter dem wir bisher gelitten haben." Die Mitarbeiter der Stadtverwaltung forderte der Oberbürgermeister auf, „nicht als Diener einer Partei, sondern als Diener des Volkes jedem, der in Not und Bedrängnis zu Ihnen kommt, mit Rat und Tat hilfreich zur Seite zu stehen."

Im November 1945 kurz notiert

- *Beschlagnahme von Stammholzsägen: Da die für den Brennholzeinschlag der Stadt Hamm erforderlichen Stammholzsägen nicht anders beschafft werden können, werden sämtliche vorhandenen Sägen für 2-Mann-Bedienung ab sofort beschlagnahmt.*

Parteien wurden wieder aktiv

Im Juli 1945 erste Versammlung der Sozialdemokraten

Die Militärregierung hatte zwar jegliche politische Tätigkeit verboten, doch bemühten sich inzwischen Vertreter der vor 1933 existierenden Parteien, sich wieder zu formieren. Aus den Aufzeichnungen des späteren Amtsdirektors Alfred Gleisner geht hervor, daß sich ein kleiner Kreis von Sozialdemokraten trotz Verbots und deshalb geheim im Juli 1945 in einer Schreinerwerkstatt in Hamm traf, um die Parteigründung vorzubereiten. Die Versammlung beauftragte Hubert Biernat, später Landrat in Unna und dann Regierungspräsident in Arnsberg, mit der Organisation des Unterbezirks Hamm.

Der zweite Vorsitzende des Unterbezirks Hamm aus der Zeit vor 1933, Heinrich Schreiner (Heeren-Werve), wurde zum Vorsitzenden berufen. Als er dieses Amt schon kurz darauf aus Gesundheitsgründen aufgeben mußte, wurde Anton Pytlik aus Bockum-Hövel sein Nachfolger. Die Interessen der Frauen wurden unter anderem von der späteren Landtagsabgeordneten Lisa Wieland aus Heessen vertreten. Bereits am 7. August 1945 konstituierte sich in Dortmund der SPD-Bezirk Westliches Westfalen unter dem Vorsitz von Fritz Henßler (Gisela Schwarze: Eine Region im demokratischen Aufbau). Er gehörte von Anfang an zu den mitgliederstärksten der Partei und meldete am 18. September 300 wiedergegründete Ortsvereine, das waren nur 65 weniger, als es 1930 im Bezirk gegeben hatte. Erst am 15. September waren die Parteien offiziell von der Militärregierung wieder zugelassen worden. Am 5. und 6. Oktober 1945 nahm Biernat an einer Konferenz der Sozialdemokraten im Kloster Wennigsen teil, in der Dr. Schumacher die Richtlinien der SPD aufzeichnete.

Die Gründung der Christlich Demokratischen Partei (CDP) Westfalens, Vorläufer der CDU, erfolgte am 2. September 1945 in Bochum. Die CDP änderte ihren Namen im Januar 1946 in „Christlich Demokratische Union", abgekürzt CDU (Willy Timm: Unna im demokratischen Wiederaufbau). Der spätere CDU-Landtagsabgeordnete Gerhard Krampe hat die Geschichte der CDU in Hamm in einem Buch zusammengefaßt. Wie er berichtete, wurde zur Vorbereitung der Parteigründungen von politisch Verantwortlichen ein Ausschuß bildet, dem je drei Mitglieder des früheren Zentrums, der SPD und der KPD angehörten. Für das Zentrum wurden Konrad Rüther, Gerhard Krampe und Josef Wüste benannt, für die SPD Heinrich Holsträter, Heinrich Reinköster und Leo Radtke und und für die KPD Berkemeier, Adler und Frittgen. Ende Mai tagte dieser Ausschuß erstmals im Lokal Ringhoff, gab seine Tätigkeit aber nach zwei weiteren Treffen auf.

Mit Arbeitersekretär Willi Deist (Bockum-Hövel) trafen sich Gerhard Krampe, Konrad Rüther, Johannes Kunz, Johannes Westemeyer und Eduard Knickenberg, um über eine Neubelebung der katholischen Arbeitervereine, zugleich aber auch über die Neuformierung des politischen Lebens zu beraten. In das Gespräch am 16. Juni 1945 im Pfarrhaus in Herringen wurde auch Prälat Dr. Caspar Schulte einbezogen, der davon abriet, das katholisch geprägte Zentrum in der alten Form wieder aufleben zu lassen. Vielmehr solle versucht werden, beide christlichen Konfessionen parteipolitisch zu einigen. Gespräche mit Superintendent Friedrich Torhorst und Dechant Hermann Brück brachten ein positives Echo. Schon am 5. August trafen sich die Vorstände der katholischen und evangelischen Arbeitervereine im Marienhospital. Von einer vorbereitenden Besprechung zur Gründung einer christlich demokratischen Partei am 26. August 1945 liegt ein Protokoll vor. Als Teilnehmer werden darin Gewerkschaftssekretär Ferdinand Poggel, Rektor i. R. Josef Weidekamp, Arbeitersekretär Paul Schamer, Buchdrucker Johannes Kunz, Superintendent Friedrich Torhorst, Bauleiter Albert Warlich, Hüttenbeamter Ernst Glauner, Apotheker Emil Cobet, Metallarbeiter Ebbering und Justizoberinspektor Walter Thoene aufgezählt.

Poggel ging zunächst auf die allgemeine politische Lage ein und warnte davor, in den alten Fehler des Parteihaders zu verfallen. Das vordringliche Gebot der Stunde sei deshalb die Zusammenarbeit der katholischen und evangelischen Christen in einer gemeinsamen Partei. Einstimmig wurden die Delegierten Glauner, Cobet, Poggel und Weidekamp zur Teilnahme an der Gründungsversammlung der Christlich Demokratischen Partei am 2. September in Bochum benannt.

Bei der CDP gab es Probleme, nachdem die Militärregierung die Gründungsversammlung in Bochum am 2. September für nichtig erklärt hatte. Die Unsicherheit dauerte jedoch nur wenige Tage. Am 15. September 1945 wurde durch die Verordnung Nr. 12 der Militärregierung eine „politische Tätigkeit in beschränktem Maße" möglich gemacht. Die Wiederzulassung politischer Parteien war in der sowjetischen Besatzungszone bereits am 10. Juni 1945 und in der amerikanischen Zone am 27. August 1945 erfolgt. Die britischen Besatzungsbehörden taten sich schwerer mit der Genehmigung.

Am 23. September war es dann auch bei den Christlichen Demokraten in Hamm so weit. In einer Versammlung im evangelischen Gemeindehaus an der Alleestraße wurde die Gründung der CDP beschlossen. Unter dem Vorsitz von Rektor i. R. Weidekamp wurden Johann Westemeyer, Emil Cobet, Willi Peters, Richard Diehl, Karl Stichmann, Konrad Rüther und Rudolf Teigelkamp in den vorläufigen Vorstand gewählt. Unverzüglich erfolgte dann die Bildung der Ortsparteien in den Stadtteilen. Vorsitzende wurden Johann Westemeyer (Drahtzieher bei der Westfälischen Union) in der Stadtmitte, kaufmännischer Angestellter Konrad Rüther in Hamm-Norden, Vorarbeiter Gerhard Krampe in

Hamm-Süden, Prokurist Josef Geißler in Hamm-Osten und Drahtzieher Josef Wüste in Hamm-Westen.

Ein Treffen in Hagen am 13. Oktober 1945 wird als die Geburtsstunde der Liberal Demokratischen Partei (LDP) angesehen, die offiziell am 20. November 1945 in Dortmund gegründet wurde (Willy Timm: Unna im demokratischen Wiederaufbau). Der Name FDP (Freie Demokratische Partei) setzte sich Mitte Januar 1946 nach längerer Diskussion durch. Schon im November 1945 rief die Liberal-Demokratische Partei in Hamm mit einer Anzeige im Mitteilungsblatt „alle ehemaligen Mitglieder sowie Neuanmeldungen" auf, sich an die vorläufige Geschäftsstelle im Klosterkeller an der Oststraße zu wenden, wo jeden Dienstag, Donnerstag und Samstag von 17 bis 19 Uhr Mitglieder aufgenommen und Auskünfte erteilt wurden.

Die in Hamm nicht sehr erfolgreiche KPD konstituierte sich am 14. Oktober 1945. Im Stadtarchiv findet sich ein Schreiben des KPD-Sekretärs Johannes Knittel an den Oberbürgermeister der Stadt Hamm, in dem mitgeteilt wird, daß dem KPD-Vorstand neben dem Politischen Sekretär Knittel F. Gerling als Sekretär für Gewerkschaften, H. Schulte als Sekretär für Handel und Wirtschaft, W. Kuttge als Sekretär für Kommunalfragen und der Bildhauer Lutz Ante als Sekretär für Kulturfragen angehören. Knittel bittet den OB, „die Führung unserer Partei bei der Lösung von Fragen, die das Allgemeinwohl angehen, rechtzeitig heranzuziehen" und versichert: „Unsere Partei wird stets bemüht sein, aufrichtige Bemühungen zur Errichtung eine demokratischen, antifaschistischen Verwaltungsapparates zu unterstützen."

Im November 1945 kurz notiert

- *Färben von Uniformen. Alle hiesigen Inhaber von noch nicht gefärbten Uniformstücken der ehemaligen deutschen Wehrmacht haben sich zur Entgegennahme einer Dringlichkeitsbescheinigung bis zum heutigen Sonnabend, 24. November, bei der Stadtverwaltung zu melden. Bis zum 30. November müssen alle Uniformen gefärbt sein. Marine- und Luftwaffenuniformen können ohne vorheriges Umfärben als Zivilkleidung getragen werden. Es ist jedoch erforderlich, daß der Uniformstil nach Umarbeitung nicht mehr zu erkennen ist. Aufgesetzte Taschen und Achselstücke sind zu entfernen und Jacken und Mäntel sind mit Revers wie bei den üblichen Zivilanzügen zu versehen.*

- *Grünanlagen wurden 1945 als Gartenland an Privatleute verpachtet. Im Verwaltungsbericht ist nachzulesen, daß es auf einer Fläche von 40 Morgen 400 Kleingärten gab und pro Familie 250 qm zur Verfügung standen. Den Pächtern wurde 1949 gekündigt und im Frühjahr 1950 mit der Wiederherstellung der Grünanlagen begonnen.*

Ohne Seife keine gute Milch

Viele Straßen mußten umbenannt werden

Wie in der Stadt Hamm wurden auch in den umliegenden Städten, Ämtern und Gemeinden Bürgermeister berufen und Bürgerräte eingesetzt. Die umfangreichste Chronik über diese Zeit hat der frühere Amtsdirektor Walter Schüerhoff über das Amt Rhynern in einem Buch zusammengestellt, in dem er die wichtigsten Ereignisse aus den Jahren 1939 bis 1967 erfaßt hat. Er geht darin auch auf die erste Sitzung des Vertrauensausschusses am 26. Juli 1945 ein, die der am 23. 4. 45 als Amtsbürgermeister eingesetzte Landwirt und Auktionator Franz Sasse (Rhynern) leitete. Die Gemeinden wurden durch August Altrogge (Ostwennemar), Fritz Heitsch (Werries), Wilhelm Korte (Uentrop), August Ostermann (Wambeln), E. Schulze-Buxloh (Bramey-Lenningsen), Rübenacke (Osterflierich), Wilhelm Schumacher (Rhynern), Paul Mentrop (Osttünnen), Dr. Beckmann (Hilbeck) und Theodor Sasse (Berge) vertreten.

Einziger Punkt der Tagesordnung war die Bildung des Sparkassenvorstands, doch wurde auch bekanntgegeben, daß ohne Genehmigung der Besatzungsbehörde keine Versammlungen stattfinden durften und Ansammlungen auf der Straße verboten waren. Klage wurde darüber geführt, daß es seit drei Monaten im Amt Rhynern keine Seifenzuteilung mehr gegeben hat, während die Bevölkerung in Hamm laufend versorgt worden sei. Den Bauern sei es unter diesen Umständen unmöglich, hygienisch einwandfreie Milch zu liefern.

Für den Bürgerrat der Gemeinde Pelkum im Jahr 1945 notierte Ortsheimatpfleger Hans Mansberg die Namen Winner, Alfred Siepmann, Leusmann, Göbel und Scholten. Unterlagen über einen Bürgerrat für das Amt Pelkum liegen nicht vor. Als Amtsbürgermeister, der damit zugleich Verwaltungschef war, hatte Militärkommandant Captain Bermant, der auf Heinrich Robert residierte, am 11. April 1945 den damaligen Amtsoberinspektor Alfred Güldenhaupt ernannt. Wie Güldenhaupt berichtete, war er damit einer der ersten, die nach dem Krieg mit dem Auto durch das Pelkumer Amtsgebiet fahren durften. Der junge Beamte hatte vor allem den Wunsch, das Pelkumer Amtshaus zu erhalten, das von Besatzungstruppen belegt war. Es gelang ihm, die in die Schillerschule ausgesiedelte Verwaltung dorthin zurückzuholen.

Der spätere Beigeordnete des Amtes Pelkum erinnerte sich noch gut an die ersten Tage nach Kriegsende, als Versammlungen verboten, Kinos, Sparkassen und Banken geschlossen waren und die Straßen von zivilem Verkehr freigehalten werden mußten. Am 8. Mai wurde die Verdunkelungsvorschrift aufgehoben und angeordnet, daß sämtliche Straßen, die Namen politischer Führer trugen, umbenannt werden mußten. Ausgetauscht wurden nicht nur die Straßennamen, sondern auch zahlreiche Verwaltungsmitarbeiter. Von insgesamt 133 Beschäftigten wurden zwölf Beamte und 41 Angestellte aus politischen Gründen entlassen und acht Beamte in den Ruhestand versetzt. 34 Mitarbeiter, überwiegend Frauen, verloren ihren Arbeitsplatz, weil sie ihn Kriegsversehrten überlassen mußten.

Güldenhaupt mußte sein Amt im Juli 1945 auf Anordnung der Militärregierung an Adolf Heibert abgeben. In den 17 Gemeinden des Amtes Pelkum wurden Bürgermeister eingesetzt. In den heute zu Hamm gehörenden Gemeinden waren das Friedrich Drees (Lerche), Alfred Winner (Pelkum), Wilhelm Lange (Weetfeld), Karl Osterbrauck (Wiescherhöfen), Emil Brand (Sandbochum) und Fritz Geisler (Herringen).

Geisler hatte, wie aus den im Stadtarchiv vorhandenen Protokollen hervorgeht, bei der Amtsübernahme einige Schwierigkeiten. Sein Amtsvorgänger Karl Rüter ließ sich nicht sehen. Geisler fand am 8. Juni 1945 im Bürgermeisterbüro lediglich ein Schreiben ohne Unterschrift vor, in dem es hieß: „Auf Anordnung der Militärregierung übergebe ich mit dem heutigen Tage meine Dienstgeschäfte als Bürgermeister der Gemeinde Herringen dem Herrn Fritz Geisler. Ich händige ihm Amtssiegel und die letzten Akten aus. Die übrigen Akten und das Mobiliar befinden sich in der Jahnschule.“ Von Verwaltungsmitarbeiterin Fr. hörte Geisler, daß Rüter geschäftlich verhindert sei. Sie selbst erfuhr von dem neuen Bürgermeister, daß sie aus politischen Gründen in der Gemeindeverwaltung nicht mehr tragbar sei. Wie Geisler protokollierte, wurde sie später von der Militärregierung im privaten Dienst als Dolmetscherin eingesetzt.

Anfang 1946 kurz notiert

- *Eisen, Lumpen, Knochen und Papier wurden während des Krieges und in der ersten Nachkriegszeit gesammelt. Da der Sammeleifer zu wünschen übrig ließ, forderte zum Beispiel die Amtsverwaltung Pelkum die Lehrer auf, Schulkinder zum Sammeln von Knochen anzuhalten. Besonders großer Sammeleifer wurde, wie aus einer Mitteilung vom 13. Februar 1946 hervorgeht, durch die Ausgabe von „Prämienseife“ belohnt.*

- *Im April 1946 standen für den Reiseverkehr in Hamm lediglich 16 Hotelbetten zur Verfügung, deshalb beantragte Hotelpächter Theodor Schmidt (Heessen) die Einrichtung eines Hotels im Bunker an der Ostenallee.*

- *Kameras mußten nach dem Krieg an die Besatzung abgegeben werden. Am 9. Februar 1946 wurde mitgeteilt, daß die Benutzung von Kameras wieder erlaubt, das Fotografieren von militärischen Einrichtungen jedoch verboten war.*

Briten machten kurzen Prozeß

Russe als Warnung für andere in der Post erschossen

Interessante Aufzeichnungen über das Kriegsende und die ersten Nachkriegsmonate liegen bei der Hammer Post vor. Postrat Krüper, von 1938 bis 1949 Amtsvorsteher in Hamm, hat die wichtigsten Ereignisse schriftlich festgehalten. Wie er berichtete, waren noch am Karfreitag 1945 ein deutscher Offizier und zwei Feldwebel mit dem Auftrag zu ihm gekommen, die Reste des durch Bomben schwer beschädigten Hauses mit den wertvollen Fernsprecheinrichtungen in die Luft zu sprengen. Es gelang jedoch, sie von diesem Vorhaben abzuhalten. Am Ostersonntag, 1. April 1945, hatten deutsches Militär und Volkssturm die Postgebäude noch besetzt und, wie aus zurückgebliebenen Patronenhülsen, Handgranaten und Einschlägen von Gewehrkugeln zu schließen war, heftigen Widerstand geleistet.

Als Krüper mit mehreren Mitarbeitern am Morgen des 5. April zum erstenmal nach fünf Tagen und sechs Nächten den Bunker am Westentor verlassen durfte und das Postamt wiedersah, war er erschüttert. Es gab im Haus kaum noch eine Tür. Alle Schränke waren aufgebrochen und geplündert. Freigelassene russische Kriegsgefangene gingen ein und aus und nahmen mit, was ihnen gefiel. Sie machten sich vor allem über mehr als 10 000 Pakete her, die in der Packkammer gestapelt waren. Krüper: „Im Beisein amerikanischer Soldaten wurden diese geplündert, in Postsäcke gesteckt und abgeschleppt. Als ich als Amtsvorsteher dazwischentrat und einen amerikanischen Posten fragte, wer die Erlaubnis zum Plündern gegeben habe, wurde ich in feindlicher Haltung in deutscher Sprache angefahren: ‚Weißt Du nicht, was Ihr in Polen und Rußland gemacht habt? Scher Dich fort!' Am folgenden Tag rückte englisches Militär in die Stadt ein. Eine Bitte an den englischen Oberst, dem Plündern der Russen Einhalt zu gebieten, hatte Erfolg. Es rückten sechs bewaffnete Soldaten in die Durchgangspackkammer ein und vertrieben mit mehreren Warnschüssen die plündernden Russen, deren Zahl auf mehrere Hundert angewachsen war. Ein Russe wurde an der Eingangstür zur Packkammer durch Kopfschuß als warnendes Beispiel niedergeschossen. Als die Plünderer die englischen Soldaten kommen sahen, drangen sie von der Eilgutabfertigung aus in die Packkammer ein, warfen mehrere Kanister Benzin in die Pakete und verwandelten für zwei Tage die ganzen Tunnelanlagen in ein Meer von Feuer und Rauch. Zu retten war nichts mehr."

Krüper und seine Mitarbeiter gingen zunächst daran, mit Altmaterial aus den Trümmern und Rollglas, das damals überall die Fensterscheiben ersetzen mußte, das Postamt wieder verschließbar zu machen.

Durchfahrende amerikanische Einheiten benutzten die Räume der Post im Mai 1945 häufig als Unterkunft. „Gewöhnlich waren dann am nächsten Morgen Schränke und Spinde aufgebrochen, Bücher, Akten und Sendungen lagen regelmäßig verstreut auf dem Fußboden“, hält Postrat Krüper in seiner im Oktober 1948 verfaßten Chronik fest. „Mitte Mai richtete die englische Militärregierung eine ständige bewaffnete Wache im Postamt ein. Eine gewisse Sicherheit war dadurch gegeben, eine unangenehme Erscheinung aber insofern damit verbunden, als die Wachhabenden in fast jeder Nacht fragwürdige weibliche Gesellschaft um sich versammelt hatten.“

Mit der Eroberung der Stadt war der gesamte Post- und Fernmeldeverkehr zum Erliegen gekommen. Als erstes wurde am 18. Mai 1945 der Postsparkassendienst wieder aufgenommen. Gleichzeitig konnten die Invaliden- und Unfallrenten aus den zurückliegenden Monaten ausgezahlt werden. Mitte Juni durften mit Einverständnis des britischen Stadtkommandanten Ortsbriefsendungen zugestellt und mit der Wiederherstellung des zerstörten Ortskabelnetzes begonnen werden. Am 15. Juni 1945 erschienen die ersten Freimarken der Militärregierung. Die vorhandenen Briefmarken aus der Nazizeit mit dem Hitler-Bild wurden vernichtet. Postamtmann Norbert Droste, als passionierter Briefmarkensammler mit dieser Materie bestens vertraut, weiß, daß diese Marken in der damaligen Ostzone geschwärzt und weiterverwendet wurden. In der britischen und amerikanischen Zone wurden sogenannte AM-Briefmarken von der Besatzungsmacht zur Verfügung gestellt. Die Bestände waren aber immer knapp, wobei vermutet wurde, daß in der Reichsmarkzeit Spekulanten glaubten, später einmal aus dem Verkauf an Philatelisten große Gewinne erzielen zu können. Sie hatten sich darin allerdings getäuscht.

In Hamm wie auch in einigen anderen Postämtern wurden im Dezember 1945 Sendungen per Barfreimachung am Schalter verschickt und schließlich so etwas ähnliches wie eigene Marken herausgegeben. Dabei handelte es sich um Zettel mit dem Stempelaufdruck „Gebühr bezahlt“ und dem Dienststempel sowie dem handschriftlich vermerkten Gebührenbetrag. Strenge Kontrollen stellten sicher, daß keine Beträge veruntreut werden konnten. Wie Amtsvorsteher Krüper festhielt, wurden insgesamt Portokosten in Höhe von 1 800 Reichsmark auf diese Weise eingenommen. Mit der Briefmarkenknappheit mußten die Postbediensteten lange leben. Beispiele für die Barfreimachung liegen noch aus dem Jahr 1948 vor.

Mit Genehmigung der Militärregierung wurde am 26. Juni 1945 der Ortsfernsprechdienst wieder aufgenommen. Staatliche und städtische Dienststellen, Ärzte und Krankenhäuser, Banken und Firmen waren die ersten, die mit einem Anschluß rechnen konnten. Über den neuesten Stand berichtete wöchentlich das Mitteilungsblatt der Militärregierung.

In Hamm gab es zu dieser Zeit nicht nur vierstellige, sondern auch einstellige Telefonnummern. Die Maschinenfabrik Banning zum Beispiel hatte die Rufnummern 1 und 2. Daß das oft zu Schwierigkeiten beim „Fräulein vom Amt“

führte, berichtet Fabrikant Werner Banning. Er hatte, als sich das Leben wieder ein wenig normalisiert hatte, regelmäßig Probleme, wenn er von außerhalb ein Gespräch zu seiner Firma nach Hamm anmeldete. Die Damen in der Vermittlung wollten partout nicht glauben, daß es einen Anschluß mit der Nummer 1 oder 2 geben könne.

Post-Chronik als Kriegsbeute

Ab 10. August 1945 wieder Briefkasten-Leerung

Es gibt kaum eine Behörde in Hamm, in der über die Ereignisse der ersten Nachkriegsmonate und -jahre so sorgfältig Buch geführt worden ist, wie bei der Post. Amtsvorsteher Krüper hat handschriftlich auch diesen Vorgang festgehalten: „Anfang Juli 1945 (eines sonnabends) nach Schalterschluß gegen 17 Uhr quartierte sich eine Abteilung amerikanischer Soldaten im Schaltervorraum ein. Als der Amtsvorsteher gegen 18 Uhr in die Diensträume kam, waren die Soldaten dabei, alle Schubladen, Schränke, Wertgelasse und alle verschlossenen Diensträume aufzubrechen. Briefmarken, Geld, in Schreibtischen der Stellenvorsteher usw. aufbewahrte Privatsachen (Uhren, Brillen, Briefbeschwerer und alles, was den Soldaten gefiel) wurde als Souvenir geklaut. Für manchen der Beamten handelte es sich um wertvolle Andenken. Auch die in langer, mühevoller Arbeit aufgestellte Chronik der Postämter, die in einem verschlossenen Schreibtisch aufbewahrt wurde, erschien den sammelnden Soldaten der schönen Mappe wegen des Mitnehmens wert. Ob die Chronik oder nur die hübsche Mappe in Amerika gelandet ist, läßt sich leider nicht feststellen."

Ungeachtet dieser und anderer Zwischenfälle wurde in den Sommermonaten 1945 die Leistungspalette der Post nach und nach wieder ausgebaut. Erstmals nach Kriegsende konnten am 10. August 1945 Briefkästen — allerdings erst nur an 17 Stellen — geleert werden. Auch die Schließfächer wurden erneut in Betrieb genommen. Es wurden das Zweigpostamt Hamm 4 am Kurhaus und Poststellen beim Kaufmann Palsherm an der Wilhelmstraße und bei Schöpper an der Werler Straße als Ersatz für das zerstörte Postamt Hamm 2 eröffnet. Immerhin dauerte es aber noch bis zum 20. Oktober 1946 (!), ehe die besiegten Deutschen wieder Ansichtspostkarten innerhalb der vier besetzten Zonen verschicken durften und eine Eilzustellung möglich wurde.

Internationale Briefverbindungen — allerdings nur für Privatbriefe — gab es, mit Ausnahme von Japan und Spanien, vom 5. Mai 1946 an. Die Ende 1944 eingestellte Paketzustellung wurde erst am 1. Juni 1947 aufgenommen. Die

Freude war jedoch von kurzer Dauer. Der neue Service mußte schon im September 1947 mangels einsatzfähiger Fahrzeuge abgeschafft werden. Er funktionierte erst nach der Währungsreform wieder.

Der Ortsfernsprechdienst lief am 26. Juni 1945 wieder an. Ab 11. Oktober konnten über je zwei Leitungen erstmals Ferngespräche nach Dortmund, Arnsberg, Menden und Meschede geführt werden. Der internationale Telegraphen- und Fernsprechdienst war erst ab 7. Januar 1946 wieder intakt — mit Ausnahme der russischen Besatzungszone. Inzwischen war die Zahl der Mitarbeiter in der Fernsprechdienststelle von 30 im Juni 1945 auf etwa 100 am 25. September 1946 gestiegen. Sie sorgten dafür, daß 1 700 Fernsprechteilnehmer in Hamm telefonieren konnten. Noch war die Stadt an der Lippe aber von der großen, weiten Welt ausgeschlossen. Internationale Fernsprechverbindungen und Telegramme waren erst nach dem 1. April 1947 wieder möglich.

Wachdienste schützten Gartenbeete

Alle Einwohner mußten sich registrieren lassen

Ende Juni 1945 ordnete die Militärregierung eine sofortige Registrierung aller im Stadtgebiet wohnenden Personen an. Zu diesem Zweck wurden Meldezettel an die Haushalte verteilt. Es gab zwei Vordrucke, von denen einer an der Haustür, geschützt gegen Beschädigungen oder Witterungseinflüsse, angebracht werden mußte. Der andere hatte bis zum 6. Juli beim Einwohnermeldeamt vorzuliegen, das bis auf weiteres an Wochentagen von 8 bis 20 Uhr und sonntags von 10 bis 20 Uhr besetzt war.

Nachdem der Reiseverkehr angelaufen war, wurden nach und nach auch die Straßenbahnlinien wieder eingerichtet. Am 30. Juni 1945 teilten die Stadtwerke mit, daß die erste befahrbare Straßenbahnlinie in Hamm von der Augustastraße bis zur Fangstraße in Pelkum führt und die Wagen im Abstand von 20 Minuten verkehren. Eine weitere Verbindung wurde im 40-Minuten-Rhythmus zwischen Augustastraße und Endstation Herringen angeboten.

In den Kirchen wurden wieder Gottesdienste gefeiert, soweit die Gebäude noch erhalten waren oder notdürftig wieder instandgesetzt werden konnten. Die Gemeinde der Pauluskirche traf sich zum Gottesdienst in der Sakristei oder im Oberlandesgericht, dem heutigen Rathaus. Die katholische St. Agnes-Gemeinde feierte in der Christkönigkapelle im Marienhospital an der Nassauerstraße und die Liebfrauengemeinde in einer Notkapelle an der Werler Straße 81 oder ebenfalls im Marienhospital, bevor das alte Vereinshaus an der Alleestraße in Eigenhilfe der Gläubigen als Notkirche eingerichtet war. Else Bennemann erinnert sich, daß die Christuskirche im Westen mit Planen notdürftig gegen Regen abgedeckt war und dort auch Besatzungssoldaten am Gottesdienst teilnahmen.

Die Stadtverwaltung hatte angeordnet, daß jedes freie Stück Land als Gemüsegarten genutzt werden sollte. Die Bürger ließen sich das nicht zweimal sagen. Else Bennemann berichtete, daß selbst Teile des Kurparks und beispielsweise die Wiese hinter der Christuskirche in Gärten aufgeteilt wurden. Bennemanns hatten das Glück, einen der per Losentscheid vergebenen Gärten der späteren Kleingartenanlage Sonnenblick zu bekommen, die unter der Regie des benachbarten „Heidefriedens" auf einem Gelände am Hafen eingerichtet wurde, auf dem während des Krieges Fesselballons zur Abwehr feindlicher Bomberverbände stationiert waren. Natürlich gab es weder Bäume noch Sträucher zu kaufen. Sie wurden gegen Raucherkarten eingetauscht. Tauschen war überhaupt jahrelang das Gebot der Stunde. „Tausche guten Morgenrock gegen kräftigen Karnickelbock", lautete eine Zeitungsanzeige, die Friedrich Beier bis heute nicht vergessen hat. Er zitiert einen plattdeutschen Reim, der während der letzten Kriegsjahre im Flüsterton die Runde machte: „Heil unserm Führer, de Butter werd immer dürer, bald gifft'n lausigen Krach, dann sächt se all wier guden Dach!"

Getauscht wurde einfach alles, wobei neben Nahrungsmitteln Drahtglas zur Abdichtung der zerstörten Fenster oder Zementdachpfannen aus Eigenproduktion besonders gefragt waren. Neue Steine waren natürlich nicht zu bekommen. Man suchte die besten Stücke aus den Trümmerbergen und pickte den Mörtel ab. Beier weiß noch, daß die Mitglieder des Kleingartenvereins Heidefrieden sich in den Resten des Landratsamts am Westentor trafen, um Steine zu picken, mit denen sie ihr Vereinsheim wieder aufbauen wollten.

Zur Erntezeit hatten es die Kleingärtner nicht leicht, die Erträge ihres Fleißes in die eigene „Scheuer" zu bringen. Um nächtlichen Dieben das Handwerk zu legen, wurden Wachdienste eingerichtet. Aber auch so etwas passierte in diesen Zeiten des Hungers: Bei einem Nachbarn von Bennemanns in der Anlage an der Dortmunder Straße fehlten eines Morgens zwei Köpfe Salat. Auf dem Platz eines jeden von ihnen lag ein Groschen, mit dem der hungrige Dieb seinen Einkauf bezahlte. Weil Pflanzgut knapp war, wußten sich die Gärtner zu helfen: Kartoffeln wurden durchgeschnitten. „Die eine Hälfte haben wir gegessen, die andere mit den Keimen gepflanzt", erzählt Else Bennemann.

Parlamente wurden eingesetzt

Oberbürgermeister zunächst auch Verwaltungschef

Oberbürgermeister Josef Schlichter hatte kein leichtes Amt übernommen. In einer weitgehend zerstörten Stadt mußte nahezu alles neu geregelt, installiert und aufgebaut werden. Das galt nicht zuletzt für die Gemeindeselbstverwaltung, eine Disziplin, die die Deutschen nach zwölfjähriger Diktatur neu einüben mußten. War zunächst der Oberbürgermeister nicht nur Vorsitzender des Bürgerrats, sondern zugleich Chef der Stadtverwaltung, so strebte die britische Militärregierung schon bald eine Gewaltentrennung an. Bereits in seiner Sitzung vom 26. September 1945 befaßte sich der Hammer Bürgerrat mit diesen Plänen.

Oberbürgermeister Schlichter berichtete von dem Vorhaben der britischen Militärregierung, in allen Städten, Gemeinden und Kreisen gewählte Parlamente als Kontrollorgane für die Verwaltungen einzusetzen. Als erster Schritt dazu sollten Stadt- und Gemeindevertretungen ernannt werden.

Dieses Gremium sollte in Hamm aus dem Oberbürgermeister als Vorsitzendem und 30 Ratsmitgliedern bestehen. Dabei sollten alle Interessen vertreten sein, nicht nur politische Parteien, sondern auch Gewerkschaften, Handel und Handwerk, Katholiken und Protestanten. Vorgesehen waren zwei Vertreter von Handel und Industrie, zwei des Handwerks, drei der Konfessionen, zwei der Hausbesitzer, zwei der Mieter, drei des Zentrums, drei der SPD, vier der Gewerkschaften, zwei der KPD, zwei der Landwirtschaft, einer der Finanzen sowie zwei Beamte und zwei Angestellte.

Ungeklärt blieb zunächst die Stellung des Oberbürgermeisters und des Oberstadtdirektors. Entsprechend der früheren Bürgermeisterverfassung wurde von der Militärregierung in Erwägung gezogen, daß der Oberbürgermeister Vorsitzender der ehrenamtlichen Stadtvertretung sein und zugleich hauptamtlich als höchster Beamter die Geschäfte der Stadt führen solle. Von dieser Regelung wurde jedoch in der britischen Besatzungszone schon sehr bald wieder abgegangen und das Amt des Oberstadtdirektors als Chef der Stadtverwaltung eingerichtet. Der Oberbürgermeister übernahm diese Aufgabe ehrenamtlich.

Berufsschulen als erste in Betrieb

Städtische Gymnasien hatten Zwangspause bis März

Ein besonderes Kapitel war die Wiedereröffnung der Schulen, die wegen der dauernden Bombenangriffe im Herbst 1944 geschlossen worden waren. In der Neuen Westfälischen Zeitung, deren erste Ausgaben Brandt von Renteln in Hamm aufbewahrt, veröffentlichte die Alliierte Militärbehörde im Juni 1945, daß jeder Unterricht, außer auf religiösem Gebiet, in Deutschland verboten sei. Es heißt in der Verordnung: „Die Schulen werden wiedereröffnet, sobald die deutschen zivilen Behörden ihre Vorbereitungen, mit denen sie beauftragt wurden, beendet haben und Erlaubnis vom obersten Hauptquartier eingeholt worden ist. Die ersten vier Jahrgänge der Grundschulen werden zuerst wiedereröffnet.“

Ganz so, wie sich die Militärs das vorgestellt hatten, verlief die Entwicklung aber nicht. In der Stadt Hamm zum Beispiel wurden als erste die Berufs- und Berufsfachschulen eröffnet, wobei die Höhere Handelsschule am 17. September 1945 den Anfang machte. Nach den im Stadtarchiv vorhandenen Unterlagen folgte am 23. Oktober die Katholische Schule im Westen. Für alle anderen Volksschulen zog sich die Eröffnung bis zum 21. Januar 1946 hin, am gleichen Tag nahm die Marienschule, die mit einer Klasse schon im November begonnen hatte, sowohl als Mittelschule wie auch als private Oberschule für Mädchen ihren Betrieb auf. Sie wurde von den Schwestern der Göttlichen Vorsehung geleitet. In Absprache mit der Stadt, die den Ordensfrauen dafür die Ausbildung der Kindergärtnerinnen (heute Fachschule für Sozialpädagogik) überließ, bestand die Oberschule aber nur bis zum Sommer 1946.

Am 16. August wechselten die Schülerinnen entweder in die Marien-Mittelschule oder zur Städtischen Oberschule für Mädchen über. Sie wurde ebenso wie das Staatliche Gymnasium am 5. März und die Städtische Oberschule für Jungen am 13. März in der ehemaligen Infanteriekaserne (heute Paracelsus-Kaserne) im Hammer Osten eingerichtet, wo auch die Stadtverwaltung untergebracht war. Der Unterricht erfolgte im Schichtbetrieb für Jungen und Mädchen abwechselnd vormittags oder nachmittags.

Zum Tag der Schuleröffnung im Herbst 1945 hatte Regierungspräsident Fritz Fries einen Aufruf erlassen, der in Zusammenkünften der Lehrkräfte und der Eltern verlesen wurde. Der frühere Lehrer und heutige Ortsheimatpfleger von Pelkum, Hans Mansberg, hat den Text im Original aufbewahrt. „Ein bedeutungsvoller Tag hat Sie heute zusammengeführt, der bedeutungsvollste wohl, den man sich denken kann, lege ich doch in Ihre Hände das wertvollste Gut, das wir besitzen, die Herzen unserer Jugend", erklärte Fries. Als Grundlage der Arbeit forderte er die Reinheit des Wollens, den Mut zur Wahrhaftigkeit und die Kraft zum Bekenntnis. „Wir stehen nicht nur an den Trümmern unserer Habe, sondern auch an den Scherben unseres Geisteslebens", gab der RP zu bedenken und beklagte: „Das ist das Furchtbare, daß wir eine solch dunkle Zukunft vor uns haben, daß nicht einmal zu erkennen ist, wie und wann sie sich erhellt. Niederschmetternder als alles ist die Erkenntnis, daß ein frevelhaftes System Schindluder mit unserer Jugend getrieben hat. Welch eine Verwirrung, welch ein Ausblick!"

Fries wies darauf hin, daß nicht nur eine Riesenkluft zwischen den Völkern aufgetan worden sei, sondern auch eine Riesenkluft zwischen Jugend und Alter, zwischen Elternhaus und Schule. Er appellierte an die Lehrer, frei zu unterrichten und sich dabei jederzeit der großen Verantwortung gegenüber Volk und Vaterland bewußt zu sein. Jeder Lehrer und jede Lehrerin müsse helfen, die deutsche Jugend wieder einzugliedern in die Reihen der Jugend der ganzen Welt. „Nichts darf mehr in Zukunft zu spüren sein von dem einengenden Geist der Nazi-Erziehung. Gott möge auch dem Elternhaus diesen neuen Geist geben", wünschte der Regierungspräsident.

In einem anderen Text wandte sich Fries an die Schüler. Darin heißt es unter anderem: „Über der Volksfamilie steht die Völkerfamilie. Dieser zu dienen ist gleich hohes Gebot, wie dem eigenen Volke dienstbar zu sein. Man kann es nur in Wahrheit, Freiheit und Gerechtigkeit. Strebt diesem Ziele zu! Ihr nützt Euch selbst damit, denn Ihr sollt einmal Träger des deutschen Staates sein, der wieder seinen Platz in der Menschheit einnimmt."

Übrigens . . .

. . . war Vergnügen gefragt in einer Zeit, in der die Menschen zwischen Trümmern lebten und kaum wußten, wie sie satt werden und sich wärmen sollten. Großen Zuspruch fand das „Theater des Westens", das am 15. Dezember 1945 im Lokal Drees-Tannenwald eröffnet wurde und als erstes Programm ein „Singendes und klingendes Varieté" anbot. „1 000 Takte Musik" gab es vom 26. bis 28. Dezember als Weihnachtsprogramm. Mit Hugo Klein und seinen Jazz-Symphonikern ging es vom 31. Dezember bis 6. Januar täglich schwungvoll ins neue Jahr. Ein wichtiger Hinweis fehlte nicht in der Anzeige in den Amtlichen Bekanntmachungen: Der Saal war geheizt.

Feierstunde zur Schuleröffnung

Liedbeiträge trugen den „Stempel der neuen Zeit"

Zu einer Aussprache über die im Krieg entstandenen Schäden kamen die Bürgermeister des Amtes Pelkum am 8. Juli 1945 im Pelkumer Amtshaus zusammen. Es wurde festgestellt, daß die Gemeinden Bergkamen und Wiescherhöfen besonders stark betroffen worden seien. Als Beigeordnete für die Amtsverwaltung wurden die Bürgermeister Hensen (Bergkamen), Herbert (Derne) und Osterbrauck (Wiescherhöfen) berufen.

Dem Herringer Bürgerrat gehörten Ludwig Hülshoff, Wilhelm Berkemeier, Fritz Dirkschnieder, Wilhelm Rosenberg, Karl Hoffmann, Willi Herrmann, Käthe Maletz, Heinrich Renninghoff, Walter Muthmann und Johann Pahl an. Er hatte am 27. August 1945 seine erste Sitzung. Dabei befaßte er sich auch mit einer Anweisung der Schulbehörde, die Schulen wieder herzurichten, da bald mit dem Unterricht begonnen werden sollte. Die Diesterwegschule war allerdings nicht zu benutzen. Sie war zeitweise von Kriegsgefangenen bewohnt gewesen und nicht nur stark beschädigt, sondern auch total verwanzt, sodaß die Räume desinfiziert werden mußten.

In Herringen wurden die Schulen am 27. September 1945 mit einer Feierstunde im evangelischen Gemeindehaus eröffnet, an der zwei Vertreter der Militärregierung teilnahmen. Der Rektor der evangelischen Schule, Fritz Högger, verlas die Aufrufe des Regierungspräsidenten, nachdem Bürgermeister Fritz Geisler auf die Bedeutung des Tages eingegangen war. Die Feierstunde wurde von Liedern und Chorälen umrahmt, die, wie es im Protokoll heißt, „den Stempel der neuen Zeit" trugen.

Aus der Ansprache des stellvertretenden Militärkommandanten wurde unter anderem festgehalten: „Die Wiedereröffnung der Schule heute kennzeichnet einen Zeitabschnitt in Eurem jungen Leben und im Leben der Gemeinde Herringen. Wir Engländer haben den weltweiten Ruf, unparteiisch, wirklich kameradschaftlich zu handeln. Es sind die Schulen Englands, denen wir den Weitblick im Leben verdanken. Im Augenblick sind viele von Euch noch zu jung, die Folgen des Weltkriegs, der gerade zu Ende gegangen ist, für Deutschland und die übrige Welt zu ermessen. Aber in den Händen der Lehrer, Kinder und der übrigen Jugend Deutschlands liegt die Zukunft Deutschlands.

Unterhosen kein Beweis

„Einkauf" im Keller des Bahnhofs hatte ein Nachspiel

Auch 45 Jahre nach Kriegsende hat Anna Z. die aufregenden Ereignisse des Sommers 1945 in lebhafter Erinnerung. Ihr Haus war im Krieg, während sie mit Mann und Sohn im Keller saß, von einer Bombe total zerstört worden. Am Viktoriaplatz wurde eine behelfsmäßige Unterkunft gefunden. 26 Familien drängten sich in diesem Haus zusammen. die Einnahme der Stadt durch die Amerikaner erlebten die Z. im Bunker. Als sie nach tagelanger Gefangenschaft endlich dort heraus konnten, fanden sie ihre beiden Zimmer besetzt. Alliierte Soldaten hatten Matratzen aus dem ganzen Haus zusammengetragen und ihr Nachtlager eingerichtet. Sie räumten aber das Feld, als die Bewohner zurückkamen.

„Wir hatten nur das Nötigste zum Leben", berichtet Anna Z., die beinahe noch mit dem Gesetz in Konflikt geraten wäre. Als sie eines Tages Menschen mit vollgepackten Bollerwagen nach der Herkunft ihres Reichtums fragte, erfuhr sie, daß diese Schätze im Keller des Bahnhofs zu finden seien. Kurzentschlossen machte auch sie sich mit einem Wägelchen auf den Weg. In den kniehoch überschwemmten Räumen gab es jede Menge Möbel, Stoffe und Lebensmittel. Sie raffte Seifenflocken, Kartoffeln und Zwiebeln an sich. Es gelang ihr auch, sich ein Stück Billardtisch-Bespannung zu sichern, das sich wenige Tage später in ein schmuckes Kostüm verwandelt hatte.

Monate danach hatte der kostenlose „Einkauf" ein Nachspiel. Ein Kripobeamter, in dessen Begleitung sich ein Unbekannter befand, schellte an der Haustür. Sie sei erkannt worden, als sie damals Dinge aus dem Keller abtransportiert habe, hieß es. Nun solle sie sagen, was das gewesen sei. Anna Z. berichtete von den Lebensmitteln und fand Verständnis bei dem Beamten, der dann aber den Kleiderschrank zu sehen begehrte. Bei der Durchsicht der wenigen Wäsche behauptete der Begleiter, daß „das da" seine Unterhosen seien. „Jetzt war ich obenauf", freut sich Anna Z. noch heute. Denn ihr Mann war klein und schmächtig, der Fremde aber groß und stark. Der Anblick der Hosen genügte, eine Anprobe erübrigte sich. Die Untersuchung war beendet.

Gegen „fringsen" hatte keiner was

Bundesbahner erinnern sich an die Nachkriegszeit

Wenn ehemalige Kollegen zusammenkommen, haben sie immer viel zu erzählen. Ganz besonders natürlich dann, wenn sie inzwischen pensioniert sind und umso lieber in Erinnerungen schwelgen. Albert Bennemann hatte die Idee, seine Mitstreiter von der Bundesbahn zu einem Wiedersehen mit dem ehemaligen Betriebsamtsvorstand und jetzigen Bundesbahndirektor I. R. Fritz Knikkenberg (80), der dazu eigens aus Kassel anreiste, einzuladen. Bennemann, bei Kriegsende Reichsbahn-Sekretär, fand offene Ohren bei Georg Gerdes, Wilhelm Enste, Wilhelm Köstering, Karl Prenger, Jakob Krüger und Friedrich Beier, die 1945 als Brückenbauer, Reichsbahn-Inspektor, Bahnpolizist, Arbeiter, Hilfsweichenwärter, Rottenführer oder Wasserbauer Dienst taten. Mit von der Partie waren auch die damaligen Junghelfer Heinz Kruse und Wilhelm Wiebusch, mit 58 und 59 Jahren Benjamine im Kreis der heute 63- bis 84jährigen. Sie waren alle dabei, als am 15. Mai 1945 die Hammer Eisenbahner aufgerufen wurden, sich in der Bahnhofshalle zu treffen. Wiebusch: „Es war ganz komisch. Sonst hatte es bei Dienstversammlungen immer „Heil Hitler" geheißen, jetzt sagte der Amtsvorstand: „Guten Morgen, Leute. Ich glaube, wir wissen alle, daß wir den Krieg verloren haben." Zunächst war nicht daran zu denken, daß jeder die gewohnte Tätigkeit wieder aufnahm. Ob Sekretäre oder Oberzugführer, es mußten erst einmal alle in die Rotte, um die wichtigsten Gleise wiederherzustellen.

In den Hammer Bahnanlagen gab es teilweise bis zu 90 Gleise nebeneinander, doch bestanden fast alle nur noch aus verbogenen Schienen und Bombenlöchern. Da war Betriebsamtsvorstand Knickenberg froh, wenigstens 13 Durchfahrtgleise wieder herrichten zu können. Das Oberkommando hatten bei der Bahn die Amerikaner, für die ein Wohnzug auf Gleis 1 bereitstand. „Ich wußte, daß der Krieg zu Ende ging und hatte fleißig Vokabeln geübt", erzählt Knikkenberg, der sich deshalb gut mit Colonel Born aus „Hörn" (Herne) verständigen konnte. „Bei den ersten Gesprächen standen immer Bewacher mit dem Gewehr im Anschlag dabei", macht der ehemalige Bahnchef die gespannte Situation deutlich. Erst als er sein Leben dafür verbürgte, daß kein Eisenbahner Sabotage betreiben würde, ging es ziviler zu.

Es mußte hart gearbeitet werden. Der ehemalige Rottenführer Jakob Krüger weiß noch heute, daß in den Bahnhofsanlagen insgesamt 137 Waggons voller Schrott abgefahren werden mußten. Jeder war hungrig. Zwar gab es Verpflegung in der Kantine, doch hielt das Essen nicht lange vor, wenn für einen großen Kessel Suppe lediglich ein kleines Päckchen Margarine verarbeitet werden konnte. Gebannt blickten alle in den ersten Nachkriegswochen auf zwei Eisenbahnwagen voller Konserven, die in Heessen standen und noch nicht geplündert worden waren. Colonel Born erklärte sich für nicht zuständig, die Engländer lehnten eine Zuteilung an die Eisenbahner ab. „Später haben wir sie doch gekriegt", freut sich Knickenberg noch heute über den Organisationserfolg. Lebensmittel und Heizmaterial zu besorgen, gehörte in jeder Familie zum Tagesprogramm. Mit Fahrrädern und Bollerwagen zogen vor allem Frauen und Kinder los, um sich an Bahndämmen mit Kohlen zu versorgen. Der bei der englischen Militärkommandantur zuständige Mr. Harper beschwerte sich eines Tages, daß die Kohlenzüge immer vor Signalen standen, so daß sich jeder bedienen konnte. Knickenberg, der das ganz genau wußte, tat höchst erstaunt. „Das war ja schließlich ‚fringsen', dagegen konnte keiner was haben", erzählt er heute, und jeder in der Runde nickt bekräftigend. Das hatten sie alle gewußt, daß Kardinal Frings kleine Diebstähle dieser Art als lebensnotwendig toleriert und aus dem Sündenregister gestrichen hatte.

Zugverkehr wurde nachts stillgelegt

5000 Menschen übernachteten in der Bahnhofshalle

Blaß wird der damalige Reichsbahnrat Knickenberg, wenn er an die Pistolen denkt, die er noch acht Tage vor Kriegsende bekommen hatte: „Die Eisenbahner sollten damit ausgerüstet werden, um Werwolf zu spielen." Er aber hatte die Sendung, ungefähr ein Waschkorb voller Pistolen, in den Panzerschrank der Dienststelle an der Friedrichstraße gepackt und über den Aufregungen des Krieges total vergessen. Natürlich waren alle Deutschen entwaffnet worden. Auf Waffenbesitz stand die Todesstrafe. Als ihm das Arsenal im Panzerschrank einfiel, wurden Knickenberg die Knie weich. Kleinlaut meldete er sich bei der Militärregierung, doch er fand beim Kommandanten Verständnis.

Als im Juni die ersten Züge wieder fuhren, wurden auch die Fahrkartenschalter wieder eröffnet. „Dort herrschte ein heilloses Durcheinander", erinnert sich Wilhelm Wiebusch. „Was die Bomben nicht zerstört hatten, war Plünderern zum Opfer gefallen." Die Scheiben waren alle zu Bruch gegangen. So wurden die Kundenfenster mit Brettern vernagelt und mit einem kleinen Kläppchen versehen, durch das die Fahrkarten verkauft werden konnten. Es herrschte Hochbetrieb. „Wer in einer Schicht mehr als tausend Fahrkarten verkaufte, bekam Schwerarbeiterzulage", weiß Wiebusch noch heute.

Hamsterfahrten waren an der Tagesordnung. Trotz strengen Verbots wurden an den Zügen nicht nur Trittbretter und Bremserhäuschen, sondern auch die Dächer und Güterwagen besetzt. Weil die Militärbehörden nachts Sperrstunden verhängten, fuhren nachts keine Züge. Die Reisenden fanden ein Notquartier im Bahnhofsgebäude, wo unglaubliche Zustände herrschten. Knickenberg: „Da übernachteten oft bis zu 5 000 Menschen, und die Toiletten waren durch Bomben zerstört und nicht in Ordnung." Er wohnte damals mit seiner Familie im Bahnhof: „Wenn ich Bekannte traf, habe ich sie bei mir aufgenommen, manchmal bis zu 17 in einer Nacht." Wenn die Hamsterer Pech hatten, gerieten sie in eine der Kontrollen, für die die Engländer zuständig waren. Dann wurde alles abgesperrt und jeder mußte alles abgeben, was er mühsam im Münsterland oder im Hannoverschen bei Bauern ergattert hatte. Wo die Waren blieben, hat nie jemand erfahren.

Im Oktober 1945 wurde in den Amtlichen Bekanntmachungen mitgeteilt, daß ab sofort zur Sicherung des Berufs- und Geschäftsverkehrs in den Fernzügen Zulassungskarten erforderlich waren. Sie wurden nur an Personen ausgegeben, die durch eine Bescheinigung einer Behörde oder einer für die Bevölkerung wichtigen Firma nachweisen konnten, daß sie beruflich reisen mußten.

Reisen waren 1945 große Abenteuer. Davon konnte vor allem das Zugpersonal ein Liedchen singen. Ein Lokführer erinnert sich noch voller Schrecken an die „Gummibahn" von Bielefeld nach Herford. Diese behelfsmäßig hergerichtete „Schaukelstrecke" ersetzte den zerbombten Viadukt.

Kleiderspende für Ausländer

Bei Umfrage entschieden sich Eltern für Bekenntnisschule

Wiederaufbau war ohne Geld nicht möglich. Und so mußte sich auch der von der Militärbehörde eingesetzte Bürgerrat bereits im Oktober 1945 mit dem Haushaltsplan befassen, dessen Entwurf Ausgaben in Höhe von 13,3 Mio und Einnahmen von 8,7 Mio Reichsmark vorsah. Wie Oberbürgermeister Schlichter in der Sitzung am 24. Oktober erläuterte, hoffte die Stadt auf Mittel aus dem Ausgleichsstock der Aufsichtsbehörde, um den Fehlbetrag decken zu können. Die hohen Ausgaben hatten verschiedene Gründe. So entfielen allein 93 156 RM auf Butterschmalz, das während der Kampftage kostenlos in den Luftschutzbunkern an die Bevölkerung verteilt worden war. Dort wurden auch Zigaretten für 19 800 RM ausgegeben. Die Lager für Fremdarbeiter und Kriegsgefangene mußte die Stadt mit 65 000 RM mitfinanzieren, die Notwasserversorgung kostete 24 000 RM und aus 1944 blieben noch Transportkosten für Umquartierte in Höhe von 186 000 RM ungedeckt. Die Fürsorgeunterstützung schlug mit zwei Millionen zu Buche. „Nachdem die Freiwillige Feuerwehr als zerschlagen betrachtet werden kann, muß eine ständige Bereitschaft früherer Feuerwehrleute auf Kosten der Stadt gehalten werden", berichtete die Verwaltung, die statt der früheren Ausgaben von 6 000 RM jährlich für 17 Mann jetzt rund 50 500 RM einplante.

Durch den Ausfall der im Bombenkrieg zerstörten Häuser gingen der Stadt Mieteinnahmen in Höhe von 123 540 RM verloren. Auch bei den Steuern gab es ein erhebliches Manko. Wurden 1944 noch 135 000 Mark Vergnügungssteuer eingenommen, waren es 1945 nur noch 50 000 Mark. Die Grundsteuer ging von 1 695 000 auf 600 000 RM zurück. Die Gewerbesteuer belief sich statt auf 2,9 nur noch auf 2,4 Millionen und die Lohnsummensteuer auf 200 000 RM (1944: 415 000 RM).

Bei der Haushaltsplanberatung ging Oberbürgermeister Schlichter noch einmal auf die Pläne der Militärregierung ein, die Leitung des Rates und der Verwaltung zu trennen, so daß der Oberbürgermeister Vorsitzender des Rates und der Oberstadtdirektor Chef der Stadtverwaltung würde. In einem Schreiben an die Militärregierung vom 15. Oktober 1945 hatte Schlichter erklärt, daß er die Einführung der Selbstverwaltung zur Zeit als nicht dringlich ansehe: „Unser Volk hat andere Sorgen. Es hungert, es friert, es leidet unter schlechter Bekleidung und großer Wohnungsnot. Dazu kommt die seelische Not. Andererseits beunruhigt die unzureichende Zuweisung von Kohle, die neuerdings angeordnete Einschränkung von elektrischem Strom und Gas sowie die Ankündigung einer neuen Kleidersammlung, nachdem bereits große Opfer gebracht worden sind." Schlichter bezog sich dabei auf die kurz zuvor ergangene Aufforderung, für Ausländer 118 Mäntel, 282 Anzüge und 143 Paar Schuhe sowie Decken und anderes Bettzeug bereitzustellen.

In einem entsprechenden Aufruf in den Amtlichen Bekanntmachungen vom 26. Oktober 1945 wurde als Sammelstelle das Haus in der Königstraße 39 angegeben, das samstags und sonntags von 9 bis 18 Uhr geöffnet war. Da bei der Sammlung bisher nur 57 Mäntel, 60 Anzüge und 143 Paar Schuhe gespendet worden waren, wurde bereits überlegt, Polizeibeamte in die Haushalte zu schikken, um Kleidungsstücke zu beschlagnahmen. Dabei sollten vor allem ehemalige Parteimitglieder aufgesucht werden. Zu dieser Aktion ist es aber wohl nicht mehr gekommen.

Schlichter vertrat die Ansicht, daß die Bevölkerung angesichts dieser Nöte und Sorgen an der Einführung der Selbstverwaltung kein Interesse habe. Der Kommandant erklärte sich daraufhin bereit, diese Frage zunächst zurückzustellen. Schlichter, inzwischen 66 Jahre alt, stimmte zu, für eine Übergangszeit weiterhin das Amt des Oberbürgermeisters und des Oberstadtdirektors zu übernehmen. Auf die Frage, ob für den zu ernennenden Rat auch ehemalige Parteigenossen vorgeschlagen werden könnten, entschied der Kommandant, daß diese nicht grundsätzlich ausgeschlossen seien, jedoch müsse eine besondere Prüfung erfolgen. Leitende Beamte sollten nicht vorgeschlagen werden.

Bereits im September hatte sich der Bürgerrat mit der Frage befaßt, ob die Volksschulen in Hamm als Bekenntnis- oder Gemeinschaftsschulen wiedereröffnet werden sollten. Die Militärregierung legte Wert darauf, daß der bei einer Umfrage ermittelte Wunsch der Eltern nach Bekenntnisschulen berücksichtigt wurde. In Hamm wurden 2 430 Kinder für die katholische und 1 076 für die evangelische Bekenntnisschule, aber nur 430 für die Christliche Gemeinschaftsschule und zehn für die Weltliche Schule angemeldet.

Deutsche Gerichte wiedereröffnet

Die Militärrichter verhängten drakonische Strafen

Recht mußte nach dem Krieg Recht bleiben. So beeilte sich die Militärregierung, die Gerichte wieder einzusetzen. Wie das Amtliche Mitteilungsblatt damals berichtete, wurde das Hammer Amtsgericht am 7. August 1945 von dem britischen Stadtkommandanten wiedereröffnet. In einer kleinen Feierstunde, an der die Beamten und Angestellten und ein Vertreter der Stadt teilnahmen, gab Major Irving der Hoffnung Ausdruck, daß die in ihr Amt wieder eingesetzten Richter Recht sprechen würden nach den Grundsätzen der Gerechtigkeit und Billigkeit, ohne Rücksicht auf religiöses Bekenntnis, Rasse oder politische Einstellung. Die Wiedereröffnung der deutschen Gerichte sei ein weiterer Schritt auf dem Wege der Wiederherstellung nationaler Selbständigkeit.

Auch das Oberlandesgericht nahm seine Tätigkeit wieder auf. OLG-Präsident war Dr. Ernst Hermsen, sein Stellvertreter Dr. Karl Cullmann. Wie aus einem Bericht der Neuen Westfälischen Zeitung vom 7. September 1945 hervorgeht, war es zunächst nur für Verwaltungssachen wiedereröffnet. Referendare und Assessoren, die ihr Studium fortsetzen wollten, wurden aufgefordert, Anträge zu stellen. Auch „Prozeßagenten" und Rechtsbeistände konnten Zulassungsgesuche an den OLG-Präsidenten richten. Generalstaatsanwalt Dr. W. Kesseböhmer erinnerte sich in seinem Beitrag „Rechtspflege zwischen Rhein und Weser" aus Anlaß des OLG-Jubiläums im Jahr 1970, daß einige formal durch die Parteimitgliedschaft belastete Beamte, die sachlich qualifiziert waren, entgegen dem vermuteten Votum der Besatzungsmacht von dieser akzeptiert wurden und im Dienst bleiben konnten.

Vergehen gegen das Eigentum der Alliierten Streitkräfte wurden in Hamm vom Mittleren Militärgericht geahndet. Am 9. Februar berichteten die Amtlichen

Bekanntmachungen über eine Sitzung, in der namentlich aufgeführte Angeklagte zum Beispiel wegen des Diebstahls von ein Paar Schuhen zu drei Monaten Gefängnis oder von einem Paar Socken zu zwei Monaten Gefängnis verurteilt wurden. Die Angeklagten waren bei einer Kontrolle aufgefallen, als sie ihre Arbeitsplätze in der Kaserne und am Eisenbahndepot verließen. Drei Angeklagte aus Werries mußten sogar wegen eines Diebstahlsversuchs zwei Monate Gefängnis verbüßen. Drakonische Strafen wurden auch verhängt, wenn gegen die Sperrstundenbestimmungen verstoßen worden war. Elisabeth L., die ohne gültigen Lichtbildausweis vor Ende der Sperrstunde frühmorgens auf der Straße angetroffen worden war, mußte dafür einen Monat ins Gefängnis wandern. Anderen Angeklagten erging es nicht besser. Klara K. mußte gleich zwei Monate absitzen, weil sie schon einmal wegen des gleichen Delikts sechs Wochen verbüßt hatte und als unbelehrbar galt.

Ein Brot brachte 20 „Amis"

Hammer Bäcker belieferte das russische Lager

Inge Peters geb. Stratbücker erinnert sich noch gut an die ersten Monate nach dem Krieg. Ihre Eltern, die eine Bäckerei an der Feidikstraße hatten, wurden dort am 2. Oktober 1944 ausgebombt und suchten mit den Kindern auf einem Bauernhof in der Geithe Zuflucht. Nach Kriegsende wurde Vater Stratbücker eine Backstube in der Mark zugewiesen. Der Meister, dem sie gehörte, war noch in Kriegsgefangenschaft. Stratbücker bekam Mehl von den Amerikanern und wurde verpflichtet, Brot für die ehemaligen russischen Kriegsgefangenen zu backen, die in der Kaserne an der Soester Straße untergebracht waren. Als Helfer wurden drei russische Gesellen zu Stratbückers abkommandiert. Im Frühjahr 1946 begannen die Eltern der damals 15jährigen Inge mit dem Wiederaufbau des Betriebes an der Feidikstraße. Voraussetzung dafür waren Schwarzmarktgeschäfte, bei denen die Zigarettenwährung eine große Rolle spielte. Ein Brot brachte 20 „Amis", für die sich manches nützliche Bauteil eintauschen ließ.

Stratbückers gehörten zu den wenigen Glücklichen, die ein Fahrzeug benutzen durften. Die dafür erforderliche Genehmigung hatte der Bäckermeister von der Militärregierung bekommen. Seinen Wagen, einen DKW-Meisterklasse, hatte er in den letzten Kriegstagen in Hovestadt in Sicherheit gebracht.

Als Handwerker wurde Polsterer- und Dekorateurmeister Helmut Grothaus schon im August 1945 in Heide/Holstein aus der Kriegsgefangenschaft entlassen. Weil der elterliche Betrieb am Friedrichplatz, dem heutigen Theodor-Heuss-Platz, von Bomben zerstört war, richtete er sich eine eigene Werkstatt an der Dortmunder Straße ein. „Nähfaden bekam ich damals von der Innung, Sprungfedern von der Union oder der WDI“, macht er die schwierige Materialbeschaffung deutlich. Wer eine Couch in Auftrag gab, mußte, um die Lieferung aller übrigen Zutaten sicherzustellen, Holz für zehn Gestelle mitbringen. Doch das Geschäft florierte. „Wenn man sich bemühte, lief es auch“, berichtet Grothaus.

Stadt nur vier Tage ohne Strom

Trinkwasserversorgung schon im Sommer 1945 gesichert

Es grenzt an ein Wunder, daß es die Mitarbeiter des E-Werkes während des Krieges und in der ersten Nachkriegszeit trotz der erheblichen Zerstörungen fertigbrachten, Bevölkerung und Industrie mit Elektrizität zu versorgen. Dabei gelang es dem damaligen Betriebsleiter Otto Blume und Meister Karl Giers trotz sparsamster personeller Besetzung — viele Mitarbeiter waren als Soldaten eingezogen — immer wieder, die Stadt nicht länger als 20 Stunden ohne Strom zu lassen. Eine Ausnahme bildete lediglich die Zeit der Eroberung der Stadt durch alliierte Truppen: Vom 1. bis 5. April 1945 wurde nicht eine einzige Kilowattstunde geliefert. Das berichtete Blume seinem späteren Nachfolger, Wilhelm Schildheuer, der Ende 1949 als Betriebsingenieur bei den Stadtwerken anfing. Schildheuer: „Als ich meinen Dienst antrat, gab es in der Stadt und sogar in der Bahnhofstraße noch riesige Trümmerhaufen.“

Doch zu diesem Zeitpunkt waren die schlimmsten Schäden am Leitungsnetz bereits beseitigt, und das, obwohl es am Kriegsende beim Elektrizitätswerk keine heile Werkstatt mehr gab, keine Fahrzeuge zur Verfügung standen und kaum Material vorhanden war. Fachkräfte waren knapp. Sie wurden häufig von Hammer Firmen „entliehen“, um wichtige Arbeiten ausführen zu können. Welche Sisyphusarbeit vor den Männern vom E-Werk lag, macht allein eine Zahl deutlich: Das Versorgungskabel vom Stromlieferanten Zeche Radbod zur Stadt war von 22 Bombentreffern zerstört worden.

Die Transformatorenstationen im ganzen Stadtgebiet waren ständig überlastet und gerieten häufig in Brand. Im September 1945 wurden alle Stromabnehmer von den Stadtwerken angewiesen, elektrische Heizöfen und andere größere Stromverbrauchgeräte nicht mehr in den Abendstunden einzuschalten, um so wenigstens die Belieferung mit Strom für die Beleuchtung der Wohnungen sicherzustellen. Die Stadtwerke hatten aber auch noch andere Sorgen: Viele Kunden hatten in Eigenhilfe ihren Anschluß an die Strom- und Wasserversorgung wieder hergestellt, dabei aber, ob mit oder ohne Absicht, auf die Zwischenschaltung von Zählern verzichtet. Der Lieferant hatte also Mühe, seine Ware bezahlt zu bekommen.

Zu den größeren Bauvorhaben, die im März 1946 für die nächsten drei Jahre vorbereitet wurden, gehörten unter anderem vier Schalthäuser für rund 200 000 Reichsmark, die Wiederherstellung des Betriebsgebäudes an der Friedrichstraße für rund 66 000 Mark und der Ersatz des Kabelbestandes für insgesamt 200 000 Mark.

Wie bescheiden das Leben nach 1945 verlief, zeigt die Einladung zur Jubiläumsfeier aus Anlaß des 50jährigen Bestehens des Elektrizitätswerkes und der Straßenbahn, die der heute pensionierte E-Werkleiter Wilhelm Schildheuer aufbewahrt hat. Damals, am 23. Oktober 1948, also immerhin vier Monate nach der Währungsreform, mußte jeder Gast ein Eßbesteck, ein Bierglas und ein Schnapsglas zum Fest in der Werkstatt mitbringen.

Was die Hammer Stadtwerke schon während des Krieges leisteten, ist heute nicht mehr vorstellbar. Kaum war eine zerstörte Wasserleitung repariert, das von Bomben betroffene Gasrohr erneuert und die Stromversorgung wieder komplett, kam der nächste Angriff und machte alles wieder zunichte. Als der Krieg endlich vorbei war, standen Elektrizitäts-, Gas- und Wasserwerk, aber auch der Straßenbahnbetrieb vor einem Trümmerhaufen. Vom Wasserwerk liegt noch ein Betriebsbericht für die Zeit vom 1. April 1945 bis zum 1. März 1948 vor, aus dem andeutungsweise sichtbar wird, welche Probleme damals zu bewältigen waren. Große Schwierigkeiten hatte es dadurch gegeben, daß noch in den letzten Kriegstagen der eiserne Wasserhochbehälter in Berge mit 3 000 Kubikmetern Inhalt gesprengt worden und der gemauerte „Zwilling" von 2 000 Kubikmetern Inhalt beschädigt und außer Betrieb war. So gab es keine Zwischenspeicherung und damit keinen Druckausgleich. Die Folge: In den Hauptabnahmezeiten kam es an verschiedenen Stellen des Stadtgebiets, vor allem in Heessen, zu einem akuten Wassermangel.

Immerhin gelang es den Verantwortlichen, bis zum Sommer 1945 das Rohrnetz so weit in Ordnung zu bringen, daß mit wenigen Ausnahmen die ganze Bevölkerung des Raumes Hamm mit Trinkwasser aus dem Leitungsnetz versorgt werden konnte. Insgesamt wurden 430 Rohrbrüche beseitigt, die östliche Hauptversorgungsleitung nach Heessen und zur Zeche Sachsen mußte nach dem Krieg provisorisch über die gesprengte Lippebrücke im Zuge der Fährstraße neu verlegt werden. Eine neue Leitung war auch an der Münsterstraße in Höhe der gesprengten Brücken erforderlich. Es wurde eine besondere Rohrbrücke erstellt, die jedoch im Februar 1946 durch das Hochwasser der Lippe fortgespült wurde. Sie konnte durch eine Leitung ersetzt werden, die über die von der Militärregierung gebaute Brücke führte.

Natürlich war auch den Besatzungsbehörden klar, daß der Lippeübergang an der Münsterstraße schnellstens wieder hergestellt werden müsse. Im Stadtarchiv befindet sich eine Notiz von Oberbürgermeister Schlichter mit Datum vom 3. September 1945. Aus ihr geht hervor, daß Captain Boustaed mitgeteilt habe, die Brücke im Zuge der Nord- und Münsterstraße werde so gebaut, daß ein Übergang für Fahrzeuge und einer für Fußgänger entstehe. Sie sollte in etwa fünf Wochen fertig sein und so tragfähig werden, daß sie auch von der Straßenbahn befahren werden könne. Die Brücke wurde übrigens im November 1950 in einer spektakulären Aktion um einen Meter angehoben. Mit dem modernen Ausbau der Nordener Brücken wurde erst im April 1966 begonnen. Sie kosteten 6,5 Mio DM und wurden am 22. Dezember 1966 vom damaligen Oberbürgermeister Dr. Günter Rinsche dem Verkehr übergeben.

Fahrrad als Geldtransporter

Elektrizitätswerk war Zweigstelle der Amtssparkasse

Einer der Männer der ersten Stunde in der Gemeinde Rhynern war Wilhelm Schumacher, der sofort nach Kriegsende von der alliierten Militärbehörde als Bürgermeister eingesetzt wurde. Er behielt dieses Amt bis nach der ersten Kommunalen Neuordnung und zog sich Ende 1969 aus der Politik zurück. Zu diesem Zeitpunkt war er einer der dienstältesten Bürgermeister im Amt Rhynern. Mit Parteien, erinnert er sich heute, habe man 1945 noch nicht viel im Sinn gehabt: „Wir waren elf Ratsmitglieder, und davon war nachher einer SPD-Vertreter und einer Kommunist.“ Probleme habe es deswegen nie gegeben: „Wir haben immer Fünfe gerade sein lassen.“ Die Sitzungen wurden regelmäßig in gemütlicher Runde bei einem Glas Bier beendet, was sich auf die Zusammenarbeit förderlich auswirkte.

Der zunächst gebildete Vertrauensausschuß, dem unter dem Vorsitz von Bürgermeister Schumacher die Mitglieder Ferdinand Rüter-Alpmann, Fritz Conradi, Wilhelm Frigge, Heinrich Horstkemper, Josef Prenger und Wilhelm Lichte angehörten, befaßte sich in seiner ersten Sitzung im November 1945 mit der Brennholzversorgung, die landauf, landab ein großes Problem darstellte. Schlossermeister Josef Prenger wurde zum Leiter der Holzaktion bestellt, bei der es darum ging, Pappeln für die Herstellung von Holzschuhen zur Verfügung zu stellen. Wie Wilhelm Schumacher berichtet, wurden die Bäume ausgesucht und den Bauern dafür der Betrag gezahlt, den ein Fachmann festgesetzt hatte. Was an Pappelholz bei der Holzschuhproduktion übrigblieb, wurde als Brennmaterial verwendet.

Auch die Wegebefestigung und die Ausweisung von Baugrundstücken beschäftigte den Vertrauensausschuß, der ein 1939 für den Sportplatzbau am Papenloh erworbenes Gelände für Bauzwecke zur Verfügung stellen wollte, weil die Engländer auf einem Grundstück mitten im Dorf einen Sport- und Reitplatz eingerichtet hatten. Schumacher: „Später haben wir aber doch am Papenloh unseren Sportplatz gebaut."

Alles andere als rosig sah es mit den Gemeindefinanzen aus. Der Haushaltsplan 1945 wies bei einem Volumen von 74 362 Reichsmark einen Fehlbetrag von 11 951 RM aus, der durch Staatsbeihilfen gedeckt werden mußte. Noch größer war die Lücke, die für 1946 zwischen Ein- und Ausgaben klaffte. Veranschlagt waren bei Ausgaben von 122 604 RM lediglich Einnahmen von 52 138 RM.

Improvisation war das Gebot der Stunde. Heute kann man sich zum Beispiel kaum noch vorstellen, daß der Geldschrank des Kommunalen Elektrizitätswerks in Uentrop damals sozusagen die „Zweigstelle" der Amtssparkasse Rhynern war. Luise B. führte damals die Sparkassengeschäfte so quasi nebenbei. „Wer die Werkskasse verwaltete, hatte auch die Zweigstelle", erläutert sie heute das einfache System. Kompliziert war das alles ganz und gar nicht, wenn auch aus heutiger Sicht kaum noch nachvollziehbar. Zum Jahresende, wenn die Abrechnung vorgelegt werden mußte, packte Luise B. ihren Kassenbestand von knapp 20 000 Reichsmark in die Tasche, setzte sich aufs Fahrrad und machte sich mutterseelenallein mit ihrem inhaltsschweren Gepäck auf den Weg von Uentrop nach Rhynern. Das änderte sich erst, als der Wirtschaftsprüfer Dr. Theo Heller die Leitung des Kommunalen Elektrizitätswerks in Uentrop übernahm. Heller, später Amtsbürgermeister des Amtes Rhynern, schlug 1947 mit der Faust auf den Tisch. Fortan schickten die Sparkassenleiter Friedrich Brakkelmann und Hubert Oberdorf einen Mitarbeiter mit dem Auto nach Uentrop, wenn es um die Abrechnung ging.

Übrigens...

... war Emanzipation in der ersten Nachkriegszeit kein Thema. Erstens hatten die Frauen im Krieg hinreichend unter Beweis gestellt, daß sie ihren Mann stehen konnten, und zweitens gab es andere Sorgen. Dennoch bemühten sich die Parteien darum, Frauen für die Mitarbeit in politischen Gremien zu gewinnen. Der britische Stadtkommandant Goodson setzte sich dafür ein, fand aber wenig Interesse bei den Hammer Damen. Immerhin gab es aber schon damals eine Beauftragte für Frauenfragen. Diesen Posten bekleidete im Vorstand der Hammer CDU Sophie Buschkötter, Volkspflegerin von Beruf und Mitglied der Stadtvertretung. Der CDU-Kreisunion Hamm stand zu dieser Zeit Rektor i.R. Josef Weidekamp vor. Sein Stellvertreter war Apotheker Emil Cobet, Schriftführer Ingenieur Wilhelm Peters, Kassenführer Buchhalter August Wahl und Kreisjugendwart der Kaufmann Heinz Diekmann.

Vier Bürgermeister durften bleiben

Rekordhalter Bernhard Rüter war 43 Jahre im Amt

Wie in Rhynern selbst wurden auch in allen anderen 20 Gemeinden des Amtes Bürgermeister eingesetzt und Vertrauensausschüsse berufen. Dabei nahm, da keine Parteigenossen im Amt bleiben sollten, mancher brave Bürger die Bürde des Amtes sozusagen notgedrungen auf sich und war froh, ein Jahr später, als die Bürger der britischen Besatzungszone erstmals zur Wahlurne gegangen waren, wieder seinen Abschied nehmen zu können. Der jetzt im Ruhestand lebende Amtsdirektor Walter Schüerhoff hat alle Bürgermeister in seiner Chronik des Amtes Rhynern festgehalten.

Der dienstälteste unter ihnen war Friedrich Huffelschulte in Allen, der Kaiserreich, die Weimarer Republik und das Dritte Reich als Bürgermeister erlebte und der dann auch noch von der Militärregierung akzeptiert wurde. Er stand Allen als Bürgermeister ununterbrochen von 1914 bis 1946 vor. Sein Rekord war zuvor von Bernhard Rüter überboten worden, der von 1890 bis 1933 und damit 43 Jahre lang die Geschicke der Gemeinde Rhynern leitete, bevor ihn die Nazis absetzten.

Auf eine beachtliche Zahl von Dienstjahren brachte es auch Wilhelm Schumacher in Rhynern (1945—1969). Er wurde ebenso von der Militärregierung ernannt wie die Bürgermeister von Berge (Heinrich Karlheim), Braam-Ostwennemar (August Altrogge), Bramey-Lenningsen (Karl Gosewinkel), Flierich (Wilhelm Becker), Freiske (Heinrich Rogge), Frielinghausen (Josef Holthoff), Haaren (Heinrich Korte), Hilbeck (Karl Mönnighoff), Norddinker (Karl Gellermann), Osterflierich (Fritz Dahlhoff), Sönnern (Engelbert Kuhlmann), Uentrop (Wilhelm Korte), Vöckinghausen (Wilhelm Möllmann), Wambeln (August Ostermann), Werries (Fritz Heitsch) und Westtünnen (Wilhelm Schwinde). Obwohl sie dieses Amt bereits im Dritten Reich bekleideten, waren sowohl Friedrich Huffelschulte in Allen wie auch Fritz Mittrop in Osttünnen (1937—1946), Fritz Pannock in Schmehausen (1939—1967) und Josef Mentrop in Süddinker (1924—1946) den Besatzern vertrauenswürdig genug, die Geschicke ihrer Gemeinden auch weiterhin zu leiten. In manchen Gemeinden wurden die zunächst abgesetzten Politiker später wieder in den Rat und zum Bürgermeister gewählt. Einer von ihnen war Leopold Graevinghoff in Uentrop.

In die „Ahnengalerie" der Amtsbürgermeister konnte Chronist Walter Schüerhoff Franz Sasse (1945—1946), Fritz Heitsch (1946), Studienrat Dr. Nagel (1946—1952) und Dr. Theo Heller (1952—1967) aufnehmen.

Konzerte waren sofort ausverkauft

Schon im August 1945 gab es wieder Kinovorstellungen

So groß die Not 1945 auch war, die Menschen, die den Krieg überlebt hatten, ließen den Kopf nicht hängen. Sie krempelten die Ärmel auf und machten sich an den Wiederaufbau. Doch sie wollten nicht nur arbeiten, sondern sich auch des Lebens und der neu gewonnenen Freiheit freuen. Der Nachholbedarf auf kulturellem Gebiet war groß. Trotz trümmerübersäter Straßen, mit Drahtglas abgedichteter Fenster und oftmals nur notdürftig eingerichteten Wohnungen hungerten alle nach Musik, nach Theater, nach Unterhaltung. Und was aus heutiger Sicht unmöglich erscheint, wurde damals von der Kulturverwaltung möglich gemacht: Am Samstag, 22. September 1945, gab es im Hammer Kurhaus bereits das erste Sinfoniekonzert nach dem Krieg. Zu Gast war das Orchester der Stadt Münster, das unter der Leitung von Generalmusikdirektor Heinz Dressel Werke von Händel, Mozart und Beethoven aufführte.

Der Ansturm auf den Kartenvorverkauf im Musikhaus Dabelow war so groß, daß die Veranstaltung kurz nach der Ankündigung ausverkauft war. Schon am 1. November gastierten die Münsteraner Sinfoniker erneut in Hamm. Auf das im Dezember folgende Konzert wurden die Besucher bereits bestens vorbereitet. Dr. Martin Wolschke, der später Direktor der Hammer Musikschule wurde, kam gerade zur rechten Zeit aus Norwegen zurück. „Auf Sie haben wir gewartet“, freute sich Frau Fischer im Kulturamt, als Wolschke dort Arbeit suchend vorsprach. Flugs wurden Einführungsvorträge für die Sinfoniekonzerte geplant. Der Sitzungssaal des Oberlandesgerichts, des heutigen Rathauses, war als Raum dafür schnell gefunden. Hier stand sogar ein Flügel, der benutzt werden durfte. Als problematisch erwies sich allerdings die Heizungsfrage. Wolschke hatte aus dem Internierungslager in Lillehammer (Norwegen) eine Bescheinigung in englischer Sprache mitgebracht, aus der hervorging, daß er dort musikwissenschaftliche Vorträge gehalten hatte. „Dieser Schein öffnete mir bei der Militärkommandantur Tür und Tor“, berichtet er. Auch von Polizeidirektor Peter Röttgen, dem Musikliebhaber und „Sängervater“, wurde Wolschke mit offenen Armen empfangen. Er bekam nicht nur einen warmen Händedruck, sondern auch einen Bezugschein für einen Zentner Kohlen. Höchstpersönlich brachte er das kostbare Heizmaterial mit einem Handwagen in das Oberlandesgericht. „Nicht ein einziges Pfund habe ich damals für mich abgezweigt“, erinnert er sich heute. Daß die Besucher sich um die Plätze stritten, war sicher nicht nur der Ankündigung zu danken, daß die Vorträge im geheizten Saal stattfanden, obwohl warme Räume zu jener Zeit Seltenheitswert hatten.

Schon im November lag bei Dabelow die Einladung zur Vormiete mit zwölf Sinfoniekonzerten vor, bei denen das Orchester aus Münster (Dr. Wolschke: „Sozusagen als Rückbesinnung auf das, was geblieben war") die ersten acht Beethoven-Sinfonien aufführen wollte. Krönender Abschluß außerhalb der Vormiete sollte dann die „Neunte" werden. Sie erklang in der Tat am 5. September 1946 im Kurhaus unter Mitwirkung des Städtischen Kammerchores Hamm und eines Chores aus Münster. Zwei Tage vorher hatte Dr. Wolschke auch dazu wieder einen Einführungsvortrag im Oberlandesgericht gehalten. Diesmal war er technisch schon bestens ausgerüstet: Irgendjemand hatte ihm einen Schallplattenapparat geliehen.

Älteren Bürgern noch in bester Erinnerung wird das Café Corso sein, ein renommiertes Varietétheater, das bereits im September 1945 wieder zu zwei täglichen Vorstellungen einlud. In einer Anzeige in den Amtlichen Bekanntmachungen wurden ein erstklassiges Orchester unter Leitung von Kapellmeister Mensen, Willi Weischer, der bekannte Opernsänger vom Opernhaus Chemnitz und die Sängerin Leny Roltzheim vom Stadttheater Duisburg angekündigt.

Auch Kino gab es wieder in Hamm. Am 26. Oktober wurde das Ufa-Theater, das im heutigen Kaufhallen-Haus am Westentor ausgebombt war, im Kurhaus wiedereröffnet. Gezeigt wurde „Der große Preis" mit Gustav Fröhlich und Carola Höhn. Zu sehen waren im Kurhaus aber auch englische Filme, die von der Besatzungsmacht aufgeführt wurden und zu denen auch die Hammer Bevölkerung Zutritt hatte. Kinovorstellungen gab es schon im August 1945 auch in Bockum-Hövel und Herringen. Der Andrang war groß, ob beim „Postmeister" im Liraton oder bei der „Späten Liebe" im Elektra.

Übrigens. . .

. . . war das Verhältnis der Besatzungstruppen zur Bevölkerung gar nicht so schlecht, wie man als Folge des Krieges glauben sollte. Zwar hielt man Abstand, war Fraternisierung anfangs sogar verboten, wurde streng auf Einhaltung der Vorschriften geachtet und gab es drakonische Strafen für alle, die Anordnungen mißachteten. Aber man sprach miteinander und brauchte sich gegenseitig. Manchmal waren die Besatzungstruppen tatsächlich auf die Bevölkerung angewiesen. Ein solcher Fall ist Josefine Seiler unvergeßlich. Das Café ihrer Eltern an der Südstraße mußte nicht nur wegen Bombenschadens, sondern auch deshalb geschlossen bleiben, weil keine Waren vorhanden waren. Im Sommer 1945 klopfte es eines Tages an die Tür. Amerikanische Soldaten fragten an, ob es im Café Seiler wohl eine Eismaschine gebe. Sie war noch intakt und wenig später bereits in Betrieb, um köstliches Schokoladen- und Vanilleeis nach amerikanischem Rezept — und aus amerikanischen Zutaten gemixt — zuzubereiten. Familie Seiler bekam natürlich Kostproben ab. Als die Eiskonditoren nach „Kessel" (Kassel) versetzt wurden, fiel allen der Abschied schwer.

Panzer-Gazette in Hamm

Buntgemischt für die Besatzungstruppen gedruckt

Wer könnte sich wohl heute noch erinnern, daß es 1945 in Hamm eine von der Besatzungsmacht herausgegebene Zeitung, die „Panzer-Gazette“ gegeben hat? Dem jungen Heimatforscher Andreas Skopnik ist es gelungen, einige Exemplare dieser Rarität aufzutreiben. Das Blatt erschien vierzehntägig, die erste Nummer datiert vom 11. August 1945 und kostete 30 „Pfennigs“. Ab Nr. 3 kannten sich die Redakteure besser mit der deutschen Sprache aus und strichen das überflüssige s. Nach eigener Aussage sollte das Blatt, das im Din-A4-Format auf Kunstdruckpapier gedruckt und mit einigen Fotos und Comics aufgelockert war, allein der Unterhaltung der alliierten Besatzungstruppen dienen. Herausgeber war die „1. Corps District Ordnance Company“.

Lt. Col. Highton und Lt. Col. Vokes machten die Leser in der ersten Ausgabe mit dem „Bunten Blatt“ bekannt, das mit einem kurzen Abriß der Hammer Stadtgeschichte Premiere feierte. Später wurden auch das Heessener Schloß und die Eylertstraße im Vorkriegszustand vorgestellt und, ergänzt durch ein Foto von Joseph Viegener, die Trümmer einer Druckerei, in der die Gazette hergestellt wurde. Es kam ein britischer Soldat zu Wort, der dabei war, als Berlin besetzt wurde, und jede Nummer wurde mit Interviews mit in England lebenden Kindern und Ehefrauen von britischen Soldaten aufgelockert. Tips für Fotografen fanden sich neben Personalnachrichten, Buchtips und Gedichten. Zum Lernen der deutschen Sprache wurden die Soldaten durch Vokabel-Veröffentlichungen angehalten. Wie lange die Besatzer sich an ihrer Truppenzeitung erfreuen konnten, ist nicht bekannt. Die letzte vorhandene Nummer stammt vom 5. Januar 1946.

Hosen aus Nazifahnen

Ballkünstler war 1945 der, der das Leder flickte

„Anpfiff in Ruinen“, das ist der Titel eines Buches, in dem sich der Schriftsteller Hans Dieter Baroth mit Freud’ und Leid des Fußballsports im Ruhrrevier der Nachkriegszeit befaßt. Einige Kapitel widmet er auch der Situation in

Hamm, über die er sich in zahlreichen Interviews informiert hat. Er erinnert zum Beispiel an Ludger Dommen, den Vorsitzenden der Hammer Spielvereinigung, der als Lebensmittelgroßhändler und Besitzer von drei Lieferwagen unermüdlich und erfindungsreich für das Funktionieren des Spielbetriebs sorgte. „Wir haben Geld, sogar genug, wir haben aber keine Kluften, keine Fußbälle, wir haben nichts. Nicht mal einen Fußballplatz", zitiert Baroth Ludger Dommen, der manchen Eimer Marmelade opferte, um Anschaffungen damit zu bezahlen. Zum Beispiel Nazifahnen, aus denen die roten Hosen, und Bergmannshemden, aus denen die schwarzen Oberteile genäht wurden.

Die größte Kostbarkeit war der einzige Ball des Vereins. „Ballkünstler sind 1945 nicht die Spieler, es sind die, die ihn immer wieder flicken," schreibt Baroth und berichtet folgende Episode: Bei einem Spiel gegen Wiescherhöfen platzt das Leder. Vorsitzender Dommen wendet sich in seiner Not an die in der Nähe stationierten britischen Soldaten. Er hat Glück. Ein Offizier ist Spieler bei Manchester United. Er spendiert den Hammer Fußballern ihren ersten neuen Ball.

Ein weiteres Problem war die Überalterung der Spieler. Die Innenstürmer Gerdes, Kortmann und Heinkes waren jeder schon 42 Jahre alt. Im Tor stand Walter Becker, der sonntags zweimal antrat: vormittags als Handball-Mittelstürmer und nachmittags als Fußballtorwart. Dabei hatte er oft nur eine Stunde Zeit, um sich zu erholen.

Ganz besonders schwierig war die Organisation vor sportlichen Begegnungen, weil es kaum Transportmöglichkeiten gab. Die Hammer Spielvereinigung mußte damals gegen gegnerische Mannschaften in Eickelborn, Lippstadt, Geseke, Erwitte, Werl und Ahlen antreten. Zu den Kontrahenten mit der Bahn zu reisen, war meistens unmöglich. Nach Werl führte die Ruhr-Lippe-Eisenbahn, deren Triebwagen sich aber nur in Bewegung setzten, wenn die Fahrgäste vorher 50 Liter Dieselöl ablieferten. Vorsitzender Ludger Dommen opferte wieder mehrere Eimer Marmelade, ergatterte im Gegenzug das Dieselöl, und die Mannschaft konnte reisen. Günstiger war die Verbindung nach Ahlen. Die Kikker trafen sich eines Tages in der Bahnhofshalle und begrüßten sich wie immer wortreich und lautstark. Plötzlich war der Koffer mit den Kluften verschwunden. Statt dessen stand ein anderer in der Halle, der dem Klubeigentum sehr ähnlich sah. „Da hat sicher jemand seinen Koffer mit unserem verwechselt," stellte Vorsitzender Dommen fest. Die Sportler öffneten schnell den Koffer und fanden darin Schinken, Wurst und mehrere Seiten Speck. Sie waren ratlos. Und freuten sich insgeheim über die guten Gaben. Plötzlich tauchte der verzweifelte Eigentümer des Gepäckstücks auf. Er hatte in der Tat den falschen Griff getan und mit Entsetzen die Fußballerkluften entdeckt, die seinen Hunger nicht stillen konnten.

Fußbälle für die Besatzer

Wichtiger Auftrag für die Herringer Polizeidienststelle

Die Lage war ernst, doch an Kuriositäten herrschte kein Mangel. Eine davon hat der spätere Bürgermeister der Gemeinde Herringen, Christian Tippmann, in seiner Ortschronik für die Nachwelt festgehalten: Mit Datum vom 21. August 1945 schrieb Amtsoberinspektor Güldenhaupt im Auftrag des Amtsbürgermeisters an die Schutzpolizeidienstabteilung in Pelkum und teilte mit, daß die Militärregierung, und zwar die Besatzung der Zeche Heinrich Robert, sofort zwei Fußbälle wünsche: „Ausweislich des Verzeichnisses über Sportgegenstände verfügt der Herringer Spielverein über vier Fußbälle. Ich bitte, zwei Fußbälle von diesem Verein einzuziehen und ebenfalls im Laufe des heutigen Tages an den Kommandanten der Militärregierung auf der Zeche abzuliefern. Die Fußbälle müssen sich in gutem Zustand befinden. Die in Bergkamen eingezogenen Fußballhüllen wurden nicht angenommen, da sie vollständig zerrissen sind. Diese Hüllen können gegen Quittung an die Sportgemeinschaft Bergkamen zurückgegeben werden."

Einen Tag später antwortet das Polizeirevier: „Nach Angabe des Spielführers des Herringer Sportvereins, August Buschmann in Herringen, sind bereits drei Fußbälle seiner Zeit an die amerikanischen Besatzungstruppen geliefert worden. Die Bälle sind nicht wieder zurückgegeben worden. Jetzt sind nur drei Fußbälle vorhanden, dieselben sind aber Eigentum des Buschmann, die er angeblich durch den Tausch von Kaninchen erworben hat. Buschmann weigert sich, die Fußbälle ohne eine Beschlagnahmeverfügung der Militärregierung herauszugeben." In einem Zusatz wird vermerkt: „Die Beschlagnahmeverfügung ist nie eingegangen. Es ist auch nicht feststellbar, ob die Besatzung der Zeche Heinrich Robert überhaupt Fußbälle bekommen hat. Gespielt hat die Besatzung jedenfalls nicht auf einem Sportplatz der Gemeinde."

Über Fußbälle konnten sich die Mitglieder des Bürgerrats der Gemeinde Herringen nicht den Kopf zerbrechen. Sie hatten ganz andere Sorgen, zum Beispiel mit der Ankündigung, daß die Gemeinde 3 000 Evakuierte aufnehmen sollte, für deren Unterbringung Säle und Schulen hergerichtet werden sollten. Auch die Reaktivierung der Feuerwehr und des Deutschen Roten Kreuzes sowie zwei Viehzählungen, die innerhalb von drei Wochen im August 1945 vorgenommen werden mußten, beschäftigten Bürgermeister Geisler und seine Helfer. Die Brennstoffversorgung und die Aufteilung der Parkanlagen in Gemüsegärten waren weitere wichtige Probleme. Die Schulhöfe und Sportplätze waren bereits in Gärten verwandelt worden. Den Hindenburgplatz (heute Grünanlage in der Nähe der Jahnschule) wollte der Bürgerrat aber nicht freigeben, da er unter Denkmalsschutz stand.

Zoll für Tabak Marke Eigenbau

Bahnbetriebswerk produzierte 1a Tabakschneidemaschinen

Es gab nur wenig zu essen in den ersten Jahren nach dem Krieg, es gab auch kaum etwas zu rauchen. Kein Wunder, daß versucht wurde, die eigentlich in wärmeren Breiten heimische Tabakpflanze im kühlen Westfalen heimisch werden zu lassen. Das „Kraut", das nach der Ernte getrocknet und geschnitten wurde, würde heute gewiß manchen Raucher im Handumdrehen zum Nichtraucher bekehren. Damals war Tabak Marke Eigenbau aber sogar begehrtes Tauschobjekt, wenn auch mit einer echten „Ami", die pro Stück für sechs bis acht Mark den Besitzer wechselte (kaum vorstellbar, aber für vier Camelpakkungen handelte Friedrich Beier ein Fahrrad ein), nicht zu vergleichen. Schwunghafter Handel wurde mit Tabakschneidemaschinen getrieben, die, so erinnert sich Bundesbahnmitarbeiter Georg Gerdes, in hervorragender Qualität beim Bahnbetriebswerk produziert wurden. Im warmen Sommer 1945 muß die Tabakernte in Hamm ergiebig gewesen sein. die Militärbehörde sah sich jedenfalls gezwungen, folgende Anordnung zu erlassen: „Jede Person, die mehr als 25 Tabakpflanzen angebaut hat, ist verpflichtet, die Zahl der Tabakpflanzen bis zum 15. August beim nächsten Zollamt oder beim zuständigen Bürgermeister anzumelden und den Tabak zu versteuern. Die Tabaksteuer beträgt für 26 bis 100 Pflanzen fünf RM, für 100 bis 200 Pflanzen zehn RM und ist binnen einer Woche an der Zollkasse oder der Gemeindekasse zu entrichten." Man muß kein Hellseher sein, um zu wissen, daß Zoll- und Gemeindekasse vergebens auf Einnahmen dieser Art warteten.

Im Improvisieren waren die Deutschen Meister geworden. Briefumschläge, weiß Friedrich Beier noch, wurden grundsätzlich nicht aufgeschnitten, sondern über Wasserdampf geöffnet, gewendet und wiederverwendet. Gummischlaufen von Transportbändern aus Industriebetrieben waren ideales Ersatzleder für Schuhsohlen. Das Hartgummi kam in den Backofen, wurde mit Zangen auseinandergezogen, bis es die richtige Stärke für Sohlen hatte, zurechtgeschnitten und dann unter den Schuh genagelt.

Hochkonjunktur hatten die Pferdemetzger, die auf Fleischmarken doppelte Portionen ausgaben. Im Gedächtnis geblieben ist Beier ein Lied, das die Hammer damals zu der Melodie von „Lilli Marleen“ sangen: „Rindfleisch ist teuer, Schweinefleisch ist knapp. Geh’n wir zu Fritzken Schürmann und holen uns Trab-Trab. Alle Leute soll’n es seh’n, wenn wir bei Schürmann Schlange steh’n für eine Mark und zehn, für eine Mark und zehn.“

Je näher der Winter kam, umso größer wurde die Sorge um die Brennstoffversorgung. Die Stadtverwaltung mußte sich entschließen, auch in den Grünanlagen Bäume zum Abholzen freizugeben. An der südlichen Seite der Ostenallee zwischen Jahn- und Fährstraße fiel eine Reihe von Bäumen der Säge zum Opfer, weiß Werner Banning zu berichten. Die Straße wurde dadurch breiter.

Von der Stadt wurden Familien in den Amtlichen Bekanntmachungen aufgerufen, selbst tätig zu werden. Voraussetzung dafür war aber die Vorlage eines Holzbezugsscheins. Anweisungen für die Amateur-Holzfäller wurden im Dezember 1945 an jedem Mittwoch um 9 Uhr im Kurpark, Treffpunkt Bunker Feldhaus, und an jedem Donnerstag um 9 Uhr im Südenstadtpark, Treffpunkt Eingang Tierpark, gegeben. Sägen hatte die Stadt vorsorglich für diese Aktion bei der Bevölkerung beschlagnahmt. Der Tierpark war übrigens bei einem schweren Bombenangriff so zerstört worden, daß er geschlossen werden mußte. Die Tiere waren zum Teil verzehrt worden, zum Teil auf einem Bauernhof untergebracht.

Am Ende des Jahres 1945 gab es noch Sperrstunden, die dann zu Weihnachten und zu Silvester aufgehoben wurden, um der Bevölkerung Gelegenheit zu geben, an den Gottesdiensten teilzunehmen. Wer nachts ohne Genehmigung auf der Straße angetroffen wurde, mußte mit harter Bestrafung rechnen. Ein Lied davon singen konnten Addy B., Elfriede B. und Friedrich-Karl P., die wegen Ausgehens während der Sperrstunde vom Militärgericht zu einem Monat Gefängnis verurteilt wurden.

Im Sommer 1946 kurz notiert

- *Die Heessener SPD überwies im Mai 1946 den Reinerlös ihrer Maifeier an die Arbeiterwohlfahrt, die sich intensiv der Flüchtlingsfürsorge widmete. Regen Zuspruch fand die AWO-Nähstube.*

- *In Berlin gab die Kontrollkommission der britischen Militärregierung am 17. Juli 1946 ihren Beschluß zur Gründung des Landes Nordrhein-Westfalen bekannt.*

- *Die Militärregierung setzte im Sommer 1946 bewaffnete jugoslawische Polizeikräfte ein, die auch gegen deutsche Zivilpersonen einschreiten konnten, die sich gegen die britischen Streitkräfte vergangen hatten. Die neuen Militärpolizisten waren kenntlich an ihren Mützenabzeichen, eine weiße Speerspitze auf rotem Grund, und konnten sich durch einen Sonderausweis in englischer, deutscher und jugoslawischer Sprache ausweisen.*

Mit Musik die Sorgen überwinden

Städtische Bühnen Münster gastierten im Kurhaus

So sehr sich das Interesse aller Menschen auch auf das Materielle konzentrieren mußte, so groß war zugleich das kulturelle Bedürfnis. „Not und Leid unserer Zeit können nur überwunden werden durch Besinnung auf die starken seelischen Kräfte unseres Volkes", äußerte sich die Kulturverwaltung im November 1945. „Unerschöpfliche Quelle dafür ist die Musik, die wir um ihrer selbst willen pflegen wollen. Die städtische Konzert- und Chorvereinigung ruft alle musikfreudigen Männer und Frauen auf, wieder gemeinsam zu singen und zu musizieren. Meldungen für den Chor werden im Stadtkulturpflegeamt, Brüderstraße (Museum) und in der ersten Chorprobe am Mittwoch, 14. November, im Sitzungssaal des Oberlandesgerichts entgegengenommen."

Zur gleichen Zeit wurden die in Hamm und Umgebung lebenden Maler, Graphiker und Bildhauer gebeten, sich an einer Weihnachtsausstellung zu beteiligen, die Mitte Dezember beginnen sollte. Meldungen dazu nahm Polizeidirektor Peter Röttgen entgegen, der allen schönen Künsten gegenüber aufgeschlossen war.

Mit „Was Ihr wollt" von Shakespeare sollten die Städtischen Bühnen Münster am 22. November 1945 ihr erstes Theatergastspiel nach dem Krieg in Hamm geben. Die Aufführung fand jedoch erst am 6. Dezember im Kurhaus statt. Der Andrang war so groß, daß der Vorverkauf gestrichen wurde und an der Kasse höchstens fünf Karten auf einmal abgegeben wurden.

Auch die Gesangvereine waren wieder aktiv geworden. Per Zeitungsanzeige kündigte der Gesangverein Concordia seine Mitgliederversammlung für den 9. Dezember um 15 Uhr im Lokal Grotendiek an. Emil und Jane Liesegang hatten inzwischen ihre Tanzschule an der Wilhelmstraße 27 wiedereröffnet und auch ein Step-Tanz-Studio eingerichtet.

Das dritte Vormietekonzert der Stadt am 13. Dezember im Kurhaus war ebenso ausverkauft wie die beiden Festkonzerte mit weihnachtlicher Musik am 27. Dezember, bei denen Musik von Händel und Bach aufgeführt und weihnachtliche Dichtung von Novalis, Rilke und Herder vorgetragen wurde. Die Bestuhlung des Kurhauses war zu dieser Zeit übrigens mehr als bescheiden: Dr. Martin Wolschke erinnert sich gut, daß sie zum größten Teil lediglich aus Gartenstühlen bestand.

Wie angekündigt, war zuvor schon am 16. Dezember die Ausstellung heimischer Kunstschaffender in der Polizeidirektion feierlich eröffnet worden. Die

Werke, die auch zum Verkauf standen und im Zimmer 213 erworben werden konnten, durften gegen eine Eintrittsgebühr von 50 Pfennig besichtigt werden. Welche Künstler an dieser Ausstellung teilnahmen, ist nicht überliefert.

Erste Stadtvertretung benannt

Drei Parteien durften dafür Vorschläge einreichen

Schon fünf Monate nach der Kapitulation waren bei der Militärregierung konkrete Vorstellungen über die deutsche Verwaltung in Gemeinden, Städten, Kreisen und Regierungsbezirken entwickelt worden. Am 6. Oktober 1945 wurde bekanntgegeben, daß in Kürze repräsentative Ratsausschüsse ernannt werden sollten. Sie sollten öffentlich tagen, wobei es den Mitgliedern freistehe, gemäß ihrem Gewissen zu reden und abzustimmen. „Einzige Bedingung ist, daß die Sicherheit der Besatzungstruppen und der Grundsatz der restlosen Ausmerzung des Nationalsozialismus und des Militarismus stets gewährt bleiben", heißt es in der Bekanntmachung. Und es wird in Aussicht gestellt: „Sollte es diesen Ratsausschüssen gelingen, eine geordnete demokratische Verwaltung in der vorgesehenen Weise durchzuführen und die schwierigen Probleme zu bewältigen, denen das Land sich augenblicklich gegenübersieht, dann werden als nächste Phase gewählte Ratsausschüsse folgen, sobald die erforderlichen Vorbereitungen getroffen werden können."

Es ging in der britischen Besatzungszone um eine neue Abgrenzung von Verantwortlichkeiten. Auf demokratischer Grundlage sollten Bürgermeister und Oberbürgermeister jeweils als Vorsitzende der parlamentarischen Gremien gewählt werden, nicht aber gleichzeitig für die Ausführung von beschlossenen Maßnahmen zuständig sein. „Die Planung der Politik wird Aufgabe der Vertreter des Volkes sein, ihre Durchführung den Beamten als Diener der Allgemeinheit obliegen", wurde von der Militärregierung bestimmt.

Vorbereitungen für die Ernennung der ersten Stadtvertretung wurden in Hamm vom Bürgerrat unter Vorsitz von Oberbürgermeister Schlichter getroffen. In einer Sitzung am 7. Dezember 1945 teilte Schlichter mit, daß auf Empfehlung des Regierungspräsidenten Vorschläge für die Stadtvertretung von den Parteien gemacht worden seien, die ohnehin bei den demnächst anstehenden Wahlen Vorschlagslisten zu erstellen hätten. Er habe dem Stadtkommandanten erklärt, daß etwa 80 Prozent der Bevölkerung sich zu den drei inzwischen gegründeten Parteien bekenne.

Der Kommandant hatte jedoch Zweifel, daß auf diese Weise alle Bürger der Stadt ausreichend vertreten würden. Er wünschte, daß 18 Mitglieder des Rates von den Parteien im Einvernehmen mit dem Bürgerrat benannt würden und weitere zehn Personen berufen werden sollten, deren Auswahl durch den Oberbürgermeister nach Anhörung der ständischen Organisationen erfolgen solle. Die Aufteilung der 18 Partei-Mandate auf neun Vertreter der Christlich Demokratischen Partei, sechs der SPD und drei der KPD führte zu einer längeren Diskussion, die mit einem Kompromißvorschlag endete: Die vom OB vorgeschlagene Liste wurde um zwei Sitze erweitert, so daß die SPD sieben und die KPD vier Mandate erhielten. Benannt wurden von der CDP Poggel, Hirsch, Weidekamp, Schamer, Schröder, Hokamp, Cobet, Wrede und Wüste, für die SPD Röttgen, Bröcker, Reinköster, Radtke, Kassmann, Körner und Giebert und für die KPD Kuttge, Knittel, Gerling und Schulte. Die endgültige Besetzung sah dann aber doch noch etwas anders aus.

Flüchtlingsstrom wuchs ständig

Hunger trieb Stadtbewohner zu Tauschgeschäften aufs Land

Wie dramatisch die Lage sich zuspitzte, machte Unnas Landrat Moenikes am 12. November 1945 in einer Sitzung der Amtsversammlung Rhynern deutlich. Evakuierte, Ernährung, Transportmittel und Kohle — das waren die vier Stichworte, mit denen sich die Probleme der Zeit zusammenfassen ließen. Allein der Kreis Unna sollte 30 000 bis 40 000 Menschen aufnehmen, die aus den Ostgebieten geflüchtet waren. Das bedeutete, wie Moenikes sagte, daß für jeden Einwohner nur noch eine Wohnfläche von 3,7 qm zur Verfügung gestellt werden könne. Transport- und Ernährungsprobleme hingen eng zusammen. 50 Prozent aller Pkw mußten stillgelegt werden. An Lkw herrschte großer Mangel. So standen zum Beispiel, um Kartoffeln aus dem Kreis Minden abzuholen, keine Fahrzeuge zur Verfügung. Den Bauern wurde ein Ablieferungssoll zudiktiert und ihnen angedroht, daß, falls sie ihrer Ablieferungspflicht nicht nachkämen, zwei bis drei Betriebe in den betreffenden Gemeinden beschlagnahmt und an andere Personen übertragen würden.

Pro Familie sollten im Ruhrgebiet zwei Zentner Kohlen ausgegeben werden. Holz bekam nur, wer es wirklich dringend brauchte, da der gesamte Bestand höchstens ausreichte, um den Bedarf für ein Jahr zu decken. Die jeweiligen Amtsbürgermeister legten fest, welche Bäume zum Abholzen freigegeben werden sollten. In der Sitzung wurde darauf hingewiesen, daß, wenn kein Heizmaterial zur Verfügung gestellt werden könne, die Schulen wieder geschlossen werden müßten.

Der Hunger trieb immer mehr Stadtbewohner dazu, sich bei Tauschgeschäften auf dem Land mit Lebensmitteln einzudecken. Amtsvertreter Heitsch machte, wie im Protokoll festgehalten wurde, den Vorschlag, Hamsterern, die auf der Autobahn kontrolliert würden, nicht nur die eingehandelten Lebensmittel, sondern auch die Fahrzeuge zu beschlagnahmen.

Der Amtsvertretung Rhynern gehörten jetzt unter der Leitung von Amtsbürgermeister Sasse und seinem Stellvertreter Oberdorf 27 Mitglieder an. Es waren Hufelschulte (Allen), Karlheim (Berge), Altrogge (Braam-Ostwennemar), Gosewinkel (Bramey-Lenningsen), Becker (Flierich), Rogge (Freiske), Holthoff (Frielinghausen), Korte (Haaren), Moennighoff (Hilbeck), Berckhoff (Norddinker), Dahlhoff (Osterflierich), Mittrop (Osttünnen), Schumacher (Rhynern), Pannock (Schmehausen), Kühlmann (Sönnern), Mentrop (Süddinker), Korte (Uentrop), Möllmann (Vöckinghausen), Ostermann (Wambeln), Heitsch (Werries), Schwinde (Westtünnen), Sasse (Berge), Schulze-Buxloh (Bramey-Lenningsen), Mentrop (Osttünnen), Rübenacke (Osterflierich), Melzer (Werries) und Prof. Dr. Beckmann (Hilbeck).

Zu Finanzfragen hatten die Amtsvertreter nicht viel zu sagen. Sie konnten lediglich zur Kenntnis nehmen, daß der Haushaltsplan für 1945, den der damalige Amtsinspektor und spätere Amtsdirektor Walter Schüerhoff erläuterte, einen Betrag von 1 065 712 RM auswies. Im Zusammenhang mit der Nazi-Vergangenheit wurden die Ruhegehaltsempfänger des Amtes überprüft. In acht von zehn Fällen gab es keine Beanstandungen. Eine Pension wurde gestrichen, in einem weiteren Fall sprach sich der Amtsausschuß wegen der erheblichen politischen Belastung des Ehemannes für eine Kürzung der Bezüge um 50 Prozent aus.

Militärregierung ordnete Tötung der Tauben an

Aufregung gab es unter den Taubenzüchtern, als im Dezember 1945 in den Amtlichen Bekanntmachungen folgende Meldung veröffentlicht wurde: „Sämtliche Personen, die Brieftauben besitzen oder über solche verfügen, haben bis spätestens 20. Dezember 1945 deren Tötung vorzunehmen oder zu bewirken. Dies bezieht sich auf Brieftauben und Nachrichtentauben sämtlicher Arten und Gattungen, gleichgültig, ob sie vorher schon zur Nachrichtenbeförderung benutzt worden sind, sowie auf deren Eier und Junge.“ Eine Woche später gab es zur Erleichterung der Züchter Entwarnung: Die Militärregierung hob die Anordnung auf.

Vaters Blechnapf als Eßgeschirr

Von Schulspeisung fiel auch für Familie daheim etwas ab

Im Winter 1945/46 wurden an den Schulen Schulspeisungen eingeführt, die zunächst zum Teil aus amerikanischen Heeresbeständen geliefert wurden. Unvergessen sind ein köstlicher Erbseneintopf mit Kekseinlage oder eine Süßspeise mit Rosinen, während eine Art Grünkernsuppe nur deshalb verzehrt wurde, weil alle hungrig waren. Eßgeschirr — vorzugsweise Blechnäpfe aus alten Wehrmachtsbeständen, die den Vorzug hatten, daß sie verschlossen und gefüllt mit nach Hause genommen werden konnten — mußten die Schüler/innen ebenso mitbringen wie Suppenlöffel. Eine Zeitlang wurden jeden Morgen Vitamin-C-Tabletten verteilt.

Auf dem Land war es etwas schwieriger mit der Schulspeisung. Ortsheimatpfleger Hans Mansberg aus Pelkum hat eine Mitteilung des Amtsbürgermeisters an den Pelkumer Schulleiter vom 27. Dezember 1945 in seinem Besitz, aus der hervorgeht, daß es die Finanzlage der Gemeinden nicht gestatte, die Kosten der Schulspeisung aus öffentlichen Mitteln zu decken. Das Landesernährungsamt hatte deshalb vorgeschlagen, einen Betrag von fünf Reichspfennig pro Becher von den Schulkindern einzuziehen. Minderbemittelte durften von der Zahlung befreit werden. Im Mai 1946 kam dann die Absage für Pelkum: „Nach neuester Anordnung kann die Schulspeisung für Ihre Schule nicht mehr durchgeführt werden, da nur noch Orte mit mehr als 5 000 Einwohnern in Frage kommen."

Im Regierungsbezirk Arnsberg wurden Ostern 1946 keine Schüler entlassen. Im Einvernehmen mit der Militärregierung ordnete der Regierungspräsident die Einführung des neunten Schuljahres an. Er berief sich dabei auf mangelhaften Schulunterricht in den letzten Kriegsjahren. Darüber hinaus entsprach er einem Wunsch der Eltern, denn es war nicht möglich, genügend Lehrstellen zu finden. Falls eine Lehrstelle nachgewiesen werden konnte, wurde eine Ausnahmegenehmigung zur vorzeitigen Schulentlassung erteilt.

Die Volksschule in Pelkum hatte im übrigen ganz andere Sorgen. In einem Schreiben an Amtsbürgermeister Heibert teilte Hauptlehrer Westerhellweg im Februar 1946 mit, daß größere Flächen des Daches am Abortgebäude seit Monaten ohne Ziegel seien und auf dem Fußboden zentimetertief Wasser stünde. Da die Außentüren beschädigt und nicht mehr verschließbar seien, schrieb der Schulleiter, könne Sauberkeit nicht gewährleistet werden.

Marienschule machte den Anfang

Wieder lernen zu dürfen, war ein großes Glück

Mit der Eröffnung der Volksschulen wurde im Herbst 1945 ein wichtiger Schritt zur Normalisierung des Lebens getan. Anfang 1946 wurden dann auch die weiterführenden Schulen wieder in Betrieb genommen. Ein Ereignis für die ganze Stadt war die Eröffnungsfeier für die Ober- und Mittelschule der Schwestern von der Göttlichen Vorsehung, die Marienschule. „Der 21. Januar 1946 war für uns alle ein tiefes Erleben. Der Anfang ist gemacht. Gott muß weiterhelfen und uns stark machen, daß wir mutig und selbstlos alle erforderlichen Opfer bringen zum Segen der lieben Jugend", schrieb damals eine der Schwestern in das Tagebuch der Schule, in dem der Verlauf des Tages bis in alle Einzelheiten festgehalten wurde.

Begonnen hatten die Feierlichkeiten mit einem Gottesdienst in der Kapelle des Marienhospitals, bei dem, wie es die Chronistin formulierte, der „Organist mit seinem jungen Genius etwas Glanzvolles auf der kleinen Orgel des Marienhospitals leistete. Anschließend zogen über 400 Schülerinnen in Dreierreihen durch die Südstraße, über den Marktplatz und durch die Widumstraße, um über die Eylertstraße den Saal Ringhoff zu erreichen. Die Chronik berichtet: „Die Schülerinnen stellten sich zwischen den weiß gedeckten, mit Grün geschmückten langen Tischreihen auf. Ihnen gegenüber leuchtete von der Wand herab in großen Buchstaben der Spruch ‚Willkommen, liebe Jugend, die bereit, mit uns zu schreiten in die neue Zeit, mit Gott, der unser Ziel und Weggeleit."

An dem Quertisch darunter saßen der Hochw. Herr Dechant Brück, der ev. Pfarrer Paul Kienecker, der englische Schuloffizier für Hamm, Major Goodson mit seiner Dolmetscherin Fräulein Paasch und der Schulrat Clement. Das Lehrerkollegium schloß sich zu beiden Seiten an. Der Oberbürgermeister ließ sich wegen dringender Geschäfte entschuldigen."

Es gab Gedicht- und Liedvorträge und natürlich Ansprachen. Dabei freute sich Schulrat Clement, daß durch die Wiedereröffnung der Schule ein kleiner Bruchteil des den Schwestern von den Nazis angetanen Unrechts wieder gutgemacht werde.

Am 22. Januar wurde der Unterricht aufgenommen. An Schulleiterin Schwester Aurea und die Lehrkräfte — die Schwestern Beata, Dionysia, Hildburga, Seraphika, Mechthild, Leonilda, Felicita, Modestis, Luitgard, Hildburga, Kunigild und Crescentia sowie Fräulein Gellerbeck, Frau Scharnagel, Frau Bringmann und Pfarrer Kienecker — erinnern sich viele ehemalige Schülerinnen noch heute gern.

Die räumlichen Verhältnisse waren äußerst schwierig. Es wurde in der vor einiger Zeit abgebrochenen alten Marienschule an der Brüderstraße, im Pastorat an der Rietzgartenstraße und in der Isolierstation des Marienhospitals unterrichtet. Stühle wurden vom Gesellenhaus und vom Amt Rhynern geliehen, die Stadtverwaltung stellte einen Radioapparat zur Verfügung. Einen Eindruck von den Schwierigkeiten vermittelt ein Brief, in dem sich Schwester Felicita 1971 an die damalige Zeit erinnerte: „Schülerinnen und Lehrerinnen waren ausgehungert, saßen schlecht gekleidet in den kalten Klassen (Mangel an Heizmaterial, Kunststoff-Folien in den Fenstern, Wände und Böden noch feucht), es fehlte an Schulmöbeln, an Lehrbüchern und anderen Lehrmitteln, auch an Tafeln. Mit schlechtem Schuhzeug mußten auf zerbombten Straßen weite Schulwege zurückgelegt werden, da Straßenbahnen und Züge noch nicht fuhren. Der Bildungsstand innerhalb der Klassen war sehr unterschiedlich. . . . aber der Lerneifer war sehr groß; wieder lernen dürfen war ein großes Glück!"

Stadtvertreter Diener des Volkes

Feierliche Parlaments-Einführung in der Beisenkamp-Aula

Als das Jahr 1945 zu Ende ging, hofften alle, daß sich das Leben weiter normalisieren werde, daß es aufwärts gehe in Deutschland 1946. Um der Bevölkerung Gelegenheit zu geben, an den Gottesdiensten teilzunehmen, wurden an den Feiertagen die Sperrstunden aufgehoben. Der Ruderclub und der Schwimmverein Rote Erde veranstalteten Weihnachtsfeiern, der Briefmarkenverein hatte wieder regelmäßige Tauschzusammenkünfte, und in der Schule an der Lessingstraße gab es nach langer Pause Übungsabende der Freiwilligen Feuerwehr. Die positiven Aspekte konnten aber nicht darüber hinwegtäuschen, daß in vielen Familien Trauer herrschte. Väter und Söhne waren noch nicht aus dem Krieg zurückgekehrt. In den Amtlichen Bekanntmachungen erschienen seitenweise Todesanzeigen von Gefallenen, die irgendwann in den letzten Monaten des Krieges noch ihr Leben lassen mußten. Dazwischen immer wieder Anzeigen mit großen Fragezeichen: Wer kann Angaben machen über den Verbleib des Obergefreiten Hubert S.? Wer kann mir Nachricht geben über meinen Bruder, den ehemaligen Leutnant Karl H.? Tarnopol-Kämpfer! Welcher heimgekehrte Soldat kann nähere Angaben machen über meinen Mann, Unteroffizier Franz A.? Stalingrad-Kämpfer! Wer hatte die Feldpostnummer 01 648 A und kann mir Auskunft geben über meinen Sohn, den Gefreiten Alexander C.? Wer um liebe Menschen bangte, der mochte nicht feiern.

Der Jahreswechsel brachte auf der politischen Bühne eine entscheidende Veränderung. Am 7. Januar 1946 tagte zum erstenmal eine Stadtvertretung, die von der Militärregierung eingesetzt worden war. Sie bestand aus sieben Vertretern verschiedener Berufe, aus sieben Abgeordneten der CDU, sechs der SPD und drei der KPD. Das erste Hammer Parlament löste den Bürgerrat ab, der, als er am 4. Januar zum letztenmal zusammentrat, auf 15 Sitzungen zurückblicken konnte, in denen er 52 Vorlagen erledigt hatte.

Für die öffentliche Sitzung der neuen Stadtvertretung in der Aula am Beisenkamp wurden in der Polizeidirektion und bei der Stadtverwaltung Eintrittskarten ausgegeben, da für Zuhörer nur beschränkt Platz zur Verfügung stand. Stadtkommandant Oberstleutnant Marshall eröffnete die Sitzung, an der auch Regierungspräsident Fries und sein Stellvertreter teilnahmen. „Wir brauchten in Zusammenarbeit mit unseren Alliierten sechs Jahre, um den Krieg zu gewinnen und die Nazi-Diktatur zu stürzen“, sagte Marshall. „Jetzt sind wir Engländer zusammen mit unseren Alliierten entschlossen, den Frieden zu gewinnen, und das wird äußerst schwierig sein. Mit gewinnen des Friedens meine ich, einen Zustand in Europa und in der Welt herbeizuführen, durch den die Gewähr gegeben wird, daß es keinen Krieg mehr geben wird.“ Und er fuhr fort: „Während der letzten zwölf Jahre ist das deutsche Volk von einer Diktatur regiert worden. Das Volk hatte zu tun, was ihm gesagt wurde und hatte keinen Einfluß auf die Politik. Jede Diktatur führt zum Krieg, ob der Mann aus dem Volke Krieg wünscht oder nicht. Alle, die den Krieg kennengelernt haben, wissen, daß Krieg Zerstörung mit sich bringt und für niemanden etwas Gutes bedeutet. Wenn auf die Stimmen des Volkes gehört wird, dann ist viel weniger Wahrscheinlichkeit für Zukunftskriege gegeben. Daher ist es unser Ziel, gewählte Stadtvertretungen einzusetzen, die nicht diktieren, wie das Volk regiert werden soll, sondern die die Gemeinschaft nach den Wünschen des Volkes regieren unter der Kontrolle der Militärregierung.“

Der Stadtkommandant gab der Hoffnung Ausdruck, daß im Sommer 1946 die ersten Wahlen stattfinden könnten. Die eingesetzten Stadtvertreter ermahnte er, für die Interessen der Gesamtgemeinde zu arbeiten: „Jedes Mitglied ist ein Diener des Volkes und nicht dessen politischer Herrscher.“ Er warnte vor selbstsüchtigen Motiven und auch davor, die Zeit mit unnützen Reden zu verschwenden.

Im übrigen werde die Stadtvertretung in nächster Zeit einen Oberstadtdirektor ernennen müssen, der als Chef der Verwaltung für die Ausführung der parlamentarischen Beschlüsse verantwortlich sei. Eindeutig machte er klar: „Ihm, ebenso wie allen anderen bezahlten Beamten der Stadtverwaltung, ist es nicht gestattet, sich politisch zu betätigen ... Seine Ernennung ist in keiner Weise eine politische, sie steht über jeder Politik, genau wie die aller bezahlten Verwaltungsbeamten.“

Nachdem Marshall noch darauf hingewiesen hatte, daß die frühere Militärregierung heute Kontroll-Kommission Deutschland genannt werde und er selbst oder sein Vertreter an den Sitzungen der Stadtvertretung teilnehme, um sich auf dem Laufenden zu halten und nicht, um dieTätigkeit des Rates einzuschränken, übergab er die Leitung der Sitzung an Oberbürgermeister Josef Schlichter.

„Mit dem heutigen Tage hat eine neue Epoche in der Geschichte unserer Stadt ihren Anfang genommen", stellte Schlichter fest. „Die autoritäre Regierungsgewalt ist begraben und dafür die Selbstverwaltung zu neuem Leben erweckt. In den vergangenen zwölf Jahren bestanden zwar auch Gemeinderäte, aber sie hatten nur rein dekorativen Charakter. Mit der Einsetzung der Stadtvertretung ist das Selbstverwaltungsrecht der Gemeinde wieder eingeführt.

Es ist ein großer Akt des Vertrauens, den uns die Militärregierung durch die Einführung der Selbstverwaltung entgegengebracht hat. Unsere Aufgabe soll es sein, dieses Vertrauen zu rechtfertigen, indem wir bei unseren Verhandlungen und Beratungen alles persönliche Interesse zurückstellen, bei unseren Entschließungen auch jegliches Parteiinteresse ausschalten, in unseren Sitzungen jegliches Parteigezänk vermeiden, die gegenteilige Meinung des anderen achten und ehren und uns bei all unseren Handlungen nur von dem einen Gedanken leiten lassen, das Wohl der Stadt und ihrer Bürgerschaft zu fördern."

Dank sagte Schlichter der Militärregierung für die bisher erfahrene Hilfe. Der Fürsprache des Kommandanten sei es zu danken, daß Fabriken wieder den Betrieb aufnehmen konnten und andere Betriebe nicht stillgelegt werden mussten. Die Freigabe der Infanteriekaserne ermögliche es, noch im Januar sämtliche Schulen wieder zu eröffnen und im Laufe des Sommers alle städtischen Büros in die Kaserne zu verlegen. Der Kommandant habe auch dafür gesorgt, daß das frühere Standort-Lazarett an das Marienhospital übergeben wurde, so daß jetzt genügend Raum für die Versorgung der Kranken zur Verfügung stehe. Schlichter schloß: „Es liegt ein weiter, harter und beschwerlicher Weg vor uns, aber mit Mut und Gottvertrauen wollen wir tapfer voranschreiten. Dann wird es uns gelingen, alle Hindernisse aus dem Weg zu räumen."

Regierungspräsident Fries dankte Schlichter, der zunächst als Oberbürgermeister auch weiterhin zugleich die Aufgabe des Oberstadtdirektors übernahm, für seine bisherige Arbeit. Die Beamten ermahnte er zu politischer Neutralität. Oberste Richtschnur müsse das Wort des Reichspräsidenten Ebert sein: „Des Volkes Wohl ist meiner Arbeit höchstes Ziel."

Mitglieder der ersten Hammer Stadtvertretung waren Geschäftsführer Clemens Brocker, Gewerkschaftssekretär Hugo Bröcker (SPD), Apotheker Emil Cobet (CDU), Kaufmann Fritz Geisthövel, Kaufm. Angestellter Ernst Glauner, Arbeiter Karl Giebert (SPD), Installateurmeister Karl Hennekemper, Schneidermeister Heinrich Hirsch (CDU), Fürsorgerin Eugenie Hokamp (CDU), Redakteur Johannes Knittel (KPD), Reichsbahnarbeiter Wilhelm Kuttke (KPD), Rechtsanwalt Dr. Fritz Kaßmann (SPD), Reichsbahnarbeiter Wilhelm Lange,Nervenarzt Dr. Oeckinghaus, Gewerkschaftssekretär Ferdinand Poggel (CDU), Schneider Heinrich Reinköster (SPD), Gewerkschaftsführer Leo Radtke (SPD), Polizeidirektor Peter Röttgen (SPD), Landwirt Josef Söltefuß (CDU), Bürovorsteher Paul Schamer (CDU), Rektor I. R. Josef Weidekamp (CDU), Konzertsängerin Irene Zotteck-Grote (KPD), Buchdruckereibesitzer Josef Zeitvogel.

Für Beamte war Politik tabu

Stadtvertretung wählte Oberstadtdirektor Dr. Schultz

Mit der Trennung von Legislative und Exekutive – falls man diese Begriffe auch auf die Kommunalpolitik anwenden will – machte die Militärregierung schon bald ernst. In einer Besprechung mit Stadtkommandant Oberstleutnant Marshall und Major Goodson erörterte Oberbürgermeister Josef Schlichter am 2. Februar 1946 die Besetzung der Stelle des Oberstadtdirektors als Chef der Verwaltung. Die Militärregierung wollte damit nicht bis zu den angekündigten Kommunalwahlen (die am 13. Oktober 1946 stattfanden) warten. Falls die Stadtvertretung nicht den als Polizeidirektor eingesetzten Peter Röttgen mit der Leitung der Stadtverwaltung beauftragen wolle, könne die Stelle entweder sofort ausgeschrieben werden oder aus der Liste des Regierungspräsidenten ein geeigneter Bewerber ausgewählt werden. Marshall erklärte in dieser Besprechung, daß die Wahl des Stadtrechtsrates und des Stadtbaurates nicht erforderlich sei, da diese (Stadtrechtsrat Dr. Heinrich Hans und Stadtbaurat Haarmann) von ihm bereits ernannt seien. Hier werde lediglich eine Bestätigung der Ernennung durch die Stadtvertretung gewünscht. Gewählt werden müßten aber auch ein Stadtdirektor und ein Stadtkämmerer.

Berufen wurden in der Stadtvertreter-Sitzung vom 11. Februar 1946 auf die Dauer von zwölf Jahren Rechtsanwalt Dr. Ferdinand Schultz zum Oberstadtdirektor mit Amtsantritt am 1. Mai 1946, Polizeidirektor Peter Röttgen zum Stadtdirektor, Dr. Hans zum Stadtrechtsrat, Verwaltungsdirektor Wortmann zum Stadtkämmerer und Oberbaurat Haarmann zum Stadtbaurat. Aus dem im Stadtarchiv vorliegenden Verwaltungsbericht für die ersten Nachkriegsjahre geht hervor, daß Rechtsanwalt Dr. Schultz am 4. Juni 1945 Stellvertreter des damaligen Oberbürgermeisters Haarmann geworden und Dr. Hans am 11. Juni 1945 als juristischer Hilfsarbeiter in den Dienst der Stadt Hamm übernommen worden war. Hans wechselte am 31. August 1950 zum Landesverwaltungsgericht Arnsberg. Stadtkämmerer Wortmann wurde am 31. März 1948 pensioniert.

Das Amt des Oberbürgermeisters blieb bis zum 4. November in den Händen von Josef Schlichter, der es dann an seinen Nachfolger Ferdinand Poggel übergab. Zum Stellvertreter des Oberbürgermeisters und damit zum Bürgermeister wurde auf Vorschlag der SPD am 11. Februar 1946 der Gewerkschaftssekretär Hugo Bröcker einstimmig gewählt.

Nach diesen wichtigen Entscheidungen faßte die neue Stadtvertretung noch zwei weitere bedeutende Beschlüsse: Sie verabschiedete eine Satzung für die Stadt Hamm und eine Geschäftsordnung für den Rat. Oberbürgermeister Schlichter, der zu der Sitzung in der Aula des Beisenkamp-Gymnasiums auch Stadtkommandant Marshall begrüßte, erläuterte die Satzung, durch die vor allem eine scharfe Trennung zwischen der Stadtvertretung als beschließendes und der Stadtverwaltung als ausführendes Organ erfolgte. Streng untersagt wurde allen hauptamtlichen Beamten eine politische Tätigkeit. Die Zahl der Ratsmitglieder wurde auf 30 festgelegt.

Diakonissen lösten die „Braunen" ab

Zustände in Krankenhäusern mehr als bescheiden

Diakonissen aus Lötzen übernahmen, nachdem der Bürgerrat der Stadt am 8.11.45 zugestimmt hatte, am 1. Januar 1946 den Dienst im Städtischen Krankenhaus. Einige von ihnen trafen bereits am 15. November und 1. Dezember dort ein. Sie lösten auf Wunsch der Militärregierung die während des Krieges dort tätigen NSV-Schwestern (NSV war die Abkürzung für Nationalsozialistische Volksfürsorge) ab, die auch „Braune Schwestern" genannt wurden, weil sie braune Kleider zu weißen Schürzen und weißen Häubchen trugen. Wie sich die damalige Schwesternschülerin Annette Vossenkaul erinnert, waren jedoch überwiegend freie Schwestern im Städtischen Krankenhaus eingesetzt, die wegen ihrer blauen Kleider auch „Blaue Schwestern" hießen.

Noch heute singt Annette Vossenkaul ein Loblied auf die „Braunen Schwestern", die ganz und gar nicht parteipolitisch gefärbt gewesen seien. „Oberin Hubert war ganz toll und hat uns sehr motiviert", berichtet sie. Die Schwestern seien sehr traurig gewesen über ihre Entlassung, hätten aber später in Norddeutschland ein neues Betätigungsfeld gefunden. „Der Wechsel war für uns sehr schwer", weiß sie heute noch. „Wir mußten uns auf die strengeren ostpreußischen Schwestern einstellen."

Die Zustände in den Krankenhäusern waren zu dieser Zeit mehr als bescheiden. Das Verbandsmaterial mußte wiederverwertet werden. Es wurde vorgewaschen, gekocht und aufgewickelt, wofür es eigens Apparate gab. Manchmal halfen die Patienten dabei. Tupfer wurden selbst geschnitten und sterilisiert, Spritzen erst gesäubert, ausgekocht und dann in den Sterilisator gebracht.

Im Haus herrschte ein strenges Regiment. Die Arbeitszeit dauerte von sieben bis 20 Uhr, unterbrochen von zwei Freistunden, in denen die Stationshelferinnen, wie sich Irmgard Krause erinnert, häufig noch Gemüse putzen oder den Gemüsegarten bestellen mußten. Geld gab es für die Schwesternschülerinnen ebensowenig wie für die Assistenzärzte. Die Schülerinnen erhielten Kost und Logis und durften abends nur mit besonderer Erlaubnis das Haus verlassen. Das galt auch für die Helferinnen auf den Stationen, die, wie Irmgard Krause, Mädchen für alles waren. Sie war damals 17 Jahre jung und schlief mit fünf Kolleginnen im früheren Sezierraum des Städtischen Krankenhauses, was den Mädchen mehr als einmal kalte Schauer über den Rücken jagte.

„Korea-Weg" über die Lippe

Anfang 1946 erster Brückenschlag durch die Pioniere

„Heute das große Ereignis für die Stadt Hamm: Freier Fahrverkehr über die Nordenbrücke — Um 11 Uhr Freie Fahrt — Die Rollbahn hat endlich ausgedient" jubelte der Westfälische Anzeiger am Freitag, 26. Januar 1951. Es war so weit: Die Lippebrücke im Zuge der Münsterstraße konnte endlich wieder in Betrieb genommen werden. „Ohne Zweifel handelt es sich bei dem Bau um das größte und wichtigste öffentliche Bauprojekt der Nachkriegszeit in Hamm. Seine glückliche Vollendung dürfte wahrscheinlich in der Geschichte unserer schwer zerstörten Stadt ein denkwürdiges Kapitel einleiten," stellte die Tageszeitung fest.

Wie immer, wurde auch an diesem 1,2-Millionen-DM-Projekt buchstäblich bis zur letzten Minute gearbeitet. Bauträger war das Wasser- und Schiffahrtsamt. Die Stadt Hamm hatte für Rad- und Gehwege rund 40 000 DM beizusteuern. Die Fahrbahn wurde in einer Breite von 9,50 Metern ausgebaut. Damals schon auftauchenden Befürchtungen, die Brücken würden dem wachsenden Verkehr auf Dauer nicht genügen, hielten Fachleute entgegen, daß die Rheinbrücke zwischen Düsseldorf und Oberkassel lediglich acht Meter breit sei.

Mit den Arbeiten, bei denen an einigen Tagen bis zu 250 Helfer zugleich tätig waren, wurde am 22. Mai 1950 begonnen. Damals wurden Bäume gefällt und die Pionierbrücke über die Lippe abgebaut, die Anfang 1946 von der Militärregierung errichtet worden war. Dipl.-Ing. Rolf Große-Wortmann, beim Tiefbauamt der Stadt Hamm lange Jahre für Kanal- und Brückenbau zuständig und heute pensioniert, erinnert sich noch gut an diese sogenannte „Baily-Brücke", die von den englischen Pionieren errichtet worden war und eine Tragfähigkeit von 40 Tonnen hatte.

Die deutschen Truppen hatten beim Anmarsch der Amerikaner den Flußübergang zerstört. Die Kanalbrücke war bei der Sprengung nur beschädigt worden und konnte repariert werden. Sie wurde im Zuge des Brückenneubaus auf das neue Niveau angehoben. Monatelang war der Fahrzeugverkehr nach Kriegsende über die Eisenbahnbrücke gerollt, die auch während der Bauzeit von 1950 bis 1951 wieder als einzige Verbindung mit dem Norden der Stadt dienen mußte. Auch der Lippeübergang nach Heessen im Zuge der Fährstraße war, wie aus dem Verwaltungsbericht hervorgeht, erst 1950 wieder dem Verkehr übergeben worden.

Für den Fußgänger- und Radfahrverkehr war kurz nach Kriegsende mit Hilfe von Pontons ein behelfsmäßiger Fußsteg über die Lippe gebaut worden, im Volksmund „Korea-Weg" genannt. Er wurde von der Pionierbrücke der Engländer abgelöst, die allerdings für den Straßenbahnverkehr nicht geeignet war. Die Stadtwerke hatten deshalb einen Pendelverkehr eingerichtet, so daß die Fahrgäste jeweils bis zur Brücke befördert wurden. An der Tondernstraße gab es ein eigenes Depot für die Nordener Straßenbahnwagen. Die Verbindung nach Bockum war noch nicht wiederhergestellt. Am 6. Juni 1946 forderte die Gemeindevertretung Bockum-Hövel die Wiederherstellung der Geineggebrücke, um die Straßenbahn endlich weiterführen zu können. Im Oktober 1946 wurde die Wiederaufnahme der Strecke bis zur Werner Bahn mit Freude registriert und gleichzeitig nachdrücklich an Militärregierung und Stadtwerke appelliert, auch die Verbindung bis Bockum bald wieder in Betrieb zu nehmen.

Hunderte von Passanten standen Spalier, als sich pünktlich um 11.11 Uhr am Freitag, 26. Januar 1951, von Norden her auf der Münsterstraße eine Wagenkolonne der Wasserstraßenbauverwaltung näherte. Baurat Dr. Baus fiel die Aufgabe zu, das weiße Band zu zerschneiden und die neue Lippebrücke für den Verkehr freizugeben. Aus der Stadt war kurz zuvor einer der neuen Omnibusse der Stadt angelangt, in dem sich unter anderem Oberbürgermeister Poggel, Bürgermeister Bröcker, Vertreter des Stadtparlaments, Stadtdirektor Röttgen und der Leiter der Kreispolizei, Polizeioberinspektor Pälmer befanden. Das Wasserbauamt wollte auf eine feierliche Eröffnung verzichten. „Wir haben Verständnis für solch eine Schlichtheit der Auffassung", schrieb damals der Westfälische Anzeiger, „hätten es aber doch gern gesehen, wenn das Oberhaupt der Stadt Hamm, der gewählte Repräsentant der Bürgerschaft, Gelegenheit gehabt hätte, in dieser bedeutungsvollen Stunde das zu sagen, was uns alle bewegt."

Er hatte anschließend in der Gaststätte Dieckmann dazu Gelegenheit. Bis dort (Haltestelle „Flessenkämper") richteten die Stadtwerke eine neue Busstrecke ein, die von den Offiziellen eingeweiht und bei einem „landesüblichen Frühstück" mit „ernsten und munteren Reden" — wie es im WA hieß — gefeiert wurde. Der mit den Stadtfarben geschmückte Omnibus war von den Nordenfeldmärkern und Jungen und Mädchen der Nordschule 2 begeistert begrüßt worden. Die Vertreter des Wasserbauamtes feierten mit den Leuten vom Bau und den beteiligten Firmen im Westfälischen Hof, wo Baurat Dr. Baus allen Mitarbeitern für den schwierigsten Brückenbau in seiner 30jährigen Praxis dankte.

Im Januar 1946 erste Ratssitzung

Josef Böker bis dahin Bürgermeister und Gemeindedirektor

Auf Seite 189 einer dicken Kladde mit dem Titel „Gemeindeverwaltung Heessen", die im Stadtarchiv aufbewahrt wird, beginnt ein neuer Abschnitt in der tausendjährigen Geschichte dieses heutigen Hammer Stadtbezirks. Dort findet sich als erste Eintragung nach dem Ende des 2. Weltkriegs das Protokoll der konstituierenden Sitzung der von der Militärregierung eingesetzten Stadtvertretung am 18. Januar 1946. Neun Monate lang war die Verwaltung nach der Besetzung Heessens durch die alliierten Truppen von dem als Bürgermeister berufenen Zechenbeamten Josef Böker geführt worden. Böker wurde, nachdem die Trennung von Verwaltungs- und Ratsvorsitz von der Militärregierung verfügt worden war, im Januar 1946 Gemeindedirektor.

Nach Einführung und Verpflichtung der zehn neuen Gemeindevertreter (je vier von SPD und CDU und zwei der KPD) durch Bürgermeister Böker wurde Abteilungsleiter Paul Putzig (2. Vorsitzender der SPD für den Kreis Beckum) zum neuen ehrenamtlichen Bürgermeister gewählt. Als Stellvertreter, die damals „Beigeordnete" genannt wurden, wählte der Rat den Maurerpolier Ernst Brockhaus (CDU) und den Maschinisten Franz Königsmann (KPD). Der Gemeindevertretung gehörten neben Putzig, Brockhaus und Königsmann Heinrich Kretschmer (SPD), Friedrich Ostlender (SPD), August Wittemeier (SPD), Dr. Bernhard Hofmeister (CDU), Josef Kreikmann (CDU), Johann Ottofrikkenstein (CDU) und Paul Krautwald (KPD) an. Beigeordneter war bisher Otto Hoffmann. Er war nicht mehr Mitglied der Gemeindevertretung. Sowohl Heinrich Kretschmer (SPD) wie auch Gemeindedirektor Böker erklärten in der Sitzung, daß gegen seine Ernennung keine Bedenken bestanden hätten. Warum er ausschied, ist dem Protokoll nicht zu entnehmen.

An der Sitzung am 18. Januar 1946 nahmen auch Landrat Graf Droste zu Vischering und Major Hunter als Vertreter der Militärregierung teil. Hunter dankte Böker für seine Wiederaufbauarbeit als Bürgermeister und unterstrich die gute Zusammenarbeit zwischen Gemeindeverwaltung und Militärregierung. Er wies darauf hin, daß die Bildung der Gemeindevertretungen der erste Schritt zur Wiedereinführung einer demokratischen Regierungsform sei. Den Politikern legte er ans Herz, uneigennützig zu handeln und bei der Beschlußfassung möglichst Einstimmigkeit zu erzielen. Nur so könne positive Arbeit geleistet werden. Auch Landrat Graf Droste zu Vischering dankte Böker für seinen Einsatz, der mit „goldenen Lettern in die Geschichte Heessens eingehen" werde. Die Gemeindevertreter forderte er auf mitzuhelfen, die Nöte der Zeit zu überwinden.

Heessen hatte schwer unter dem Bombenkrieg gelitten. An 120 Wohn-, einem öffentlichen, sieben landwirtschaftlichen und drei Wehrmachtsgebäuden sowie einem Versorgungsbetrieb der Elektrizitätsverwaltung hatte es Totalschaden gegeben. 153 Wohnhäuser wurden schwer, 368 mittelschwer und 1930 leicht beschädigt. Der entstandene Schaden wurde auf 11,5 Mio. RM geschätzt. Während des Krieges fielen etwa 4 000 Spreng- und 10 000 Brandbomben auf Heessen.

Gemeindevertreter Johann Ottofrickenstein protestierte im Namen der CDU gegen die Zusammensetzung der Gemeindevertretung, die nicht dem Wahlergebnis von vor 1933 entspreche. Einige Monate später sollte sich zeigen, daß die Mehrheitsverhältnisse von der Militärregierung doch nicht so falsch eingeschätzt worden waren. Am 13. Oktober 1946 wurden elf Mitglieder der SPD, neun der CDU und einer der KPD in den Rat gewählt.

Ehemalige Nazis sollten zahlen

Der Bockum-Höveler Rat war erst im April 1946 komplett

Spärlich sind die Aufzeichnungen, die sich über die ersten Monate der Nachkriegszeit in Bockum-Hövel finden lassen. Unter dem Vorsitz von Bürgermeister Adolf Brühl kam der Bürgerrat am 7. Januar 1946 zu einer Sitzung zusammen, an der als Stellvertreter des Bürgermeisters 1. Beigeordneter Rektor Schmitt, Beigeordneter Anton Pytlik und die Bürgerratsmitglieder Thomas Fröba, Karl Kottenhahn, Josef Wittkamp, Hermann Schütt, Josef Splithöfer, Georg Kaim und Lina Gand teilnahmen. Am 13. Januar wurde der Haushaltsplan verabschiedet, der bei Ausgaben von rund zwei Millionen Reichsmark lediglich Einnahmen von 1,5 Millionen vorsah. Die Gemeindevertreter stimmten dem Haushaltsplan zu, um eine geregelte Arbeit möglich zu machen, beschlossen aber zugleich, staatliche Hilfe in Anspruch zu nehmen, um den Fehlbetrag auszugleichen.

Die Politiker appellierten an die Militärregierung, die Gesetze so zu ändern, daß die Lasten gerechter verteilt werden könnten. Die Bockum-Höveler dachten vor allem daran, Besitz stärker zu belasten und die Gehälter der Beamten abzubauen, die ihrer Ansicht nach im Vergleich zum Lohn der Arbeiter zu hoch waren. Im übrigen erwartete die Gemeindevertretung, daß die Schuldigen, also die ehemaligen Parteigenossen, stärker als die anderen zum Wiederaufbau herangezogen würden.

Nicht nur die Bockum-Höveler hatten die Idee, ehemalige Nazis zur Kasse zu bitten. So beschloß beispielsweise die Gemeindevertretung Heessen am 8. Februar 1946 auf Antrag der KPD, das Vermögen ehemaliger Funktionäre der NSDAP zu beschlagnahmen und von ehemaligen Parteigenossen den Geldbesitz einzuziehen, soweit er den Betrag von 5 000 Reichsmark überstieg. Ehemalige NSDAP-Mitglieder sollten darüber hinaus in Höhe der von ihnen bisher gezahlten Parteibeiträge Gelder an die Wohlfahrtsunterstützungskasse zahlen.

Ähnliche Vorstellungen gab es in Braam-Ostwennemar. Dort machten sich die Gemeindeväter Sorgen um den Haushaltsplan, dessen Fehlbetrag mit rund 140 000 Reichsmark fast doppelt so hoch lag wie die Einnahmen. Einstimmig wurde vorgeschlagen, den Fehlbetrag durch Zahlungen früherer Parteigenossen der NSDAP und deren Gliederungen zu decken. Es sollten jeweils Beträge in Höhe des früheren Mitgliedsbeitrags solange erhoben werden, bis die Kasse wieder stimmte. Dieser Beschluß wurde allerdings niemals ausgeführt.

Die neue Gemeindevertretung für Bockum-Hövel war im Januar noch nicht komplett. Zur Sitzung am 25. April 1946 wurden 14 weitere Politiker geladen, die zwar von der Militärregierung noch nicht überprüft und bestätigt waren, denen aber dennoch das Stimmrecht zuerkannt wurde. Als Sitzungsteilnehmer sind im Protokoll neben Bürgermeister Brühl (SPD) und seinen Stellvertretern Rektor a. D. Schmitt und Anton Pytlik (SPD) die Gemeindevertreter Thomas Fröba (SPD), Karl Kottenhahn (SPD), Erich Müller (SPD), Jakob Licht (SPD), Franz Gellesch (SPD), Frieda Potthoff (SPD), Josef Wittkamp (CDU), Josef Splithöfer (CDU), Hermann Schütt (CDU), Theodor Schulenberg (CDU), Franz Thiele (CDU), Franz Elbers (CDU), Franz Wortmann (CDU), Lina Gand (KPD), Georg Kaim (KPD), Robert Mende (KPD), Wilhelm Krolczyk (KPD), Wilhelm Ringsdorf (KPD), Peter Nebgen (KPD) sowie Bruno Wolf verzeichnet.

Mit jeweils 13 gegen sechs Stimmen bei zwei Enthaltungen wurden Josef Wittkamp (CDU) zum Bürgermeister und der bisherige Bürgermeister Adolf Brühl (SPD) zum Gemeindedirektor gewählt.

Einig waren sich die Gemeindevertreter, als es darum ging, für die Instandsetzung der Badeanstalt 2 310 RM und für die Errichtung eines Gedenksteins für die durch Bomben vernichteten Gräber auf dem Gemeindefriedhof in Bockum 300 RM zu bewilligen. Scharf verurteilt wurden die in den Gastwirtschaften stattfindenden Tanzveranstaltungen. Wirten, die auch weiterhin gegen das Tanzverbot verstoßen sollten, wurde ein Konzessionsentziehungsverfahren angedroht.

lit primitiven Barrikaden
ersuchten die Verteidiger,
en Vormarsch der
merikaner aufzuhalten.
oto: U. S. Army

Über den Bahndamm
und durch das halb
zerstörte Stellwerk
rückten die Amerikaner
1945 in Hamm ein.

Zu den unglückseligen Erinnerungen an den Krieg gehört der Brand der Pauluskirche im September 1944, den diese Aufnahme eines Amateur-Fotografen dokumentiert. Sie wurde unter Lebensgefahr aufgenommen. Es war streng verboten, Bombenschäden zu fotografieren.
Foto: privat

Nach der Eroberung der Stadt durch alliierte Truppen wehte die britische Flagge über der Tür zur Polizeidirektion an der Hohe Straße.

Paul Schamer wurde am 21. Januar 1888 in Hildesheim geboren. Er war gelernter Eisendreher, wurde 1918 Sekretär der Metallarbeitergewerkschaft in Neheim-Hüsten, kam 1924 als Sekretär der Arbeitervereine (heute KAB) nach Hamm und wurde 1928 als Zentrumsabgeordneter in den Landtag gewählt. Sein Büro an der Kleinen Weststraße 4 (heute Martin-Luther-Straße) mußte nach der Machtübernahme durch die Nationalsozialisten geschlossen werden. Während des Krieges wurde er vorübergehend von den Nazis verhaftet und saß mit anderen Regimegegnern in den Gefängnisräumen unter dem Dach der Polizeidirektion an der Hohe Straße. Wie sich seine Tochter, Elisabeth Westermann, erinnert, mußten die Gefangenen dort auch während der Fliegeralarme ausharren. Sie wurden erst in letzter Minute vor den Bombenangriffen in den Luftschutzkeller gebracht. Nachdem die Arbeitervereine von den Nazis verboten worden waren, arbeitete Paul Schamer als Bürovorsteher bei einer Versicherung. Er kandidierte 1947 für den Landtag, unterlag aber dem SPD-Bewerber Heinrich Reinköster. 1948 erlitt Schamer einen Herzinfarkt, von dem er sich nicht mehr erholte. Er starb im Januar 1951.

Peter Röttgen wurde am 11. Februar 1886 als Sohn eines Glasmachers in Oberhausen geboren. Weil sein Vater nach einem Unfall arbeitsunfähig wurde, mußte Sohn Peter schon als 13jähriger die Schule verlassen und in der Glashütte arbeiten. Später kam er zum Baugewerbe und über Soest und Meißen nach Hamm. Er wurde 1904 Mitglied der SPD, die ihn 1910 in Hamm zum Vorsitzenden wählte. 1911 wurde er Gewerkschaftssekretär und 1919 Ratsmitglied.
Seine politische Laufbahn wurde durch die Nazis unterbrochen. Daß der unbequeme Mann während des Krieges nicht ins KZ kam, hatte er hilfreichen Freunden zu danken. Peter Röttgen wurde von der Militärregierung am 1. Juli 1945 zum Polizeidirektor ernannt, ein Amt, das er bis April 1946 ausübte. Der Rat wählte ihn dann zum Stadtdirektor. Nach seiner Pensionierung am 30. September 1952 kandidierte er für den Rat der Stadt, dem er bis 1956 als Bürgermeister vorstand.
Dann übernahm er den Fraktionsvorsitz bei der SPD. Bevor er sich im November 1959 aus Altersgründen aus der Politik zurückzog, wurde er in Anerkennung seiner Verdienste zum Ehrenbürger ernannt. Peter Röttgen starb am 4. März 1960.

Anton Pytlik, schon vor 1933 engagierter Sozialdemokrat in Bockum-Hövel, war von den Nazis jede politische Tätigkeit strengstens untersagt worden. Er arbeitete als Elektriker auf der Schachtanlage Radbod und wurde von der Besatzungsmacht zum ehrenamtlichen Beigeordneten der Gemeinde berufen. Die Zeche setzte ihn 1945 als Sozialreferenten ein. Vom 3. November 1948 bis zum 20. November 1952 war Anton Pytlik Bürgermeister in Bockum-Hövel. Dann wurde er Arbeitsdirektor auf der Schachtanlage in Langendreer. Schon im Juni 1945 bemühte er sich darum, die SPD in Bockum-Hövel wieder ins Leben zu rufen. Sein Parteibuch hatte — auf Ortsebene wie im Unterbezirk — die Nummer 1, wie sich sein Sohn Helmut erinnert. Anton Pytlik starb 1956 im Alter von 59 Jahren.

Chaotisch sah es nach Kriegsende in der Stadt aus. Ein Beispiel war die bei einem Bombenangriff 1943 total zerstörte Bahnhofstraße. Foto: Hans-Karl Dotter

In einem Tohuwabohu wie diesem, das Fotograf Hans-Karl Dotter 1943 nach einem Bombenangriff am Bahnhof festhielt, wurde kurz nach Kriegsende so weit wieder Ordnung geschaffen, daß der Bahnverkehr am 18. Juni 1945 wieder aufgenommen werden konnte. Einer der Mitarbeiter, die zunächst bei Aufräumungsarbeiten eingesetzt wurden, war Friedrich Beier. Er erinnert sich, daß die Wasserversorgung total zerstört war und der technische Dienst in Hallen arbeitete, die kein Dach mehr hatten. Als Extra-Ration für die Bahnarbeiter gab es Kaffeeersatz, Zucker und Nährmittel (wie Nudeln, Graupen oder Reis).

Viele Gleise ragten nach Kriegsende in den Himmel.
Foto: Bundesbahnarchiv

Seltenheitswert hat dieses Foto, das Dolmetscherin Annemarie Paasch (im Hintergrund) aufbewahrt hat. Es entstand bei einer Besprechung der Hammer Politiker mit der Militärregierung. Militärkommandant Haig (stehend) berät unter anderem mit Stadtdirektor Hüster (Mitte links) und Stadtbaurat Haarmann (Mitte rechts). Foto: privat

Amtsvorstand Knickenberg (Mitte) führte gewissenhaft Buch über die Nachkriegsereignisse bei der Bahn in Hamm. Er wurde 1953 nach Kassel versetzt und mit „großem Bahnhof“ in Hamm verabschiedet.

Josef Schlichter war schon 66, als ihn der Bürgerrat im Juli 1945 nach Hamm zurückholte. Er hatte 1920 als Nachfolger von Richard Matthaei das Amt des Oberbürgermeisters übernommen, wurde aus Anlaß seines 25jährigen Jubiläums im öffentlichen Dienst am 1. April 1933 durch den Magistrat der Stadt noch hochgelobt und mußte auf Anordnung der NSDAP bereits zwölf Tage später aus politischen Gründen die Dienstgeschäfte niederlegen. Am 1. August 1933 wurde er in den Ruhestand versetzt. Der gebürtige Schwelmer war als Elfjähriger mit seinen Eltern nach Hamm gekommen, wo sein Vater als Geheimer Justizrat am Oberlandesgericht tätig war. Josef Schlichter studierte Jura und trat 1908 als juristischer Hilfsarbeiter bei der Stadt ein, wo er ein Jahr später zum Stadtrat ernannt wurde. Sein Ansehen war so groß, daß er 1919, obwohl damals noch in französischer Kriegsgefangenschaft, in Abwesenheit zum Oberbürgermeister gewählt wurde. In seine Amtszeit fielen unter anderem der Ausbau der Ringanlagen und des Hafens sowie der Bau des Stadthauses. Er gab sein Amt als OB am 4. November 1946 aus Altersgründen ab. Zuvor war er zum Ehrenbürger ernannt worden. Der letzte hauptamtliche Oberbürgermeister der Stadt starb am 19. Mai 1952. Foto: Stadtarchiv

Das Trümmerfeld, vor dem die Hammer Bürger 1945 standen, ist kaum zu beschreiben. Dieses Foto aus dem Stadtarchiv, das links das zerbomte Gebäude des Kaufhauses Fahning (heute Kaufhof) und rechts das Haus Ter Veen zeigt, vermittelt einen kleinen Eindruck davon.

Mit und in Trümmern leben mußten die Hammer noch viele Jahre. Viele werden sich an diese markante Stelle der Bahnhofstraße mit dem Möbelhaus Glunz (rechts) erinnern.

Franz Sasse war nach dem Krieg der erste Amtsbürgermeister in Rhynern, zog sich aber schon 1946 aus der Politik zurück. Sasse wurde am 3. April 1894 geboren. Er besuchte die Landwirtschaftsschule, baute ein eigenes landwirtschaftliches Anwesen auf und machte sich über Rhynern hinaus als Auktionator und landwirtschaftlicher Sachverständiger einen Namen. Franz Sasse starb im April 1969. Foto: privat

Mit den Aufgaben des Oberbürgermeisters wurde im April 1945 kommissarisch Stadtbaurat Emil Haarmann von der Militärkommandantur beauftragt. Er war im Oktober 1926 aus Danzig nach Hamm gekommen, wo er sich unter anderem durch den Bau der Bunker, die vielen Menschen im Krieg das Leben retteten, verdient machte. Der Stadtbaurat trat am 16. November 1954 in den Ruhestand. Foto: Stadtarchiv

Amerikanische Truppen haben die Stadt besetzt. Vor dem demolierten Postgebäude werden deutsche Soldaten gefangengenommen. Foto: Archiv Postamt Hamm

Ampost-Marken, die die Alliierten der deutschen Post zur Verfügung stellten, waren bereits 1944 in der Staatsdruckerei in Washington hergestellt worden. Später wurden auch in London und Braunschweig Briefmarken gedruckt.

Not macht erfinderisch: „Briefmarken" der Hammer Post.

Steinepicken war das Gebot der Stunde. Wohnungen und Geschäfte, Schulen und Büros lagen in Trümmern, Baumaterial war nicht zu haben. So gingen jung und alt freiwillig an das schwere Werk, in Schutthaufen brauchbare Ziegel zu finden und von Mörtel zu befreien. Das dokumentiert dieses Erinnerungsfoto, das an der Josefs-Kirche im Hammer Westen entstand. Auch Schülerinnen der Marienschule griffen zum Hammer, um den Grundstock zum Wiederaufbau ihrer zerstörten Schule zu legen.
Foto: Stadtarchiv

Tausenden von Menschen wurde während des Bombenkrieges in Hamm das Leben gerettet, weil es seit Anfang der 40er Jahre in der Stadt zwölf Bunker gab. Das war nicht zuletzt ein Verdienst des damaligen Oberbürgermeisters Deter und des Stadtbaurats Haarmann.
7 500 Plätze standen in den Bunkern zur Verfügung, doch drängten sich bei Fliegeralarm weit mehr Menschen in Zellen und Gänge. Geplant waren ursprünglich Bunker für 11 000 Menschen, Vorhaben am Nordenwall und am Südenwall/ Sternstraße wurden jedoch nicht mehr fertiggestellt. Foto: Stadtarchiv

eim Wiedersehen im Hammer Bahnhof wurden alte Erinnerungen aufgefrischt. Im Bild von links: Friedrich Beier, Albert ennemann, Wilhelm Köstering, Fritz Knickenberg, Wilhelm Wiebusch, Wilhelm Enste, Jakob Krüger, Georg Gerdes, Karl renger und Heinz Kruse. Foto: A. Beeck

Noch Monate nach dem Krieg sah es in vielen Hammer Straßen so aus wie in der Bismarckstraße. In diesem Haus gegenüber der Borbergstraße war das 1. Polizeirevier ansässig. Es siedelte erst in den 50er Jahren in das Polizeipräsidium an der Hohe Straße über, nachdem dort der Westdeutsche Fußballverband das Feld geräumt hatte. Foto: Polizeiarchiv Paul

Als die Trümmer an der Weststraße beseitigt waren, war schon viel gewonnen. Mit dem Anblick der zerstörten Pauluskirche mußten die Hammer noch lange leben. Foto: Stadtarchiv

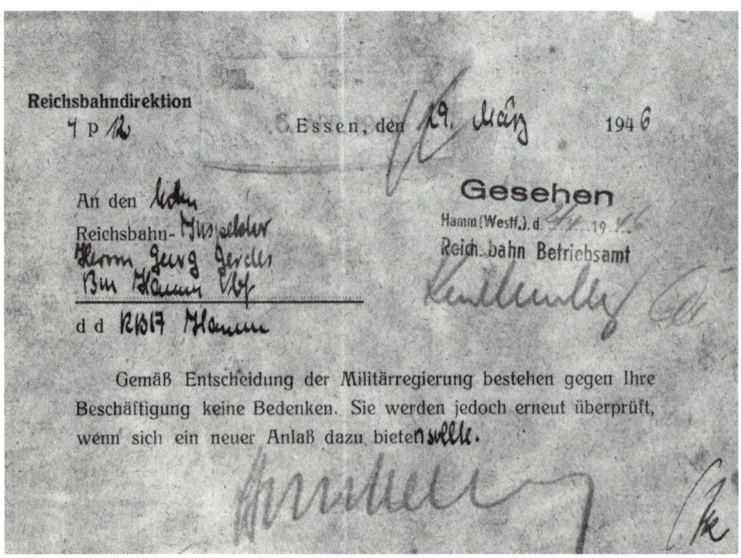

Reichsbahndirektion
7 p 12 Essen, den 19. März 1946

An den Herrn
Reichsbahn-Inspektor
Herrn Georg Gerdes
Bm Hamm Pbf

dd RBA Hamm

Gesehen
Hamm (Westf.), d. ... 19 46
Reichsbahn Betriebsamt

Gemäß Entscheidung der Militärregierung bestehen gegen Ihre Beschäftigung keine Bedenken. Sie werden jedoch erneut überprüft, wenn sich ein neuer Anlaß dazu bieten sollte.

Wer im öffentlichen Dienst tätig war, mußte sich seine politische Unbedenklichkeit von der Militärregierung bestätigen lassen. Der damalige Reichsbahn-Inspektor Georg Gerdes hat diese Urkunde bis heute aufgehoben. Die später eingesetzten deutschen Entnazifizierungsausschüsse wurden erst im Sommer 1946 aktiv.

iese Fotos aus alten Zeiten, die Amtsdirektor a. D. Walter Schüerhoff aufbewahrt hat, zeigen einige der altgedienten ürgermeister, Politiker und Verwaltungsbeamten aus dem Amt Rhynern. Die Reihe beginnt (von links) mit Fritz Poth aus sterflierich, Franz Hartleif aus Vöckinghausen, Fritz Pannock aus Schmehausen, Heinrich Grundel aus Berge, Wilhelm chlieper aus Westtünnen und Heinrich Lüke aus Allen. Im Bild unten (von links) sind Verwaltungsangestellter Kaspar chreiber aus Rhynern, der langjährige Amtskämmerer Heinrich Brauckmann, Fritz Pleuger aus Rhynern, Gerhard Sasse us Osttünnen und Amtsbaumeister Karl Schneider zu sehen.

Auch einer aus der alten Garde:
Wilhelm Schumacher, von 1945
bis 1967 Bürgermeister der
Gemeinde Rhynern.
Foto: WA-Archiv

Lehrmeister spielte die belgische Militärpolizei für die Hammer Schupos bei der Verkehrsregelung. Foto: Polizeiarchiv Pau

Unter den Augen der belgischen Militärpolizei regelten Hammer Polizeibeamte 1945 am Marktplatz vor der zerstörten Häuserfront der Weststraße den Verkehr.
Foto: Polizeiarchiv Paul

Kaum vorstellbar, daß sich aus diesem Trümmerfeld, als das sich Hamm bei Kriegsende präsentierte, wieder eine Stadt geworden ist. Foto: US-Army

Fritz Geisler war bereits 71, als er von der Militärregierung als kommissarischer Bürgermeister der Gemeinde Herringen eingesetzt wurde. Er gehörte schon von 1919 bis 1924 dem Herringer Rat an und war von 1929 bis Ende 1944 als Hausmeister bei der Gemeinde tätig. Das Bürgermeisteramt übte er bis November 1948 aus, Ratsmitglied blieb er aber noch bis 1952. In Anerkennung seiner Verdienste und seiner menschlichen und toleranten Haltung gegenüber Hilfsbedürftigen beschloß die Gemeindevertretung im Mai 1954, Geisler aus Anlaß der Vollendung seines 80. Lebensjahres zum Ehrenbürger zu ernennen. Er starb am 16. Oktober 1958. Foto: Archiv Tippmann

Gut lachen hatten die Kinder, wenn ihnen in der Pause eine nahrhafte Suppe aufgetischt wurde. Das Eßgeschirr hatte jeder selbst mitzubringen. Es bestand sowohl aus Tellern (links) wie auch aus Töpfen (rechts). Besonders beliebt waren Blechnäpfe aus Wehrmachtsbeständen (hinten links), weil sie verschließbar waren und gefüllt mit nach Hause genommen werden konnten. Foto: Stadtarchiv

Oberstadtdirektor Dr. Ferdinand Schultz wurde am 10. Juli 1904 in Bork geboren. Sein Großvater Ferdinand war in Hamm Rechtsanwalt und Notar. Schultz legte am 2. August 1927 sein Referendarexamen am Hammer OLG ab und eröffnete hier 1932 eine Rechtsanwaltspraxis. Von 1943 bis 1945 war er beauftragter Staatsanwalt in Münster. Der Bürgerrat holte Dr. Schultz — der übrigens ein Neffe von Oberbürgermeister Schlichter war — am 4. Juni 1945 nach Hamm, wo er von der Militärregierung zum juristischen Berater der Stadtverwaltung und Stellvertreter des Oberbürgermeisters — ein Amt, das zu dieser Zeit noch Stadtbaurat Haarmann bekleidete — berufen wurde. Als Oberstadtdirektor war er in der entscheidenden Wiederaufbauphase vom 1. Mai 1946 bis zum 30. April 1958 tätig. Er starb am 31. März 1983 in Hamm.

Schulbücher wurden geschwärzt

RP: Trümmerfeld der Geisteswelt so groß wie das der Städte

Als eine „Waffe des Friedens" bezeichnete Arnsbergs Regierungspräsident Fritz Fries in seinem ersten Rundschreiben im August 1945 das „gute Buch, das für uns bahnbrechende Arbeit leisten soll". Er wies Landräte, Oberbürgermeister und Bürgermeister an, „unverzüglich einwandfreie, republikanisch-demokratische, fachlich geschulte Männer mit der Sichtung der Volks- und Schülerbibliotheken zu beauftragen", um Naziliteratur auszusortieren. „Es ist ein Trümmerhaufen, wohin wir schauen", klagte er. Materiell und seelisch liege alles am Boden. „Unsere an Worten so reiche Sprache findet keinen Ausdruck für das, was sich uns bietet. Tausend Hände müßte man haben, tausend Stunden müßte der Tag umfassen, um nur einen Teil dessen zu erledigen, was in Angriff genommen werden muß. Es sind nicht nur die Bomberwellen gewesen, die Deutschland niederzwangen, es waren auch die Giftwellen der Nazi-Unkultur, die die Seelen zermürbten", schrieb der Regierungspräsident. So sei die Jugend irregeleitet worden und hätten Erwachsene Phantomen nachgejagt. Die Folge sei, daß „das Trümmerfeld unserer Geisteswelt nicht minder groß ist, als das unserer Städte". Eine seiner ersten Anordnungen war deshalb, die Büchereien des Regierungsbezirks so lange zu schließen, bis sie „von diesem verderbenbringenden Schrifttum gesäubert sind".

Ortsheimatpfleger Mansberg in Pelkum hebt in seinen Unterlagen auch ein Schreiben des Regierungspräsidenten vom 21. September 1946 auf, in der die Schulräte sowie die Oberkreis- und Oberstadtdirektoren des Bezirks Arnsberg angewiesen werden, alle Lehrkräfte davon in Kenntnis zu setzen, daß in Lehrbüchern Stellen mit nationalsozialistischem oder militaristischem Inhalt mit größter Sorgfalt geschwärzt werden müssen. „Es ist häufig festgestellt worden, daß die deutschen Behörden dies sehr unvollständig getan haben und daß die Stellen noch leserlich waren", heißt es in der Mitteilung, und: „Es wird darauf hingewiesen, daß es schwere Folgen haben kann, wenn das Schwärzen unvollständig durchgeführt worden ist."

Der Mangel an geeigneten Schulbüchern wirkte sich problematisch aus. So war die Gemeinde Braam-Ostwennemar sicherlich kein Einzelfall. Hier führte der Gemeinderat Klage darüber, daß die Schule zwar wiedereröffnet wurde, bisher aber nur die unteren vier Klassen unterrichtet werden könnten, weil nicht nur Lehrpersonen ohne „braune" Vergangenheit, sondern auch geeignete Schulbücher fehlten.

Im großen und ganzen funktionierte das Schulwesen ab Anfang 1946 wieder. Wie der Verwaltungsbericht der Stadt Hamm ausweist, waren am 21. Januar 1946 die Volksschulen mit sämtlichen Jahrgängen wieder in Betrieb. Unterrichtet wurde im Hammer Norden am Großen Sandweg und an der Münsterstraße, im Westen an der Langestraße 14/16, Langestraße 208 und am Kissinger Weg. Im Süden gingen die Kinder der Südschulen I, II und III in das teilweise zerstörte Mädchengymnasium am Beisenkamp, die Volksschule für Hamm-Mitte und Hamm-Osten war im Block II der Infanteriekaserne eingerichtet, und die Schule an der Marker Dorfstraße war ebenfalls wieder eröffnet. Insgesamt wurden in der Stadt Hamm 4 600 Schüler von 74 Lehrkräften unterrichtet. In der Infanteriekaserne, dem sogenannten „Stadthof", waren auch die Städtischen Gymnasien für Jungen und Mädchen und das Staatliche Gymnasium sowie die Städtische Mittelschule (Realschule) eingerichtet.

Für Schüler(innen), die zum Kriegsdienst einberufen worden waren, wurden ab Ende 1945 Förderkurse für die Reifeprüfung eingerichtet. Voraussetzung war, daß die Interessenten den Reifevermerk oder den Vorlese-Vermerk für die Universität besaßen. Abiturientinnen aus dem hauswirtschaftlichen Zweig einer Oberschule für Mädchen (im Volksmund wurde von „Pudding-Abitur" gesprochen) konnten in einem Förderkurs die Qualifikation für ein Hochschulstudium erlangen.

Trauer um August Altrogge

NSDAP-Mitglieder mußten Vergangenheit mit Arbeit büßen

Der Beschluß des Gemeinderats von Braam-Ostwennemar, ehemalige Parteigenossen und Mitglieder von SA und SS zur Kasse zu bitten, um den Fehlbetrag der Gemeinde auszugleichen, wurde nicht in die Tat umgesetzt. Sie mußten ihre „braune" Vergangenheit aber mit harter Handarbeit büßen. Im Oktober 1945 findet sich im Protokollbuch des Rates eine Eintragung, daß die im Krieg in Braam-Ostwennemar entstandenen 1 200 Bombentrichter zum größten Teil von ehemaligen Parteigenossen sowie Mitgliedern von SA und SS beseitigt worden seien. Zu dieser Zeit war noch der Bürgerrat im Amt, dem unter Leitung von Bürgermeister August Altrogge der Bauer Johann Hovenjürgen, der Invalide Bruno Orlinski, die Witwe Wilhelmine Sandkühler, der Bergmann Fritz Wäsche, der Zimmerer Johann Scheidel, der Fabrikarbeiter Franz Frölich und Andreas Schidlowski angehörten.

Am 25. April 1946 wurde der von der Militärregierung eingesetzte erste Gemeinderat zur konstituierenden Sitzung einberufen. Bürgermeister Altrogge, der schon vor 1933 Kreistagsabgeordneter in Unna gewesen und von den Nazis dreimal ins KZ gebracht worden war, lebte zu diesem Zeitpunkt nicht mehr. Georg Günther, langjähriger Leiter der Amtsnebenstelle in Braam-Ostwennemar, erinnert sich noch gut an diesen aufrechten Mann. Altrogge fuhr immer mit seinem Mofa zur Sitzung. Er wurde eines Tages, nachdem er unterwegs einen Herzschlag erlitten hatte, auf der Straße tot neben seinem Fahrzeug gefunden.

Sein Nachfolger Heinrich Borgschulze gedachte in der Sitzung am 25. April 1946 des Verstorbenen, bevor er die neuen Gemeinderäte per Handschlag verpflichtete. Es waren Heinrich Hörenbaum, Josef Langerbein (CDU), Bruno Orlinski (SPD), Johann Duda (SPD), Franz Lucassen (KPD), Friedrich Scheidel (SPD), Willi Effert (KPD) und Ewald Rohn. Bei der Wahl des Bürgermeisters erhielten Bruno Orlinski (SPD) zehn und Heinrich Borgschulze (CDU) fünf Stimmen. Damit war Orlinski gewählt. Borgschulze hatte auch bei der Wahl des Stellvertreters Pech: Er erhielt lediglich sechs Stimmen, sein Konkurrent Friedrich Scheidel (SPD) neun.

Führende Nazis ausgeschlossen

Beamte durften sich parteipolitisch nicht betätigen

Schon im Frühjahr 1946 trafen die Militärbehörden Vorbereitungen für die erste Kommunalwahl nach dem Krieg in Deutschland. In den Amtlichen Bekanntmachungen wurde eine Verordnung veröffentlicht, die am 20. April 1946 in Kraft trat. Sie regelte die Eintragung in das Wahlregister. Ausgeschlossen waren davon führende Mitglieder der NSDAP und anderer nationalsozialistischer Organisationen sowie solche Parteigenossen, die bereits vor dem 1. März 1933 aktiv waren. Auch Mitglieder des Korps der politischen Leiter der NSDAP, des Sicherheitsdienstes, der Geheimen Staatspolizei, des Generalstabes der Wehrmacht, der SS — mit Ausnahme der Waffen-SS — des NSD-Studenten- und -Dozentenbundes und des HJ-Streifendienstes durften nicht wählen.

Besonders wichtig war den Militärbehörden, daß sich die in Verwaltungen und Schulen tätigen Beamten politisch neutral verhalten sollten. Bei jeder sich bietenden Gelegenheit wiesen die Stadtkommandanten auf dieses Anliegen hin. Am 16. März 1946 wurde es in den Amtlichen Bekanntmachungen noch einmal deutlich gemacht: „Beamte und Angestellte dürfen Mitglied einer zugelassenen Partei sein und an politischen Versammlungen teilnehmen. Sie dürfen jedoch nicht an leitender Stelle in der Partei im Vorstand, in Komitees usw. tätig sein, sich auch nicht propagandistisch für die Partei betätigen, deshalb auch nicht in Versammlungen als Redner auftreten, was jedoch nicht ausschließt, daß sie, wie jeder andere Besucher, Fragen an den Redner richten dürfen. Diese Regelung gilt für die Beamten und Angestellten aller Behörden ohne Ausnahme."

Der Oberpräsident der Provinz Westfalen nahm dazu in einem Runderlaß ausführlich Stellung. Dabei wies er darauf hin, daß Staatsbeamte außerhalb des Zuständigkeitsbereichs ihrer Dienststelle keinerlei Beschränkungen unterworfen seien. Für Schullehrer galten besondere Regelungen. In dem Erlaß, den Ortsheimatpfleger Mansberg in Pelkum noch in Händen hat, heißt es, daß sie sich in vollem Umfang politisch betätigen dürften, sofern sie nicht „verwaltungsmäßige Pflichten als Beamte einer zentralgeleiteten Aufsichtsbehörde oder als Landes- oder Kommunalbehörde ausüben".

Im März '46 gab es die erste Zeitung

Lokalredakteur Heinz Weischer von Anfang an dabei

Eine Urkunde der Mititärregierung machte es im November 1945 amtlich: Heinz Weischer durfte bei der Herausgabe von Zeitungen oder anderen Publikationen tätig sein. Eine Anstellung zu finden, war für den im August aus der Kriegsgefangenschaft Entlassenen schwer: Es gab ja noch keine Zeitungen. Das änderte sich Anfang 1946. Weischer, inzwischen der SPD beigetreten, erfuhr, daß in Dortmund die Westfälische Rundschau erscheinen sollte. Er schrieb an den aus Hamm stammenden Verlagsleiter Wilhelm Peters, mußte sich beim Hammer Polizeidirektor Peter Röttgen vorstellen und erhielt am 13. März die Nachricht, daß die erste Ausgabe der Rundschau am 20. März erscheinen sollte. „Dann ging es holterdipoter", erinnert sich Weischer, der schon in der ersten, nur sechs Seiten starken WR-Nummer mit einem Beitrag vertreten war. Er hatte eine Reportage über Kunstschmiede geschrieben. Das Thema lag auf der Hand: Sein Vater war Kunstschmied in Lüdinghausen.

Erster Chefredakteur der Westfälischen Rundschau war Walter Poller, der von 1919 bis 1933 in Hamm lebte, wo er die sozialdemokratische Zeitung „Der Hammer" redigierte und zuletzt auch Stadtverordneter war. Die Nazis erteilten ihm 1933 Berufsverbot. Sieben Jahre lang saß er im KZ. Nach dem Krieg war er maßgeblich am Wiederaufbau der SPD beteiligt. Als Herausgeber der Rundschau fungierten Fritz Henssler, Vorsitzender des SPD-Bezirks Westliches Westfalen, Heinrich Sträter und Paul Sattler. „Im ganzen Pressehaus war zu dieser Zeit nur ein Raum brauchbar“, berichtet Weischer. Einen Teil des Gebäudes belegte das „Neue Volksecho“, eine Zeitung, für die die KPD die Lizenz erhalten hatte und die auch in Hamm erschien. Sie wurde wegen allzu offener Kritik an der Besatzungsmacht später wieder verboten. Die Rundschau kam mittwochs und samstags heraus, das Volksecho an zwei anderen Tagen.

Heinz Weischer wurde als Lokalredakteur für den Unterbezirk Hamm eingestellt, der die Stadt Hamm und die Kreise Unna, Lüdinghausen, Beckum, Soest und Lippstadt umfaßte. Schon in der zweiten Ausgabe gab es einen winzigen Lokalteil. Wegen der Papierknappheit war so wenig Platz vorhanden, daß die Texte in Nonpareille gedruckt wurden, einer Schrift, die fast nur mit der Lupe zu lesen ist. Die erste Redaktion befand sich in der Wohnung von Paul Pfützner an der Schillerstraße, der als Zeitungsfahrer tätig war. Dann wechselten Redaktion und Geschäftsstelle in das Haus von Zahnarzt Nolte an der Sedanstraße, wo die Fenster der Räume in der oberen Etage mit Rollglas abgedichtet waren. Geschäftsstellenleiter Steinmetz verfügte über eine Schreibmaschine, die Redaktion nicht. Zum Glück hatte Weischer eine eigene Maschine, die ihm schon während des Krieges gute Dienste geleistet hatte. Sie war einer der Gründe dafür, daß er die Stelle bekommen hatte. Wichtigster Mitarbeiter von Weischer war Ewald Struwe, später Chefredakteur der Neuen Illustrierten.

„Bei der ersten Stadtvertretersitzung im Beisenkamp-Gymnasium sah ich zum ersten Mal Kommunisten, das hat mich sehr beeindruckt“, erzählte der Berichterstatter, der sich über die überparteiliche Zusammenarbeit der Ratsmitglieder wunderte. Der SPD-Politiker Heinrich Reinköster fiel ihm wegen seiner Rednerbegabung besonders auf.

Der Transport der Mauskripte von Hamm zum Druckort Dortmund war schwierig. Meistens nahm Fräulein Claaßen, die an der Heßlerstraße wohnte und Sekretärin von Wilhelm Peters war, die Sendung mit. Peters wohnte in Hamm, hatte die Lizenz für ein eigenes Auto und fuhr mit seiner Sekretärin zusammen nach Dortmund.

Nach einem Jahr wechselten Geschäftsstelle und Redaktion der Rundschau in das Haus Rüter am Bahnhof über. Hier gab es schon eine Sportredaktion und einen Mitarbeiter dafür, der stadtbekannt war: Es war der Turnerpastor Karl Drewer. Auch er brachte seine eigene Schreibmaschine mit, bei der es sich nach Auskunft von Weischer um ein „Museumsstück“ handelte. Wenn Gehalt oder Honorar gezahlt worden war, kauften der Redakteur und sein Mitarbeiter auf dem Schwarzmarkt am Bahnhof erst einmal Zigaretten, wobei Höchstpreise bis zu zehn Mark pro Stück gezahlt wurden. „Wenn wir dann eine Zigarette rauchten, war das immer eine sakrale Handlung“, berichtet Weischer, der heute Nichtraucher ist.

Amtsnebenstelle ausgesiedelt

Fritz Heitsch wurde Amtsbürgermeister in Rhynern

Die Versorgung mit Brennstoff war im Winter 1945/46 ein großes Problem. In der Stadt Hamm und in allen umliegenden Gemeinden wurden Bäume geschlagen, um wenigstens den dringendsten Bedarf der frierenden Bevölkerung zu decken. In der konstituierenden Sitzung des von der Militärregierung eingesetzten Rates der Gemeinde Werries forderte Gemeindevertreter Karl Melzer einen Bericht über die Holzanlieferung in der Gemeinde an. Scharf kritisiert wurde von Bürgermeister Fritz Heitsch das „höchst unsoziale Verhalten Einzelner", die, obwohl sie als Bergleute Deputatkohle erhielten, für ihre im eigenen Haushalt lebenden Angehörigen auf der Brennholzanlieferung beständen.

Dem Rat gehörten unter Leitung von Bürgermeister Heitsch für die CDU Josef Schäfer, Gerhard Gerwin, Dettlaff, Krabus, Samson und Lacour an. SPD-Vertreter waren Paul Wohlfarth, Karl Koßmann, Walter Wachowiak, Karl Schober und Degelmann, für die KPD hatten Karl Melzer, Sommer, Willi Stratmann, Victor Brodzinski und Mikolajczyk Sitz und Stimme im Rat. Im Mittelpunkt der ersten Sitzung stand die Verabschiedung des Haushaltsplanes.

Weil Fritz Heitsch (SPD) inzwischen Amtsbürgermeister in Rhynern geworden war, wählte der Rat seiner Heimatgemeinde Werries in einer Sitzung am 24. April 1946 Karl Koßmann (SPD) zu seinem Nachfolger. Der bis dahin als stellvertretender Bürgermeister fungierende Josef Schäfer hatte sich zwar Hoffnungen auf dieses Amt gemacht, er erhielt bei der Abstimmung aber nur sechs und Koßmann elf Stimmen. Auch für die Stellvertreter-Position kandidierte Schäfer vergebens. Hier machte Karl Melzer (KPD) mit zehn gegen vier Stimmen bei drei Enthaltungen das Rennen.

Zustimmung fand der Antrag der KPD, der Amtsnebenstelle mehr Befugnisse zu übertragen, da der Weg nach Rhynern zur Amtsverwaltung wegen der schwierigen Verkehrsverhältnisse unzumutbar sei. Die Amtsnebenstelle wurde zu dieser Zeit von Georg Günther geleitet, der später in der Großstadt Hamm Leiter des Einwohnermeldeamtes war und jetzt im Ruhestand lebt. Günther kam Ende Juli 1945 aus der Kriegsgefangenschaft zurück und nahm am 12. August seinen Dienst in der Amtsnebenstelle wieder auf, deren Leitung ihm im Oktober 1945 übertragen wurde.

Im Zechenverwaltungsgebäude bestand seit dem 1. 11. 1924 eine vollfunktionsfähige Amtsnebenstelle Mark, die ab dem 1. 4. 39 nach Eingemeindung der Gemeinde Mark in die Stadt Hamm und vorgenommenen Grenzkorrekturen in

Amtsnebenstelle Braam-Ostwennemar umbenannt wurde. Nach dem Krieg wurde sie, nachdem die Militärbehörde die Zechengebäude in ein Lager für ehemalige Kriegsgefangene verwandelt hatte, von Mai 1945 bis 13. 1. 1950 im sogenannten „Braunen Haus“ untergebracht, das während der Nazizeit Domizil der Hitlerjugend war. Nach Rückverlegung in das Zechenverwaltungsgebäude wurde im „Braunen Haus“ eine Obdachlosenunterkunft eingerichtet. Die Dienststelle in Braam-Ostwennemar war zuständig für die Gemeinden Braam-Ostwennemar, Werries, Haaren, Uentrop und Schmehausen.

Der Vertrauensausschuß des Amtes Rhynern bereitete am 1. März 1946 die Besetzung der ersten Amtsvertretung vor, die von der Militärregierung eingesetzt worden war. Auf Vorschlag von Prof. Dr. Beckmann (Hilbeck) wurde Bürgermeister Fritz Heitsch (SPD) aus Werries als Nachfolger von Franz Sasse zum Amtsbürgermeister gewählt. Amtsrentmeister Heinrich Püttmann wurde mit den Aufgaben des Amtsdirektors beauftragt. Nach längerer Diskussion waren sich die Politiker einig, daß die zehn Mitglieder des Amtsausschusses in die neue Amtsvertretung übernommen werden sollten. Dazu könne die CDU weitere sieben, die SPD ebenfalls sieben und die KPD vier Vertreter benennen. Die Vorschläge mußten bis zum 4. März eingereicht werden.

Die neue Amtsvertretung hatte 28 Mitglieder, von denen 15 der CDU, acht der SPD und fünf der KPD angehörten: CDU: Prof. Dr. Beckmann (Hilbeck), Wilhelm Schumacher (Rhynern), Theodor Sasse (Berge), August Ostermann (Wambeln), Paul Mentrop (Osttünnen), Emil Schulze-Buxloh (Lenningsen), Wilhelm Korte (Uentrop), Karl Moennighoff (Hilbeck), Dr. Nagel (Rhynern), Wilhelm Schwinde (Westtünnen), Josef Schäfer (Werries), Franz Oberdorf (Osttünnen) und Dr. Theodor Heller (Uentrop). SPD: August Altrogge (Braam-Ostwennemar), Johann Duda (Braam-Ostwennemar), Jakob Wege (Braam-Ostwennemar), Johann Horoba (Braam-Ostwennemar), Fritz Heitsch (Werries), Karl Koßmann (Werries), Gustav Arndt (Werries), Ferdinand Holtmann (Werries), Fritz Schulte (Berge) und Heinrich Sandbothe (Braam-Ostwennemar). KPD: Karl Melzer (Werries), Friedrich Scheidel (Braam-Ostwennemar), Karl Bischoff (Westtünnen), Wilhelm Effert (Braam-Ostwennemar), Hermann Schliemann (Rhynern) und Heinrich Cleff (Werries).

Nicht einig waren sich die Amtsvertreter über die Besetzung der Stelle des Amtsdirektors. Die CDU schlug dafür den Amtsrentmeister Heinrich Püttmann vor, dem dieses Amt bereits von der Militärregierung übertragen worden war. Die KPD nominierte den Amtsobersekretär a. D. Hermann Schliemann. Püttmann erhielt 22 Stimmen, Schliemann lediglich sechs. Er wurde zum 1. Beigeordneten gewählt, der Kaufmann Franz Oberdorf zum 2. Beigeordneten. Als Beigeordnete wurden zu dieser Zeit die stellvertretenden Bürgermeister bezeichnet.

Für die Verfassung des Amtes Rhynern lagen mehrere Vorschläge vor. Da eine einheitliche Satzung für alle Ämter des Kreises Unna angestrebt wurde, beauftragte die Amtsvertretung zunächst einen Ausschuß mit der Vorberatung nach

Rücksprache mit dem Kreis. Die Satzung wurde in der Sitzung vom 30. April verabschiedet und gleichzeitig der Haushaltsplan genehmigt, der ein Volumen von rund 1,6 Millionen Reichsmark hatte. Da die Anschaffung eines Pkw erforderlich war und keine anderen Mittel zur Verfügung standen, wurde die Grunderwerbsrücklage für diesen Zweck bereitgestellt.

Erster Entnazifizierungsausschuß

Das Warten auf Vermißte fand oft ein tragisches Ende

In den ersten Monaten des Jahres 1946 wurden die Suchanzeigen, die noch bis in den Herbst hinein in den Amtlichen Bekanntmachungen aufgegeben wurden, weniger. Dafür mehrten sich die Todesnachrichten, die in beklemmender Menge oft ganze Zeitungsseiten füllten. „Nach einjährigem, bangen Warten erhielten wir jetzt die unfaßbare Nachricht. . . “ hieß es da. Oder: „Ein Jahr lang haben wir voll Hoffnung auf seine Rückkehr in die Heimat gewartet. . . “ Manchmal verbarg sich der Schmerz auch hinter der Mitteilung: „In der Blüte seiner Jahre starb den Soldatentod am 8. Februar 1945. . . “ Das politische Leben nahm indessen ungeachtet der tragischen persönlichen Schicksale seinen Fortgang. Die von der Militärregierung eingesetzte Hammer Stadtvertretung kam in der Aula des Beisenkamp-Lyzeums zu ihrer zweiten öffentlichen Sitzung zusammen, in der Oberbürgermeister Josef Schlichter den Ratsherrn Schulte als Nachfolger des Redakteurs Johannes Knittel (KPD) in sein Amt einführte. Schlichter teilte mit, daß Knittel als Dramaturg an das Stadttheater Düsseldorf berufen worden sei.

Im Mittelpunkt der Beratungen stand die Änderung der Satzungen der Stadt Hamm und der Geschäftsordnung des Rates entsprechend den Wünschen der Militärregierung. Dabei ging es vor allem um die Bildung von Fachausschüssen, in die damals schon (wie auch heute noch) fachkundige Bürger neben den Ratsmitgliedern Sitz und Stimme hatten. Wichtigstes Gremium war der Hauptausschuß, dem auch damals schon der Oberbürgermeister vorstand und dem die Vorsitzenden der übrigen ständigen Ausschüsse angehörten. Es waren die Ratsherren Poggel (Personal- und Verwaltungsausschuß), Weidekamp (Erziehungs- und Bildungsausschuß), Reinköster (Ausschuß für Wohlfahrts- und Gesundheitswesen), Hennekemper (Bauausschuß), Dr. Kaßmann (Ausschuß für städtische Betriebe und Verkehrseinrichtungen) und Schulte (Finanzausschuß). Außerdem wurden die Ratsherren Bröcker, Schamer, Kuttge und Brocker einstimmig in den Hauptausschuß gewählt.

In der März-Sitzung wurden auch Vorschläge für den Entnazifizierungsausschuß gemacht, den die Militärregierung ebenso forderte wie einen Berufsausschuß. Dieser stand allen entnazifizierten Personen zur Verfügung, die sich ungerecht eingestuft fühlten. Der Berufungsausschuß traf dann die endgültige Entscheidung. Für den Entnazifizierungsausschuß wurden Ratsherr Josef Weidekamp als Vorsitzender sowie Betriebsdirektor Hubert Theis, Lokführer Franz Maas, Drahtzieher Josef Wüste, Ratsherr Heinrich Reinköster, stellv. Arbeitsamtsdirektor Josef Fries, Schornsteinfegermeister Karl Trahms, Former Friedrich Gerling, Ermittler Johannes Stille, Kaufmann Otto Althoff und Schuhmachermeister Karl Brakelmann gewählt. In den Berufungsausschuß wurden einstimmig Angestellter Conrad Rüther, Schlosser Willi Zimmermann, Maschinenschlosser Fritz Lindenborn und Kaufmann Walter Rink delegiert.

Der Vorsitz in diesem Gremium war keineswegs begehrt. Zwei in Vorschlag gebrachte Politiker lehnten diese Aufgabe ab. Schließlich einigte sich der Rat darauf, diese Wahl dem Hauptausschuß in seiner nächsten Sitzung zu überlassen.

657 Bombentreffer zerstörten Kanalisation

„Man wußte nicht, wo man anfangen und aufhören sollte", berichtet Dipl.-Ing. Rolf Große-Wortmann. Der heutige Pensionär war nach dem Krieg maßgeblich an der Wiederinstandsetzung der Kanalisation in Hamm beteiligt, die, wie der Verwaltungsbericht festhält, an 657 Stellen durch Bomben zerstört war. Die Gesamtstrecke der beschädigten Kanäle wird mit elf Kilometern angegeben. Das Tiefbauamt konnte erst 1950 die Beseitigung der Schäden melden. Der Kostenaufwand belief sich auf 2,5 Millionen Reichsmark und (nach der Währungsreform) D-Mark. Die Bruchstellen wurden in den ersten Jahren nach dem Krieg zum Teil erst provisorisch wieder hergerichtet, einige blieben auch zunächst offen. „Damals hatten wir noch kein Fernsehauge wie heute", erinnert sich Große-Wortmann. „Da mußte man Stiefel anziehen und rein." Aber selbst damit gab es Probleme, denn es stand nicht genug Schuhwerk zur Verfügung. In den Amtlichen Bekanntmachungen erschien deshalb am 23. März 1946 folgender Aufruf: „Wer besitzt Gummistiefel? Sie werden zur Instandsetzung von Kanalisation und Vorflutern dringend gebraucht. Die Bevölkerung wird gebeten, Gummistiefel zur Verfügung zu stellen. Sie können gegen Bezahlung beim Tiefbauamt abgegeben werden." Ob diese Bitte das erhoffte Echo fand, ist nicht überliefert, doch liegt die Vermutung nahe, daß das nicht der Fall war. Wer konnte schon etwas mit Geld anfangen? Schuhwerk jeder Art war ein viel zu wertvolles Tauschobjekt, als daß man es verkaufen konnte.

Ärger um die Satzung

Wegen Papiermangels nur ein Exemplar je Fraktion

„Das ist keine Politik mehr, das ist Demagogie", empörte sich Amtsbürgermeister Eduard Lang am 18. April 1946 in der ersten Sitzung des neu ernannten Herringer Gemeinderates. Es hatte Ärger gegeben wegen der Satzung, die nach Ansicht von CDU und KPD vor der Sitzung nicht eingehend geprüft werden konnte. „Der Amtsbürgermeister ergriff zweimal das Wort, um wärmstens die Annahme der Satzung zu empfehlen", notierte der Protokollführer. Dabei habe er darauf hingewiesen, daß es nicht auf agitatorische Effekte ankomme, sondern auf realisierbare Beschlüsse, mit denen der Not des Volkes entgegengewirkt werden könne. Die hier vorliegenden Entwürfe seien nicht nur bereits in zehn Gemeinden angenommen worden, sie seien auch von den kommunalen Körperschaften des Amtes und des Kreises sowie von den Parteien und von der Militärregierung gebilligt worden.

Amtsdirektor Heibert gab zu bedenken, daß der Herringer Rat das Recht habe, die Satzung abzulehnen, daß daraus aber auch die Pflicht erwachse, Verbesserungsvorschläge zu machen, die die Kritik rechtfertigten. Alles Zureden half nichts: Mit 14 gegen neun Stimmen lehnten KPD und CDU die Satzung ab. Anlaß zum Streit war, wie Bürgermeister Geisler berichtete, der Papiermangel gewesen. Jede Fraktion habe vom ersten Entwurf zwar ein Exemplar erhalten. Um Papier zu sparen, habe man bei der Beratung des zweiten Entwurfs aber keine neue Vorlage erstellt, sondern Punkt für Punkt verglichen und Korrekturen handschriftlich eingefügt. Die Gemeinderäte Dirkschnieder (KPD) und Körner (CDU) kritisierten dieses Verfahren als Sprecher ihrer Fraktionen.

Die Erklärung von CDU-Vertreter Körner, daß eine erneute Abstimmung über die Satzung möglich sei, wenn ein neuer Gemeindebürgermeister gewählt werde, löste neuen Streit aus. SPD-Ratsmitglied Herrmann stellte fest, daß fehlende Informationen nur ein Vorwand gewesen seien und in Wirklichkeit die Bürgermeisterwahl zur Ablehnung der Satzung geführt habe. Amtsbürgermeister Lang stellte klar, daß die Bürgermeisterwahl die Verabschiedung der Satzung voraussetze. Im übrigen sei Bürgermeister Geisler von der Militärregierung bestätigt worden und ohne Zustimmung des Kommandanten keine andere Wahl möglich. Die Sitzung ging ohne Ergebnis zu Ende. Auch der (erstaunlicherweise bereits zu diesem Zeitpunkt vorliegende) Antrag, Herringen aus dem Amtsverband Pelkum herauszulösen, wurde nicht mehr diskutiert.

Mitglieder des Rates, der zu seiner ersten Sitzung in den Räumen der festlich geschmückten Gastwirtschaft Schröder zusammenkam, waren für die SPD

Heinrich Renninghoff, Muthmann, Ludwig Hülshoff, Karl Liedtke, Heinrich Röllecke, Jasper, Willy Herrmann, Bernhard Schäfer, Käthe Maletz. Für die CDU Emil Körner, Wiesner, Franz Runfelder, Kremer, Berkemeier, Dahl, Sofia Kielholz. Für die KPD Wilhelm Rosenberg, Dirkschnieder, Heinrich Otte, Karl Hoffmann, Satzer, Fritz Weigelt, Maria Krüger. Otte und Hoffmann wurden kurz darauf (aus heute unbekannten Gründen) aus der KPD ausgeschlossen. Sie nahmen an der Sitzung am 27. Mai 1946, in der die umstrittene Satzung einstimmig angenommen wurde, nicht mehr teil. Bei der Wahl des stellv. Bürgermeisters kandidierten für die CDU Berkemeier und für die KPD Wilhelm Rosenberg. Rosenberg wurde mit 19 gegen eine Stimme gewählt.

Die CDU erinnerte erneut an den Antrag, die Gemeinde Herringen vom Amt Pelkum zu lösen. Die SPD lehnte den Antrag jedoch ab und bezeichnete es als „Separatismus, wenn wir uns über das Schicksal der anderen hinweg mit unserem prallen Steuersäckel seitwärts in die Büsche schlagen, denn mit Herringen stehen oder fallen die kleinen Gemeinden". Die SPD-Vertreter wollten eine so verantwortungsvolle Entscheidung einem demnächst vom Volk gewählten Rat vorbehalten. Der Antrag wurde mit 9:7 Stimmen abgelehnt.

Deutschland ungeteilt

Kundgebung: Rhein-Ruhr-Gebiet muß deutsch bleiben

Bestrebungen der Alliierten, das Rhein-Ruhr-Gebiet aus dem deutschen Raum zu lösen, stießen im Sommer 1946 auf heftigen Widerstand in der Bevölkerung. Die Westfälische Rundschau berichtete am 3. Juli 1946 über eine Kundgebung in Heessen, zu der SPD, CDU, KPD und die Bergarbeiterschaft der Zeche Sachsen aufgerufen hatten. Einmütig wurde eine Entschließung verabschiedet, in der die Militärregierung aufgefordert wird, von diesen Plänen abzulassen. „Die Lebensfähigkeit unseres Volkes ist verbunden mit der Sicherheit des Weltfriedens", heißt es darin. „Nur ein ungeteiltes, demokratisches Deutschland im Mittelpunkt des europäischen Festlandes garantiert den Weltfrieden und damit eine erstrebenswerte, glückliche Zukunft für alle Völker der Welt." Als Voraussetzung für die Wiedergesundung Deutschlands wird die Schaffung einer zentralen deutschen Regierung gefordert.

„Wir erkennen die bisher geleistete Hilfe der britischen Militärregierung an, sind aber der gleichen Meinung wie das englische Volk, daß es nicht möglich ist, uns auf die Dauer von dem englischen Steuerzahler helfen zu lassen", schrieben damals die Verfasser. Sie fuhren fort: „Das deutsche Volk hat die Absicht, sich mit restlosem Einsatz das Vertrauen der demokratischen Völker wieder zu erwerben und hofft daher, daß die Lösung des Rhein-Ruhr-Problems nebst der Frage einer deutschen Zentralregierung recht bald im Sinne einer internationalen, demokratischen Auffassung gelöst werden möge."

Das Leben hatte sich inzwischen auch in Heessen so weit wie möglich wieder normalisiert. Der von der Militärregierung eingesetzte Gemeinderat bemühte sich um den Wiederaufbau der zerstörten Häuser. Im Februar 1946 war die Überprüfung aller bisher erteilten Baugenehmigungen beschlossen worden. Dabei ging es darum, die Errichtung von Neubauten zugunsten der Instandsetzung leicht beschädigter Wohnungen zunächst zurückzustellen. Für diesen Zweck sollte Baumaterial, das bei ehemaligen Nazis lagerte, beschlagnahmt werden. Bei Bauanträgen sollten Mitglieder der NSDAP zurückstehen und zunächst solche Antragsteller berücksichtigt werden, die keine Parteigenossen waren.

In der Märzsitzung wurde die Wiederherstellung der Badeanstalt in der Bokkelwegschule beschlossen, „damit die Kinder regelmäßig jede Woche baden können und dadurch Krankheiten vermieden werden", wie es im Protokoll heißt.

Die Gemeinde erklärte sich bereit, die Beerdigungskosten für jene Heessener Einwohner zu übernehmen, die während der letzten Luftangriffe ums Leben gekommen waren. Die Bewilligung wurde jedoch davon abhängig gemacht, daß das Einkommen der Angehörigen 200 Reichsmark im Monat nicht überstieg und sie nicht Mitglied der NSDAP waren. Der Antrag, den dafür erforderlichen Betrag durch freiwillige Spenden der „Finanzkräftigen und der aktiven Nazis" wieder einzunehmen, wurde jedoch vertagt. In den Protokollen der folgenden Sitzungen ist davon nicht mehr die Rede.

Beschlossen wurde in der Sitzung aber, dem Berginvaliden Fritz K. ein Grundstück zu schenken. Er hatte beim Grubenunglück am 4. April 1944 unter Einsatz seines Lebens Rettungsarbeit geleistet und als einziger Überlebender des Rettungstrupps schwere gesundheitliche Schäden davongetragen.

Im Frühjahr 1946 kurz notiert

„Wir leben in einer großen Zeit" betitelten Wolfgang Komo und Günther Teiner ihre Untersuchung über Hammer Schulen in den Jahren von 1933 bis 1948. Nachfolgend einige Notizen aus Protokollen von Lehrerkonferenzen 1946:

- *26 Liter Tinte können abgeholt werden, Literflaschen sind mitzubringen.*
- *Sämtliche Landkarten, auch alte, die politische Grenzen enthalten, müssen der Militärregierung gemeldet werden.*
- *Ein Stundenplan, in dem die Turnstunden nach Ort und Zeit genau festgelegt sind, muß eingereicht werden, damit der britische Unterrichtsoffizier in der Lage ist, den Unterricht jederzeit überwachen zu können.*

Unrecht wiedergutmachen

Pelkumer Amtsvertretung stellte Gustav Wieland wieder ein

Der Kommandant der Militärregierung in Unna ernannte am 13. März 1946 den Angestellten Eduard Lang aus Bönen zum Amtsbürgermeister und den bisherigen Amtsbürgermeister Heibert zum Amtsdirektor des Amtes Pelkum. Als Amtsvertreter wurden zwölf Mitglieder der SPD, elf der KPD und zehn der CDU berufen. Es waren für die SPD Johann Heuser (Bergkamen), Heinrich Nünker (Bergkamen), Peter Hein (Pelkum), Fritz Geisler (Herringen), Theodor Schürhoff (Herringen), Paul Prinzler (Rünthe), Heinrich Renninghoff (Herringen), Fritz Knäpper (Heil), Karl Osterbrauck (Wiescherhöfen), Friedrich Drees (Lerche), Paul Gampert (Bönen) und August Behrens (Bönen). KPD-Vertreter waren Hermann Wimmer (Rünthe), Alfred Guder (Herringen), Alfred Erz (Overberge), Karl Schnabel (Rünthe), Karl Hoffmann (Herringen), Friedrich Rösler (Bergkamen), Auguste Glowiak (Rünthe), Paul Maibaum (Altenbögge), Peter Pach (Nordbögge), Wilhelm Lang (Altenbögge) und Karl Hein (Altenbögge). Für die CDU wurden Alfred Winner (Pelkum), Richard Winter (Herringen), Franz Runfelder (Herringen), Carl Fluhme (Bergkamen), Emil Körner (Herringen), Emil Kusenberg (Bergkamen), Fritz Schmidt (Rünthe), Maria Niggemeyer (Altenbögge), Friedrich Thiel (Altenbögge) und Heinrich Herbert (Derne) ernannt.

Die erste Sitzung des neuen Gremiums am 11. April 1946 zeichnete sich durch Einmütigkeit aus. Sowohl die neue Amtssatzung wie auch die Geschäftsordnung wurden einstimmig verabschiedet. Einig waren sich die Amtsvertreter auch, ein Unrecht der früheren Machthaber wiedergutzumachen und den Beamtenanwärter Gustav Wieland, der 1933 aus politischen Gründen aus dem öffentlichen Dienst entlassen worden war, wieder in das planmäßige Beamtenverhältnis zu übernehmen. Er wurde mit Wirkung vom 1. April 1946 zum Amtsinspektor befördert. Gustav Wieland wurde übrigens 1952 Gemeindedirektor und später Stadtdirektor in Heessen, ein Amt, das er bis 1964 ausübte, als die CDU an die „Regierung" kam und den SPD-Mann in den vorzeitigen Ruhestand schickte. Er wurde dann in der Politik aktiv, kandidierte 1969 mit Erfolg für den Rat der Stadt und wurde zum Bürgermeister gewählt. Er blieb bis zu seinem Tode im Jahr 1971 Stadtoberhaupt. Wielands Frau Lisa machte sich einen Namen als Landtagsabgeordnete der SPD. Sie wurde 1961 in dieses Gremium gewählt und verunglückte 1965 auf dem Weg zwischen Düsseldorf und Hamm tödlich. Politik liegt auch heute noch in der Familie: Sohn Jürgen war seit 1969 Stadtvertreter in Heessen und gehört seit 1975 dem Rat der Großstadt Hamm an, seit 1979 als Bürgermeister.

80 ehemalige KZ-Häftlinge

Betreuungsstelle mit hauptamtlichen Kräften besetzt

Es gab viel wiedergutzumachen nach dem Krieg. So war einer der ersten Ausschüsse, die im Sommer 1945 ihre Arbeit bei der Stadtverwaltung aufnahmen, damit befaßt, ehemalige Häftlinge aus Konzentrationslagern zu betreuen. Dieser Ausschuß tagte in Hamm erstmals am 16. Juni 1945. Er erließ, wie aus dem Verwaltungsbericht der Stadt hervorgeht, einen Spendenaufruf an die Bevölkerung, der ein außerordentlich großes Echo fand. „Da eine Unmenge an Möbeln, Haushaltungsgegenständen, Kleidern und Wäsche gespendet wurden, war es den ehrenamtlichen Kräften nicht mehr möglich, die Arbeit zu schaffen", notierte die Verwaltung. So wurden für die vorläufig in der Gaststätte Ringhoff an der Oststraße untergebrachte Betreuungsstelle ein hauptamtlicher Geschäftsführer und eine Stenotypistin eingestellt. Neben den Sachspenden gingen auch 146 459 RM an Bargeld ein.

Zu betreuen waren im August 1945 in Hamm 80 ehemalige KZ-Häftlinge und acht Familien, die ihren Ernährer im KZ verloren hatten. Die Betreuungsstelle siedelte im November 1945 in das Polizeipräsidium über. In dieser Zeit wurde 98 Menschen Hilfe geleistet, die aus politischen, rassischen oder religiösen Gründen von den Nazis verfolgt worden waren. Sie erhielten Fürsorgeunterstützungen, Überbrückungsgelder oder Studienbeihilfen und auch Lebensmittelzulagekarten.

Ein Sonderhilfsausschuß, der aus einem Vorsitzenden und zwei Beisitzern bestand, die selbst inhaftiert gewesen waren, unterstsützte ab Januar 1946 die Arbeit der Betreuungsstelle, die 1946, wie aus den Vewaltungsunterlagen hervorgeht, 5 480 Reichsmark verteilte. Diese Summe erhöhte sich schnell. Ende 1946 wurden bereits 150 Personen (107 Männer und 43 Frauen) betreut, 1947 zahlte die Stadt insgesamt 43 400 Reichsmark an anerkannte ehemalige Verfolgte.

Übrigens wurde im Februar 1949 ein Gesetz über die Entschädigung für Freiheitsentziehung aus politischen, rassischen oder religiösen Gründen erlassen. In Hamm wurden daraufhin 104 Anträge gestellt. Allein 86 Antragsteller forderten Haftentschädigung. Elf Anträge waren am 11. September 1951 (!) noch nicht erledigt. An die übrigen 75 Verfolgten wurden nach der Währungsreform 223 640 DM ausgezahlt.

Museum im Stadthof eröffnet

Im August 1946 lud Dr. Herbert Zink zur Ausstellung ein

Das Städtische Gustav-Lübcke-Museum, damals schon im Gebäude an der heutigen Museumsstraße beheimatet, war noch kurz vor Kriegsende am 5. Dezember 1944 bei einem Bombenangriff stark zerstört worden. Ein Teil der Bestände war rechtzeitig auf Schloß Oberwerries oder an anderen Stellen in ländlichen Gebieten in Sicherheit gebracht worden. An Museumsarbeit war nach der Kapitulation zunächst nicht zu denken, zumal nur ein Raum zur Verfügung stand. Die übrigen Teile des Gebäudes wurden von obdachlos gewordenen städtischen Dienststellen — unter anderem vom Kulturamt — in Anspruch genommen. Erst im Frühjahr 1946 konnte mit den Reparaturarbeiten begonnen werden.

Museumsdirektor Ludwig Bänfer hatte 1945 das Pensionsalter erreicht. Wie aus dem Verwaltungsbericht der Stadt hervorgeht, führte er seine Arbeit aber ehrenamtlich weiter, bis am 1. August sein Nachfolger, der Kunsthistoriker Dr. Herbert Zink, sein Amt antrat. Dem Museum wurden auf dessen Drängen zwei Räume in der ehemaligen Infanteriekaserne, dem sogenannten „Stadthof" bereitgestellt, wo Zink bereits wenige Tage nach Amtsantritt im August 1946 seine erste Ausstellung veranstaltete. Sie repräsentierte „Westfälische Kunst der Gegenwart", war in Münster arrangiert und von dort zur Verfügung gestellt worden.

Im Sommer 1946 wurde darüber diskutiert, ob das Museum im Schloß Oberwerries oder in einem der Bunker untergebracht werden könne. Beide Vorschläge erwiesen sich jedoch als nicht realisierbar. Ende 1946 faßte dann die Stadtvertretung den Beschluß, dem Museum von seinen ehemals 29 Räumen 19 wieder zurückzugeben. 1947 wurde mit den Instandsetzungsarbeiten begonnen und im gleichen Jahr das Ausweichlager auf Oberwerries aufgelöst. Nach fünfjähriger Schliessung konnte das Museum aber erst am 1. Oktober 1949 wieder eröffnet werden. Eine aus diesem Anlaß herausgegebene Broschüre hatte den Titel „Kostbarkeiten im Gustav-Lübcke-Museum". Mit der Errichtung der neuen Ausstellungsräume (Oberlichtsaal) wurde 1953 begonnen. Sie wurden 1956 mit „Westfälischen Städtebildern aus drei Jahrhunderten" eröffnet.

Schon seit 1887 und damit praktisch seit seiner Gründung wird die Arbeit des Museums vom Museumsverein unterstützt, der nach kriegsbedingter Pause im März 1946 seine Vortragstätigkeit wieder aufnahm. In der ersten Jahreshauptversammlung nach dem Krieg, die Ende Dezember 1946 einberufen wurde, gab der zu diesem Zeitpunkt bereits zurückgetretene Oberbürgermeister Josef Schlichter den Vereinsvorsitz an seinen Nachfolger Ferdinand Poggel ab. In der Satzung war damals festgelegt, daß der jeweilige Oberbürgermeister auch Vorsitzender des Museumsvereins sein sollte. Schlichter wurde in der Versammlung für 20jährige Tätigkeit im Dienste des Museums vom Museumsverein mit der Nachbildung des silbernen Ratslöffels der Stadt Hamm aus dem Jahr 1711 ausgezeichnet.

Museumsdirektor i. R. Ludwig Bänfer berichtete den Mitgliedern über die vergangenen fünf Jahre und teilte unter anderem mit, daß die Arbeit auf dem Gebiet der Bodenfunde so gute Erfolge gehabt habe, daß das Hammer Museum damit an erster Stelle in Westfalen stehe. Wie Bänfer sagte, seien die wertvollsten Sammlungen dank der 1943 ergriffenen Evakuierungsmaßnahmen weitgehend erhalten geblieben. Die größten Verluste gab es in der ägyptologischen Abteilung, die nicht ausgelagert werden konnte.

Zum Dank für seinen Einsatz ernannten die Mitglieder Ludwig Bänfer zum Ehrenmitglied des Vereins, der seinen Bestand von 500 Mitgliedern auch nach dem Krieg halten konnte. In den Vorstand wurden unter der Leitung von Oberbürgermeister Poggel Museumsdirektor Dr. Zink, die Ratsherren Weidekamp, Dr. Lambrecht und Rinck, Oberbaurat Haarmann, Kaufmann Kalisch, Rektor Mellmann, Stadtkämmerer Wortmann sowie Josef Schlichter und Ludwig Bänfer gewählt. Der Jahresbeitrag wurde von drei auf fünf Reichsmark erhöht.

Beide Wassertürme zerstört

Schäden von zehn Millionen an Einrichtungen der Stadtwerke

Auf zehn Millionen Mark wurden die Schäden geschätzt, die durch den Bombenkrieg an den Einrichtungen der Stadtwerke entstanden waren. In der Ratssitzung am Montag, 17. Juni 1946, berichtete Ratsherr Dr. Kaßmann über die finanziellen und personellen Schwierigkeiten bei den Reparaturarbeiten und versicherte, daß alles Menschenmögliche getan werde, um auch die letzten noch unversorgten Stadtteile wieder mit Gas, Wasser und Strom zu beliefern. Er teilte mit, daß sich die Militärregierung endlich bereiterklärt habe, eine Gasleitung über die Nordenbrücke verlegen zu lassen, um die nördlichen Bereiche der Stadt wieder anschließen zu können. Auch die Wiederherstellung des Gasometers werde mit allen Mitteln vorangetrieben.

Ratsherr Heinrich Hirsch berichtete aus der Sitzung des Verkehrsausschusses, der die Zulassung von Kraftfahrzeugen zu prüfen hatte. Dabei habe sich die

Frage gestellt, ob es angesichts der knappen Benzinvorräte überhaupt sinnvoll sei, weitere Fahrzeuge zuzulassen. „Da sich das Straßenverkehrsamt für eine weitere Treibstoffzuteilung mit allen Kräften einsetzt, wurde ein Teil der gestellten Anträge bewilligt, ein weiterer Teil zurückgestellt und der Rest abgelehnt", erfuhr der Rat von Hirsch.

Ein weiterer Beratungspunkt war die Zulassung von Fisch-, Obst- und Gemüsegeschäften, die vom Ernährungs- und Wirtschaftsausschuß geprüft worden war. Berichterstatter Ratsherr Clemens Brocker teilte den Parlamentariern mit, daß ein Fischgeschäft nur dann zugelassen werden könne, wenn es mindestens einen Kundenkreis von 1 000 Käufern besitze. Ratsherr Heinrich Reinköster beklagte in diesem Zusammenhang die unerschwinglich hohen Fischpreise und beantragte eine Überprüfung der „bei vielen Geschäftsleuten beliebten Unsitte der Kopplungsgeschäfte." Da das Geld keinen Wert mehr hatte — acht bis zehn Reichsmark reichten gerade noch zum Kauf einer einzigen Zigarette — erwiesen sich Waren als beliebtestes Zahlungsmittel.

Beschlossen wurde übrigens in dieser Sitzung, die Errichtung eines Kinos für den Stadtteil Süden in der Gaststätte Heimbeck zu genehmigen. Der zukünftige Eigentümer des Lichtspieltheaters mußte sich aber bereiterklären, die Umzugskosten der Bezirksstelle des Wirtschafts- und Ernährungsamtes, die in dem Saal untergebracht war, in die Gastwirtschaft Sölken zu übernehmen. Das Kino am Langewanneweg 8 hieß zunächst „Lichtburg", erhielt 1950 den Namen „Die Kamera" und erfreute sich bis zu seiner Schließung im Dezember 1967 großer Beliebtheit.

Es wirkt heute wie ein Wunder, daß es in einer Stadt, die so zerbombt war wie Hamm, gelungen ist, die Wasserversorgung binnen kürzester Frist wieder sicherzustellen. Und das, obwohl die Rohrleitungen zu 60 Prozent zerstört waren und die beiden Wassertürme, die für den notwendigen Druck in den Leitungen sorgten, weitgehend zerstört waren. Paul Künzel, der am 1. März 1946 seinen Dienst als Betriebsingenieur bei den Hammer Stadtwerken aufnahm und ab 1956 als Betriebsleiter für die Wasserversorgung zuständig war, erinnert sich an die Schwierigkeiten, die bei der Reparatur der Wassertürme überwunden werden mußten. Der 3 000-Kubikmeter-Behälter, der zum Kriegsende gesprengt worden war, konnte erst 1952 durch einen Neubau ersetzt werden. Der 2 000-Kubikmeter-Turm, der erheblich beschädigt worden war, wurde 1946 repariert. Wichtiger als Geld war zu dieser Zeit die Lebensmittelversorgung. Künzel holte damals regelmäßig für die mit den Bauarbeiten beauftragten Monteure einer Privatfirma Zusatz-Lebensmittelkarten aus Soest, was den Eifer der Techniker natürlich wesentlich beflügelte. Monatelang mußte die Wasserversorgung ohne Druckausgleich über den Turm funktionieren. Die Stadtwerke-Mitarbeiter halfen sich damit, daß sie Abend für Abend, wenn der Wasserverbrauch geringer wurde, die Schieber an der vom Haarstrang kommenden Hauptzuleitung schlossen, damit der Druck nicht zu hoch wurde.

Zentralheizungen verboten

Ausstellung „Unser Wiederaufbau" in Arnsberg

„Unser Wiederaufbau" war eine Ausstellung betitelt, die vom 1. bis 26. Juli 1946 in Arnsberg veranstaltet wurde und für deren Besuch von Hamm aus sogar Sonderzüge eingesetzt wurden. Sie sollte, so formulierte es der Regierungspräsident, „ein Bekenntnis werden für den Aufbauwillen unseres Volkes". 165 Aussteller, darunter Architekten und Baumeister, Städte und Firmen, stellten dabei ihre Gedanken für zukünftige Planungen sowie Erfindungen vor, die von Zerkleinerung, Verwertung und Transport des Trümmerschutts über Ziegelputzmaschinen bis zu Bauplänen und Verkehrskonzeptionen reichten. Es ging weniger um die Darstellung der „Traumstadt", als vielmehr darum aufzuzeigen, wie den notleidenden Menschen in den zerstörten Städten so schnell wie möglich mit den vorhandenen Mitteln geholfen werden könne.

Über die Beteiligung der Stadt Hamm an dieser Ausstellung berichtete Stadtbaurat Haarmann in der Ratssitzung am 17. Juni. Hamm zeigte zunächst auf einem Stadtplan die durch den Bombenkrieg entstandenen Zerstörungen. Auch die zweckmäßige Weiterverwendung von Luftschutzbunkern als Verkaufshallen oder Mühlenbetriebe wurde zur Diskussion gestellt. Ein Thema, das noch lange Aktualität behalten sollte, war die Frage der Eingemeindung jener Teile der Kreise Unna, Beckum und Lüdinghausen, die zum Wirtschaftsbereich Hamm gehörten. „Der wirtschaftliche und kulturelle Interessenbereich greift weit über die kommunalen Grenzen hinaus und verlangt nach einem Ausgleich", forderte die Stadt schon damals.

Wichtig für viele Besucher waren Entwürfe für den Bau von Kleinstwohnungen, die den Richtlinien der Militärregierung entsprachen. Neubauwohnungen durften zum Beispiel nicht größer als 45 Quadratmeter sein und wohl ein Bad, nicht aber eine Dusche haben. Zentralheizungen waren in Privatwohnungen verboten, pro Wohnung waren nur ein Heizofen und ein Küchenherd erlaubt. Tapeten und Innenverkleidung waren tabu, als Wandschmuck durfte nur Wasserfarbe verwendet werden. „Sobald Baumaterial und Arbeitskräfte wieder in größerer Menge vorhanden sind, werden diese Standardtypen erneut geprüft", sagte die Militärregierung zu.

Erste Wahlkundgebungen

Carl Severing: Deutschland nicht zum Zwergstaat machen

Das Einvernehmen der deutschen Bevölkerung mit der Besatzungsmacht war weitgehend von Angst geprägt. Zum Teil war es allerdings zu gut. So war es nicht nur den leitenden alliierten Militärdienststellen, sondern auch vielen Deutschen ein Dorn im Auge, wenn junge Frauen sich mit Soldaten anfreundeten. Das führte hin und wieder zu unerfreulichen Zwischenfällen und sogar zur Selbstjustiz. Die Täter erwarteten, wenn sie erwischt wurden, empfindliche Strafen. Drei junge Männer, die im Amtlichen Mitteilungsblatt vom 20. April 1946 sogar namentlich genannt sind, hatten einer 18jährigen übel mitgespielt. Nachdem sich die junge Frau im Wartesaal von einigen belgischen Soldaten verabschiedet hatte, verfolgten die drei sie bis zur Bahnhofstraße. In der Nähe des Café Corso überfielen sie die Frau, schlugen sie und schnitten ihr die Haare ab. Die jungen Männer wurden festgenommen, vor das Militärgericht gestellt und jeder wegen „Körperverletztung und schlechtem Verhalten gegenüber der öffentlichen Ordnung“ zu sechs Monaten Gefängnis verurteilt.

Schon im Frühjahr 1946 liefen Vorbereitungen für die erste Kommunalwahl nach dem Krieg, die in zwei Etappen durchgeführt wurde. Am 15. September gab es Wahlen für den Landtag sowie für Gemeinde- und Amtsvertretungen, am 13. Oktober wurden Kreistage und Stadtvertretungen gewählt. Bereits ein Jahr zuvor waren die Parteien aktiv geworden und hatten in Kundgebungen um Mitglieder und spätere Wähler geworben.

Zu den prominentesten Rednern gehörten für die SPD der Chefredakteur der Westfälischen Rundschau in Dortmund, Walter Poller, für die Kommunistische Partei Max Reimann aus Herne, der den „Aufbau der antifaschistischen demokratischen Republik“ erläuterte, und der SPD-Politiker Dr. Kurt Schumacher. Er war damals Beauftragter der sozialdemokratischen Partei für die britische Zone und sprach am 2. März 1946 im Kurhaus über politische und wirtschaftliche Zeitfragen. Den Besuch von Reichsminister a. D. Severing am 14. April in Hamm kündigte die Westfälische Rundschau mit dem Hinweis an, daß er bereits am 18. März 1923 zusammen mit Reichspräsident Friedrich Ebert in Hamm gewesen sei. „Ich verstehe vollauf, daß unser französischer Nachbar kategorisch Sicherungen verlangt, aber Haß und Mißtrauen sind immer schlechte Berater“, stellte Severing bei der Kundgebung im Kurhaus fest. Er sagte, daß es für den Wiederaufbau Frankreichs und aller anderen verwüsteten Länder kein geeignetes Mittel sei, Deutschland zu einem Zwergstaat zu machen und durch Hunger der Anarchie auszuliefern. Er forderte seine Zuhörer auf, jetzt „eine große Schlacht für den Frieden zu schlagen". Zunächst aber müßten Wohnungen geschaffen und die Ernährung sichergestellt werden.

Auch die Jugendorganisation der SPD, „Die Falken", war inzwischen wieder aktiv geworden. Bei einerArbeitstagung im März wurde der Unterbezirk Hamm-Soest geschaffen, der die Stadt Hamm und die Kreise Unna, Soest, Lippstadt, Beckum und Lüdinghausen umfaßte. Die Tagung wurde von Arthur Bunkowski geleitet. Polizeidirektor Peter Röttgen begrüßte die Teilnehmer in Vertretung des Oberbürgermeisters. Willi Fliege, Leiter des Landesverbandes Westfalen, befaßte sich mit „Erziehungsproblemen der deutschen Jugend". Dabei zeichnete er Gegensätze zwischen den Erziehungsmethoden in Nazi-Deutschland und in einem zukünftigen demokratischen Staat auf. Er sagte, daß die deutsche Jugend durch systematische Gleichschaltung und Ausrichtung geistig vorbereitet worden sei. Die Erziehung müsse unter Berücksichtigung natürlicher biologischer und sozialer Formen auf eine ganz neue Grundlage gestellt werden.

3 170 Anzüge beantragt, elf geliefert

Ratsherr Clemens Brocker machte interessante Rechnungen auf

Bei der Versorgung der Bevölkerung fehlte es im Sommer 1946 nicht nur an Lebensmitteln, sondern auch an Textilien und allen anderen Dingen des täglichen Bedarfs. Wie prekär die Lage war, schilderte Ratsherr Clemens Brocker in der Ratssitzung am 29. Juli als Vorsitzender des Ausschusses für Ernährungs- und Wirtschaftsfragen. Wie er sagte, lagen bis Ende 1946 noch 10 000 unerledigte Anträge auf Spinnstoffwaren und Schuhe vor. Unter Anlegung der strengsten Maßstäbe habe man 3 170 Anträge auf einen Herrenanzug bewilligt. Beliefert worden sei Hamm aber nur mit elf Anzügen! Brocker rechnete den Parlamentariern vor, daß unter diesen Umständen 24 Jahre vergehen würden, bis der letzte Antragsteller seinen Anzug erhalte. Auch auf anderen Gebieten konnte nur ein Bruchteil der Wünsche erfüllt werden. So waren statt der bewilligten 187 Matratzen-Garnituren lediglich drei zugeteilt worden. Brocker zückte auch hier den Rechenstift: 31 Jahre würden vergehen, ehe der letzte Antragsteller statt seines Bezugsscheines wirklich eine Matratze im Bett habe!

An dieser Ratssitzung nahm der neue Stadtkommandant, Major Goodson, teil, der die Nachfolge des in den Ruhestand verabschiedeten und nach England zurückgekehrten Lt. Col. Marshall antrat. Marshall war seit dem 14. August

1945 in Hamm. Er wurde von Oberbürgermeister Schlichter mit herzlichen Dankesworten verabschiedet und mit dem Wappenteller der Stadt ausgezeichnet. Schlichter gab in der Ratssitzung seiner Freude über die Ernennung Goodsons Ausdruck, der bereits seit längerer Zeit bei der Mitlitärregierung in Hamm tätig und mit den Verhältnissen bestens vertraut war.

Zu den großen Problemen jener Zeit gehörte die Wohnungsnot. Die Menschen lebten zum Teil in notdürftig reparierten Häusern und mußten sich auf engstem Raum zusammendrängen. Da war es doppelt ärgerlich, daß die Militärregierung ganze Häuserzeilen — vorwiegend im Hammer Osten — beschlagnahmt hatte. Klage darüber wurde auch in der Ratssitzung geführt, wobei Oberbürgermeister Schlichter versicherte, daß von seiten der Stadt alles getan worden sei, um die Beschlagnahme zu verhindern. Daß sie damit erfolglos war, lag an Bestimmungen der Alliierten, wonach britische Familien in der Nähe der Truppe untergebracht werden mußten. Den Hausbesitzern wurde nicht einmal gestattet, in den Dachgeschossen zu bleiben.

Kartoffelkäfer „handverlesen“

Schuhe mit Binsen von Bauernhof repariert

Nahrungsmittel waren knapp in der Nachkriegszeit. Da war es klar, daß alles, was den Ertrag der Ernte schmälern konnte, mit allen zur Verfügung stehenden Kräften bekämpft wurde. Einer der größten Feinde war der Kartoffelkäfer. Und da es damals noch keine „chemische Keule“ gab, mußte die „Schlacht“ umweltfreundlich in „Handarbeit“ geschlagen werden. So wurden im Sommer 1946 alle Schulen der Stadt mobilisiert und klassenweise zur Kartoffelkäfer-Suchaktion eingesetzt. Mit Dosen oder Schachteln bewaffnet zogen die Kinder los, verteilten sich auf den Kartoffelfeldern und sammelten die gestreiften Schädlinge, die sich an den Blättern gütlich taten. Je intensiver der Einsatz, umso größer der Lohn: Sammeleifer wurde durch Prämien belohnt. Die Aktion war keineswegs auf das Jahr 1946 beschränkt. Noch im Mai 1948 gab der Kultusminister ergänzende Richtlinien heraus und teilte mit, daß „angesichts der Dringlichkeit der Aufgabe auf die Mitarbeit von Schulkindern vom 10. Lebensjahr an nicht verzichtet werden“ könne. Es sei aber darauf zu achten, daß der Einsatz zwischen Gemeindeverwaltungen und Schulleitern abgestimmt und „eine Störung des vielerorts noch immer eingeschränkten Unterrichts möglichst vermieden“ werden solle.

Auch in Herringen befaßte sich der Gemeinderat mit der Kartoffelkäfer-Aktion, die in Gesprächen zwischen den Schulleitern und den Ortsbauernführern vorbereitet wurde. Die Jugend sollte aber auch Möglichkeiten zur Freizeitgestaltung erhalten. Deshalb beschloß der Gemeinderat, die Schützenwiese in der Bocksheide zu kaufen und der Jugend als Spielwiese zur Verfügung zu stellen. Gleichzeitig sollte versucht werden, von der Zeche eine Baracke zu bekommen, die als Heim dienen sollte.

Auf Antrag von Bürgerratsmitglied Willi Herrmann wurde die Nordstraße in Friedrich-Husemann-Straße und der Marktplatz in Friedrich-Ebert-Platz umbenannt. Dem Kanuverein wurde die Lustbarkeitssteuer für das im März organisierte Werbefest im Saal Lohsträter erlassen. Auch das gab es zu dieser Zeit: Den Gemeindearbeitern in Herringen mußte für 220 Stunden der Lohn nachgezahlt werden.

Wohnungsnot gab es nicht nur im zerbombten Hamm, sondern auch in den Nachbargemeinden. Baumaterial war begehrt und knapp, jedes Bauvorhaben wurde auf seine Rechtmäßigkeit streng überwacht. Am 26. Juni 1946 kam es in der Sitzung des Bürgerrats in Herringen zu einer erregten Diskussion über einen privaten Neubau. Bauherr G., so verlangten die KPD-Bürgerratsmitglieder Dirkschnieder und Rosenberg, müsse das Material abliefern, damit es zur Wiederherstellung der Falkschule und zur Errichtung von Wohnungen in der Diesterwegschule verwendet werden könne. CDU-Vertreter Runfelder sprach sich aber dafür aus, G. weiterbauen zu lassen, wenn er sich verpflichte, weitere Familien in seinen Neubau mit aufzunehmen. Bedenken gegen eine Beschlagnahme des Baumaterials hatte Bürgermeister Geisler, da G. es sich privat besorgt habe. Es stammte aus dem Abbruch des Heereszeugamtes in Königsborn. Gegen das Bauvorhaben wurde schließlich einstimmig Protest erhoben und das Oberbauamt in Soest eingeschaltet.

Dafür, daß die Straßenbeleuchtung immer noch nicht klappte, hatte der Bürgermeister eine einfache Erklärung: Es gab keine Glühbirnen! Dieser Mangel war so gravierend, daß in Hamm die Stadtbücherei nur bei Tageslicht geöffnet werden konnte und die Stadtverwaltung sich dazu entschloß, Glühbirnen illegal auf dem Schwarzmarkt zu besorgen!

Not macht erfinderisch. Davon weiß Maria Bernardine Mähler ein Lied zu singen. Die gelernte Kindergärtnerin war bei der Reichsbahn kriegsverpflichtet worden und hatte auf der Strecke Hamm-Soest im Schrankenwärterhäuschen am Langewanneweg Dienst getan. Sie blieb dort bis zum Frühjahr 1946. Damals war sie 21 und mußte den Platz räumen, weil die Männer aus Krieg und Gefangenschaft zurückkamen und ihre Stellen wieder übernahmen.

Zunächst half sie ihrem Vater, dem Schuhmachermeister Hermann Mähler, in der Werkstatt. Weil es viele kaputte Schuhe, aber kein Leder für die Reparaturen gab, mußten Meister und Gehilfin andere Wege suchen. „Bei Bauer Grundel in Berge wurden Binsen geholt und daraus Sohlen geflochten“, berichtet Maria Bernardine Mähler. Das Oberleder wurde mit Bindfäden repariert. Als „grüne Sohlen“ blieb ihr das erste Leder in Erinnerung, das 1948 nach der Währungsreform geliefert wurde.

Ein anderes Patent hatte Friedrich Beier ausprobiert. „Garantiert hohe Laufzeit“, so versichert er, „hatten jene Sandalen, die aus alten Kohle-Transportbändern entstanden.“ Da das Material zu steif war, setzte die Verarbeitung eine komplizierte Prozedur voraus. Die Bänder bestanden aus mehreren Schichten von Gummi und Leim. Stücke davon wurden im Backofen erhitzt und dann mit zwei Zangen so lange auseinandergezogen, bis sie die richtige Stärke hatten, um daraus Sohlen und Riemchen herzustellen. Schwielen und Blasen wurden sozusagen mitgeliefert, denn bequem war dieses Schuhwerk nicht.

Beier erinnert sich heute noch an manche andere Bastelarbeit. Benzinkanister, die die Amerikaner leer zurückgelassen hatten, wurden von findigen Köpfen in Kohleneimer verwandelt, und aus Flak-Kartuschen entstanden Nikolausglokken. Friedrich Beier hatte den Bogen raus. Er wußte genau, daß er die Messinghülse auf 18 Zentimeter kürzen mußte, um den richtigen weihnachtlichen Klang zu bekommen, wenn der Holzklöppel montiert war.

Wenn Lebensmittel knapp sind, ist auch Hühnerfutter Mangelware. Immerhin gab es in der ersten Nachkriegszeit — auf Bezugschein, versteht sich — für die Halter von Nutzhunden in der Mühle Pohl noch Hundekuchen. In mühsamer Heimarbeit zerkleinerte Friedrich Beier die Stücke und tauschte das so entstandene Hühnerfutter gegen Eier ein.

Politik fand bei den Bürgern wenig Interesse

Kommunalpolitik findet auch heute bei den Bürgern längst nicht das Interesse, das sich die Politiker wünschen. Sie diskutieren, ob in Ausschüssen oder im Rat, häufig fast unter sich. Das war, obwohl parlamentarische Beratungen zu jener Zeit durchaus neu und ungewohnt waren, schon 1946 der Fall. In der Ausgabe der Amtlichen Bekanntmachungen vom 23. März moniert der Berichterstatter: „Am Rande dieses Berichts über die letzte Sitzung unserer Hammer Stadtvertretung sei noch bemerkt, daß dem Berichterstatter das mangelnde Interesse der Einwohner Hamms an den Tagungen ihrer Stadtvertreter — eigentlich doch, wie der Name schon besagt, eine Vertretung der Bevölkerung Hamms — aufgefallen ist. Wenn auch in der Vorankündigung gesagt wurde, daß nur wenige Eintrittskarten zu haben seien, so sei hier festgestellt, daß sogar diese wenigen Karten noch nicht ganz vergriffen waren. In der Aula der Oberlyzeums hätte die doppelte oder sogar dreifache Anzahl von Zuhörern Platz gefunden. Es müßte doch, so sollte man annehmen, für jeden Hammer von größter Bedeutung sein, bei der Beratung über das Wohl und Wehe seiner Stadt durch die Stadtvertretung zugegen zu sein.“

Noch in Sibirien schämte sich Iwan

Ehemaliger „Plenni" brachte Grüße aus Sibirien mit

Das Leben geht oft seltsame Wege. Dabei zeigt sich immer wieder, wie klein diese Welt doch ist. Das erfuhr Günter Haumann aus Hamm, als er 1947 als Kriegsgefangener in Westsibirien lebte und in einem Bergwerk in Wolschansk arbeiten mußte. Im „Westsibirischen Kohlekombinat" trafen die Deportierten häufig russische Bergarbeiter, die während des Krieges in deutscher Gefangenschaft waren und dort Deutsch gelernt hatten. Eines Tages kam Haumann mit einem Mann namens Iwan ins Gespräch. Und dabei stellte sich heraus, daß Iwan in Hamm gelebt hatte. Er war bei Bauer Crüsemann in Schmehausen eingesetzt und erinnerte sich noch gern der guten Behandlung, die er dort erfahren hatte.

Gleichzeitig aber plagte ihn das schlechte Gewissen. Denn wie alle anderen russischen Kriegsgefangenen war Iwan im Mai 1945 nach Kriegsende befreit und in das Lager auf dem Zechengelände Maximilian umgesiedelt worden. Von dort aus waren die Russen umhergezogen, hatten sich mit Lebensmitteln, Kleidungsstücken und anderen Kostbarkeiten versorgt und sich bei dieser Gelegenheit an der deutschen Bevölkerung gerächt. Es hat dabei, wie bereits berichtet, schlimme Ausschreitungen gegeben. Die Hammer Bürger lebten in Angst und Schrecken vor den Russen, die in Trupps unterwegs und meistens bewaffnet waren.

Auch Iwan war mit seinen Landsleuten über Land gezogen und eines Tages auch bei Crüsemanns in Schmehausen mit seiner Truppe aufgetaucht. „Was, Iwan, Du auch?" konnte der Bauer es nicht fassen, daß sein ehemaliger Gefangener unter die Diebe gegangen war. Dem stieg deswegen noch im fernen Sibirien die Schamröte ins Gesicht und er bat den deutschen „Plenni", sich mit der Familie Crüsemann in Verbindung zu setzen, sobald er wieder daheim sei. Er solle dort Grüße bestellen und ausrichten, daß Iwan damals von seinen Landsleuten zu diesen Raubzügen gezwungen worden sei und er das Mittun heute noch bereue. Haumann kehrte 1949 nach Hamm zurück. Als er sich kurz darauf bei Crüsemanns in Schmehausen meldete, lebte der Bauer aber nicht mehr.

Der Flüchtlingsstrom riß nicht ab

Bis zu 60 000 Menschen monatlich mit Essen versorgt

Zwischen den Begriffen Ausgewiesene, Flüchtlinge und Evakuierte gab es erhebliche Unterschiede, die in einem Erlaß der Regierung vom 10. Mai 1946 genau definiert wurden. Danach waren Ausgewiesene solche Personen, die „infolge behördlicher Maßnahmen seitens der ehemaligen Feindländer ihren Wohnsitz“ verloren hatten. Evakuierte hatten aus kriegsbedingten Gründen ihren ursprünglichen Wohnsitz für die Dauer der Kriegseinflüsse aufgegeben, und Flüchtlinge hatten ihren Wohnsitz außerhalb Deutschlands aus Gründen der persönlichen Sicherheit verlassen. Als Flüchtlinge wurden auch Evakuierte anerkannt, die „ihren Aufenthaltsort in der russischen Besatzungszone infolge starken Zwanges“ verloren hatten. Die feinen Unterschiede hatten vor allem finanzielle Bedeutung.

Der Flüchtlingsstrom war in den ersten Nachkriegsmonaten auch in Hamm kaum zu bewältigen. Im Oktober 1946 mietete die Stadt von der Firma Knauel eine Baracke. Sie stand im Garten des Westenschützenhofes und war Teil eines Kriegsgefangenenlagers gewesen. Das Deutsche Rote Kreuz unterhielt dort einen Bereitschaftsdienst. Das Übergangslager wurde im Dezember 1946 aufgegeben. Wie aus dem Verwaltungsbericht hervorgeht, war inzwischen der Bunker am Vorheider Weg als Übergangslager eingerichtet worden, wo ab 1. November 1946 bis zu 400 Personen untergebracht werden konnten. Kochgelegenheit gab es in einer benachbarten Baracke. Einzelflüchtlinge übernachteten in den Bunkern an der Feidikstraße, am Westentor und im Juni 1946 am Schillerplatz.

Für Verpflegung sorgte die Reichsbahnküche, die im evangelischen Gemeindehaus an der Alleestraße eingerichtet war, und später die Küche des DRK auf Bahnsteig 2 und dann in einer Baracke auf dem Bahnhofsvorplatz. Hier übernahm die Stadt im Mai 1946 die Regie. Sie wurde von Helfern der Wohlfahrtsverbände unterstützt. Die Verpflegung von durchreisenden Flüchtlingen und entlassenen Soldaten wurde von der Stadt am 17. Februar 1947 der Bahnhofsmission (Träger waren Innere Mission und Caritasverband) übertragen.

In der Baracke war auch eine Beratungsstelle untergebracht, die Tag und Nacht mit zwei städtischen Angestellten besetzt war. Sie gaben Verpflegungsmarken aus und Fahrgutscheine für Durchreisende. Die Beratungsstelle für Flüchtlinge am Bahnhof wurde auf Anweisung des Landessozialministeriums am 30. November 1948 aufgegeben.

Die Stadtverwaltung stellte eine interessante Statistik auf. Danach wurden von Juni bis Oktober 1945 34 100 Portionen Warmverpflegung ausgegeben. Im Januar 1946 waren es 25 000, eine Zahl, die im Juli 1946 mit 60 668 ihren Höchststand erreichte. 1947 waren monatlich nur noch 6 000 bis 13 000 Portionen erforderlich. Diese Zahl stieg 1948 noch einmal auf bis zu 16 000. Hochbetrieb herrschte jeweils in den Sommermonaten.

Am 24. Januar 1947 wurde vom Rat ein Ausschuß für Flüchtlingsangelegenheiten gebildet und mit fünf Ratsmitgliedern besetzt. Ihm stand ein beratender Ausschuß zur Seite, dem zehn Flüchtlinge angehörten. Im Oktober 1949 wurde dieser Ausschuß in den Flüchtlingsbeirat umgewandelt. Er bestand unter anderem aus Vertretern der Vertriebenen, der Wohlfahrtsverbände, Berufsorganisationen und Gewerkschaften. Große Probleme bereitete in den ersten Nachkriegsjahren die illegale Einwanderung. In Uelzen in der britischen und in Gießen in der amerikanischen Zone wurde über das Asylrecht entschieden.

Unter dem Motto „Wir helfen Flüchtlingen" veranstalteten die caritativen Verbände im August 1946 eine Sammlung in Hamm. Sie erbrachte einen Betrag von 42 634 Reichsmark. Davon wurden 60 Prozent für örtliche Aufgaben verwandt und 40 Prozent auf das Sonderkonto „Westfälische Flüchtlingshilfe" überwiesen.

Tausche Hut gegen Aktentasche

Im August 1946 durfte Milch wieder frei Haus geliefert werden

Interessanten Lesestoff boten im Sommer 1946 die Anzeigenseiten der „Amtlichen Bekanntmachungen". Da es nichts zu kaufen gab, blühte der Tauschmarkt: Jemand bot einen neuen Herrenhut und suchte eine Aktentasche, ein „gutes Sofa" sollte gegen einen Herrenanzug seinen Besitzer wechseln und ein anderer Inserent annoncierte 50 Theaterperücken, für die er ganz einfach „Nützliches" erbat. Dieser Begriff tauchte umso häufiger auf, je schlimmer der Hunger wütete. „Gemeint waren damit Lebensmittel, aber das durfte nicht deutlich gesagt werden", erinnert sich Stadtarchivarin Ilsemarie von Scheven.

Wie heute, war auch damals die Zeitung eine wichtige Informationsquelle. Die Leser erfuhren zum Beispiel, daß das Ernährungs- und Wirtschaftsamt um Säuglingswäsche bat, die bei der Altkleiderstelle in der Königstraße abgegeben werden sollte und die, ebenso wie gebrauchte Kleigungsstücke für Frauen und Kinder, auf Wunsch auch bezahlt wurde. Erfreut nehmen vor allem Hausfrauen im August 1946 zur Kenntnis, daß die Belieferung der Verbraucher mit Milch ab sofort wieder frei Haus zu erfolgen hatte. Vollmilch kostete damals 24 Pfennig pro Liter, für 14 Pfennig gab es einen Liter entrahmte Frischmilch.

Der Rat der Stadt hatte zu dieser Zeit andere Sorgen. Er befaßte sich am Montag, 12. August, unter anderem mit der Überführung der privaten Oberschule für Mädchen (Marienschule) auf das Städtische Mädchengymnasium und Übertragung des Rechts der Einrichtung sozialpädagogischer Lehrgänge (Kindergärtnerinnen-Seminar) auf die private Mädchen-Mittelschule.

Das Thema war bereits im Juli erörtert worden, in der Sondersitzung im August wurde mit knapper Mehrheit beschlossen, die sozialpädagogischen Lehrgänge aus städtischer Regie in die der katholischen Schwestern zu übergeben.

Der Rat entsprach damit einem Antrag des CDU-Ratsherrn Weidekamp, der zuvor eine heftige Debatte ausgelöst hatte. Weidekamp hatte vorgeschlagen, den Ordensschwestern die Einrichtung sozial-pädagogischer Lehrgänge mit der Auflage zu genehmigen, die Oberschule für Mädchen aufzugeben. Die CDU-Fraktion vertrat die Meinung, daß diese Lösung für das Schulsystem der Stadt von Vorteil sei. Durch die Schließung der Privatschule, die wahrscheinlich aus Mangel an Lehrkräften erfolge, hätte die städtische Oberschule einen Schülerzuwachs zu verzeichnen. Den Schwestern aber werde durch die Übergabe der sozial-pädagogischen Lehrgänge ein Ausgleich angeboten. Evangelischen Absolventen werde dadurch kein Nachteil entstehen, da sie ebenfalls aufgenommen würden.

Die SPD-Sprecher Reinköster und Radtke hatten ebenso wie die KPD erhebliche Bedenken, die städtischen Sozialpädagogischen Lehrgänge aus den Händen zu geben, zumal es konfessionelle Probleme geben könne. Sie wurden jedoch überstimmt.

In einer verzweifelten Lage waren in der ersten Nachkriegszeit die Hinterbliebenen von Gefallenen. Da die Renten weggefallen waren, bekamen sie nur Beträge von 30 bis 40 Reichsmark, die bei weitem für den Lebensunterhalt nicht ausreichten. Darauf machte SPD-Ratsherr Reinköster in der Ratssitzung am 12. August 1946 aufmerksam. Er bezeichnete diese Rentensätze als „Hohn auf die soziale Gerechtigkeit“ und schlug vor, die Landesregierung und den Zonenbeirat aufzufordern, die Renten in alter Höhe weiterzuzahlen. Gleichzeitig beschloß der Rat einstimmig, aus Mitteln des Wohlfahrtsamtes wenigstens die Kosten für Miete, Heizung und Bekleidung zu übernehmen. Stadtrechtsrat Dr. Hans teilte mit, daß das Fürsorgeamt den Ausgleich bis zur Höhe der Sätze der gehobenen Fürsorge übernehme, doch befürwortete auch er, daß der Rat die erneute Zahlung der alten Renten mit allen Mitteln unterstützen solle.

Hammer Sportler kapitulierten nicht

Militärregierung ordnete Bildung von Großvereinen an

Auch im Sport sah es nach dem Zusammenbruch trostlos aus. Fast alle Plätze waren von Bomben getroffen und einige total zerstört. Dazu gehörte auch das Jahnstadion, das 22 Bombentreffer hatte. Mit der Instandsetzung wurde 1946 begonnen. 1947 konnte das Spielfeld wieder benutzt werden. In seiner Festschrift „Der Turnverein", in der 125 Jahre Hammer Sportgeschichte Revue passieren, geht Norbert Teichert auch auf die erste Nachkriegszeit ein. Die vor der Kapitulation bestehenden Vereine waren verboten worden, über den Regierungspräsidenten in Arnsberg ordnete die Militärregierung im September 1945 an, daß in jedem Stadtteil nur noch ein Verein bestehen dürfe. So entstand im Osten und in der Stadtmitte der TuS Rote Erde Hamm, der von Franz Schnittker geleitet wurde. Im Hammer Süden schlossen sich unter Carl Kielhorn der Reichsbahn-Turn- und Sportverein, SuS 05 Hamm und TV Westfalia Hamm zum VfB 91/05 zusammen. Im Hammer Westen entstand aus Turnvereinigung 77, VfK 04 und Tennisclub Blau-Weiß die Turn- und Sportgemeinschaft Germania Hamm. Zum Sportring Hamm vereinten sich im Norden der BV 09 und der Turnverein Eintracht. Der Ruderclub und die Hammer Spielvereinigung (HSV) gehörten keiner dieser Gemeinschaften an.

Der TuS Rote Erde Hamm hatte — wie auch alle anderen Großvereine — nicht lange Bestand. Immerhin trat er aber als Veranstalter der ersten Leichtathletik-Wettkämpfe nach dem Krieg auf, die am 19. Mai 1946 im Bockum-Höveler Sportstadion stattfanden. Wie Karl Siebert in seiner HSV-Chronik zum 75jährigen Jubiläum im Jahre 1978 festgehalten hat, wirkte damals ein englischer Offizier als Starter mit. Seine Startpistole war ein Karabiner!

Am 22. September 1946 veranstaltete die HSV-Leichtathletik-Abteilung im Stadion in Bockum-Hövel den Tag der alten und jungen Meister, der als erste größere Veranstaltung in Westdeutschland von sich reden machte. Damals traten die Hammer Sportler Pesch, Wilshaus, Hellmich und Jonath als 4×100 Meter Staffel an und liefen mit 44,5 Sekunden an die Spitze der westfälischen Sprinter. Helmut Wilshaus wurde Westfalenmeister im Speerwerfen und erreichte auch bei den Zonen-Meisterschaften in Köln den ersten Platz. 1947 holte Wilshaus als Speerwerfer die erste Deutsche Meisterschaft nach Hamm. Die Bestenliste der Sprinter führte Günter Pesch an, der die 100 Meter in 10,7 Sekunden lief.

Auch Tischtennis wurde nach dem Krieg in Hamm gespielt. Die HSV-Festschrift erinnert an die ersten Anfänge, als die Spieler des Reichsbahn-Turn- und

Sportvereins im Sommer 1945 im Wohnzimmer der Familie Klüner an der Ecke Langewanneweg/Richard-Wagner-Straße auf der einzigen geretteten Platte um Punkte schmetterten. Bei der HSV wurde in einem Raum der Zentralhallen trainiert. Mit Werner Bergmann und Karl-Heinz Junkermann stellte der Verein am 1. September 1946 die Bezirksmeister im Doppel der A-Klasse und mit Bruno Küper und Heinz Biermann die Meister im B-Doppel.

Es gab Handballwettkämpfe und es wurde fleissig geschwommen, obwohl das Jahnbad 1945 noch nicht benutzt werden konnte. Franz Schnittker, der Leiter der Schwimmabteilung bei der Hammer Spielvereinigung war, erinnert sich noch heute gern an das erste Lippe-Schwimmfest im September 1945, das in Höhe des Bootshauses an der Fährstraße veranstaltet wurde. „Die jungen Mädchen mußten das Geld in Schürzen einsammeln", schildert er den Zuschauerstrom. Eine Woche später, am 9. September 1945, richtete die HSV-Schwimmabteilung in Bockum-Hövel eine Werbeschwimmveranstaltung aus, bei der alle Hammer Schwimmer an den Start gingen.

Schnittker hatte zu dieser Zeit durch sein Blumengeschäft bereits gute Kontakte zur Militärregierung. Gemeinsam mit Schwimmeister Heinz Junker wurden bei Ferdi Deuerlein in der Schillerstraße erste Gespräche über die Möglichkeit der Instandsetzung des Jahn-Freibads geführt. Im Gespräch war damals der Bau eines Freibades am Schillerplatz, wo der Feuerlöschteich erste Ansätze bot. Diese Pläne wurden aber schon bald wieder zu den Akten gelegt.

Weit über Hamm hinaus von sich reden machte in den ersten Nachkriegsjahren der Märkische Boxring 31/46. Er entstand aus dem Zusammenschluß des Boxringes 1931 mit dem Boxclub 1946 Heessen. Ernst Aring, Theo Busemann und Franz und Jupp Eickhoff waren die wichtigsten Männer der ersten Stunde. Karl Siebert schreibt in der Festschrift zum 50jährigen Bestehen des Boxrings, daß schon im Frühjahr 1946 bei Drees-Tannenwald der erste Wettkampf gegen eine Dortmunder Staffel ausgetragen wurde.

Ein Stück Hammer Boxgeschichte schrieben vor allem zehn von 13 Kindern der Familie Johannpeter. Harry entdeckte als erster seine Liebe zum Boxsport. Horst wurde bereits 1949 Westfalenmeister. Die acht jüngeren Brüder Günter, Karl-Heinz, Dieter, Erwin, Walter, Theo, Wolfgang und Hans-Jürgen nahmen sich das Beispiel zu Herzen und stiegen ebenfalls in den Boxring. Sie sorgten für Schlagzeilen und für einen Rekord: Im September 1957 eroberten bei der Westfalenmeisterschaft Günter, Dieter, Horst und Karl-Heinz Johannpeter Meistertitel. Karl-Heinz kletterte im gleichen Jahr auch bei den „Deutschen" auf das Siegertreppchen, das Dieter bereits 1954 bestiegen und damit zum erstenmal in der Geschichte des Hammer Boxsports einen Deutschen Meistertitel nach Hamm geholt hatte.

Als die Brüder Johannpeter und ihr Trainer Jupp Eickhoff 1957 von den Meisterschaften in Kiel nach Hamm zurückkehrten, bereiteten ihnen 10.000 Menschen am Bahnhofsvorplatz einen begeisterten Empfang.

Trend zum Zwei-Parteien-System

Im Sommer 1946 lief der Wahlkampf auf vollen Touren

„Die Parteien sind es, mit denen das demokratische Leben in Deutschland nun wieder beginnen soll“, schrieb Gerd Bucerius (geboren in Hamm im Jahr 1906) in der ersten Ausgabe der Wochenzeitung „Die Zeit“ am 21. Februar 1946. „Unverkennbar ist schon heute der Fortschritt gegenüber dem Viel-Parteien-System der Weimarer Demokratie“, fuhr er fort. „Zunächst hatte die Zurückhaltung in der Zulassung der Parteien durch die Besatzungsmacht die Aufsplitterung in kleine und kleinste Parteien und Gruppen verhindert. Die ersten Wahlen in der amerikanischen Zone legen aber den Schluß nahe, daß eine noch stärkere Konzentration dem Willen der Wählerschaft entspricht. Zwei große Parteien sind sichtbar hervorgetreten: die Sozialdemokraten, die in Hessen führen, und die Christlich-Demokratische-Union, die in Bayern an der Spitze der Wahlergebnisse steht.“ Bucerius warnte damals: „Nur auf der Achtung fremder Anschauungen, nur in vertrauensvoller Zusammenarbeit mit allen Menschen guten Willens, in der Ablehnung aller niedrigen Kampfesweise, der Verachtung von Denunziantentum und persönlicher Verunglimpfung, in der sittlichen Kraft des Wollens um der Sache willen kann die Demokratie die Kraft finden, auch die steuerlos treibende Jugend zu gewinnen.“ Er schloß seinen Kommentar: „Das uns alle Verbindende zu betonen und aus der Gemeinsamkeit der Not den deutschen Gedanken zu erhalten, ist eine wichtige Aufgabe der Parteien.“

Für die Politiker wurde es im Sommer 1946 ernst. Die ersten Wahlen standen vor der Tür. Das Rennen um die Gunst der Wähler lief auf vollen Touren. Und während das Ufa-Theater im Hammer Kurhaus mit dem Filmereignis „Große Freiheit Nr. 7“ lockte, behandelte der Herforder Oberbürgermeister Dr. Holzapfel am 14. Juli 1946 in einer Wahlkundgebung der CDU im Café Corso die Frage „Aufstieg oder Untergang?“. Die FDP ließ am 11. August den Landtagsabgeordneten Barfeld aus Bielefeld zu Wort kommen. Als die bekannte Politikerin Maria Sevenich am 2. September bei Drees-Tannenwald für die CDU warb, wurde für diesen Abend der verstärkte Einsatz der Straßenbahnen angekündigt und darauf hingewiesen, daß auch eine Fahrradwache vorhanden sei.

Der Vier-Masten-Circus Althoff gastierte in Hamm, als die SPD den Bürgermeister Niemeyer aus Ahlen in einer öffentlichen Wählerversammlung am Sonntag, 8. September, im Lokal Grotendiek über „Die Aufgaben der Partei in der Gemeindepolitik“ referieren ließ. Drei Tage später war in einer Frauenversammlung der SPD die Schriftstellerin Dr. Sonneborn aus Lippstadt zu Gast.

„Die Aufgaben der Frau zur Neugestaltung Deutschlands", untersuchte Dr. Maria Niggemeyer aus Altenbögge für die CDU am 22. September in der Aula am Beisenkamp, am gleichen Tag stellte die SPD im Kurhaus alle 30 Ratskandidaten vor. Acht Tage später sprach für die KPD Julius Goldstein aus Herne. Die FDP mobilisierte Finanzminister Blücher. Die Prominenz gab sich sozusagen die Türklinke in die Hand. Nur das Zentrum taucht in den Zeitungsanzeigen dieser Zeit nicht auf. Es war am 14. Oktober 1945 in Soest wiedergegründet worden, an gleicher Stelle, an der 75 Jahre vorher, am 28. Oktober 1870, das erste Zentrumsprogramm verkündet worden war.

Eines der Hauptanliegen der Zentrumspolitiker war, wie in einer Entschließung festgelegt wurde, die Einrichtung der Konfessionsschule. 1. Vorsitzender für die britische Zone wurde Oberstudiendirektor Dr. Hamacher aus Troisdorf, der bis 1933 Mitglied des Reichstags gewesen war. Er trat bei der ersten öffentlichen Versammlung des Zentrums in Hamm am Samstag, 23. März 1946, im Kurhaus als Redner auf. Offiziell zugelassen wurde die Zentrumspartei in Hamm am 17. Juli 1946 durch die Militärregierung. Der Genehmigungsvermerk des Stadtkommandanten wird im Stadtarchiv aufbewahrt. Die Rhein-Ruhr-Zeitung teilte ihren Lesern am 23. August 1946 mit, daß dem Vorstand des Kreisvereins Hamm der Zentrumspartei Dr. Clemens Altewischer als Vorsitzender, Wilhelm Mühlhoff als stellv. Vorsitzender, Hermann Fischer als Schriftführer und Josef Wessel als Kassierer angehörten.

Am 13. Oktober entschieden die Hammer Wähler, daß dem Rat der Stadt lediglich Vertreter der CDU und der SPD angehören sollten. Das Zentrum blieb ebenso draußen vor der Tür wie die FDP. Die Gründung einer liberalen Partei war bereits am 13. Oktober 1945 bei einer Arbeitstagung in Hagen beschlossen worden. Die Geschäftsstelle wurde in Dortmund eingerichtet. Am 5. März 1946 hatte die Neue Westfälische Zeitung gemeldet, daß die FDP jetzt als eine der vier großen Parteien für die gesamte britische Zone zugelassen sei. Vorsitzender war Landrat Wilhelm Heile aus Syke bei Bremen. Er sprach in der ersten öffentlichen Versammlung der Hammer FDP am Sonntag, 17. Februar 1946, im Klosterkeller an der Oststraße, wo die Liberalen auch ihre Geschäftsstelle eingerichtet hatten. Unterlagen aus den ersten Nachkriegsjahren sind bei allen Hammer Parteien dünn gesät.

Im November 1946 kurz notiert

● *Die „Vereinigung der Verfolgten des Nazi-Regimes" wurde am 1. November 1946 für den Stadtkreis Hamm gegründet. In den Vorstand wurden einstimmig Adolf Berkemeyer (KPD), Heinrich Holsträter (SPD), Konrad Rüther (CDU), Max Heymann (jüdische Gemeinschaft), Otto Raschke (Bibelforscher) und Lina Hokamp gewählt. Die Geschäftsführung übernahm Kaufmann Walter Rehfeuter. Sprechstunden gab es werktags von 9 bis 12.30 Uhr im Polizeipräsidium an der Hohen Straße.*

Nichts reden, was nicht wahr ist

Eingesetzter Kreistag in Unna am 3. April 1946 konstituiert

„Nachdem mehr denn ein volles Jahrzehnt tiefdunkle Nacht über Deutschlands öffentlich-politischem Leben gewesen und jede Regung zur Eigenverantwortlichkeit mit brachialsten Mitteln unterbunden war, tritt heute zum erstenmal durch Mithilfe der Alliierten wieder ein Kreisparlament zusammen, das auf einer differenzierten Volksmeinung basiert und für jedes Tun und Unterlassen dem Volke unmittelbar verantwortlich ist", stellte Landrat Hubert Biernat am 3.April 1946 in der konstituierenden Sitzung des Unnaer Kreistages fest. Wie im Protokollbuch festgehalten ist, nahm an der Sitzung der britische Kreiskommandant Major Cullen teil, der sich bei dieser Gelegenheit vom Kreis Unna verabschiedete. Biernat lobte ihn als ein Vorbild an Toleranz und Fairness und gab der Hoffnung Ausdruck, daß sein Nachfolger, Oberst Haig, „uns die schwere Wiederaufbauarbeit durch ebenso großes verständnisvolles Entgegenkommen erleichtert".

Cullen wies das von der Militärregierung eingesetzte Parlament darauf hin, daß Gegenstand der Frage und Diskussion nicht sein könne, eine persönliche Ansicht zu klären, sondern einen Zweck zu erreichen: „. . . darum soll hier nichts geredet und nichts behauptet werden, was nicht wahr und nicht wert zu sagen ist."

Biernat gab zu bedenken, daß die Einführung der örtlichen Selbstverwaltung in weiten Teilen der Bevölkerung mit großer Skepsis aufgenommen worden sei. „Zu tief hat sich in vieler Deutschen Herz und Hirn altpreußischer Befehlsempfang eingenistet", klagte der Landrat und versprach, alles zu tun, um das Instrument echter Demokratie voll zum Klingen zu bringen. Das Unnaer Parlament hatte nicht viel Zeit dazu, denn schon im Oktober gab es, diesmal vom Volk gewählt, einen neuen Kreistag. Landrat Hubert Biernat blieb, wie viele der Abgeordneten, weiterhin im Amt.

78 Prozent der 102 051 Wahlberechtigten des Kreises Unna gingen am 13. Oktober 1946 zur Wahl. Die SPD erhielt 112 467 Stimmen (35 Sitze), die CDU 82 574 Stimmen (elf Sitze) und die KPD 22 398 Stimmen (zwei Sitze). FDP (1 604 Stimmen) und Zentrum (2 727 Stimmen) waren im neuen Kreistag nicht vertreten. Aus dem Amt Pelkum gehörten dem Gremium der Invalide Wilhelm Nabe (Wiescherhöfen), der Invalide K. Flessenkämper (Bönen), der Schmied H. Schüttmann (Pelkum), der Invalide J. Werner (Altenbögge), Amtsbürgermeister H. Renninghoff (Herringen), der Bergmann B. Schäfer (Her-

ringen), der Schneidermeister Th. Schürhoff (Herringen), der Bergmann K. Adamek (Rünthe), Bürgermeister Paul Prinzler (Rünthe), J. Dietrich (Wiescherhöfen) und Maria Niggemeyer (Altenbögge) an. Das Amt Rhynern war mit dem Bauern A. Ostermann (Wambeln), dem Schlosser K. Degelmann (Westtünnen), dem Bergmann J. Schäfer (Werries), dem Friseur K. Altena (Osterflierich), dem Professor F. Beckmann (Hilbeck) und dem Wirtschaftsprüfer Dr. Theo Heller (Uentrop) vertreten.

HSV-Kicker blieben am Ball

Ruderclub wurde als einer der ersten Vereine aktiv

Einer der ersten Sportvereine, die nach dem Krieg in Hamm wieder aktiv wurden, war der Ruderclub. Schon am 25. September 1945 wurden in einer Versammlung in der Gaststätte Ringhoff unter dem Vorsitz von Walter Höhler erste Weichen gestellt. Vor allem ging es darum, das im Bombenkrieg zerstörte Gelände an der Lippe wieder instandzusetzen. Bootsmeister Schledde errichtete zunächst eine kleine Bretterbude als „Bootshaus", eine Baubude ersetzte das zerstörte Clubheim. In der Jahreshauptversammlung am 22. Oktober 1946 verabschiedete sich „Papa" Johann Treue, der als Vorstandsmitglied und Trainer ein maßgebliches Stück Rudergeschichte in Hamm geschrieben hat, von seinen Ruderern. Walter Höhler wurde als Vorsitzender des Clubs bestätigt, der am 1. Januar 1947 bereits 316 Mitglieder zählte. Kurz darauf erteilten die Militärkommandantur und der Oberstadtdirektor auch wieder die Genehmigung zum Rudern. Das Bootshaus, das die Mitglieder in Eigenhilfe erstellten, wurde erst im Sommer 1948 fertiggestellt.

Auch die Hammer Spielvereinigung (HSV) nahm nach dem Krieg bald wieder ihre Tätigkeit auf. Wie Norbert Teichert in der Chronik des Hammer Sports schreibt, spielten HSV-Kicker schon im September 1945 auf dem Gelände des TuS 59 Fußball. Die Leitung des Vereins hatte „Specht" Zimmermann. Die erste Nachricht vom TuS 59 Hamm stammt vom 14. Mai 1946. Damals lud Vorsitzender Hans Dabelow zu einer Mitgliederversammlung am 18. Mai in das Lokal Ringhoff ein. Karl Drewer wurde in dieser Versammlung zum Vorsitzenden gewählt, Carl Corzilius zum Oberturnwart. Am 5. Juni wurden in einer Zusammenkunft in den Ruinen der Turnhalle an der Rietzgartenstraße Gespräche über ein provisorisches Sportprogramm geführt. Weil alle kräftig zufaßten, konnte schon im Sommer 1946 das erste Hammer Turn- und Spielfest nach dem Krieg veranstaltet werden. Es fand in Ermangelung eines geeigneten Sportplatzes auf dem Gelände der Infanteriekaserne statt.

Im Sport hatte Hamm einen guten Namen. So wurde am 8. Februar 1947 hier der Westdeutsche Schwimmverband gegründet. Die Stadt an der Lippe wird auch Sitz des am 14. April des gleichen Jahres in Herne ins Leben gerufenen Westfälischen Turnerbundes.

„Persilscheine" waren gefragt

Zur „Weißen Weste" durch ein Labyrinth von 133 Fragen

Eines der schwierigsten Kapitel der deutschen Nachkriegsgeschichte war die Entnazifizierung, ein Thema, mit dem sich der Schrifststeller Ernst von Salomon in einem 670 Seiten starken Buch auseinandersetzte. Es erschien bereits 1951, ein Jahr bevor die Entnazifizierung offiziell abgeschlossen wurde, und war ein Bestseller. Der Titel „Der Fragebogen" bezog sich auf jene Untersuchungsunterlage, die manchem deutschen Bürger, der sich um eine Stelle im öffentlichen Dienst oder um eine führende Position in der Wirtschaft bewarb, erhebliche Kopfschmerzen bereitet hat. Dieses Papier, das ständigen Veränderungen unterworfen war, bestand seit Januar 1946 immerhin aus zwölf Seiten und umfaßte 133 Fragen. Das wies Wolfgang Krüger in seiner 1982 erschienenen Dissertation mit dem Titel „Entnazifizierung" nach.

Mit den Verwaltungsangestellten und -beamten, die gleich reihenweise entlassen wurden, waren die Lehrer die ersten Opfer der Säuberungswelle. Bereits am 19. Mai 1945 erließ Regierungspräsident Fritz Fries in Arnsberg eine Verfügung, nach der alle Lehrpersonen suspendiert werden mußten. In einem Schreiben, das die Hammer Stadtverwaltung am 28. Mai an alle Pädagogen verschickte (ein Beispiel davon befindet sich im Hammer Stadtarchiv), werden die Adressaten aufgefordert, sich selbst um einen anderen Erwerb zu bemühen. Solange sie daran durch Krankheit behindert waren, wurde ihnen Fürsorgeunterstützung zugesagt. Einen Ausgleich in anderer Form gab es ebensowenig wie eine spätere Wiedergutmachung für solche Lehrer/innen, die unbelastet vom Nationalsozialismus waren.

Die Überprüfung von Stelleninhabern und -bewerbern war zunächst ausschließlich Angelegenheit der Besatzungsbehörde. Automatisch wurden alle entlassen, die vor 1933 Mitglied der NSDAP waren, der SS oder SA als Offiziere angehört oder Dienst in der Gestapo oder SD (Sicherheitsdienst) gemacht hatten. Vielfach wurden die Vermögen beschlagnahmt. Hauptbelastete wurden darüber hinaus in Haft genommen. Eine große Rolle spielten sogenannte „Persilscheine", Entlastungszeugnisse, die von unbelasteten, als Nazi-Gegner bekannten Leuten ausgestellt werden konnten.

Wie Wolfgang Krüger recherchierte, beschloß die Militärregierung Ende 1945 die Zuziehung von deutschen beratenden Ausschüssen bei der Entnazifizierung. Nachdem die britischen Gremien unter Ausschluß der Öffentlichkeit beraten und ohne Anhörung der Betroffenen entschieden hatten, tagten die deutschen Ausschüsse öffentlich. Sie befaßten sich auf Anordnung von Regierungspräsident Fries auch mit der Überprüfung der Privatwirtschaft. Mit der Kontrollratsverordnung Nr. 24, die am 12. Januar 1946 in Kraft trat, wurde erstmals eine verbindliche Rechtsgrundlage für die britische Besatzungszone geschaffen, die bis zum Abschluß der Entnazifizierung im Jahr 1952 Gültigkeit behielt. Sie räumte auch die Möglichkeit ein, einen Belasteten im Amt zu belassen, falls es im Interesse der Versorgung der Bevölkerung war. Mit den Zonen-Exekutiv-Anweisungen (ZEA) vom 17. Januar 1946 wurde das Recht zur Benennung von Mitgliedern der Entnazifizierungsausschüsse auf die Kommunalpolitiker übertragen. Mit diesen Anweisungen wurde der Fragebogen, der Grundlage jeder Untersuchung war, auf zwölf Seiten und 133 Fragen erweitert.

Während es in der britischen Zone, abgesehen von Mitarbeitern für den öffentlichen Dienst oder leitenden Angestellten der Wirtschaft, keine Entnazifizierungspflicht gab (wodurch es einigen Nazis gelang, sich der Verantwortung zu entziehen), war die Überprüfung in der amerikanischen Zone mit der Meldepflicht gekoppelt und Voraussetzung für die Ausgabe von Lebenmittelkarten.

Laut Kontrollratsverordnung Nr. 38 vom 12. Oktober 1946 erfolgte die Einteilung der Überprüften in fünf Kategorien: 1. Hauptschuldige, 2. Belastete, 3. Minderbelastete, 4. Mitläufer, 5. Entlastete. Wolfgang Krüger: „Nach der Statistik wurden in Nordrhein-Westfalen nur 90 Personen in I eingestuft." Am 17. Dezember 1947 übertrug die britische Militärregierung dem Land Nordrhein-Westfalen die Verantwortung für die Entnazifizierung.

Die Entnazifizierungsausschüsse waren in der Bevölkerung sehr umstritten. Persönliche Beziehungen spielten bei den Beratungen und Beschlüssen ebenso eine Rolle wie Rachegefühle. Eines von vielen Beispielen ist das des Werner B., der, wie so viele, nur nominell in der Partei gewesen war. Er leitete einen großen Industriebetrieb, in dem sich während des Krieges ein Arbeiter abträglich über Parteibonzen geäußert hatte. Der Betriebsobmann wollte den Mann daraufhin anzeigen, was für ihn sehr unangenehme Folgen gehabt hätte. B. zog es vor, die Sache im Betrieb zu regeln und dem Arbeiter die Leviten zu lesen. Die Rache folgte nach dem Krieg. B. wurde bei der Militärbehörde angezeigt, weil er angeblich Russen ins KZ gebracht hatte. Folgendes war geschehen: Einige russische Zwangsarbeiter waren wiederholt beim Kartoffeldiebstahl erwischt worden. Sie wurden von der Polizei inhaftiert, kamen aber nach Verbüßung ihrer Strafe wieder in den Betrieb zurück. Der Chef mußte sich nach dem Krieg bei der Militärbehörde dafür verantworten. Bei der Sicherheitseinheit, dem Field Security Service, der in einem Haus am Ostring Quartier bezogen hatte, wurde B. verhört und wie ein Verbrecher behandelt. Er schaltete daraufhin Clemens Brocker ein, der gute Kontakte zur Militärregierung hatte und dem ersten Rat der Stadt angehörte. Brocker kannte den zuständigen Offizier, dem er versicherte, daß B. kein Nazi gewesen sei. „Wo sind denn die ganzen Nazis geblieben?“ fragte dieser daraufhin skeptisch. Schließlich mußte er sich diese Behauptung jeden Tag anhören. Brocker reagierte schlagfertig. „Als ich gehört habe, was B. hier erlebt hat, habe ich mich gefragt, ob die Nazis jetzt in englischer Uniform stecken. Genau so, wie B. bei Euch behandelt wurde, hat uns die Gestapo behandelt“, erklärte er dem Offizier, wie er sich heute noch erinnert. Als B. am nächsten Tag wieder vorsprechen mußte, nahm der Engländer einen dicken Bleistift und schrieb quer über den Bogen „o.k.“. Die spätere Entnazifizierung ging für B. reibungslos. Eine Sekretärin, die gut englisch sprach, fuhr mit einem Mitglied des Entnazifizierungsausschusses nach Arnsberg, wo der Militärkommandant sich umgehend mit der Einstufung in Gruppe 5 (entlastet) einverstanden erklärte.

Am 27. Juli 1946 wurde im Auftrag der Militärregierung von der Stadt Hamm bekanntgegeben, daß der Entnazifizierungshauptausschuß nicht berechtigt sei, sogenannte politische Unbedenklichkeitszeugnisse auszustellen. Er habe nur beratende Funktionen. Die Entscheidung liege bei der Militärregierung. „Anfragen an den Ausschuß von Behörden oder Organisationen oder von anderen Stellen, durch die um Auskunft oder um Stellungnahme über eine Person nachgesucht wird, können nur in unverbindlicher Form beantwortet werden“, heißt es in der Bekanntmachung.

Ratsherr Josef Weidekamp, der dem Entnazifizierungsausschuß der Stadt zu dieser Zeit vorstand, klagte in einem Schreiben an den Oberstadtdirektor am 6. September 1946 über Arbeitsüberlastung. Wie er schrieb, sollte der Ausschuß am 11. September zu seiner 70. (!) Sitzung einberufen werden. Da alle Mitglieder erschöpft seien, bat Weidekamp bis zum 23. September um eine Sommerpause und außerdem um eine Vergrößerung des Büros.

Schwierigkeiten mit der Entnazifizierung hatte Ende des Jahres 1946 auch Stadtbaurat Emil Haarmann. Der Entnazifizierungsausschuß war zu dem Ergebnis gekommen, daß Haarmann seinen Dienst quittieren müsse. In einer Besprechung mit Militärkommandant Kenworthy setzte sich der Oberbürgermeister für den Stadtbaurat ein, den die Siegermächte nach Kriegsende sogar als Oberbürgermeister einsetzen wollten und der mit Zustimmung der Militärregierung vom Rat zum Stadtbaurat gewählt worden war. Haarmann blieb im Amt und wurde im November 1954 mit Dank in den Ruhestand entlassen.

Die Besetzung der Entnazifizierungsausschüsse, die es in jeder Gemeinde gab (in den Ämtern, wie zum Beispiel im Amt Rhynern, wurden manchmal mehrere kleine Gemeinden zusammengefaßt), verlief nicht problemlos. Im Kreis Unna forderte Landrat Biernat im April 1946 die Bildung dieser Ausschüsse, denen jeweils sieben Mitglieder angehören sollten. Es sollten nicht nur die drei Parteien vertreten sein, sondern auch Gewerkschaften, Industrie oder Handel, Handwerk und Landwirtschaft. In der Stadt Hamm waren dagegen im Sommer 1947 die Gewerkschaften noch nicht im Haupt-Entnazifizierungsausschuß vertreten. Ein entsprechender Antrag wurde in einer Besprechung des Oberbürgermeisters mit dem Stadtkommandanten am 10. Juni 1947 behandelt. Dabei vertrat der Stadtkommandant die Auffassung, daß die Arbeit in den Entnazifizierungsausschüssen nicht nach parteipolitischen Grundsätzen, sondern nach Recht und Gerechtigkeit erfolgen müsse. Er bedauerte, daß in Deutschland noch fast alles durch die parteipolitische Brille betrachtet würde. Auf Vorschlag des Oberbürgermeisters einigte man sich schließlich darauf, nicht nur die Gewerkschaften, sondern auch Handwerkerinnung und Kaufmannschaft an der Arbeit des Ausschusses zu beteiligen.

Angst vor dem kalten Winter

Strom abgestellt und Straßenbahn zeitweise stillgelegt

Schon im Sommer 1946 war abzusehen, daß die Brennstoffversorgung im bevorstehenden Winter problematisch werden würde. In der Ratssitzung berichtete Ratsherr Hennekemper, daß für den Winter 1946/47 pro Haushalt ein Holzeinschlag von vier Raummetern vorgeschrieben sei. Das bedeute für Hamm 50 000 Raummeter, von denen 20 000 in der Stadt und in Heessen geschlagen werden könnten. Die weiteren 30 000 ständen in der Nähe von Brilon bereit, doch bereite der Transport erhebliche Schwierigkeiten. Hinzu komme, daß nicht genügend Arbeitskräfte für den Holzeinschlag zur Verfügung ständen. Dafür müßten 230 Kräfte sieben Monate lang beschäftigt werden, doch könnten nur 30 eingesetzt werden. Der Rat sprach sich dafür aus, alles Menschenmögliche zu tun, um das Problem zu lösen.

Die Beschaffung von Brennstoff war eine der größten aktuellen Sorgen der Stadtvertretung, die sich dafür aussprach, bei der Militärregierung die Freigabe von Kohlen zu beantragen. Wie Oberbürgermeister Schlichter mitteilte, waren die Oberstadtdirektoren von Westfalen bereits bei Ministerpräsident Amelunxen vorstellig geworden, um die benötigten Kohlenmengen zu bekommen.

Die schlechte Versorgung mit Energie hatte bereits zu stundenlangen Stromabschaltungen und dazu geführt, daß die Straßenbahn zeitweise stillgelegt wurde. Der Rat forderte die Aufhebung dieser Maßnahme und verwies auf den schlechten Gesundheitszustand der Hausfrauen, die durch die vor allem in den Einkaufzeiten liegenden Stillegungen besonders betroffen würden.

Training mit Koks bezahlt

Jahnfreibad wurde am 13. Juli 1946 wieder eröffnet

Am 4. Juli 1946 entschlossen sich die Schwimmer von TuS und HSV, einen eigenen Verein zu gründen. Unter Leitung von Franz Schnittker hoben sie im Lokal Ringhoff erneut den Schwimmclub Rote Erde aus der Taufe, der 1937 aufgelöst worden war. Maßgeblich am Aufbau des Vereins beteiligt waren Arthur Dewitz und Willi Frieling, die dank guter Beziehungen für das Funktionieren des Schwimmbetriebs sorgten. An eine für die damalige Zeit typische Episode erinnert sich Franz Schnittker noch heute: Die Hammer, deren Hallenbad 1944 zerstört worden war, wandten sich hilfesuchend an ihre Sportkameraden in Herringen, die in der Jahnschule noch über ein Hallenbad verfügten. Noch 1948, dem Jahr der Währungsreform, war die Versorgung mit Heizmaterial so schlecht, daß der Rote-Erde-Vorstand, um den Schwimmern am Donnerstag und Freitag je zwei Trainingsstunden zu sichern, sich verpflichten mußte, für die Zeit vom 15. Dezember 1947 bis zum 15. Mai 1948 den Herringern 240 Zentner Koks zu liefern. Und das, obwohl Herringen eine Bergbaugemeinde war und sozusagen „auf der Kohle saß“. Der Koks wurde im Ruhrgebiet besorgt. Um ihn zu holen, stellte Willi Frieling einen Lkw zur Verfügung.

In der Freiluftsaison hatten die Schwimmsportler keine Trainingsprobleme. Zwar waren die Pläne, am Schillerteich ein klubeigenes Freibad einzurichten, gescheitert, doch gelang es der Stadt, das Jahnfreibad im Osten am 13. Juli 1946 wieder zu eröffnen. Es war allerdings montags, mittwochs und samstags für die englische Besatzung reserviert und an diesen Tagen für die Zivilbevölkerung geschlossen.

Bereits 1946 lief das Wettkampfprogramm wieder. Werner Meierkord, damals aktiver Wasserballer, hat die ersten Vereinszeitungen aufgehoben. Daraus geht hervor, daß in der Jahreshauptversammlung am 16. Januar 1947 Rückschau auf 44 Klubkämpfe gehalten werden konnte, von denen 33 gewonnen worden waren. Die Wasserballer siegten in zwölf von 17 Spielen. Besonderer Dank galt Jugendobmann und Schwimmeister Heinz Junker, der nach Feierabend als gelernter Maurer im 100-Meter-Becken des Jahnbades eine 50-Meter-Wende eingebaut und damit das Schwimmtraining ermöglicht hatte. Ein stolzes Ziel wurde am 17. August 1947 mit der Einweihung des Klubhauses erreicht, das die Mitglieder des SC Rote Erde in Eigenhilfe errichtet hatten.

Europa schon im Visier

SPD prangerte „östliche Entartung“ des Marxismus in DDR an

Das neue Deutschland werde seine höchste Aufgabe darin sehen, ein Bestandteil der Vereinigten Staaten von Europa zu sein. Mit dieser Feststellung eilte Dr. Kurt Schumacher auf dem SPD-Parteitag am 9. Mai 1946 in Hannover seiner Zeit weit voraus. Schon damals, mehr als 43 Jahre vor der Bankrott-Erklärung der Sozialistischen Einheitspartei Deutschlands (SED) in der DDR, sprach der SPD-Politiker von der „östlichen Entartung des Marxismus“. Am 21. April 1946 hatten Wilhelm Pieck (KPD) und Otto Grotewohl (SPD) den Zusammenschluß ihrer beiden Parteien zur SED besiegelt. In der Neuen Westfälischen Zeitung vom 14. Mai 1946 wird Kurt Schumacher wörtlich zitiert: „Wir im Westen lassen uns nicht dumm machen. Unsere Genossen im Osten sind dumm gemacht worden. Wir grüßen diese stumme Armee der Hunderttausende Sozialdemokraten in der Ostzone, die dasselbe wie wir wollen.“ Die SED und damit die Kommunisten hätten den Kampf um die Macht für sich entschieden, sagte Schumacher. Wo es aber keine Parteiendemokratie gebe, da gebe es überhaupt keine Demokratie. Schumacher bekräftigte, daß die Sozialdemokraten einen demokratischen Staat mit sozialistischem Inhalt wollten.

Nur wenig früher, am 4. Mai 1946, hatten sich 82 Delegierte der Kreis- und Ortsgruppen Westfalens der FDP bei einer Landestagung in Hamm zur „Reichseinheit“ und zur Wirtschaftskontrolle als Teil einer allgemeinen europäischen Verwaltung“ bekannt. Doch der Weg nach Europa war noch weit. Zunächst ging es darum, die von den Alliierten besetzten Teile des ehemaligen deutschen Reiches in sinnvolle Verwaltungsgebiete aufzuteilen. Entgegen den Bedenken anderer Siegermächte gründeten die Engländer das Land Nordrhein-Westfalen, das am 23. August 1946 durch die Verordnung Nr. 46 des damaligen Oberbefehlshabers der britischen Besatzungszone aus der Taufe gehoben wurde. Der Norden der Rheinprovinz und Westfalen wurden damit zu einem Staatsgebilde mit rund zwölf Millionen Einwohnern vereinigt. Am 21. Januar 1947 kam das Lipperland noch dazu.

Schon zuvor, am 15. September 1946, wurde der erste Landtag gewählt. Am gleichen Tag wählten die Bewohner der amtsangehörigen Gemeinden ihre Vertreter für die Gemeindeparlamente und Amtsvertretungen. Die Abstimmung über die Besetzung der Kreistage und Stadtparlamente fand erst am 13. Oktober 1946 statt. Die Regierungsbildung in Nordrhein-Westfalen erfolgte am 29. August 1946. Das Amt des Ministerpräsidenten wurde Rudolf Amelunxen (Zentrum) übertragen. Am 2. Oktober kam der Landtag zu seiner konstituierenden Sitzung im Düsseldorfer Opernhaus zusammen.

Wahlsieg für Heessener SPD

Paul Putzig in seinem Amt als Bürgermeister bestätigt

Wenige Tage vor der ersten Kommunalwahl nach dem Krieg am 15. September 1946 zog in Heessen Bürgermeister Paul Putzig das Fazit der parlamentarischen Arbeit seit seiner Wahl am 18. Januar 1946. Er lobte die gute Zusammenarbeit der Gemeindevertreter und ihre Einmütigkeit bei den Beschlüssen. Besonders eifrig sei die Wohnungskommission gewesen, die angesichts der großen Probleme wöchentlich tagen mußte. Die Sorgen waren vielfältig. Neben der Wohnraumbeschaffung ging es um die Wiederherstellung von Kanalisation, Wasserversorgung, Straßen und Friedhöfen. Aber auch Erfreuliches war zu melden. So hatte die von Dirigent Richard Liesens geleitete Heessener Chorgemeinschaft im August 1946 zu einem Gartenkonzert eingeladen, das tausend Besucher anlockte und als das erste bedeutsame musikalische Ereignis nach dem Krieg in die Geschichte der Gemeinde einging. Die Eröffnung der Volkshochschule am 4. September — die Volksbücherei konnte im November wieder in Betrieb genommen werden — waren weitere gute Nachrichten.

Freudentupfer wie diese konnten jedoch nicht darüber hinwegtäuschen, daß auch Heessen unter dem Krieg schwer gelitten hatte. Eine Bilanz des Schrekkens war bereits im Juni 1946 in der Sitzung der Gemeindevertretung vorgelegt worden. Danach waren 260 Bewohner der Gemeinde als Wehrmachtsangehörige gefallen oder gestorben. Im Bombenkrieg wurden 207 Zivilpersonen getötet und 300 verwundet. Bei den Kämpfen am Ende des Krieges kamen vier Heessener zu Tode, drei starben im Konzentrationslager, 113 erlitten leichte und schwere Kriegsbeschädigungen. 112 Ehefrauen wurden Kriegerwitwen. Zu Weihnachten 1946 meldeten die Westfälischen Nachrichten, daß sich noch 485 Heessener in Kriegsgefangenschaft befanden.

Die Kommunalwahl am 15. September 1949 wurde vom Wahlausschuß vorbereitet, dem Albert Nürnberg vorstand. In der rund 11 000 Einwohner zählenden Gemeinde Heessen wurden elf Mitglieder der SPD, neun der CDU und einer der KPD in den Gemeinderat gewählt. Es waren von der SPD Paul Putzig, Walter Blaurock, Heinrich Fliege, Fritz Groß, Konrad Grote, Wilhelm Häger, Bernhard Hölter, Karl Jäger, Heinrich Kretschmer, W. Lewandowski und Otto Nell, von der CDU Anton Block, Gerhard Bohnenkamp, Franz Bracht, Ernst Brockhaus, Bernhard Dropmann, Bernhard Linnemann, Ferdinand Müller, Matthias Schröer und Ernst Wöstmann und von der KPD Emma Coesfeld. Emma Coesfeld trat bereits im November zurück. Der Rat wählte aus drei vorgeschlagenen Bewerbern Franz Königsmann zu ihrem Nachfolger. Für den zurückgetretenen CDU-Vertreter Wöstmann kam Josef Gahlen, der unter drei Bewerbern die meisten Stimmen auf sich vereinigen konnte, in den Rat. Reservelisten gab es damals noch nicht. Als der Gemeindevertreter Konrad Grote starb, benannte die SPD-Fraktion drei mögliche Nachfolger. Da Olga König und Heinrich Kemper bei der Abstimmung die gleiche Stimmenzahl erhielten, gab, wie es damals üblich war, der Bürgermeister den Ausschlag: Olga König zog in das Parlament ein.

An der konstituierenden Sitzung des Rates am 3. Oktober 1946 nahm auch Major Drummond von der Militärregierung teil. Er beglückwünschte die Parlamentarier zu ihrer Wahl und gab einen Überblick über den Neuaufbau der Verwaltung. Einstimmig wurde Paul Putzig (SPD) wieder zum Bürgermeister gewählt. Das Amt des stellvertretenden Bürgermeisters wurde ebenso einmütig Ernst Brockhaus (CDU) übertragen. Gemeindedirektor war seit Januar 1946 Josef Böker, der nach dem Krieg zunächst als Bürgermeister eingesetzt worden war. Er gab dieses Amt 1952 an Gustav Wieland ab.

Am 21. November 1946 verabschiedete der Rat eine neue Gemeindeverfassung, die rückwirkend zum 1. Oktober in Kraft trat. Darin wurde unter anderem festgelegt, daß der Bürgermeister bei Stimmengleichheit eine zweite, ausschlaggebende Stimme habe und mindestens sieben der 21 Gemeinderäte anwesend sein müßten, um die Beschlußfassung sicherzustellen. Dem Bürgermeister wurde eine Aufwandsentschädigung von jährlich 1 200 RM zuerkannt. Alle anderen ehrenamtlich Tätigen hatten nur Anspruch auf Ersatz ihrer Auslagen und des entgangenen Arbeitsverdienstes.

Im Oktober 1946 kurz notiert

- *Der Wochenmarkt, bislang auf dem Bunkervorplatz an der Widumstraße, wurde ab 15. Oktober 1946 auf den Bunkervorplatz am Westentor verlegt.*

- *Die Bunker dienten nach dem Krieg nicht nur als Notwohnungen. Wie sich Wilhelm Köstering erinnert, betrieb Erich Burfürst 1946 im Widumbunker eine Bügeleisen-Montagefirma.*

- *Geld hatte wenig Wert nach dem Krieg. Als der 20jährige Friedrich Beier sich bei einem Dentisten an der Wilhelmstraße Zähne regulieren lassen mußte, bezahlte er diese ärztliche Hilfe mit Sauerkirschen.*

- *Für Zündhölzer gab es 1946 noch Bezugscheine. Es handelte sich um Abschnitte an den Seifenkarten. Sie wurden an Männer und Frauen über 18 Jahre ausgegeben. Pro Abschnitt wurde eine Schachtel Streichhölzer zugeteilt.*

CDU siegte im Amt Rhynern

Militärregierung hatte sich im Frühjar 1946 verschätzt

Auf Anordnung der britischen Militärregierung wurde die Deutsche Gemeindeordnung mit Wirkung vom 1. April 1946 dahingehend geändert, daß dem Vorsitzenden des Kommunalparlaments ein Hauptgemeindebeamter zur Seite gestellt wurde. Damit wurde beispielsweise in der Stadt Hamm die Stellung des Oberstadtdirektors geschaffen. In kleineren Städten gab es Stadtdirektoren, in den Ämtern Amtsdirektoren und in den Gemeinden Gemeindedirektoren, eine Aufgabe, die von den Amtsdirektoren in Personalunion wahrgenommen wurde. Im Amt Rhynern wurde der bisherige Amtsrentmeister Heinrich Püttmann am 13. September 1946 durch Amtsbürgermeister Fritz Heitsch in sein Amt als Amtsdirektor eingeführt. Er gelobte, sich für das Amt Rhynern so einzusetzen, wie er das seit 41 Jahren bereits getan habe. Heitsch verabschiedete in dieser letzten Sitzung, die er zwei Tage vor der Kommunalwahl einberufen hatte, die von der Militärregierung eingesetzen Amtsvertreter, denen er für ihren Einsatz im „schwersten Jahr der deutschen Geschichte" dankte. „Ich spreche den Wunsch aus, daß die neue Amtsversammlung mit demselben Mut und demselben Glauben an ein neues Deutschland ans Werk gehen möge", sagte er. Amtsvertreter Prof. Dr. Beckmann lobte Amtsbürgermeister Heitsch für seine Arbeit, die er als „väterlicher Freund und guter Berater" geleistet habe. Heitsch war bereits vor 1933 als Sozialdemokrat parteipolitisch tätig gewesen und von den Nazis mit Zuchthaus bestraft worden. Nach dem Zusammenbruch hatte sich der Bergmann wieder für die kommunalpolitische Arbeit zur Verfügung gestellt.

Die Amtsvertretung befaßte sich in dieser Sitzung unter anderem mit dem Altersheim, das auf dem Besitz Herborn (Gut Ostholz) in Werries eingerichtet worden war. Der damalige Leiter der Amtsnebenstelle, Georg Günther, erinnert sich noch heute ungern des denkwürdigen Augenblicks, als er der in Haus Gröneberg lebenden Besitzerin die Beschlagnahmeverfügung zustellen mußte. Die Beschlagnahme war erforderlich geworden, weil der Strom der Flüchtlinge und heimkehrenden Evakuierten so groß geworden war, daß jeder Wohnraum genutzt werden mußte und es keine andere Unterbringungsmöglichkeit für alleinstehende alte Leute gab. Die zunächst eingerichteten zehn Plätze reichten bei weitem nicht aus. Das Haus sollte deshalb erweitert und in die Betreuung des DRK übergeben werden. Die zur vorläufigen Finanzierung notwendigen 3 000 RM wurden von einem unbekannten Spender aus den Reihen der Amtsvertreter zur Verfügung gestellt. Der DRK-Kreisverband Unna hat dieses Altersheim, das dann über 40 Plätze verfügte, Ende Dezember 1946 übernommen, in den nächsten Jahren geführt und Anfang der 50er Jahre nach Unna verlegt.

Die neue Amtsvertretung kam erstmals am 30. September 1946 zusammen. Die Wahl hatte eine Überraschung gebracht. Hatte die Militärregierung im Frühjahr 1946 13 CDU-, zehn SPD- und sechs KPD-Vertreter in das Amtsparlament berufen, so ging die CDU bei der Wahl mit 19 Sitzen klar in Führung. Die SPD wurde mit vier Mandaten weit abgeschlagen, und die Kommunisten konnten mit einem Abgeordneten nur knapp die Stellung behaupten. Offensichtlich hatte sich die Militärregierung bei der Einschätzung der Parteienstärken verkalkuliert. Dabei muß jedoch berücksichtigt werden, daß das komplizierte englische Wahlrecht die Partei mit den meisten Direktmandaten begünstigte. Obwohl die CDU nur 57 Prozent der Stimmen erhielt, wurden ihr 19 Sitze und damit 79 Prozent der Mandate zuerkannt.

Die Wahl des neuen Amtbürgermeisters war eindeutig: Mit 17 Stimmen bei fünf Enthaltungen wurde Dr. Franz Nagel (CDU) aus Rhynern in dieses Amt berufen. „Ich hoffe, daß der Geist aufrichtiger Demokratie das Leitmotiv unserer Arbeit sein wird, und daß dieser Geist nicht gestört wird duch Parteiprobleme", sagte Nagel, der die Politiker zu demokratischer Toleranz aufforderte und der Hoffnung Ausdruck gab, daß das „deutsche Volk eines Tages zu neuer Blüte und neuem Leben erwacht". Nagel, damals 65 Jahre alt und pensionierter Studienrat, blieb bis 1952 Amtsbürgermeister. Er starb 1953 in Rhynern.

Der ersten gewählten Amtsvertretung in Rhynern gehörten als CDU-Vertreter Karl Brünninghausen (Uentrop), Wilhelm Möllmann (Vöckinghausen), Josef Schäfer (Werries), Heinrich Wittenborg (Werries), Heinrich Rosenhövel (Ostwennemar), Heinrich Borgschulze (Ostwennemar), Wilhelm Schwinde (Westtünnen), Paul Mentrop (Osttünnen), Dr. Nagel (Rhynern), Heinrich Mittrop (Allen), Heinrich Gerling (Berge), Theodor Sasse (Berge), Prof. Dr. Beckmann (Hilbeck), Theodor Große-Katthöfer (Hilbeck), Franz Hemmer (Sönnern), Dr. Theodor Heller (Uentrop) und Wilhelm Korte (Uentrop), für die SPD Johann Horoba (Ostwennemar), Fritz Heitsch (Werries), Karl Kampmann (Werries) und Emil Sudhoff (Hilbeck) und für die KPD Hermann Martens (Ostwennemar) an.

Mit dem Ergebnis der Wahl des Amtsbürgermeisters war die SPD nicht zufrieden. Amtsvertreter Heitsch erinnerte an seine Wahl im Frühjahr des Jahres durch den Vertrauensausschuß, der sich trotz CDU-Mehrheit auf einen Sozialdemokraten geeinigt habe. Es sei seinerzeit verabredet worden, daß der Amtsbürgermeister von der SPD und der Amtsdirektor von der CDU gestellt werde. An diese Verabredung habe sich die CDU, nachdem sie bei der Wahl 57 Prozent der Stimmen erhalten habe, nicht gehalten. Die Wahl stehe im Widerspruch zu früheren Abmachungen.

Bei der anschließenden Wahl der Stellvertreter des Amtsbürgermeisters wurden Fritz Heitsch (SPD) zum 1. und Paul Mentrop zum 2. sogenannten Amtsbeigeordneten gewählt. Die neue Amtsvertretung beauftragte den früheren Amtsbürgermeister, der als Künstler weit über Rhynern hinaus bekannt war, eine Plastik für den Sitzungssaal zu entwerfen. Er hat diese Arbeit jedoch nie vorgelegt.

Poggel wurde Oberbürgermeister

Josef Schlichter beim Abschied zum Ehrenbürger ernannt

Das englische Wahlsystem, das bei den ersten Kommunalwahlen nach dem Krieg in Deutschland am 15. September (Wahlen zu Gemeinde- und Amtsvertretungen) und 13. Oktober 1946 (Kreistage und Stadtparlamente) angewendet wurde, trieb seltsame Blüten. Da die Partei mit den meisten Direktmandaten bevorzugt wurde, bekam die CDU in Hamm mit 49,3 Prozent Stimmenanteil 24 von 30 Ratsmandaten. Mit 37,5 Prozent der Stimmen mußte sich die SPD mit sechs Sitzen zufriedengeben. KPD (5,2 Prozent), Zentrum (5,1 Prozent) und FDP (2,6 Prozent) gingen bei der Besetzung des Rates leer aus. Die des Wählens ungeübten Bürger wurden in Zeitungsveröffentlichungen eingehend über die Modalitäten informiert. „Trotz Aufklärung hat sich bei den Gemeinde- und Amtswahlen am 15. September gezeigt, daß zahlreiche Wähler über die Voraussetzungen zur Ausübung des Wahlrechts nicht informiert waren", hieß es da. Es wurde aufgeführt, wer wahlberechtigt war, und unter anderem mitgeteilt: „Der Stimmzettel ist so zu falten, daß die Eintragungen äußerlich nicht erkennbar sind. Selbst wirft der Wähler seinen Zettel in die Wahlurne. Besondere Briefumschläge werden aus Papiermangel nicht ausgegeben."

In jedem Wahlbezirk wurden drei Vertreter direkt gewählt. Der Wähler hatte drei Stimmen, die er auf drei Kandidaten verteilen mußte. Bei acht Wahlbezirken wurden in Hamm 24 Vertreter direkt gewählt, die restlichen sechs kamen von der Reserveliste dazu. Durchschnittlich kandidierten in jedem Wahlbezirk zehn bis 15 Kandidaten, deren Namen in alphabetischer Reihenfolge auf den Stimmzetteln aufgeführt waren.

Die von der Militärregierung eingesetze Stadtvertretung kam am Montag, 7. Oktober 1946, zu ihrer letzten Sitzung in der Aula am Beisenkamp zusammen. Dabei hieß es vor allem Abschied von Oberbürgermeister Josef Schlichter zu nehmen, der sich im Alter von 67 Jahren in den Ruhestand verabschiedete. Er wurde auf einstimmigen Wunsch der Ratsmitglieder zum Ehrenbürger der Stadt Hamm ernannt. Schlichter war seit dem 1. April 1908 im Dienst der

Stadtverwaltung Hamm, wurde 1920 Oberbürgermeister, zwölf Jahre später wiedergewählt und am 13. April 1933 von den damaligen Machthabern aus politischen Gründen entlassen. Auf Wunsch des Hammer Bürgerrates hatte er am 15. August 1945 das Amt des Oberbürgermeisters, der zugleich Chef der Verwaltung war, wieder übernommen. Im Mai 1946 wurde die Gemeindeordnung geändert und eine Trennung zwischen Rat und Verwaltung vorgenommen. Schlichter trat als Verwaltungschef zurück. Oberstadtdirektor wurde mit Wirkung vom 1. Mai 1946 Dr. Ferdinand Schultz. Das Amt des Stadtdirektors übernahm Peter Röttgen, der dafür sein Ratsmandat niederlegte. Für ihn rückte Heinrich Holsträter in die SPD-Fraktion nach.

Die Berichterstatter wunderten sich über das „neuerwachte Interesse der Hammer Bürgerschaft am kommunalpolitischen Geschehen ihrer Stadt". Anders als sonst, waren die Zuhörerplätze in der Aula am Beisenkamp dicht besetzt, als der erste frei gewählte Hammer Rat am Montag, 4. November 1946, zu seiner konstituierenden Sitzung zusammenkam. Die Bedeutung der Zusammenkunft, in deren Mittelpunkt die Wahl des neuen Oberbürgermeisters stand, wurde durch die Anwesenheit von Stadtkommandant Major Goodson und Regierungspräsident Fritz Fries unterstrichen. Der Wille zur Einigkeit kennzeichnete den Beginn der kommunalpolitischen Arbeit. Das kam nicht nur durch die einstimmige Wahl des Ratsherrn Ferdinand Poggel zum Oberbürgermeister und des SPD-Vertreters Dr. Konrad Lambrecht zum Bürgermeister, sondern auch bei der Besetzung der Ausschüsse zum Ausdruck. Die CDU verzichtete auf zwei der ihr aufgrund des Wahlergebnisses in einem Siebener-Gremium eigentlich zustehenden sechs Sitze, so daß die Ausschüsse mit jeweils vier CDU- und drei SPD-Vertretern besetzt werden konnten.

Die Sitzung war vom bisherigen Oberbürgermeister, Josef Schlichter, eröffnet worden, der die neuen Ratsmitglieder eindringlich ermahnte, sich als eine Notgemeinschaft zu betrachten, deren einzige Aufgabe es sei, für das Wohlergehen der Stadt in ihrer schwersten Zeit zu sorgen. Stadtkommandant Goodson dankte Schlichter noch einmal für die gute Zusammenarbeit und erinnerte den neuen Rat an seine Pflicht, die Stadt im Interesse der Gemeinschaft gut und gerecht zu verwalten. Diesen Worten schloß sich auch Regierungspräsident Fries an, der das Gemeinwohl als einzige Richtschnur des Rates bezeichnete.

Trotz des verlorenen Krieges sei Treue zum Volk und Liebe zum Vaterland eine Selbstverständlichkeit, machte Oberbürgermeister Ferdinand Poggel deutlich. Das aber schließe die moralische Pflicht zur Wiedergutmachung nicht aus. Ein klares Ja sagte Poggel zur Entnazifizierung, bei der es jedoch nicht um die kleinen Mitläufer, sondern um die wirklich Schuldigen gehe. Nicht Haß oder Rache dürften dabei Maßstab sein, sondern Gerechtigkeit und Sorge um die Sicherheit des Staates. Die Verfahren sollten möglichst beschleunigt werden, um endlich wieder Ruhe und Frieden in der Bürgerschaft herzustellen.

Der ersten gewählten Hammer Stadtvertretung gehörten für die CDU folgende 24 Mitglieder an: Ferdinand Poggel, Gottlieb Bruse, Emil Cobet, Franz Maas,

Franz Nüse, Heinz Diekmann, Wilhelm Rube, Sophie Buschkötter, Josef Weidekamp, Paul Schamer, Alfred Stichmann, Peter Potthoff, Gerhard Krampe, Hermann Wemhöner, Richard Diehl, Fritz Knickenberg, Josef Wüste, Ernst Notzon, Bernhard Lohmann, Gerhard Stickling, Paul Piork, Konrad Rüther, Heinrich Hirsch und Eugenie Hokamp. Von der SPD rückten Dr. Konrad Lambrecht, Friedrich Gorhold, Heinrich Reinköster, Peter Kreuseler, Wilhelm Rink und Theodor Wetzchewald in das Parlament ein.

Auf Direktmandat abonniert

Alfred Stichmann glich „katholisches Übergewicht" bei CDU aus

Mit der ersten Kommunalwahl im befreiten Deutschland begann die kommunalpolitische Laufbahn von Alfred Stichmann. Er gehörte dem Rat der Stadt Hamm von 1946 bis 1969 an. Die CDU hatte es nie nötig, ihn auf der Reserveliste abzusichern. Bei jeder Wahl wurde er in dem Bereich zwischen Caldenhofer Weg und Ahornallee direkt gewählt. Daß dem Newcomer das schon bei der allerersten Abstimmung im Herbst 1946 gelang, erstaunte nicht nur seinen prominenten SPD-Konkurrenten, den Ratsherrn Heinrich Reinköster.

Stichmann, am 22. Oktober 1906 in Hamm geboren, war als Dreher bei der Firma Banning beschäftigt. Er war in der evangelischen Jugendarbeit aktiv und für die CDU besonders wichtig, um das katholische Übergewicht auszugleichen. „Heinz Diekmann, der sich in der katholischen Jugendarbeit engagierte, kam jeden Sonntag zu mir, um mich zur Mitarbeit zu bewegen", erinnert sich der heute 83jährige. „Wir können das doch nicht nur die Alten machen lassen", mahnte Diekmann seinen Gesprächspartner.

Der ließ sich dann auch nicht mehr lange bitten. Die erste Ratssitzung in der vollbesetzten Aula des Beisenkamp-Gymnasiums beeindruckte ihn sehr. Daß Ferdinand Poggel zum Oberbürgermeister gewählt werden würde, war für alle Ratsmitglieder selbstverständlich. Poggel hatte sich bereits im ernannten Rat für dieses Amt profiliert. Wie sich Stichmann erinnert, war dem ehemaligen Zentrumsmitglied vor allem daran gelegen, eine interkonfessionelle Bürgerbewegung zu schaffen.

Stichmann, dessen Verdienste vor einigen Jahren mit der Verleihung des Bundesverdienstkreuzes gewürdigt wurden, war unter anderem als Mitglied des Wirtschaftsausschusses für die Genehmigung von Anträgen auf Schuhe oder Textilien zuständig, was zu einem lebhaften Besucherstrom in seiner Wohnung am Lindenfelder Weg führte. Schwierige Probleme waren auch im Wohnungsausschuß zu lösen. „In der Christlichen Pfadfinderschaft hatte ich gelernt, jeden Tag eine gute Tat zu tun", erzählt Stichmann. „Deshalb war es mir immer eine besondere Freude, wenn ich einer Familie persönlich eine gute Nachricht über Wohnraumvermittlung überbringen konnte."

Patt bei Bürgermeisterwahl

Im zweiten Wahlgang machte Wilhelm Schumacher das Rennen

Der Aufbau der freiwilligen Feuerwehr war Anfang 1946 ein wichtiges Anliegen. Der Rat der Gemeinde Rhynern, dem unter dem Vorsitz von Bürgermeister Wilhelm Schumacher im Februar 1946 Ferdinand Rüter-Alpmann, Fritz Conrady, Josef Mentrop-Prenger, Heinrich Horstkemper, Wilhelm Lichte und Wilhelm Frigge angehörten, lud alle jüngeren Männer der Gemeinde im Alter zwischen 18 und 25 Jahren zu einer Zusammenkunft ein, in der der Amtsbrandmeister neue Mitglieder werben sollte.

Zwei Monate später hatte die Militärregierung die Zusammensetzung des Rates geändert. Bis auf Rüter-Alpmann wurden die bisherigen Mitglieder übernommen, zusätzlich kamen Karl Böse, Heinrich Buschulte, Fritz Vatheuer, Johann Brockbals, Theo Müller, Eberhard Plümpe und Andreas Willebrand hinzu.

Der Rat beschloß im Sommer 46 eine neue Satzung, mit der dem Bürgermeister eine Entschädigung von 60 Pfennig pro Jahr und Einwohner und für die Bereitstellung eines Zimmers zehn Reichsmark monatlich zuerkannt wurden. Um die Gemeindefinanzen aufzubessern, wurde eine Erhöhung der Vergnügungssteuer abgesegnet. Für Veranstaltungen, bei denen keine Eintrittskarten verkauft wurden, errechnete sich die Höhe der Steuer nach der Größe des Raumes: bis zu 100 qm mußten zehn RM und über 100 qm 20 RM bezahlt werden. Dem kürzlich gegründeten Sportverein, der in Eigenhilfe das lange geplante Sportplatzprojekt in Angriff nehmen wollte, wurden aus der Sportplatzrücklage rund 5 000 RM für die Materialbeschaffung zur Verfügung gestellt.

Unter bewährter Besetzung trat der Rat auch nach der ersten Kommunalwahl an: Wilhelm Schumacher, Fritz Conrady, Eberhard Plümpe, Karl Böse, Josef Mentrop-Prenger, Fritz Vatheuer, Heinrich Buschulte, Josef Brockbals, Heinrich Horstkemper und Andreas Willebrandt waren wieder dabei. Ferdinand Rüter-Alpmann war erneut in das Gremium gewählt worden, dem jetzt auch Paul Ringkamp angehörte. Bei der Bürgermeisterwahl machte Josef Mentrop-

Prenger Wilhelm Schumacher Konkurrenz. Mit je sechs Stimmen brachte der erste Wahlgang keine Entscheidung. Beim zweiten Versuch machte Schumacher aber mit sieben gegen fünf Stimmen erneut das Rennen.

Der Hunger war ständiger Gast

Sitzungsperiode im Amt Pelkum begann mit Streitigkeiten

Im Herbst 1946 spitzte sich die Versorgungslage dramatisch zu. Seit Monaten schon mußte sich ein Normalverbraucher mit 1 046 Kalorien pro Tag zufriedengeben. Wer keine Möglichkeit zum „Hamstern" hatte oder sich nicht auf andere Weise Lebensmittel beschaffen konnte, litt Hunger. Das veranlaßte die Amtsvertretung Pelkum in ihrer Sitzung vom 6. September 1946, den Amtsbürgermeister zu beauftragen, sich mit der Militärregierung in Verbindung zu setzen und deutlich zu machen, daß die Zuteilung von Lebensmittelrationen für die arbeitende Bevölkerung dringend erhöht werden müsse. Klage wurde darüber geführt, daß die Fleischverteilung völlig unzureichend sei, die Menschen vor den Metzgerläden stundenlang Schlange stehen müßten und viele dann schließlich doch noch leer ausgingen. Äußerst mangelhaft war auch die Versorgung mit Kleidungsstücken, was sich vor allem in dem ungewöhnlich strengen Winter 1946/47 katastrophal auswirkte. In der November-Sitzung der Amtsvertretung berichtete Amtsvertreter Brüggemann, daß ein Schüler vor einigen Tagen trotz der Kälte barfuß in der Schule erschienen und daraufhin wieder nach Hause geschickt worden sei. In einigen Landgemeinden kauften die Bürgermeister Pappeln auf, um Holzschuhe daraus herstellen zu lassen.

Wie im Amt Rhynern war auch in den Gemeinden des Amtes Pelkum am 15. September gewählt worden. Ein Kuriosum gab es dabei in der kleinen Gemeinde Weetfeld: Weil die Zahl der Kandidaten der der zu wählenden Gemeindevertreter entsprach, fiel die Wahl einfach aus, die Gemeindevertreter wurden benannt. Einziges Parteimitglied unter ihnen war Wilhelm Lange (SPD), dem das Amt des Bürgermeisters übertragen wurde. Er behielt es bis zur Auflösung des Amtes Pelkum Ende 1967. Weil er gleichzeitig Gemeindebote war und alle Behördenpost kostenlos mit dem Fahrrad austrug, wurde er Anfang der 60er Jahre mit dem Eisernen Steuergroschen des Bundes der Steuerzahler ausgezeichnet. Mit ihm leiteten 1946 Heinrich Böckmann, Wilhelm Bohnensack, Friedrich Brandt, Friedrich Erdelkamp und Friedrich Muhle die Geschicke der Gemeinde.

Die Amtsvertretung Pelkum war Anfang 1946 mit zwölf Vertretern der SPD, elf der KPD und zehn der CDU entsprechend den Ergebnissen der Kommunal-

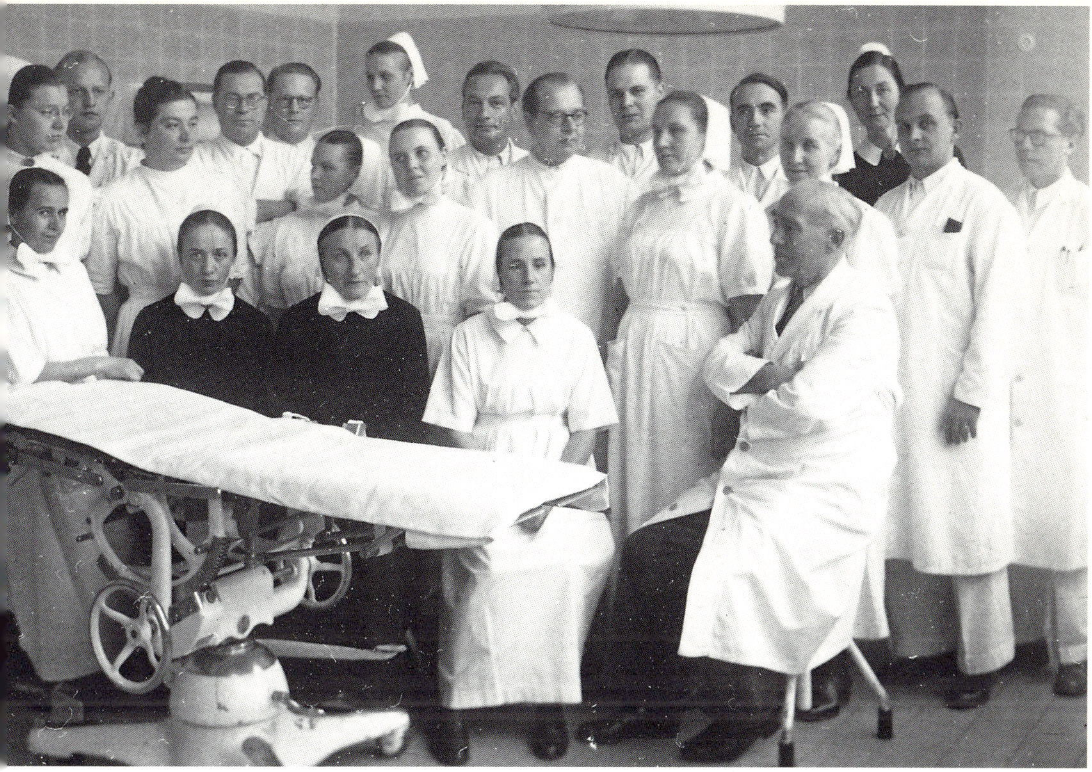

.us Lötzen in Ostpreußen vertriebene Diakonissen übernahmen nach Kriegsende den Pflegedienst im Städtischen .rankenhaus. Sie stellten sich mit den Ärzten im Operationssaal zu einem Erinnerungsfoto. Es sind (obere Reihe von nks) Schwester Hildegard, Dr. Beierle, unbekannt, Dr. Lungmuß, Dr. Deutsch, unbekannt, Schwester Luise, Schwester 'harlotte (?), Dr. Lenz, Oberarzt Dr. Heyn, Dr. Krull, Narkoseschwester Emma, Dr. Schäfer, Schwester Anna, Schwester rna Hartmann, Dr. Krüger und Dr. Hubert. Untere Reihe: unbekannt, Lehrschwester Gerda Wollschläger, Oberin Berta ialluch, Schwester Gertrud und Dr. Senge. Foto: Stadtarchiv

Pioniere der britischen Armee stellten Anfang 1946 die am Kriegsende zerstörte Lippebrücke wieder her. Dieses Bauwerk wurde 1950 demontiert, um Platz für ein neues Brückenbauwerk zu schaffen. Foto: Stadtarchiv

Als „BW-Dichter" war der Obertriebwagenführer Josef van Beeck bei seinen Kollegen von der Bundesbahn bekannt. Er nahm das Zeitgeschehen nicht nur in Gedichten, sondern auch mit anderen Aktionen kritisch unter die Lupe. Im November 1950 sorgte er als „Namensgeber" für Schlagzeilen. Er gehörte zu jenen, die sich während der Bauarbeiten an der Lippebrücke im Zuge der Münsterstraße Tag für Tag über die „Umleitung" Eisenbahnbrücke und damit durch Schlaglöcher und Schlamm quälen mußten. Eines Tages las er in der Zeitung von Menschen in Korea, die auch mit Schlammwüsten kämpften. Da kam er auf die Idee, die „Rollbahn" neben den Bahnschienen „Koreaweg" zu nennen. Er sägte ein passendes Holzstück und malte mit Ölfarbe dick „Koreaweg" darauf. Dann wartete er auf den richtigen Tag. Als Radfahrer durfte er den Weg eigentlich gar nicht benutzen. Und natürlich durfte er erst recht keine Straßenschilder anbringen. In einer regnerischen und stürmischen Nacht („Da waren vermutlich keine Kontrolleure unterwegs") faßte er sich ein Herz und nagelte das Schild an einen Mast. Am 14. November 1950 berichtete die Zeitung über die Nacht-und-Nebel-Aktion eines „Unbekannten". Zwei Jahre später faßte sich Josef van Beeck ein Herz und bekannte im WA Farbe. Über seine „Tat"amüsierten sich, wie die Karikatur zeigt, seinerzeit auch die Sportler vom benachbarten Verein BV 09.

„Wir haben uns so manches liebe Mal über die Rollbahn gequält. Mit dem Bau der neuen Nordenbrücke ist dieses Elend nun beendet", freute sich mit der Bevölkerung der Berichterstatter des Westfälischen Anzeigers in der Ausgabe vom Samtag, 27. Januar 1951. Der neben den Eisenbahnschienen angelegte Behelfsweg, der nur einspurig befahrbar war und durch eine Ampelanlage geregelt wurde, wird als „entsetzlich zerlöchert" beschrieben. Er hatte mit Fertigstellung der neu Lippebrücke ausgedient. Foto: Weischer

In und mit Trümmern — im Bild das Westentor — mußten die Deutschen nach dem Krieg leben. Foto: Stadtarchiv

ie Stadt lag nach dem Krieg in Trümmern. In der Gasstraße (heute Straße am Stadtbad) blieb kaum ein Stein auf dem ideren. Dafür durfte hier aber Rad gefahren werden. In den Hauptstraßen war der Fahrradverkehr von der satzungsmacht verboten worden. Dieses Verbot wurde erst am 30. August 1946 aufgehoben. Foto: Stadtarchiv

MG/IC/88

Diese Urkunde ist nicht übertragbar und muß auf Verlangen der Alliierten Behörde vorgezeigt oder abgeliefert werden.

This Record is not transferable and must be shown or surrendered on demand of Allied Authority.

To be filled out by Registering Authority

MILITÄRREGIERUNG – DEUTSCHLAND

Nachrichtenkontrolle
Information Control

Urkunde der Registrierung
Record of Information Control Registration

Heinz Weischer, (Name) LÜDINGHAUSEN, 41 Mühlenstr. (Address)

ist/sind bei der Militärregierung registriert, zwecks Ausübung folgender Tätigkeit(en):
has/have registered with Military Government to conduct the following activity/ar

Registering Authority will fill in activity or activities indicated on Registration Form

Distribution of newspapers ~~etc.~~ periodicals and other publications

in / *at* LÜDINGHAUSEN (Business address or addresses)

unter dem Namen / *under the name* Heinz Weischer (Trade name, or name of firm)

Es ist ihm/ihr/ihnen bekannt, daß er/sie diese Tätigkeit(en) nur gemäß allen Gesetzen, Verordnungen, Vorschriften und Anweisungen der Militärregierung und des Nachrichtenkontrollamtes ausüben darf/dürfen. Es ist ihm/ihr/ihnen bekannt, daß die Genehmigung zur Ausübung dieser Tätigkeit(en) von der Militärregierung jederzeit allein nach ihrem Ermessen widerrufen werden kann, und daß es ihm/ihr/ihnen obliegt, über alle Gesetze, Verordnungen, Vorschriften und Anweisungen der Militärregierung unterrichtet zu sein und diese strengstens zu befolgen.

The registrant understands that he may conduct such activity only in conformity with all Laws, Ordinances, Regulations and Instructions of Military Government and District Information Control Units. He understands that permission to conduct such activity may be revoked by Military Government at its sole discretion. He understands that it is his responsibility to be informed about and to obey strictly all Military Government Laws, Ordinances, Regulations and Instructions issued.

Major (Name and rank of MG Officer)

MILITARY GOVERNMENT 1102 DET

LÜDINGHAUSEN (city) Nov. 45 (date) M.G. Det. No. 1102

Ohne Genehmigung der Militärregierung lief nichts.

Heinz Weischer hat die Wiederaufbauphase in Hamm fast von Anfang an miterlebt. Der gebürtige Lüdinghausener wurde im März 1946 Lokalredakteur der Westfälischen Rundschau, die als erste der lizensierten Tageszeitungen erschien und deren Lokalredaktion er bis zum Inkrafttreten der kommunalen Neuordnung 1975 leitete, um dann in Pension zu gehen. Weischer gehörte als SPD-Mitglied von Herbst 1956 bis Ende 1974 dem Rat der Stadt an und war von 1965 bis 1968 SPD-Fraktionsvorsitzender. Dem von ihm mitgegründeten Hammer Presseverein stand er von 1946 bis 1968 vor.
Foto: A. Beeck

Schwester Aurea leitete die Marienschule von 1929 bis 1961.

uf den Wochenmarkt mußten die Hammer nach dem Krieg nicht verzichten. Nach spärlichen Anfängen am Westentor chteten sich die Händler 1946 mit ihren bescheidenen Angeboten auf dem Richard-Matthaei-Platz ein. Foto: Stadtarchiv

'aren die Kriegsfolgen schon schlimm nug, so tat im Februar 1946 auch die atur noch ein Übriges: Regenfälle und hneeschmelze führten zu einer berschwemmung, die nur dank rsorglichen Dammbaus nicht zu einer atastrophe führte. In der Ratssitzung richtete Stadtbaurat Haarmann, daß r bisher höchste Wasserstand, der 390 gemessen worden war, übertroffen orden sei. Dämme und neue Wege, die den letzten Jahrzehnten gebaut urden, hätten aber verhindert, daß die nenstadt überflutet wurde. Man habe lerdings bei Durchbruch des Dammes vischen Lippe und Kanal eine atastrophe für die unterhalb Hamms genden Ortschaften befürchtet. Die utwelle habe den trocken liegenden anal aufgefüllt, bei Herringen aber ieder ein Loch gefunden und sei in die ppe zurückgeflossen. Auch die Ahse sei er die Ufer getreten. Die Geithe habe nen Damm zerstört und Keller erflutet. Der Kleinbahnverkehr nach entrop mußte unterbrochen werden. oto: Stadtarchiv

So präsentierten sich die Berger Wassertürme (oben der Blick von Süden) bis in die letzten Kriegstage. Dann wurde der linke Turm zerstört. Es wird überliefert, daß deutsche Soldaten im Zuge der Aktion „Verbrannte Erde" befehlsgemäß einen Sprengsatz anlegten, der dann von einer amerikanischen Granate getroffen und dadurch gezündet wurde. Der rechte, der noch heute in Betrieb ist, wurde erheblich beschädigt (links).
Fotos: Privatarchiv Mähler

Weder schön noch bequem waren die Sandalen, die findige Köpfe aus Transportbändern herstellten. Friedrich Beier hat die Kreationen, die es für Herren und Damen gab, nacharbeiten lassen.
Foto: Eickmann

Eine Bilanz des Schreckens legte die Stadtverwaltung in einer Ratssitzung im März 1946 vor. Danach wurden während des Krieges bei 55 Luftangriffen von etwa 4 000 Bombern rund 20 000 Spreng- und 80 000 Brandbomben auf die Stadt Hamm geworfen (im Bild ein Teil der zerstörten Bahnhofstraße). An 5 500 Wohnungen entstand Totalschaden. Aus dem Verwaltungsbericht des Wohnungsamtes geht hervor, daß es 1939 in Hamm 5 892 Wohnhäuser mit 16 500 Wohnungen gab. 4 339 Häuser wurden bis zu 60 Prozent und 1553 über 60 % zerstört. Als Wohnungssuchende waren am 1. November 1945 973 Familien mit 2 982 Personen registriert, ein Jahr später 1 412 Familien mit 4 247 Personen. Foto: Stadtarchiv

Von Perfektion konnte keine Rede sein in den Kriegs- und Nachkriegsjahren. Heute kaum noch vorstellbar, aber dies war das Stellwerk Hamm Personenbahnhof Süd (HPS) an der Lohauserholzstraße, vor dem Meister Stoltefuß seinerzeit abgelichtet wurde. Foto: Privatarchiv Schildheuer

Die Sportler ließen sich nicht entmutigen. Sie fanden sich schon wenige Wochen nach dem Zusammenbruch, um das Leben derVereine neu zu aktivieren. So konnte bereits 1946 das erste Hammer Turn- und Spielfest veranstaltet werden. Es wurde auf dem Gelände der ehemaligen Infanteriekaserne (im Hintergrund ist das heutige Bundeswehrkrankenhaus zu erkennen) ausgetragen, wo auch Stadtverwaltung und Schulen Unterkunft gefunden hatten. Foto: Festschrift Der Turnverein

Im Bockum-Höveler Stadion fand am 19. Mai 1946 die erste Leichtathletik-Veranstaltung nach dem Krieg statt. Veranstalter war der TuS Rote Erde Hamm, der von der Militärbehörde vorgeschriebene „Gesamtverein" des östlichen Stadtteils. Die Läuferstaffel der HSV mit Heinz Hellmich, Hermann Ackermann, Franz Kühne und Werner Maroldt (von links) belegte den zweiten Platz.

ı Stück Boxsportgeschichte schrieb in
ımm die Familie Johannpeter. Neun
hne stiegen in den Ring und holten
ılreiche Meistertitel nach Hamm.
eses Bild, das seinerzeit in einer
kannten Fernsehzeitung erschien, zeigt
ıtter Anna mit zehn ihrer 13 Kinder.
sind (von links) Wolfgang,
ıns-Jürgen, Günther, Theo, Horst,
ılter, Karl-Heinz, Dieter, Erwin und
switha. Foto: Festschrift 50 Jahre
ırkischer Boxring

Dieses einmalige Fotodokument stammt von WA-Sportredakteur Karl Siebert und zeigt alle zehn boxenden Brüder. Unten (von links) Harry, Karl-Heinz, Erwin, Horst, in der Mitte Dieter, Theo, Günther, Walter und oben Hans-Jürgen und Wolfgang.

Rollschuhsport war nach dem Krieg sehr populär. In Hamm machte sich der Eisenbahnersportverein (ESV) um diesen Sport verdient. Trainingsmöglichkeiten gab es auf dem Platz an der Östingstraße. Mitgliederwerbung war beim ESV wichtig. Eine Gruppe von Rollschuläufern trat deshalb in der Bahnhofstraße vor der Gaststätte Drees auf, um neue Freunde für den Rollschuhsport zu gewinnen. An der Aktion beteiligten sich Edith Meyer, Elsbeth Kruse, Kitty Körner, Sigrid Nöh, Christel König und Uschi und Heidi Eckervogt. Foto: Stadtarchiv

Die Parteien lieferten sich in Deutschland schon 1946 den ersten Wahlkampf nach dem Krieg. So ungeübt sie in dieser Disziplin auch waren, so genau wußten sie doch, wie sie die Säge ansetzen mußten, um den Ast abzusägen, auf dem die Gegner saßen. Ein ungenannter Karikaturist sah es jedenfalls so. Foto: Stadtarchiv

iese Fotos von der ESV Gymnastikgruppe fand Elsbeth Kruse in ihrem Familienalbum. Die hübschen Damen traten im ›mmer 1946 unter Leitung von Ise Kohlhaas auf dem Schulhof an der Hohestraße auf (oben). Die Tanzkleider entstanden eigener Werkstatt. Die Röcke wurden aus Bettlaken genäht, Windeln verwandelten sich in duftige Ärmel.
ı Bild (unten) erkannte Elsbeth Kruse nicht nur ihre Mutter Ise Kohlhaas (Mitte), sondern auch (von rechts) Waltraud ›omm (Fuest), Christel Demmer (Kohlhaas), Gisela Faros, Lisa Lehmköster, Marianne Linnhoff (Breitenbach) und Inge sner (2. von links).

Walter Poller, nach dem Krieg erster Chefredakteur der Westfälischen Rundschau in Dortmund, begann in Hamm seine journalistische Tätigkeit. Als Neunzehnjähriger wurde er 1919 Alleinredakteur der neu gegründeten sozialdemokratischen Zeitung „Der Hammer" und war damit der jüngste verantwortliche Redakteur einer deutschen Tageszeitung.
Am 1. März 1933 sollte Poller als sozialdemokratischer Stadtverordneter in Hamm eingeführt werden, wurde aber vor der entscheidenden Sitzung von den Nazis für acht Tage in „Schutzhaft" genommen. Er erhielt Berufsverbot, wurde mehrfach verhaftet und schließlich wegen Vorbereitung zum Hochverrat zu vier Jahren Zuchthaus verurteilt. Nach Verbüßung der Strafe kam er ins KZ Buchenwald. Die Erlebnisse aus dieser Zeit hat er in einem Buch festgehalten. Nach der Entlassung am 10. Mai 1940 arbeitete er in der Firma seines Bruders in Hamburg. 1946 wurde er Chefredakteur der Westfälischen Rundschau. Er trat 1960 in den Ruhestand.

Adolf Brühl hat die Entwicklung der Gemeinde Bockum-Hövel zunächst als Bürgermeister in gleichzeitiger Funktion als Verwaltungschef und dann als Gemeindedirektor vom 15. 4. 1945 bis zum 31. 3. 1948 maßgeblich mitgestaltet. Der am 24. Februar 1873 geborene Bergmann stand schon 1911 als Gewerkschaftler und Sozialdemokrat in Mühlheim-Meidrich auf der „Schwarzen Liste". Er kam vor dem 1. Weltkrieg nach Bockum-Hövel, wo er Arbeit auf der Zeche Radbod fand. Brühl wurde Knappschaftsältester für Hövel und 1933 bei der Knappschaft angestellt. Er wurde am 24. 2. 1953 Ehrenbürger von Bockum-Hövel und bekam im gleichen Jahr das Bundesverdienstkreuz. Dieses Bild aus dem Familienarchiv zeigt drei Bockum-Höveler Bürgermeister: Amtsinhaber Heinrich Schröer (rechts), seinen Vorgänger Anton Pytlik (1948—1952) und Adolf Brühl (Mitte).

Ferdinand Poggel wurde am 11. Februar 1886 in Eversburg im Sauerland geboren. Er erlernte das Kettenschmiedehandwerk und trat 1904 nach der Lehre dem Christlichen Metallarbeiterverband bei. Der im ersten Weltkrieg schwer Verwundete wurde am 1. Oktober 1918 Gewerkschaftssekretär und in dieser Eigenschaft ein Jahr später nach Hamm versetzt. Von den Nazis des Amtes enthoben, war er zunächst arbeitslos und wurde dann Zivilangestellter bei der Wehrmacht. Nach dem Krieg übernahm er die Leitung der Allgemeinen Ortskrankenkasse. Politisch engagierte er sich sofort als Mitglied des ersten Bürgerrats. Er wurde im November 1946 Oberbürgermeister, ein Amt, das er bis 1952 bekleidete. Abgeordneter im nordrhein-westfälischen Landtag war er von 1951 bis 1954. Poggel, im Dezember 1959 zum Ehrenbürger ernannt, starb am 3. August 1969.

'eihnachten 1946 lagen bescheidene Gaben unter dem Christbaum — falls es einen solchen überhaupt gab. Gewendete der aus Resten genähte Kleidungsstücke gehörten ebenso dazu wie Gebrauchsgegenstände, die man auf dem Tauschweg standen hatte. Spielzeug war besonders knapp, und entsprechend begehrt waren „Wackeldackel", die in der 'agenwerkstatt der Bahn zur Adventszeit aus Abfallholz und Lederabfällen hergestellt wurden. Friedrich Beier, der damals ır Belegschaft der Wagenwerkstatt der Bahn gehörte, hat in mühsamer Heimarbeit zwei Dackel nachgebaut. Er erinnert ch auch daran, daß das Lametta, mit dem man damals Christbäume schmückte, aus eigener „Werkstatt" stammte.
oto: Dotter

Am 1. Mai 1945 feierten die ehemaligen russischen Kriegsgefangenen auf dem Maximilian-Gelände ihre neu gewonnene Freiheit. Sie waren von den amerikanischen Soldaten aus den Arbeitslagern geholt worden. Einige tausend von ihnen waren in früheren Zechengebäuden in Braam-Ostwennemar untergebracht, wo sie sich unter dem Bild von Stalin zu einer Kundgebung am Tag der Arbeit versammelten. Die Kranken unter ihnen wurden im Lazarett betreut. Im Spätsommer begann der Rücktransport nach Rußland.

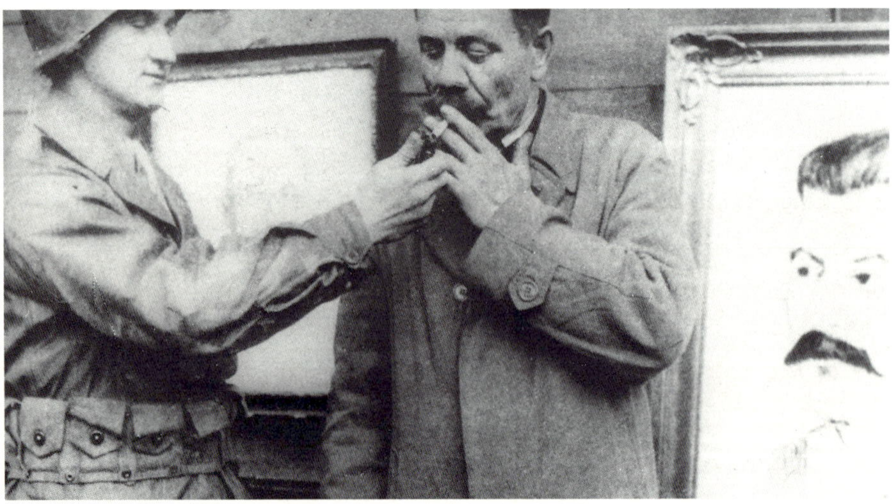

Dieses Foto entstand im Sommer 1945 im Lager der Russen auf Maximilian und zeigt einen alliierten Soldaten, der einem ehemaligen Kriegsgefangenen Feuer gibt. Die Russen hatten ein Bild von Stalin gezeichnet. Der Goldrahmen, in dem es aufgehängt wurde, stammte aus einer Wohnung in Werries.

Gewohnt wurde in der ersten Nachkriegszeit alles andere als fürstlich. Wie dieses Foto aus einem Hinterhof an der Goethestraße zeigt, wurde auch in Ruinen jeder noch einigermaßen erhaltene Raum genutzt. Ungeachtet des total zerstörten Daches hatte sich eine Familie hier in der ersten Etage notdürftig eingerichtet. Das fehlende Treppenhaus wurde durch eine aus anderen Trümmern beschaffte Holzstiege ersetzt. Ein „Brückenschlag" zum Nachbarbalkon machte die Doppelnutzung des Hauseingangs möglich. Foto: privat

·. August Simon lebt in Bonn. Er war in den ersten ıchkriegsmonaten Chefarzt im Lazarett in Hamm und ˙t dafür gesorgt, daß das Haus in zivile Hände überging.

Gern erinnert sich Dr. Ewald Lehmkuhl an seine Dienstzeit als Dezernent für das Gesundheitswesen in Hamm, in der dieses Foto entstand. Das Gesundheitsamt war während des Krieges ausgebombt worden, zunächst notdürftig im Klösterchen und im Badehaus, dann im Lazarett und später im Stadthof, der heutigen Paracelsus-Kaserne, untergebracht. 1953/54 entstand der Neubau an der Friedrichstraße. Das Hammer Gesundheitsamt verfügte damit damals über eine der modernsten Einrichtungen im Regierungsbezirk Arnsberg.

Viele Alben voller Fotos erinnern an die Politikerlaufbahn von Alfred Stichmann, der nie ohne Fotoapparat unterwegs war. Nur von einem Einsatz gibt es keine Bilder: Seine Hilfsbereitschaft hatte Stichmann veranlaßt, sich drei Monate lang von der Drehbank bei der Firma Banning beurlauben zu lassen, um sich ganz der Hilfe für Flüchtlinge im Westentorbunker widmen zu können. Dort lebten in den sechs Quadratmeter großen Kabinen jeweils vier Erwachsene oder ein Ehepaar mit zwei Kindern.
Foto: A. Beeck

Die Klassen waren groß, als Willi Hendricks imFrühjahr 1947 seinen Dienst als Lehrer antrat. Er stand im Unterricht jeweils 50 bis 60 Schülern gegenüber. In der Stadt Hamm gab es in dieser Zeit entsprechend dem bei einer Abstimmung festgestellten Elternwunsch fünf Katholische Schulen mit 3 097 Kindern, vier Evangelische Schulen mit 1 423 Kindern und drei Christliche Gemeinschaftschulen mit 1 016 Kindern. Die Sonderschule, damals noch Hilfsschule genannt, war klassenweise in den Stadtteilen untergebracht.

wahl von 1929 besetzt worden. Die Wahl im September 1946 ergab ein völlig anderes Bild. Die SPD belegte 27 Mandate, für die CDU blieben vier Sitze und für die KPD zwei.

Schon in der ersten Sitzung kam es zu erheblichen Meinungsverschiedenheiten. Der der KPD angehörende bisherige Amtsbürgermeister Eduard Lang aus Bönen wurde nicht wieder zur Wahl vorgeschlagen. Die SPD benannte den Bäkkermeister Heinrich Renninghoff aus Herringen, die KPD schlug Paul Prinzler aus Rünthe vor. Renninghoff entschied die Wahl mit 25:3 Stimmen für sich. Als erste „Amtshandlung" lehnte es die SPD ab, mit dem Vorsitzenden der CDU, Emil Körner, zusammenzuarbeiten, da gegen diesen ein Strafverfahren wegen unfairen Wahlkampfes eingeleitet worden sei. CDU-Amtsvertreter Brüggemann mahnte jedoch, zunächst das Ergebnis des Ermittlungsverfahrens abzuwarten.

Auch KPD-Sprecher Lang riet zur Einsicht. Eine ersprießliche Zusammenarbeit, so meinte er, dürfe nicht daran scheitern, daß eine Einzelperson von einer Partei abgelehnt werde. Der Vermittlungsvorschlag des Amtsbürgermeisters, von einer Wahl Körners in den Personalausschuß bis zum Abschluß des Verfahrens abzusehen, fand keine Mehrheit. SPD-Vertreter Heuser aus Bergkamen schoß daraufhin scharf: Nachdem die CDU die Mitarbeit abgelehnt habe, müsse sie auch bei der Besetzung der übrigen Ausschüsse ausgeschlossen werden. So geschah es dann auch.

Auf Anregung der KPD wurde eine Resolution verabschiedet und die Militärregierung um eine Änderung der Wahlbestimmungen gebeten. Der englische Wahlmodus, so hieß es, entspreche nicht den Prinzipien der deutschen Demokratie. Es sei unvertretbar, daß die SPD mit 53 Prozent der Stimmen 27 Mandate erhalte und die übrigen Parteien mit 47 Prozent lediglich sechs. Bei den kommenden Wahlen müsse das deutsche Verhältniswahlrecht angewandt werden.

Der Streit zwischen SPD/KPD und CDU in der Amtsvertretung Pelkum war schon im November 1946 beigelegt: Die Christdemokraten wurden bei der Besetzung der Ausschüsse wieder berücksichtigt. Bei der Wahl des Stellvertreters von Amtsbürgermeister Heinrich Renninghoff benannte die CDU mit Amtsvertreter Emil Kusenberg einen eigenen Kandidaten. Er hatte jedoch gegen Johann Heuser (Bergkamen) das Nachsehen, der mit 25:3 Stimmen gewählt wurde. Die SPD setzte sich auch mit ihrem Wunsch durch, Amtsdirektor Heibert für die Dauer von zwölf Jahren in sein Amt zu wählen. Der Kandidat der CDU, Arbeitsamtsdirektor Fries, erhielt nur drei Stimmen. Einmütig wurde Amtsoberinspektor Güldenhaupt als Protokollführer bestätigt.

Der Amtsvertretung Pelkum gehörten seit der Wahl vom 15. September 1946 folgende Mitglieder an: SPD: Paul Herrmann (Lerche), Wilhelm Lange (Weetfeld), Wilhelm Budde (Altenbögge), Hermann Wilke (Bönen), Heinrich Stickdorn (Bönen), Karl Steinhoff (Nordbögge), Reinhard Barz (Overberge), Walter Grundmann (Bergkamen), Johann Heuser (Bergkamen)), Heinrich Martin

(Bergkamen), Max Dittrich (Rünthe), Peter Hein (Pelkum), Fritz Geisler (Herringen), Heinrich Renninghoff (Herringen), Wilhelm Herrmann (Herringen), Bernhard Schäfer (Herringen), Fritz Kollmann (Herringen), Christian Tippmann (Herringen), Paul Prinzler (Rünthe), Franz Arenz (Rünthe), Fritz Knäpper (Heil), Karl Osterbrauck (Wiescherhöfen), Wilhelm Ehrhardt (Wiescherhöfen), Wilhelm Nabe (Wiescherhöfen), Theodor Schürhoff (Herringen), Gustav Schwarz (Bönen), Wilhelm Liedtke (Herringen). CDU: Wilhelm Kettermann (Wiescherhöfen), Emil Kusenberg (Bergkamen), Franz Brüggemann (Herringen), Johann Klein (Altenbögge). KPD: Eduard Lang (Bönen), Mathilde Fingerle (Wiescherhöfen).

Demokratie vorleben

Die Schulen suchten den Kontakt zu den Eltern

In den 30er Jahren hatte es in Deutschland Bestrebungen gegeben, die schon zu Zeiten Friedrichs des Großen angeordnete Seidenraupenzucht wieder zu beleben. Auch der Hammer Tierpark hatte sich vor dem Krieg um eine solche Anlage bemüht. Die Behörden förderten dieses Anliegen, wobei, was kaum jemand wußte, im Hintergrund Rüstungsgedanken eine Rolle spielten. Seide wurde dringend für die Produktion von Fallschirmen gebraucht. Unabhängig davon hatte die Seidenraupenzucht aber auch nach dem Krieg nichts von ihrem Reiz verloren. So gab es zum Beispiel in Celle den „Verband Nordwestdeutscher Seidenbauer", der in Rundschreiben an Schulen für die Seidenraupenzucht warb. Ortsheimatpfleger Hans Mansberg in Pelkum bewahrt noch ein solches Schreiben auf, das im Februar 1946 verschickt wurde. Darin wird nicht nur auf die wirtschaftliche Notwendigkeit, sondern auch auf privatwirtschaftliche Vorteile der Aufzucht von Seidenraupen verwiesen. Immerhin gab es für 20 Kilo Kokons entweder 80 Reichsmark in bar oder zehn Meter Seidenstoff zum Fabrikpreis von acht Mark je Meter. Und wer konnte zu dieser Zeit Seidenstoffe kaufen?

Natürlich hatten die Lehrer andere Sorgen. Immerhin hatte jeder von ihnen, wie aus dem Verwaltungsbericht der Stadt Hamm hervorgeht, im Durchschnitt 62 Kinder zu unterrichten. Als besonders wichtig wurde eine enge Verbindung zwischen Schule und Elternhaus angesehen. In einem Schreiben des Regierungspräsidenten vom 18. März 1946 werden die Schulleiter angewiesen, in regelmäßigen Abständen Elternabende zu veranstalten. Das zwanglose Beisammensein von Eltern und Lehrern sollte durch Darbietungen der Kinder aufgelockert und mit einem Vortrag über Erziehungsfragen abgeschlossen werden. Darüber hinaus sollten aus dem Elternkreis Männer und Frauen als Vertrauensleute ausgewählt werden, mit denen Schulprobleme besprochen werden konnten. Rechtsbefugnisse hatten sie jedoch nicht.

Vordringliche Aufgabe der Lehrer war die Entwicklung von demokratischen Lebensformen in der Schule. Diesem Thema widmete der Oberpräsident der Provinz Westfalen einen Aufruf im „Pestalozzijahr 1946". „Demokratie ist eine gewaltige volkspädagogische Aufgabe. Euch ist sie anvertraut", schrieb er und wies darauf hin, daß man mit Befehlen keine Demokratie und keine Volksgemeinschaft schaffen könne. Demokratie müsse von Erziehern und Lehrern vorgelebt werden, denn „nur das Vorbild wirkt, und nicht die Lehre".

Deutliche Führung für SPD

In Herringen und Wiescherhöfen CDU und KPD in Nebenrollen

Als der neue Gemeinderat in Herringen nach der Kommunalwahl zu seiner konstituierenden Sitzung zusammentrat, gab Bürgermeister Geisler (SPD) einen Überblick über seine bisherige Tätigkeit und schilderte die schwierigen Verhältnisse, unter denen er das Amt von der Militärregierung übernommen habe. Er hatte seine Aufgabe aber offensichtlich so gut gelöst, daß seine Wiederwahl für die Fraktionen selbstverständlich war. Er wurde ebenso einstimmig gewählt wie sein Stellvertreter Bernhard Schäfer (SPD). Dem ersten gewählten Rat der Gemeinde Herringen gehörten außer den beiden Bürgermeistern Bernhard Dickmann, Heinrich Möllers, Rosa Kemper, Heinrich Renninghoff, Josef Grees, Erich Zöllner, Walter Muthmann, Arthur Siegert, Alexander Langer, Karl Röllecke, Paul Müller, Theodor Schürhoff und Wilhelm Herrmann an. Die CDU war ebenso wie die KPD nur noch mit zwei Mitgliedern vertreten. Es waren Lothar Schulte und Sophie Kielholz für die CDU und Sofie Beer und Albin Lindner für die KPD. Als Parteilose waren Ludwig Hülshoff und Karl Lemmes in den Rat gewählt worden. In der nächsten Sitzung am 2. Dezember 1946 verabschiedete das Herringer Parlament den Nachtragshaushaltsplan, den Amtsinspektor Güldenhaupt erläutert hatte.

Dem Bürgerausschuß der Gemeinde Wiescherhöfen gehörten 1945 Emil Dickmann, Wilhelm Nabe, Heinrich Dübel, Karl Strate, Wilhelm Richter, Hans Walchenbach, Heinrich Püttmann, Heinrich Römer, Wilhelm Hüsken und Heinrich Dregger an. Im März 1946 wurde der Drahtzieher Karl Osterbrauck (SPD) zum Bürgermeister ernannt. Die Militärregierung hatte zu diesem Zeitpunkt außerdem für die SPD Wilhelm Nabe, Josef Schindler, Wilhelm Hüsken, Heinrich Römer, Heinrich Püttmann und Paul Mühlenhoff sowie für die CDU Anton Weltermann, Franz Thiele, Ferdinand Dregger, Hans Honrott und Franz Wiesendahl in die Gemeindevertretung berufen. Für Hans Honrott, der sein Amt zur Verfügung stellte, kam Hans Walchenbach erneut in den Rat, in den für die KPD Emil Dickmann, Maria Hustadt, Stanislaus Udovc, Eduard Freitag, Auguste Diekmann und Bruno Valkowski delegiert wurden.

Nach der Wahl am 15. September 1946 ging die SPD mit 14 Vertretern noch deutlicher in Führung. Die CDU hatte nur noch drei Mandate, die KPD lediglich eines. SPD: Karl Osterbrauck, Albert Dau, Friedrich Rublitz, August Laustroer, Josef Schindler, Georg Schmidt, Wilhelm Hüsken, Wilhelm Nabe, Gottfried Witteck, Wilhelm Ehrhardt, Friedrich Schröer, Fritz Bruns, Josef Diedrich und Wilhelm Sondermann; CDU: Wilhelm Bergmann, Johann Scherkamp und Anton Spichay; KPD: Otto Zander. Karl Osterbrauck blieb Bürgermeister.

Für Zuchthäusler kein Platz im Rat

Kommunalwahl brachte in Pelkum absoluten Sieg der CDU

Mit einigen Schwierigkeiten war die Besetzung des Pelkumer Gemeinderats verbunden. Erschreckt stellte Bürgermeister Alfred Winner, der schon 1945 von den Alliierten eingesetzt worden war, im März 1946 fest, daß der neu ernannte Rat nicht seinen Vorstellungen entsprach. Er hatte, wie verlangt, Vorschläge eingereicht, war aber davon ausgegangen, daß die bisherigen Gemeindevertreter in ihren Ämtern bleiben würden und das Gremium lediglich erweitert werden solle. Im Stadtarchiv wird ein Schreiben Winners an den Amtsbürgermeister aufbewahrt, in dem es heißt: „Aus dieser Unterlassung ist die peinliche Situation entstanden, daß die Männer, die seit Beendigung des Krieges mit mir zusammen die Gemeindegeschäfte geführt haben, ohne ihr Verschulden plötzlich ausscheiden müssen."

Winner nennt in diesem Zusammenhang den Bahnhofsvorsteher Josef Siepmann, den Fuhrunternehmer Heinrich Göbel, den Bauern Fritz Leusmann und den Malermeister Hans Scholten. Sie alle sollten, so Winners Bitte, in ihren Ämtern bestätigt werden. Gleichzeitig ersuchte er darum, die Ernennung des Gemeindevertreters Otto F. rückgängig zu machen. F. der von der KPD benannt worden war, sei wiederholt unter anderem wegen Blutschande, Unterschlagung und Urkundenfälschung mit Zuchthaus bestraft worden. Ein Auszug aus dem Strafregister wurde dem Schreiben beigefügt.

Der Bitte Winners wurde entsprochen. Amtsdirektor Heibert teilte am 3. April 1946 mit, daß die Zusammensetzung des Rates entsprechend geändert worden sei. Dem Gremium gehörten damit von der SPD Bürgermeister Alfred Winner, sein Stellvertreter Heinrich Liesegang sowie Heinrich Kerkhoff, Peter Hein, Heinrich Schüttmann und Wilhelm Büscher an. Die CDU war mit Josef Siepmann, Hans Scholten, Friedrich Hohaus, Heinrich Göbel, Fritz Leusmann, Friedrich Tünnemann und Fritz Fischer vertreten, die KPD mit Georg Huelke und Georg Duttke.

Die Kommunalwahl vom 15. September 1946 brachte in Pelkum einen absoluten Sieg der CDU. Sie war jetzt mit zehn Mitgliedern im Rat vertreten, die SPD nur noch mit zwei, und die KPD war ausgeschieden. Fritz Tünnemann wurde einstimmig zum Bürgermeister gewählt, Josef Siepmann zu seinem Stellvertreter. Mit ihnen gehörten zur CDU-Fraktion Fritz Hohaus, Fritz Leusmann, Fritz Fischer, Hans Scholten, Heinrich Göbel, Karl Münstermann und August Kilwing. Die Interessen der SPD vertraten Peter Hein und Albert Gehlhaar. Der frühere Bürgermeister Alfred Winner war nach den im Stadtarchiv vorliegenden Wahlunterlagen nicht mehr Mitglied des Rates.

Kampf gegen Kälte und Hunger

312 Kinder und 90 Erwachsene täglich vom DRK versorgt

Wir sind ein armes Volk geworden, und ein schwerer Winter steht uns bevor“, klagte ein Mitarbeiter der Westfalenpost in der Zeitungsausgabe vom 1. November 1946. „Die unzureichende Versorgung mit Mehl läßt es nicht zu, die Gesamtration an Brot aufzurufen. Und wenn wir jetzt für einen Haushalt von vier Personen einen Zentner Schlammkohlen oder Koksgrus beziehen können, so ist das in Anbetracht des ungewöhnlich frühen Kälteeinbruchs in diesem Jahr auch gerade keine beruhigende Gewißheit, in diesem Winter nicht doch noch frieren zu müssen.“

Doch nicht nur die Kälte, auch der Hunger machte den Menschen zu schaffen. Das Deutsche Rote Kreuz hatte in Verbindung mit dem englischen Roten Kreuz im Herbst zusätzliche Speisungen für bedürftige Kinder eingeführt, die inzwischen auf gesundheitlich gefährdete Erwachsene erweitert wurden. Nachdem sie durch den Stadtarzt untersucht worden waren, erhielten sie zehn Wochen lang kostenlos täglich eine warme Mahlzeit, die in einer der Baracken am Bahnhof zubereitet wurde. Wie die WP am 1. November berichtete, wurden zu dieser Zeit pro Tag 312 Kinder und 90 Erwachsene mit Kakao, Milch und

Erbsensuppe verpflegt und bekamen außerdem einen Löffel Lebertran sowie ein Stückchen Schokolade, einige Bonbons oder Kekse. „Die Helferinnen des Roten Kreuzes sind stolz darauf, bei einigen Kindern schon nach kurzer Zeit Gewichtsverbesserungen feststellen zu können", berichtete die Zeitung.

Die am 14. Oktober 1946 im Pertheshaus am Ostenwall eröffnete Volksküche erfreute sich ebenfalls regen Zuspruchs. Sie versorgte vor allem die im Westentorbunker untergebrachten Flüchtlinge. Für diese Verpflegung durch den Westfälischen Herbergsverband mußten jedoch Lebensmittelkarten abgegeben werden. Für täglich eine Portion mußten für zwölf Tage 100 g Fleisch, 25 g Fett, 250 g Nährmittel, 150 g Brot und 2 000 g Kartoffelmarken mitgebracht und pro Tag 60 Pfennig gezahlt werden.

Über die „tief gesunkene Wirtschaftsmoral" klagte laut Protokoll Pelkums Amtsbürgermeister Renninghoff am 18. Dezember 1946 bei einer Besprechung mit den Bürgermeistern und Ortsbauernvorstehern. Es gebe noch Bauern, die sich kein Gewissen daraus machten, der Abgabepflicht unterliegende Erzeugnisse ihrer Höfe zu Schwarzmarktpreisen oder für Tauschgeschäfte abzugeben.

Die ungenügende Versorgung mit Fett, Nährmitteln, Hausbrand und Bekleidung veranlaßte die SPD in Bockum-Hövel, eine Sondersitzung des Gemeinderates einzuberufen. Gemeindevertreter Müller führte Klage über das Wirtschaftsamt und dessen Leiter, Amtssekretär L., der versagt habe, zweierlei Maß anwende und einzelne Personen, insbesondere Geschäftsleute, bevorzuge. Müller forderte vor allem eine Überprüfung der Schulspeisung in der Berufsschule, wo die Schulküche mit zu viel Lebensmitteln beliefert worden sei. Das habe den vorzeitigen Verbrauch zur Folge gehabt und eine daraus folgende Einstellung der Schulspeisung. In einer Entschließung an die Landesregierung wurde eine bessere Versorgung der Bevölkerung gefordert.

Die gegen L. erhobenen Vorwürfe wurden untersucht und in einer Ratssitzung am 29. Januar 1947 erneut behandelt. Das Verhalten des Amtsleiters wurde einstimmig mißbilligt und seine weitere Beschäftigung nicht erwünscht. Eine Entschließung des Einzelhandelsverbandes, in der der inzwischen eingesetzte neue Amtsleiter N. kritisiert und seine Absetzung gefordert wurde, lehnte der Gemeinderat einstimmig ab.

Trotz strenger Kontrollen wurde geschoben, was das Zeug hielt. Am 12. Oktober 1946 meldete die Westfälische Rundschau, daß die Polizei auf der Autobahn in der Nähe von Hamm in einer Nacht 14 Lastzüge kontrolliert und dabei als Schwarzhändlergut rund 600 Zentner Kartoffeln, 22 Zentner Obst, 17 Rinder, 95 Ferkel, 200 Dosen Marmelade, viele Zentner Getreide und zahlreiche Kisten voll Butter beschlagnahmt hat.

Parteien waren sich einig

Wunsch des Rates: Zeche Radbod in Staatsbesitz

Das erste Problem, mit dem sich der erste gewählte Rat der Gemeinde Bockum-Hövel in seiner konstituierenden Sitzung am 3. Oktober 1946 befaßte, war die Änderung der Besitzverhältnisse der Zeche Radbod, die der Hoesch AG gehörte. In ihrer „Entschließung Nr. 1“ trugen die Gemeinderäte der Landesregierung den Wunsch vor, die Zeche auf Genossenschaftsbasis möglichst bald in den Besitz der Belegschaft zu bringen oder sie in Staatsbesitz zu überführen. Der Rat war überzeugt, daß der schwer arbeitende Bergmann die dann ihm gehörende Schachtanlage noch mehr als bisher mit allen Mitteln unterstützen und entwickeln würde. Das würde auch eine Steigerung der Förderung zur Folge haben und dazu führen, daß es leichter sei, neue Mitarbeiter und vor allem Nachwuchskräfte für den Bergbau zu gewinnen.

So einig wie bei der Forderung nach Verstaatlichung der Zeche Radbad waren sich die Gemeindevertreter auch bei der Wahl des Bürgermeisters, seines Stellvertreters und des Gemeindedirektors, nicht ahnend, daß es um den Posten des Verwaltungschefs noch jahrelange Auseinandersetzungen geben würde. Ein neuer Gemeindedirektor konnte erst 1948 unter dramatischen Umständen, über die noch zu berichten sein wird, in sein Amt eingeführt werden, das bis zu diesem Zeitpunkt von Adolf Brühl trotz seines hohen Alters verwaltet werden mußte. Brühl hatte nach dem Krieg die Leitung der Gemeinde übernommen und war zunächst Bürgermeister und Gemeindedirektor in einer Person. Nach der von der Militärregierung angeordneten Trennung der Ämter von Bürgermeister und Gemeindedirektor waren am 6. Juni 1946 Josef Wittkamp als Bürgermeister und Adolf Brühl als Gemeindedirektor in ihre Ämter eingeführt worden. Brühl hatte bei dieser Gelegenheit seinen bisherigen Stellvertretern Rektor a.D. Heinrich Schmitt und Anton Pytlik für die tatkräftige Unterstützung gedankt.

Schmitt und Pytlik gehörten dem Rat nach der Kommunalwahl vom 15. September 1946 nicht mehr an. Gewählt worden waren für die CDU Bernhard Barkhaus, Wilhelm Deist, Bernhard Linneweber, Josef Wittkamp, Heinrich Fahnemann, Heinrich Hölscher (Dörholtstraße), Johann Fleischmann, Adolf Schmidt, Heinrich Quade, Hermann Schütt, Wilhelm Wiggermann und Franz Höving, für die SPD Max Hofmann, Erich Müller, Ernst Hubold, Heinrich Hölscher (Bodelschwinghstraße), Heinrich Schroer, Hermann Blomeier, Heinrich Pape, August Hofmann, Wilhelm Schepers, Walter Breuer und Heinrich Hohaus sowie für die KPD Johann Janiak. Wilhelm Deist (CDU) legte aus gesundheitlichen Gründen im Dezember 1946 sein Amt als Gemeindevertreter nieder. Zu seinem Nachfolger wurde einstimmig Willi Wiese gewählt.

Wilhelm Deist gehörte ebenso wie Anton Pytlik zu den Politikern der ersten Stunde, deren Wort nicht nur in ihrer eigenen Gemeinde Gewicht hatte. Beide stellten schon vor der konstituierenden Ratssitzung im Herbst 1946 die Weichen für die einvernehmliche Bürgermeisterwahl. Helmut Pytlik, der später als Politiker die Familientradition seines Vaters fortsetzte, erinnert sich noch heute an ein Gespräch der beiden in der väterlichen Wohnung, bei dem verabredet wurde, daß, wenn die SPD den CDU-Bürgermeister mitwähle, die Union sich dem SPD-Vorschlag für den Gemeindedirektor-Posten anschließen würde.

Nachdem der neue Rat bereits am 27. September in Anwesenheit des Kreisresidenzoffiziers der Militärregierung in Lüdinghausen, Major Feltz, von Oberkreisdirektor Weskamp vereidigt worden war, erfolgte die Bürgermeisterwahl am 3. Oktober. Bezugnehmend auf die Mandatsverteilung von zwölf Sitzen für die CDU, elf für die SPD und einen für die KPD erklärte Wilhelm Deist für die CDU-Fraktion, daß die Bevölkerung Bockum-Hövels eindeutig ihrem Willen Ausdruck gegeben habe, durch die beiden großen Parteien CDU und SPD vertreten zu werden. Die CDU werde sich um die Zusammenarbeit mit den anderen Parteien bemühen. Hinsichtlich der Wahlen des Bürgermeisters und des Gemeindedirektors sei eine Einigung mit der SPD erreicht worden. Deist schlug als Bürgermeister Bernhard Barkhaus vor. Gemeindevertreter Erich Müller erklärte für die SPD-Fraktion, daß auch diese bereit sei, in echt demokratischem Geist mit den übrigen Parteien zusammenzuarbeiten. Er schlug als Vertreter des Bürgermeisters Hermann Blomeier vor und als Gemeindedirektor Stadtinspektor Rottmayer aus Unna. Alle wurden einstimmig gewählt. Zu Komplikationen kam es dann später, weil Militärregierung und Aufsichtsbehörde sich nicht mit der Wahl Rottmayers einverstanden erklärten. Davon wird im einzelnen noch zu berichten sein.

Fischfang für Krankenhausküchen reserviert

Fisch war knapp und begehrt. Kein Wunder, daß alles, was die Stadt Hamm in den ihr 1945 zur Bewirtschaftung übergebenen Gewässern züchtete, Langfinger anzog. So berichtete die Zeitung zum Beispiel von zwei Paddlern, die in der Nähe der Schleuse drei fette Aale, zwei Barsche und eine Forelle erbeutet hatten. Sie wurden erwischt und bestraft. Die Erträge aus der Fischzucht kamen damals den Hammer Krankenhäusern zugute. Es muß manche Mahlzeit dabei herausgesprungen sein, denn der städtische Fischmeister setzte im Frühjahr 1947 1 000 Jungkarpfen, 1 000 Schleien und 11 000 Jungaale aus. Letztere wurden, wie es in der Zeitung heißt, an der Lippeschleuse im staatlichen Fischereigebiet eingefangen.

Kein Platz für Apothekerkammer

Chance für wichtige überregionale Ansiedlung vertan

„Wenn die Stadt damals gespurt hätte ...", sinniert Dr. Ewald Lehmkuhl noch heute und denkt an die Chancen, die nach dem Krieg vertan wurden. Zum Beispiel bei der Ansiedlung der Apothekerkammer Westfalen, deren Präsident der Hammer Apotheker Eduard Kayser war, der die Geschäfte der Kammer zunächst in seiner Privatwohnung an der Ostenallee 76 führte. Sohn Rolf erinnert sich gut daran, daß er und sein Bruder sich ins Schlafzimmer zurückziehen mußten, wenn der Herr Papa als Kammerpräsident Besucher empfing. Damals verteilte die Kammer im Auftrag der Militärregierung auch das „Wundermittel" Penicillin, das in Kaysers Keller gelagert und von den Krankenhäusern dort abgeholt wurde. Die Kammer, die später im sogenannten „Oberbürgermeisterhaus" an der Ostenallee untergebracht war, ging wieder nach Münster zurück, weil die Stadt das neben dem Lazarett in Aussicht genommene Gelände für einen Neubau nicht zur Verfügung stellte. Ähnlich erging es der Tierärztekammer, die nach dem Krieg ebenfalls Quartier an der Ostenallee bezogen hatte. Beide Einrichtungen haben überregionale Bedeutung und hätten der Stadt Hamm gut zu Gesicht gestanden.

Dr. Lehmkuhl war als Nachfolger von Dr. Johnen staatlicher Amtsarzt in Hamm geworden. Er wurde am 1. Januar 1949 in den Kommunaldienst übernommen, 1952 Beigeordneter und Dezernent für das Gesundheitswesen, übernahm 1966 auch die Bereiche Sozial- und Jugendwesen und wurde am 31. August 1969 mit Erreichen der Altersgrenze in den Ruhestand verabschiedet. Bis 1985 war er dann noch Vertragsarzt für das Musterungswesen bei der Bundeswehr.

„Als wir ankamen, sahen wir eine entsetzliche Silhouette", erinnert sich Dr. Lehmkuhl an seine erste Fahrt in die zerstörte Stadt Hamm am 17. September 1945. Er war Amtsarzt auf der Insel Rügen gewesen und nach Kriegsende gemeinsam mit seiner Frau in deren Elternhaus nach Warstein zurückgekehrt. Dort erreichte ihn die Nachricht, daß er nach Hamm gehen solle. Gemeinsam mit seinem Vorgänger Dr. Johnen, der zur Regierung nach Münster wechselte, suchte Lehmkuhl in Hamm zunächst Dr. Stockebrand und Oberstudiendirektor Ellbracht auf, die ein gewichtiges Wort bei der Militärregierung mitzureden hatten, und stellte sich dann bei der „grauen Eminenz" der Militärkommandantur, Mr. Sutton, vor.

„Jetzt müssen wir das Gesundheitsamt mal zusammensuchen", wurde ihm bedeutet. Die vorher im zerstörten evangelischen Lutherhaus an der Königsstraße untergebrachte Einrichtung befand sich jetzt mit drei Räumen im sogenannten „Klösterchen“ und drei weiteren im Badehaus gegenüber. Die personelle Besetzung bestand aus Sekretärin Marie-Luise Blaß, die Lehmkuhl bis 1969 eine große Stütze war, aus zwei Fürsorgerinnen, einem Desinfektor und einer Schreibkraft. Der neue Amtsarzt stellte sich dann zunächst bei Oberbürgermeister Schlichter vor, der zu dieser Zeit privat im Kurhaus wohnte, und unter anderem bei Generalstaatsanwalt Kesseböhmer. Unvergessen ist ihm in dessen Büro ein kleiner Kanonenofen, dessen Abzugsrohr im Oberlandesgericht (dem heutigen Rathaus) einfach durch das Fenster nach draußen führte.

Gut erinnert sich der damalige Amtsarzt noch an die Krankenhaussituation. Das Städtische Krankenhaus war zum Teil zerstört, der Operationssaal im Bunker eingerichtet. Die alten Operationsräume wurden Hammer Fachärzten, so zum Beispiel dem Hals-, Nasen- und Ohrenarzt Dr. Richard von Scheven und dem Augenarzt Dr. Henneberg, zur Verfügung gestellt. Chefarzt des Städtischen Krankenhauses war Dr. Senge. Die Ärzte machten aber nicht durch ihren medizinischen Einsatz Furore. Sie hatten ein Quartett gegründet und gaben in einer Zeit, in der sich alle gern den musischen Dingen zuwandten, Konzerte. Um den Wiederaufbau des Marienhospitals bemühten sich die Chefärzte Dr. Schroeder und Dr. Meschede. Im weitgehend erhaltenen Knappschaftskrankenhaus war von Sommer 1945 bis Frühjahr 1946 Dr. Grosshardt und dann Professor Dr. Baader Chefarzt. Er wurde schon bald von dem Röntgenologen Dr. Lothar Bamberg unterstützt, der später in Hamm die Nuklearmedizin begründete. An solche Einrichtungen war damals aber noch nicht im entferntesten zu denken. Bamberg war froh, als ihm Dr. Lehmkuhl ein Röntgengerät zur Verfügung stellte, das bei der Übernahme des Lazaretts abgezweigt werden konnte.

Total zerstört war die Kinderklinik St. Elisabeth, die in die Uentroper Schule ausgelagert worden war. Dort wurden, wie sich Dr. Lehmkuhl erinnert, auch die ersten Schwesternprüfungen abgenommen. Die Märkische Kinderklinik mit Chefarzt Dr. Kortmann, die während des Krieges zur Möhne evakuiert war, blieb dagegen ebenso wie die Klinik am Bärenbrunnen, geführt von den Ärzten Dr. Hötte und Dr. Wilmers, erhalten.

Nicht genügend gewürdigt worden sind nach Ansicht von Dr. Lehmkuhl die Verdienste von Oberstabsarzt Dr. August Simon, der nicht nur dafür gesorgt hat, daß die Engländer das Lazarett wieder für die deutsche Bevölkerung freigaben. Er hat auch die Weichen für die Bereitstellung der Infanteriekasernen gestellt, in denen später der „Stadthof“ mit verschiedenen Dienststellen der Stadtverwaltung (darunter auch das Gesundheitsamt) eingerichtet wurde und einige Schulen untergebracht waren.

Simon war die Aufgabe übertragen worden, gemeinsam mit dem Hammer Arzt Dr. Nagel russische Patienten im Lazarett zu betreuen. Ihm sei es zu danken gewesen, daß das Hospital am 26. November 1945 in die Regie der Stadt Hamm überging. Den denkwürdigen Augenblick, als Simon das Haus an Oberbürgermeister Josef Schlichter übergab, erlebte Amtsarzt Dr. Lehmkuhl ebenso mit wie Stadtrechtsrat Dr. Hans, ein englischer Sanitätsoffzier und Dechant Brück. Dieser war als Vertreter des Marienhospitals gekommen, das die Einrichtung jetzt übernahm. „Wir waren alle sehr glücklich", weiß Lehmkuhl noch heute. Für ihn persönlich hatte die Bereitstellung des Lazaretts noch einen anderen positiven Aspekt: Er bekam nicht nur Räume für das Gesundheitsamt, sondern auch für seine Privatwohnung, so daß er im Februar 1946 endlich seine Familie nach Hamm holen konnte. Nicht zuletzt diese Wohnung gab den Ausschlag, daß Lehmkuhl wenig später den Ruf nach Arnsberg ablehnte, wo er eine leitende Stelle bei der Bezirksregierung übernehnen sollte.

Das Aufgabengebiet in Hamm war für ihn interessant. Er war nicht nur Amtsarzt, sondern auch für das Gefängnis zuständig und psychiatrischer Gutachter am Dortmunder Schwurgericht. Obduktionen gehörten ebenfalls zu seinem Aufgabengebiet, und er erinnert sich noch gut an seine erste Leichenöffnung. Dabei handelte es sich um eine Frau, der in ihrer Wohnung an der Mörikestraße der Schädel eingeschlagen worden war.

Hungerödeme, Tuberkulose, Typhus, Krätze — die Krankheitspalette in einer Zeit des Hungers und der Entbehrungen liest sich wie eine Horrorgeschichte. Besonders groß war das Problem der Geschlechtskrankheiten. „Auf Anordnung der Militärbehörden veranstalteten wir nachts Razzien", berichtet Lehmkuhl. Die Frauen wurden umgehend untersucht. Im Lazarett war in Zusammenarbeit mit den Hautärzten Dr. Uedinghoff und Dr. Ochs eine eigene Station für Geschlechtskranke eingerichtet worden, die nur über einen Aufzug zu erreichen war. „Bei den Frauen handelte es sich fast ausschließlich um Durchreisende, die zum großen Teil aus Not Prostituierte geworden waren und sich bei Besatzungssoldaten infiziert hatten", erläutert Lehmkuhl die Situation. Die Engländer stellten Penicillin zur Verfügung. „Weil Dr. Robert Braun dieses Wundermittel auch mal für andere Patienten abgezweigt hatte, wurde er vor ein Militärgericht gestellt", erzählt der damalige Amtsarzt, dank dessen Fürsprache Braun glimpflich davonkam.

Geschlechtskrankheiten bereiteten große Sorge

Das Gesundheitsamt der Stadt konnte sich nach dem Krieg über Mangel an Arbeit nicht beklagen. Besondere Sorge bereitete den Mitarbeitern die erschrekkende Zunahme der Geschlechtskrankheiten, die, wie es im Verwaltungsbericht heißt, auf die gesunkene Moral und schlechte Lebensverhältnisse zurückgeführt wurde. 1945 waren 572 Erkrankte registriert, ein Jahr später hatte sich die Zahl auf 1 231 erhöht. 1947 wurde mit 1 453 Kranken der Höchststand erreicht. Eine ehemalige Krankenschwester erinnert sich, daß Mädchen, die abends bei einer Razzia festgenommen worden waren, über Nacht im Bunker am Städtischen Krankenhaus eingesperrt und morgens nach der Untersuchung wieder entlassen wurden.

Rote Fahne auf dem Lazarett

Dr. August Simon landete durch Zufall in Hamm

„Gospodin Chefarzt" war bei allen beliebt. Sowohl bei den Kollegen, wie auch bei den Patienten im Hammer Lazarett, und während des Krieges bei der Zivilbevölkerung und allen Soldaten, deren Chef der Oberstabsarzt war. „Er hat wie ein Vater für uns gesorgt", wurde Dr. August Simon gelobt. In Hamm hat der heute in seiner Heimatstadt Bonn lebende Mediziner dafür gesorgt, daß das Lazarett Ende 1945 wieder für die Hammer Bevölkerung zur Verfügung gestellt und dem Marienhospital übergeben wurde. Simon, am 14. 12. 1898 geboren, war Soldat im 1. Weltkrieg, studierte dann Medizin und wurde auch im 2. Weltkrieg wieder eingezogen. Er wurde verwundet und kam 1941 mit einer Sanitätsabteilung vorübergehend nach Hamm. Die Stadt blieb ihm in guter Erinnerung und schien ihm das richtige Sprungbrett in Richtung Bonn, als er 1945 in Hamburg vom englischen Kommandanten den begehrten Stempel „Cross the Elbe" bekam, der ihm mit dem Flußübergang den Weg nach Westen öffnete. Die Reise, auf der er zunächst von Sanitätern und Krankenschwestern, später, nach vielerlei Hindernissen, nur noch von einem Stabsarzt und einem Stabsapotheker begleitet wurde, führte dank eines selbst ausgestellten Marschbefehls tatsächlich ans Ziel.

Auf dem Lazarett an der heutigen Marker Allee wehte die rote Fahne mit Hammer und Sichel, als die Deutschen sich beim russischen Posten meldeten. Die drei wurden aufgenommen und Simon vier Tage später zum Chefarzt ernannt. Zu insgesamt 385 Mitarbeitern gehörten 16 deutsche und zehn russische Ärzte, als Patienten wurden am 22. August 1945 581 Russen und 111 Kranke aus anderen Nationalitäten betreut. Insgesamt wurden, wie Dr. August Simon festhielt, in der Zeit vom 22. April bis zum 22. August 1945 im Lazarett 2.072 Russen, 495 Ungarn und Polen sowie 64 Deutsche behandelt.

Simon schildert seine Erlebnisse während der beiden Weltkriege und in Hamm sowie Erfahrungen aus seiner ärztlichen Praxis sehr eindrucksvoll in einem Buch mit dem Titel „Das Schicksal fordert uns alle", das im Eigenverlag erschienen ist und im Stadtarchiv aufbewahrt wird. Darin berichtet er auch von den Schwestern auf der Tuberkulose-Station, die besonders gefährdet waren und von ihm strengste Anweisung hatten, nur mit Messer und Gabel zu essen. Dr. Simon sorgte dafür, daß sie täglich 50 Gramm Butter bekamen. Er selbst wurde bei der Visite von den dankbaren Russen mit Schokolade, Obst und Fleischkonserven beschenkt, die abzulehnen eine Beleidigung gewesen wäre.

Ende August kam eine Repatriierungskommission aus Moskau mit einem Stab von Offizieren und 60 Sanitätern. Die Rückführung der ehemaligen Kriegsgefangenen in ihre Heimat verlief reibungslos. Simon bekam eine Bescheinigung, daß er als „Gospodin Chefarzt" viel Gutes für die kranken Russen getan habe. Von den Patienten waren übrigens, wie er berichtet, 155 Russen und 24 Soldaten anderer Nationalitäten gestorben.

Dr. Simon sorgte, nachdem das Haus sich mehr und mehr leerte, dafür, daß eine Übergabe an die Stadt vorbereitet wurde. In seinem Buch lobt er den britischen Divisionsarzt, der sein Anliegen unterstützte: „Er war ein Gentleman. Das waren die Männer, die das britische Empire geschmiedet hatten." Im November 1945 wurde das Lazarett aufgelöst und in die Verwaltung des Marienhospitals übergeben, in dessen Haus an der Nassauerstraße von ehemals 400 Betten nach dem Bombenkrieg nur noch 80 belegt werden konnten. Dr. Simon durfte noch nicht nach Bonn zurückkehren. Er wurde von den Engländern mit zwei anderen deutschen Fachärzten in ein britisches Feldlazarett nach Antwerpen geschickt. Erst im August 1948 gelang es ihm, seine ärztliche Praxis in Bonn wieder zu eröffnen.

Die „schönen Künste" waren begehrt

Hamm war noch Bad und bot eine Kursaison an

Die Auswahl an Probenräumen für Gesangvereine war in der zerstörten Stadt Hamm gering. Auch der Chor des Städtischen Musikvereins war, wie bereits kurz berichtet, wieder aktiv geworden. In der Festschrift zum 100jährigen Vereinsbestehen schildert Ilsemarie von Scheven die damalige Lage: „Herhalten mußte ein leidlich helles Zimmer im Oberlandesgericht (heute Rathaus). Statt der Fensterscheiben gab es vorgenagelte Pappen und schepperndes sogenanntes Drahtglas. Beleuchtung war mitzubringen. Kostbare Kerzenstümpchen, mit einem kostbaren Streichholz entzündet, gaben wenig Licht, dafür aber zwischen Trümmern und Kälte ein tröstliches Stimmungselement. Unter so armseligen Umständen schulte der damals vierzigjährige Lehrer und städtische Musikbeauftragte Josef Kemper seinen künftigen Chor."

Es gab keine Schokolade, keinen Wein — und Kaffee nur auf dem Schwarzen Markt. Satt essen konnte sich längst nicht jeder, und wer eine geheizte Wohnung hatte, lebte im Luxus. Wenn es an allem hapert, dann sind die schönen Künste besonders begehrt. Kein Wunder, daß die im Kurhaus angebotenen Konzert- und Theaterveranstaltungen regelmäßig ausverkauft waren. Stolz nannte sich Hamm nach dem Krieg noch „Bad“, und sogar mit einiger Berechtigung, denn es gab ein Badehaus, in dem Solebäder verabreicht wurden, und es gab eine „Kursaison“, für die die Badeverwaltung verantwortlich zeichnete. Sie wurde am 9. Mai 1946 mit einem heiteren Abend unter dem Titel „Lachender Frühling“ eröffnet. Das Programm gestalteten Solisten und Ballett der Städtischen Bühnen Münster sowie die Sopranistin Ilona Barony von der Staatsoper Berlin.

Gesungen wurde aber nicht nur auf der Kurhausbühne. Sowohl der Städtische Musikverein, wie auch die dem Sängerkreis Hamm angeschlossenen Vereine regten sich wieder. Einer der ersten, der seine Proben aufnahm, war vermutlich der Männergesangverein Berge, der bereits am 21. Oktober 1945 seine erste Versammlung hatte. Er wurde am 18. Juni 1947 in einen gemischten Chor verwandelt. Eine interessante Notiz aus der Chronik: Für die Silvesterfeier 1947 wurden pro Gast Lebensmittelkarten für 750 g Kartoffeln, 50 g Fleisch und 250 g Brot eingesammelt. Auch der Katholische Kirchenchor Rhynern machte keine lange Pause. Er feierte — klein aber fein — im Dezember 1945 sein 25jähriges Bestehen und nahm erstmals Frauen auf.

Das Jahr 1946 brachte dem Gesangsleben weiteren Aufschwung. Dazu mag nicht zuletzt das erste öffentliche Konzert des Volkschores beigetragen haben, das unter der Leitung von Dirigent Heinrich Röttgen am 28. März 1946 im Kurhaus stattfand. Dabei wirkte, wie einer Ankündigung im Amtlichen Mitteilungsblatt zu entnehmen ist, das Hammer Kammerorchester unter Leitung von Musikdirektor Schwittmann mit.

Aus Liedertafel, Arion und Quartettverein formierte sich die Chorgemeinschaft Hamm-Mitte unter Leitung von Studienrat Rosenstengel. Chorleiter Bornemann betreute „Frohsinn“ und den MGV 1873, Heinrich Schmitz die Concordia, Josef Cordes Konstantia 1889 Hamm und Hans Cramer den MGV 08. Neues Leben entstand 1946 auch beim MGV 1888 Herringen, beim MGV und Frauenchor Mark, beim MGV 1908 Hamm-Westen und Frauenchor, beim MGV Nordenfeldmark, der im Dezember 1946 unter dem Vorsitz von Theo Wegener aus der Taufe gehoben wurde und dessen Leitung Franz Roters übernahm. 1947 folgten der MGV 1924 Lohauserholz und Eintracht Pelkum 1898, der aus Anlaß seines Goldjubiläums im September 1948 Aufsehen erregte, als er sieben Vereine zu einem Massenchorsingen vor dem Pelkumer Amtshaus vereinte.

Ende 1946 schon 80 Kilometer Gasrohre repariert

Die Stadtwerke hatten mit der Wiederherstellung des Gasrohrnetzes im August 1945 begonnen. In einer Bilanz, die am 7. Januar 1947 von der Presse veröffentlicht wurde, teilten die Stadtwerke mit, daß jetzt wieder 80 von 110 Kilometern Rohrnetz in Betrieb seien. Der zerstörte Gasbehälter am Langewanneweg konnte noch nicht repariert werden, da die erforderlichen 500 Tonnen Stahl nicht zu beschaffen waren.

Geistige Haltung umformen

200 Mandatsträger aus Amt Rhynern im Kinosaal vereidigt

In einer wohl auch für damalige Verhältnisse einmaligen Mammutveranstaltung wurden am 5. November 1946 im Kinosaal an der Gaststätte Dohmwirth in Rhynern über 200 Amts- und Gemeindevertreter aus dem Amtsbezirk Rhynern vereidigt. Die Westfalenpost berichtete über die Versammlung, die von Oberkreisdirektor Mönikes eröffnet wurde. Amtsbürgermeister Dr. Nagel begrüßte dazu Lt. Col. Haig als Vertreter der Militärregierung. Nagel versicherte, daß die Vertreter des Amtes in aufrichtiger Zusammenarbeit mit der Militärregierung ihr Amt ausüben wollten und daß sie dabei geleitet würden von dem Bewußtsein, dem deutschen Land und Volk zu dienen. Das Vertrauen, das man in die Militärregierung setze, sei der Notanker eines gequälten Volkes, welches nicht getäuscht werden dürfe, wenn nicht alles zusammenbrechen solle. Lt. Col. Haig, dessen gute Zusammenarbeit mit den deutschen Behörden Amtsdirektor a.D. Walter Schüerhoff noch heute lobt, wies die Mandatsträger darauf hin, daß sie eine doppelt schwere Aufgabe zu erfüllen hätten: Sie müßten nicht nur am Wiederaufbau mitarbeiten, sondern auch die geistige Haltung des Volkes umformen.

Als Bürgermeister waren in den 21 Gemeinden des Amtes Rhynern gewählt worden: Allen: Heinrich Lüke (unabhängig), Berge: Heinrich Grundel (CDU), Braam-Ostwennemar: Bruno Orlinksi (SPD), Bramey-Lenningsen: Karl Gosewinkel (unabhängig), Flierich: Wilhelm Becker (unabhängig), Freiske: Heinrich Oberdorf (CDU), Frielinghausen: Heinrich Koch (unabhängig), Haaren: Heinrich Korte (unabhängig), Hilbeck: Karl Moennighoff (CDU), Norddinker: Dietrich Wältken (unabhängig), Osterflierich: Fritz Poth (CDU), Osttünnen: Paul Mentrop (CDU), Rhynern: Wilhelm Schumacher (dessen CDU-Parteibuch das Ausstellungsdatum 27. Januar 1946 ausweist), Schmehausen: Fritz Pannock (unabhängig), Sönnern: Engelbert Kühlmann (CDU), Süddinker: Josef Mönninghoff (CDU), Uentrop: Wilhelm Korte (CDU), Vöckinghausen: Wilhelm Möllmann (CDU), Wambeln: August Ostermann (CDU), Werries: Karl Koßmann (SPD), Westtünnen: Wilhelm Schwinde (CDU). Sie wurden am 3. Dezember 1946 von Amtsbürgermeister Nagel zu einer Sitzung in das Amtshaus eingeladen, bei der es um Wohnungsbewirtschaftung, Fürsorgewesen und Flüchtlingsversorgung ging.

In den meisten Gemeinden des Amtes Rhynern waren die Kommunalwahlen bei einer Wahlbeteiligung von weit über 80 Prozent eindeutig für die CDU entschieden worden, wenn auch einige der Bürgermeister unter „unabhängig“ geführt wurden. Noch bis zur ersten Neuordnung im Jahr 1968 gehörten keineswegs alle Mitglieder der „CDU-Fraktionen“ der Union tatsächlich an. Hochburgen der SPD waren die Koloniegemeinden Werries und Braam-Ostwennemar, die mit 3 884 und 3 655 Einwohnern auch die jeweils größten waren.

In Werries konstituierte sich der neue Rat am 7. Oktober im Kasino. 13 Mitglieder gehörten der SPD an. CDU und KPD waren nur jeweils mit einem Ratsherrn vertreten. Sitz und Stimme hatten für die SPD Fritz Heitsch, Karl Koßmann, Karl Kampmann, Franz Scheffler, Fritz Rogge, Karl Schobert, Wilhelm Degelmann, Johann Banaszak, Wilhelm Mecklenbrauck, Hermann Fischer, Walter Parakenings und Fritz Harkebusch, für die CDU Karl Heller und für die KPD Karl Westhoff.

Karl Koßmann wurde einstimmig in seinem Amt als Bürgermeister bestätigt. Als Stellvertreter schlug die SPD den CDU-Ratsherrn Heller vor. Dazu erklärte Franz Scheffler, daß die SPD auf demokratischer Grundlage arbeite und der zweitstärksten Fraktion den Stellvertreterposten demnach zugestehen wolle. Der KPD-Vertreter, der sich seinerseits als zweitstärkste „Fraktion“ fühlte, stimmte vergebens dagegen.

Die Einwohner der Gemeinde Braam-Ostwennemar wählten acht Vertreter der SPD, sechs der CDU und einen der KPD in den Rat. Es waren von der SPD Bruno Orlinksi sen., Bruno Orlinski jun., Friedrich Plümpe, Karl Benner, Minna Sandkühler, Heinrich Sandbothe, Wilhelm Holtei und Bernhard Böckmann, von der CDU Heinrich Borgschulze, Christian Kampmann, Heinrich Lülf, Josef Langerbein, Felix Lipke und Heinrich Rosenhövel und von der KPD Helene Schidlowski.

In der konstituierenden Sitzung am 2. Oktober 1946 wurde Bruno Orlinski mit neun Stimmen bei sechs Enthaltungen in seinem Amt als Bürgermeister bestätigt. Als Stellvertreter wurde — auf Antrag der SPD in geheimer Wahl — CDU-Ratsherr Borgschulze mit elf Stimmen gewählt. Bürgermeister Orlinski legte sein Amt am 2. Dezember 1946 wegen Arbeitsüberlastung nieder. Als Nachfolger wurde einstimmig Karl Benner gewählt.

Die Kripo bekämpfte den Schwarzhandel

Weil der Schwarzhandel blühte, war bei der Hammer Kripo am 1. Mai 1946 eine Sonderabteilung eingerichtet worden, die bis zum Jahresende 138 Schwarzhändler überführte und 105 Fälle an die Staatsanwaltschaft weitergab. Bei Kontrollen am Bahnhof wurden 1947 in der Zeit von Januar bis Dezember 551 kg Speck, 2 825 Eier, 174 kg Fleisch, 768 kg Obst, 355 kg Mehl, 5 126 Zigarren, 17 Flaschen Schnaps und neun lebende Ferkel, aber auch 260 Rasierklingen, 31 Paar Pantoffeln und jede Menge Zigaretten beschlagnahmt.

Schnellstudium für Lehrer

Kursus an der Jahnschule in Herringen dauerte fast ein Jahr

„Erst durften wir uns die Knochen kaputtschießen lassen, dann galt das alles nicht mehr." Willi Hendricks ist heute noch verbittert. Er war Abiturient, als er zum Kriegsdienst eingezogen wurde. Die Abiturprüfung durfte er nicht mehr machen. Stattdessen bekamen er und seine Klassenkollegen einen Reifevermerk, der angeblich zum Studium an jeder deutschen Hochschule berechtigen sollte. Als Hendricks aber im Herbst 1945 aus englischer Kriegsgefangenschaft in die Heimat zurückkehrte, erwies sich diese Bescheinigung als wertlos. Der Wunsch des Heimkehrers, Medizin zu studieren, wurde abschlägig beschieden. Es hieß, er müsse erst einen Förderkurs besuchen, um sein Abitur nachzuholen. Das aber war ihm zu dumm. Später stellte sich heraus, daß er nicht schlecht beraten war. Er wurde zu einem Sonderlehrgang zugelassen und im Schnellverfahren Lehrer. Damit war er besser dran als Gleichaltrige, die sich noch einmal auf die Schulbank gesetzt hatten und ebenfalls Lehrer werden wollten. Sie mußten später die Pädagogische Hochschule in Emsdetten besuchen und waren erst entsprechend später fertig. Willi Hendricks wurde bereits am 22. April 1947 in den Schuldienst übernommen.

Der Berufswunsch Arzt war schon lange vorher in weite Ferne gerückt. Wie alle anderen Heimkehrer mußte sich der junge Mann zunächst beim Arbeitsamt melden, um Lebensmittelkarten zu bekommen. Er wurde als Bauhilfsarbeiter eingesetzt und half bis Februar 1946 beim Aufbau der Wagenwerkstatt der Bundesbahn. Inzwischen zeichnete sich ab, daß die Schulen wieder eröffnet werden sollten und es an Lehrern fehlte. Hendricks bewarb sich als „Schulhelfer". Es dauerte eine Weile, aber dann kam der Bescheid, daß er an einem Sondernotlehrgang zur Ausbildung von Lehrern teilnehmen könne und sich zur Aufnahmeprüfung in der Jahnschule in Herringen einfinden solle.

Schulrat Anton Clement leitete den Lehrgang, für den sich 150 Bewerber mit der unterschiedlichsten Vorbildung meldeten. 90 von ihnen wurden angenommen. Sie waren zwischen 20 und 35 Jahre alt, wurden in zwei Gruppen von Volksschullehrern in der Jahnschule unterrichtet und mußten dafür monatlich 25 Reichsmark bezahlen. Auf dem Stundenplan standen Pädagogik, Didaktik, Geschichte und alle Fächer der damaligen Volksschule. Bücher gab es nicht. Die Absolventen mußten alles mitschreiben, was sie lernen wollten.

Bevor das Schnellstudium am 27. Mai 1946 begann, mußten alle hospitieren. Bei Hendricks sah das so aus, daß er in der Geistschule, die damals noch in der

Schillerschule am Wiescherhöfener Markt untergebracht war, mit den Worten willkommen geheißen wurde: „Sie können zwei Stunden hospitieren, dann übernehmen Sie das 3. Schuljahr." Bei einem späteren Praktikum, als die Geistschule schon eigene Baracken hatte, sorgte der praktisch veranlagte Hospitant für das fehlende Pausenzeichen. „Ein Junge brachte eine Hupe und eine alte Autobatterie mit, ich hatte noch einen Drehschalter. Daraus montierte ich dann unsere Pausenhupe", schildert der seit 1986 pensionierte spätere Rektor der Ludgerischule ein Beispiel des damals üblichen Organisationstalents. Der Kursus, der nur noch einmal in Unna-Königsborn wiederholt wurde, schloß am 28. März 1947 mit der Prüfung durch die Schulaufsichtsbehörde, die alle Absolventen bestanden.

Für Willi Hendricks begann der Dienst am 22. April 1947 an der Katholischen Ostschule, die gemeinsam mit der Evangelischen Ostschule, der Gemeinschaftsschule und der Realschule in einem Gebäude des Stadthofes, der heutigen Paracelsus-Kaserne, untergebracht war. „Die Türen wurden in der ersten Zeit noch mit Bindfaden zugebunden", erinnert sich Hendricks an die notdürftigen Räumlichkeiten.

Schulhefte oder Schreibpapier gab es nicht, doch man wußte sich zu helfen. Aus alten Akten, die die nebenan stationierte jugoslawische Transporteinheit in den Abfall befördert hatte, wurden Hefte Marke Eigenbau hergestellt. Tintenextrakt mußte beantragt werden. Als die Schulverwaltung zurückfragte, wozu dieser gebraucht werde, wußte der Rektor der Evangelischen Ostschule, Julius Überhoff, eine drastische Antwort: „Zum Schreiben, da zum Saufen nicht geeignet!" Pelkums Ortsheimatpfleger Hans Mansberg, der die erste Nachkriegszeit ebenfalls als Lehrer miterlebte, bewahrt ein Schreiben des Amtes Pelkum vom 19. November 1946 auf, in dem es um diesen Tintenextrakt geht. Es heißt darin, daß eine Firma das Konzentrat liefere, das 25fach verdünnt werden müsse. Eine Aufteilung für die Schulen könne die Firma nicht vornehmen, da keine Gefäße zur Verfügung stünden. Die Pelkumer Schule könne bei Fräulein B. in Altenbögge sechs Liter Konzentrat abholen. Gefäße müßten dafür aber mitgebracht werden.

Christlicher Kulturring durch Sammlungen finanziert

Kultur wurde großgeschrieben in der Trümmerzeit. Im Winter 1946/47 wurde der „Christliche Kulturring" gegründet. Dem Vorstand gehörten Dr. Stockebrand, Heinrich Freitag, Theodor Fenske und Otto Spangenberg an. Finanziert wurden Vorträge und Aufführungen durch Sammlungen, die jeweils am Ende der Veranstaltung erfolgten.

Waldbühne gab nicht auf

Zum Neubeginn ausverkaufte Vorstellungen im Kurhaus

„Es geschieht da etwas, was auf die Dauer von neuem über Westfalen hinaus wirksam werden kann." Als die Rhein-Ruhr- Zeitung am 20. August 1946 diese Zukunftsperspektive für die Westfälischen Heimatspiele eröffnete, konnte der Verfasser nicht ahnen, daß die Laienspieler aus dem Heessener Wald ihm in den folgenden Jahrzehnten in vollem Umfang recht geben würden. Dabei waren die Aussichten alles andere als rosig. Die Bühne im Heessener Wald war zerstört, die Spielschar durch den Krieg auseinandergerissen. An Aufführungen war seit 1940 nicht mehr zu denken. 1943 war die Zuschauertribüne abgebrochen worden, weil das Holz zum Bau von Behelfsheimen für Ausgebombte gebraucht wurde. Geschäftszimmer, Requisiten und Kostüme fielen den Bomben zum Opfer. Dennoch gaben die Spielbegeisterten um Anton und August Funke nicht auf. Sie trafen sich im Mai 1946 zu einer Wiedersehensfeier und beschlossen, noch einmal von vorn anzufangen. Der Vorstand mit Anton Funke als Vorsitzendem und Spielleiter, Josef Lappe als zweitem Vorsitzenden, August Funke als zweitem Spielleiter und Josef Gerdes als Geschäftsführer wurde in seinem Amt bestätigt.

Der Wiederaufbau der Waldbühne war zu diesem Zeitpunkt eine Utopie. So siedelten die Heimatspiele ins Kurhaus über, wo sie am 20. September 1946 in einer Nachmittags- und Abendaufführung Premiere mit dem Lustspiel „Im weißen Rössl" feierten. „Der verlorene Sohn" und „Hanneles Himmelfahrt" standen in der ersten Saison ebenfalls auf dem Spielplan. Das Publikum war begeistert. Über tausend Besucher wurden in jeder Aufführung gezählt. 1947 gingen im ausverkauften Haus „Schneider Wibbelt" und „Dornröschen" über die Kurhausbühne, ein Jahr später folgten „Dreizehnlinden" und „Wilhelm Tell".

Dann gab es endlich wieder die erste Freilichtaufführung. Zwar noch immer nicht im Heessener Wald, aber im Heessener Schloßhof, wo zum 25jährigen Bühnenjubiläum der „Jedermann", das Spiel vom Leben und Sterben des reichen Mannes, aufgeführt und von Rezensenten mit Lob bedacht wurde. 1950 begann der Wiederaufbau der Waldbühne, die 1951 mit der „Jungfrau von Orleans" wiedereröffnet wurde.

Wannenfreude im Badehaus

Kureinrichtung für Reinigungsbedürfnis zweckentfremdet

Badezimmer waren Mangelware in der ersten Nachkriegszeit. Wer sein wöchentliches Wannenbad genießen wollte, stellte entweder eine Zinkwanne in Küche oder Keller, oder er bemühte sich zum Badehaus am Hammer Kurhaus. Dieses Gebäude, das zum Kummer der Denkmalsschützer später abgebrochen wurde und der Klinik für Manuelle Therapie Platz machte, hatte im Januar 1945 bei einem Bombenangriff den Nordflügel eingebüßt. Immerhin standen aber noch 23 Wannen für Heilbehandlungen und 15 für Reinigungsbäder zur Verfügung. Außerdem gab es einen Inhalationsraum und eine Schwitzabteilung. Unterkünfte für Kurgäste waren nicht mehr vorhanden. Vor dem Krieg hatten für diesen Zweck 350 Betten zur Verfügung gestanden. Aus dem im Stadtarchiv aufgehobenen Bericht der Bäderverwaltung geht hervor, daß 1945 im Badehaus 4 034 Solebäder verabreicht wurden. 1946 waren es 13 951, 1947 stieg die Zahl auf 17 547, um 1948 wieder auf 10 913 zu fallen.

Seit 1945 wurden dann, da das Hallenbad in der Stadtmitte mit seiner Reinigungsabteilung zerstört war, Reinigungsbäder angeboten. Gebrauch davon machten 1945 insgesamt 25 001 Menschen. 1946 fanden sich 39 824 Besucher ein, 1947 waren es 36 265. Diese Zahl sank nach der Währungsreform rapide. Nur 13 140 Männer und Frauen suchten 1948 Erfrischung bei einem Wannenbad, das 1950 immerhin noch 10 605 Besucher in Anspruch nahmen.

Tuberkulose war erschreckend im Vormarsch

Auch Tuberkulose war erschreckend im Vormarsch. Die Zahl dieser Erkrankungen stieg von 288 in 1945 bis auf 748 im Jahr 1949. Da auch viele Kinder betroffen waren, nahm die Stadt 1947 die ehemalige Kindertagesstätte Sylverberg wieder als Kinderkurheim in Betrieb. Durchschnittlich 65 Tbc-infizierte oder -gefährdete Kinder wurden für sechs bis acht Wochen aufgenommen. Als Erfolgsmeldung wurden Gewichtszunahmen bis zu fünf und sieben Kilo notiert. An den Kuren nahmen 1947 insgesamt 297, 1948 442 und 1949 507 Kinder teil. Die schlechte Versorgung mit Seife führte dazu, daß vermehrt Krätze auftrat. 1946 wurden 568 Fälle registriert. Behandlungsstationen gab es dafür im Städtischen Krankenhaus, im Marienhospital II und im Knappschaftskrankenhaus.

Hakenkreuzfahne als Protest

Gemeindedirektor von SPD mit Horst-Wessel-Lied begrüßt

Daß am Bockum-Höveler Rathaus noch 1948 eine Hakenkreuzfahne aufgezogen wurde, hatte nicht zu bedeuten, daß hier alte Nazis ein Glaubensbekenntnis ablegten. Im Gegenteil. Mit dieser Aktion wollten die Sozialdemokraten ihren Protest gegen die Wahl des Gemeindedirektors zum Ausdruck bringen, der ihrer Meinung nach eine braune Vergangenheit hatte. So einig sich die Vertreter von CDU, SPD und KPD bei der Wahl von Bürgermeister und Verwaltungschef am 3. Oktober 1946 noch gewesen waren, so groß war der Zwiespalt, der wenig später durch die mit Hindernissen gespickte Entscheidung über den Gemeindedirektor entstand und der das politische Klima in Bockum-Hövel für Jahre belasten sollte.

Das leidige Thema wurde erst Ende 1948 beendet, nachdem Dr. Karl Beermann, der vier Monate zuvor unter spektakulären Umständen in sein Amt eingeführt worden war, nach Ablauf der Probezeit endgültig als Gemeindedirektor angestellt wurde. Um es vorwegzunehmen: Er blieb Bockum-Hövels Verwaltungschef auch unter der späteren „SPD-Regierung“ bis zu seiner Pensionierung im Jahr 1957. Seine Nachfolge trat Heinz Förster an, der die Geschicke der 1956 zur Stadt avancierten Gemeinde bis zum Anschluß an Hamm im Jahr 1975 leitete.

Der Kampf gegen Dr. Karl Beermann wurde von der SPD mit allen Mitteln ausgetragen. Sie hatte sich dafür stark gemacht, den Stadtinspektor Rottmayer aus Unna einzustellen. Der im Oktober 1946 einstimmig erfolgten Wahl Rottmayers widersprach jedoch die Militärregierung, die befürchtete, daß der Kandidat nicht die erforderlichen fachlichen Voraussetzungen biete. Dennoch bestätigte der Gemeinderat am 8. November und am 20. Dezember 1946 die Wahl Rottmayers.

Als das Thema am 24. Januar 1947 erneut in der Ratssitzung zur Diskussion stand, lehnte die CDU die Wahl des Kandidaten, den sie jetzt für nicht geeignet hielt, jedoch ab. Dem Einwand der mangelhaften Vorbildung hielt SPD-Vertreter Hölscher entgegen, daß es große Staatsmänner und Politiker gegeben habe, die sich aus einfachsten Verhältnissen emporgearbeitet und ihr hohes Amt mustergültig verwaltet hätten. Bei der Abstimmung gab es eine knappe 12 : 11 Mehrheit für den SPD-Kandidaten. Die Militärregierung legte aber erneut ihr Veto ein. In der Ratssitzung am 13. Februar 1947 gab Bürgermeister Barkhaus bekannt, daß die Ausschreibung der Stelle vorgeschlagen worden sei.

Als die CDU ihre Zustimmung zu dieser Lösung zu erkennen gab, sah SPD-Vertreter Erich Müller darin den Versuch, das Einsetzen eines tüchtigen Mannes aus der Arbeiterschaft an verantwortlicher Stelle der Verwaltung zu verhindern. Er lehnte es im Namen der SPD ab, weiter an den Beratungen teilzunehmen. Die SPD-Fraktion verließ unter Protest den Saal, die CDU beschloß die Ausschreibung der Stelle.

Ohne die SPD und KPD-Ratsmitglied Johann Janiak mußte die CDU auch am 18. April 1947 allein über die Gemeindedirektorwahl beraten. In der engeren Wahl standen vier Bewerber, darunter Dr. Karl Beermann aus Brühl bei Köln. Die Liste wurde der Militärregierung zur Entscheidung vorgelegt, und der Streit ging weiter. Als sich am 19. Mai 1947 die Kandidaten Dr. Franz Korber (Haltern) und Dr. Beermann im Beisein von Kreisresidenzoffizier Major Feltz dem Rat vorstellten, verurteilte die SPD die Haltung der CDU, bestand auf dem einstimmig gewählten Kandidaten Rottmayer und verließ gemeinsam mit dem KPD-Vertreter erneut den Saal. SPD-Ratsherr Müller vertrat den Standpunkt, daß eine Wahl, an der nur die Hälfte der Ratsmitglieder beteiligt wäre, nicht demokratisch sei. Die alleingelassene CDU-Fraktion sprach sich einstimmig für Dr. Karl Beermann aus.

Mit Hinweis darauf, daß die Entnazifizierung Beermanns noch nicht erfolgt sei, lehnte SPD-Vertreter Müller am 12. September 1947 diese Wahl aus politischen Gründen erneut ab. Der Rat beschloß schließlich mit 12 gegen drei Stimmen bei neun Enthaltungen, von der Wahl Beermanns zurückzutreten, wenn er in Kategorie IV oder schlechter, das heißt als Belasteter, eingestuft werde. Wie die Westfalenpost zu einem späteren Zeitpunkt berichtete, erfolgte die Einstufung schließlich in Kategorie V (entlastet).

Die Auseinandersetzungen erreichten ihren Höhepunkt, als Dr. Karl Beermann am 31. März 1948 im Beisein von Kreisresidenzoffizier Major Booth und Oberkreisdirektor Weskamp in sein Amt eingeführt wurde. Das sachliche Ratsprotokoll, das im Stadtarchiv aufbewahrt wird, hält fest, daß SPD-Vertreter Schröer erneut gegen die Wahl Beermanns, der seit 1933 der NSDAP angehört habe, protestierte.

Er verlangte darüber hinaus eine angemessene Kündigungsfrist für Gemeindedirektor Adolf Brühl: „Wir können es nicht dulden, daß ein Mann, der so lange der Gemeinde gedient hat, wie ein räudiger Hund davongejagt wird." Dem hielt Bürgermeister Barkhaus entgegen, daß Brühl, der inzwischen 75 Jahre alt war und seine Kündigung zum 30. Juni eingereicht hatte, mit dem Ausscheiden einverstanden sei. Wieder räumte die SPD den Saal.

Dr. Beermann wurde dann von Bürgermeister Barkhaus in sein Amt eingeführt und vereidigt. Der Oberkreisdirektor bedauerte den Verlauf der Sitzung und meinte, daß eine Minderheit sich demokratischen Regeln fügen müsse. Den scheidenden Adolf Brühl bezeichnete er als leuchtendes Beispiel der Pflichterfüllung und übermittelte ihm Dank und Anerkennung. Beermann versprach, sich Brühl zum Vorbild zu nehmen.

Zeitzeugen haben die Ereignisse sehr viel dramatischer in Erinnerung. Der frühere Bundestagsabgeordnete Willi Krampe, der damals bei der Bockum-Höveler CDU die Kassengeschäfte führte, erinnerte sich noch gut an die damaligen Vorfälle. Der Protest, so berichtete er, sei so weit gegangen, daß Kandidat Beermann am Tag seiner Wahl an der Stadtgrenze mit dem Horst-Wessel-Lied empfangen worden sei. Wie der spätere Bürgermeister Helmut Pytlik noch weiß, hat die SPD zu dieser Sitzung einen Trauerbrief herausgegeben, mit dem bekanntgemacht wurde, daß mit der Wahl von Gemeindedirektor Beermann in Bokkum-Hövel die Demokratie zu Grabe getragen worden sei. Dieser Trauerbrief habe sogar in Amerika Aufsehen erregt und sei von dort angefordert worden.

Bühnenreif war die Szene bei der Einführung des neuen Gemeindedirektors. Während im Saal Brüggemann schöne Worte gefunden wurden, hatte sich Pytliks Vater Anton, der damals Landtagsabgeordneter war, in das gegenüberliegende Verwaltungsgebäude begeben. Helmut Pytlik: „Er schob eine Hakenkreuzfahne, die noch auf dem Dachboden lag, durch das Fenster. Inzwischen war unten die Auerswald-Kapelle aufmarschiert und spielte den Badenweiler-Marsch." Dieser hatte zur Nazizeit immer den Auftritt Adolf Hitlers angekündigt. Wie Pytlik sich erinnert, wurden die Musiker von den Engländern festgenommen, nach Ermahnungen wenig später aber wieder freigelassen. Sie mußten sich draußen aufstellen und marschierten unter den Klängen von „Alle Vögel sind schon da" ab.

Landrat kam mit dem Fahrrad von Heeren-Werve nach Braam

Was heute allenfalls als „grüne Idee" belächelt würde, war in der ersten Nachkriegszeit zwingende Notwendigkeit: Um an der Sitzung des Rates der Gemeinde Braam-Ostwennemar teilnehmen zu können, kam Landrat Hubert Biernat am 19. August 1946 mit dem Fahrrad von Heeren-Werve nach Braam- Ostwennemar. Es ging um Wichtiges: Der Gemeinderat hatte am 27. Juli beschlossen, sich vom Amt Rhynern zu lösen und die Gemeinde selbst zu verwalten. Biernat riet ab und machte praktische Bedenken geltend. Schließlich müsse immer wieder versucht werden, übergeordnete und gemeindliche Interessen in Einklang zu bringen. Außerdem habe die Militärregierung über einen solchen Beschluß zu entscheiden. Der Wunsch wurde zunächst ad acta gelegt. Das Problem der Dezentralisierung der Verwaltung hatte am 23. Juli bereits die Amtsvertretung beschäftigt, die es aber für richtig hielt, diese Reform einem späteren Zeitpunkt zu überlassen.

Schutträumen war Ehrendienst

OB rief alle arbeitsfähigen Männer zum Einsatz auf

Fast zwei Jahre nach Kriegsende glichen viele Hammer Straßen immer noch Trümmerbergen. Die Stadt sah sich bei der Schutträumung vor eine schier unlösbare Aufgabe gestellt. Der Einsatz von privaten Unternehmen mußte im Sommer 1946 eingestellt werden, weil kein Geld mehr vorhanden war. Die Reparatur der Abwasserkanäle und öffentlicher Versorgungsleitungen behinderte die Aufräumungsarbeiten zusätzlich. Nachdem diese Arbeiten im Winter in den dicht bebauten Straßen weitgehend abgeschlossen waren, machten sich Rat und Verwaltung erneut Gedanken darüber, wie der Bombentrümmer Herr zu werden sei. Am 7. Dezember 1946 veröffentliche Oberbürgermeister Ferdinand Poggel in den Amtlichen Bekanntmachungen einen Aufruf an die Bürger der Stadt, sich an einem Freiwilligen Ehrendienst zur Schutträumung zu beteiligen.

Er verwies darauf, daß eine solche freiwillige Arbeitsleistung in den Sommermonaten nicht abgefordert worden sei, weil die Arbeiten im eigenen Garten angesichts der schwierigen Ernährungslage Vorrang gehabt hätten. Weil während der kurzen Wintertage ein Einsatz nach Feierabend nicht möglich sei, wurde vorgeschlagen, den Ehrendienst während der regulären Arbeitszeit zu leisten. „Da die Betriebe und Verwaltungen in erster Linie an der Freimachung der Straßen für den Verkehr und den Wiederaufbau interessiert sind, darf erwartet werden, daß die Arbeitgeber bereit sind, Belegschaftsmitglieder für die freiwillige Schutträumung je einmal im Monat für vier Arbeitsstunden ohne Lohnabzug zu beurlauben und auch die Versicherung für den Einsatz zu übernehmen“, heißt es in dem Aufruf des OB.

20 Arbeitsstunden wurden als Normalleistung angesehen, mehr war erwünscht und wurde auf einer „Ehrenkarte“ bescheinigt. Täglich sollten 200 Freiwillige aufgerufen werden, so daß insgesamt 5 000 Helfer eingesetzt werden konnten. Alle arbeitsfähigen Männer wurden aufgefordert, sich in die bei Betrieben und Verwaltungen ausliegenden Listen einzutragen. „Wir wollen heraus aus den Trümmern und uns wieder ein sauberes, geordnetes Stadtbild schaffen“, zeigte Poggel das Ziel auf. Die Ratsmitglieder gingen bei den Einsätzen mit gutem Beispiel voran.

Erhebliche Sorgen gab es bei den Hammer Stadtwerken noch im Herbst 1946. Dabei spielte nicht nur das durch den Krieg fast völlig zerstörte Schienennetz eine Rolle, sondern ebenso die Energieknappheit. Während der Normalverbrauch an Strom sich auf rund 95 000 Kilowattstunden pro Monat im Jahr 1938 belief, durften für die Straßenbahn im Sommer 1946 monatlich lediglich 27 330 Kilowattstunden verbraucht werden, wie damals die Westfälische Rundschau berichtete. Die Folge waren Sperrstunden, deren Aufhebung der Hammer Rat dringend forderte. Die Stadtverwaltung wurde beauftragt, ein weiteres Stromkontingent bei der Provinzial-Militärregierung in Münster zu beantragen.

Die Kriegsschäden allein bei der Straßenbahn wurden auf zwei Millionen Reichsmark geschätzt. Insgesamt beliefen sich die Kriegsschäden bei den Stadtwerken, wie aus einem im Stadtarchiv aufbewahrten Verwaltungsbericht hervorgeht, auf 6 694 470 Reichsmark. Für die Beseitigung der Schäden wurden nach dieser Aufstellung bis zum 20. Juni 1948 insgesamt 2 098 288 RM und bis zum 31. 3. 1951 weitere 2 278 500 D-Mark ausgegeben. Zu diesem Zeitpunkt ergab sich noch ein Bedarf von rund drei Millionen DM.

Bei der Straßenbahn war die Südstrecke im Sommer 1946 noch stillgelegt. Die Linien 1 und 3 sollten, wie es im August hieß, zwischen Viktoriastraße und Marktplatz in einigen Wochen wieder befahrbar sein. Hier wurde ein Zehn-Minuten-Verkehr angestrebt. Im Norden verkehrte die Straßenbahn zwischen Lippebrücke und Bromberger Straße, wobei für die Wagen ein eigenes Depot am Bockumer Weg benutzt wurde.

Als die Militärregierung im September 1946 die Rationierung von Gas und Elektrizität bekanntgab, war bereits zu ahnen, wie groß die Not der Bevölkerung im kommenden Winter werden würde. Daß dieser sich dann auch noch besonders grimmig aufführte, konnte allerdings zu diesem Zeitpunkt noch niemand wissen. In der Anordnung Nr. 1 wurde zum Beispiel pro Haushalt ein täglicher Stromverbrauch von 500 Wattstunden, zuzüglich 50 pro Haushaltsmitglied, festgesetzt. Verboten war zum Beispiel der Verbrauch von Gas und Elektrizität für Raumheizung, Schaufensterbeleuchtung und Reklame.

Gute Fortschritte machte die Post mit der Wiederherstellung des Telefonnetzes. Wie die Westfalenpost am 12. November 1946 berichtete, waren bis zum 1. November bereits zwei Drittel aller Vorkriegsanschlüsse wieder in Betrieb, obwohl es im April 1945 nur noch ganze elf funktionierende Telefone gegeben hatte. Monatlich wurden Ende 1946 rund 215 000 Orts- und 220 000 Ferngespräche vermittelt.

Daß es im kommenden Winter an Brennmaterial fehlen würde, zeichnete sich im Herbst 1946 bereits ab. Ortsheimatpfleger Hans Mansberg bewahrt ein Schreiben des Amtes Pelkum mit folgendem Wortlaut auf: „Auf Anfragen von fast allen Schulleitern teile ich mit, daß Brennmaterial für die Schulen bisher noch nicht zur Verfügung gestellt worden ist. Es konnte auch bis jetzt noch nicht in Erfahrung gebracht werden, wie weit im kommenden Winter mit der Zuteilung von Heizmaterial gerechnet werden kann. Sobald die Beschaffung möglich ist, wird eine Belieferung der Schulen erfolgen. Weitere Anfragen an die hiesige Stelle sind jedenfalls zwecklos." Die Brennstoffknappheit wirkte sich auch auf die Ferien aus. Der Regierungspräsident verlängerte die Weihnachtspause bis zum 22. Januar einschließlich.

Aufruf: Flüchtlingen helfen

1946 registrierte Stadtverwaltung 5 000 Wohnungssuchende

„Helft den Flüchtlingen!" So ist ein Aufruf unterschrieben, der am 21. Dezember 1946 in den Amtlichen Bekanntmachungen veröffentlicht wurde. Es heißt darin: „Unsere Wohnungen sind zumeist überfüllt; die Behaglichkeit früherer Tage ist vorbei. Und doch ist unsere Lage unendlich viel besser als die der heimatlosen Ostflüchtlinge, die noch immer in Massen in unser Gebiet einströmen. Der Winter ist schon da; diese Unglücklichen müssen untergebracht werden. Da ist es Pflicht für uns, einen oder mehrere in unser vielleicht schon beengtes Heim aufzunehmen. Diese Notmaßnahme wird manchem unwillkommen sein, aber es gibt nur noch eine Wahl: Entweder wir verzichten auf unsere wenn auch bescheidene Behaglichkeit, oder wir lassen die heimatlosen Flüchtlinge in ihrem Elend. Wenn Schlafzimmer in genügendem Umfang zur Verfügung stehen, kann deshalb die Abgabe eines Wohnzimmers oder eines Arbeitszimmers verlangt werden, damit der in der Zone verfügbare Wohnraum auf das äußerste ausgenutzt wird. Dieses Ziel muß erreicht werden; eine baldige Nachprüfung soll dies in allen Wohnungen und bei allen Bevölkerungsschichten sicherstellen. Das Leid unserer Landsleute, die vom Osten vertrieben sind, ist ungeheuer. Geben wir ihnen ein Obdach in dieser Stunde der Not. So kann jeder zu einem bescheidenen Teil zu der Linderung des Elends beitragen."

Meldungen von Wohnraum wurden abschliessend an das Wohnungsamt erbeten. Das Wohnungsamt stand vor einer schweren Aufgabe. Wie die Westfalenpost im Oktober 1946 berichtete, wurden in der damals 51 000 Einwohner zählenden Stadt Hamm zu dieser Zeit rund 5 000 Wohnungssuchende registriert. Das Wohnungsamt hatte im August nur 18 Dreiraum- und 29 Zweiraumwohnungen vermitteln können. Durchschnittlich wurden im Monat 250 Wohnungen durchrepariert, dabei aber nur 50 Räume erstellt, die vorher nicht bewohnt waren. Es gab einfach kein Baumaterial.

Eine Bilanz der Bautätigkeit in Hamm im Jahr 1946 legten die Amtlichen Bekanntmachungen am 18. Januar 1947 vor. Von den 16 500 Wohnungen, die vor dem Krieg in Hamm vorhanden waren, wurden rund 5 000 im Bombenkrieg total zerstört und 4 000 schwer beschädigt. 7 500 hatten Schäden bis zu 40 Prozent davongetragen. Teilweise nur behelfsmäßig wieder instandgesetzt wurden bis Ende 1946 rund 8 000 Wohnungen. Es lagen weit mehr Bauanträge vor, doch fehlte es an Arbeitskräften und Baustoffen. Ende des Jahres waren Baugenehmigungen für Arbeiten im Umfang von zwei Millionen Reichsmark erteilt, die noch nicht ausgeführt werden konnten. Anträge über weitere 2,2 Mio RM lagen bereits vor.

Vom Bezirksbaulenkungsamt in Gelsenkirchen wurden der Stadt Hamm pro Vierteljahr nur Baustoffe für 100 Wohnungseinheiten zugeteilt. Mit den vorhandenen Arbeitskräften hätte jedoch das Dreifache geleistet werden können. Die Stadtverwaltung beklagt in diesem Bericht, daß viele Hausbesitzer sich durch Kompensationsgeschäfte Material besorgt hätten, das damit dringendsten Bauvorhaben entzogen worden sei.

Interessant ist in diesem Zusammenhang noch eine andere Zeitungsnotiz aus der Westfalenpost: Von 453 im Oktober 1946 gestellten Zuzugsgenehmigungen (ohne diese war an Zuweisung einer Wohnung überhaupt nicht zu denken) wurden 223 abgelehnt. Insgesamt 317 Personen zogen nach Hamm um. Innerhalb der Stadt gab es im Oktober 363 Wohnungsumzüge. In den Bunkern der Stadt lebten zu dieser Zeit 160 Menschen, in Notunterkünften 1 844. Die Zahl der Flüchtlinge wurde für Oktober mit 1 650 angegeben. Verschärft wurde die Wohnungsnot durch Beschlagnahmen der Besatzungsmacht. Die Engländer hielten am 30. September 1946 in Hamm 52 Häuser mit 182 Wohnungen besetzt.

Der Mangel an Wohnraum beschäftigte auch wiederholt die Stadtvertretung. Auf Initiative der CDU wurde in der letzten Sitzung des Jahres 1946 bei der Militärregierung beantragt, Kasernenblocks für die Schaffung von Wohnraum freizugeben. Auch die Forderung nach Hausbrand wurde laut, da den Menschen die kalte Witterung schwer zu schaffen mache. Ein weiterer der einstimmig verabschiedeten Anträge an die Besatzungsmacht befaßte sich mit Schuhwerk für Kleinkinder und Schüler. Es wurde Klage darüber geführt, daß viele Eltern ihre Kinder aus Mangel an geeignetem Schuhwerk nicht zur Schule schikken könnten. Ratsherrin Buschkötter machte auf die katastrophale Versorgung mit Säuglingswäsche aufmerksam. Wie sie berichtete, wurden in Hamm 1946 rund 1 000 Säuglinge geboren, für die es praktisch kein Stück Säuglingswäsche gegeben habe. Das Problem werde noch größer, weil es zur Zeit in Hamm etwa tausend werdende Mütter gebe.

Die Politiker verlangten von der Verwaltung Auskunft darüber, was mit den Lebensmitteln geschehe, die bei Razzien sichergestellt wurden. Stadtdirektor Röttgen gab bekannt, daß verderbliche Lebensmittel den Krankenhäusern zur Verfügung gestellt würden. Eigentum der Militärbehörde ginge an diese zurück. Ein Teil der Waren werde zurückgehalten für den Fall, daß die Betroffenen von ihrem Eigentumsrecht Gebrauch machten. Mit Freude wurde die Nachricht aufgenommen, daß die Brotversorgung von Hamm für die kommenden vier Wochen und die Fleischversorgung für zwei Wochen sichergestellt seien. Ein Zentner Kartoffeln sei an die Verbraucher bereits ausgegeben und ein Teil auch schon mit dem zweiten Zentner beliefert worden. Mit einer Zuteilung an Nähgarn, Stopfgarn und Twist könne im Januar gerechnet werden.

Sondermarken für Bergleute

Mit Inhalt von Care-Paketen schwunghaft Handel getrieben

Der Kohlebergbau war nach dem Krieg einer der wichtigsten Industriezweige. Um die harte Arbeit des Bergmanns überhaupt zu ermöglichen, wurde durch Sonderzuteilungen dafür gesorgt, daß die Rationen zwischen 3 500 und 4 000 Kalorien lagen. Der schmal gewordene Otto Normalverbraucher mußte zu dieser Zeit mit 1 500 und weniger Kalorien auskommen. Wie aus dem Buch „Der Ruhrkohlenbergbau seit 1945", das Werner Abelshauser im Auftrag der Industriegewerkschaft Bergbau und Energie (IGBE) schrieb, hervorgeht, war der Deutsche Wirtschaftsrat im April 1946 zu der Erkenntnis gekommen, daß nur durch die Steigerung der Leistungen des Einzelnen eine Erhöhung der Kohlenförderung erreicht werden könne. Er schlug deshalb vor, die Lebensmittelrationen der zu diesem Zeitpunkt 196 000 Untertagearbeiter zu erhöhen und an die Gesamtbelegschaft Bezugsscheine für Textilien und Haushaltsgüter zu verteilen.

Der nordrhein-westfälische Wirtschaftsminister Erich Nölting gab am 11. Januar 1947 das Inkrafttreten des Bergmann-Punktsystems zum 16. Januar bekannt. 322 629 Arbeitnehmer im Ruhrbergbau kamen dadurch in die beneidenswerte Lage, bisher nahezu unerschwingliche Nahrungs- und Genußmittel zu erhalten. Speck und Zucker gehörten ebenso dazu wie Kaffee, Schnaps und Zigaretten. Die Punkte machten den Bergbau so attraktiv, daß zahlreiche Arbeitskräfte aus anderen Bereichen zu den Zechen drängten. Im Mai 1947 war bei der Belegschaft des Ruhrbergbaus der Vorkriegsstand wieder erreicht.

Steigende Zahlen und damit steigende Förderung waren auch auf den Hammer Zechen zu beobachten. Aus einer Aufstellung der IGBE geht hervor, daß auf der Zeche Heinrich Robert 1945 nur noch 2 764 Arbeiter tätig waren und diese Zahl 1946 auf 3 209, 1947 auf 4 151 und 1948 auf 4 617 stieg. Die Förderung wuchs von 531 492 Tonnen in 1945 auf 955 800 Tonnen in 1948 und überstieg 1949 die Millionengrenze. Die Zeche Radbod hatte ohne Kokerei und Angestellte 1945 noch 2 593 Mitarbeiter. Diese Zahl kletterte bis 1948 auf 3 592. Die Förderung belief sich 1945 auf 396 506 Tonnen und 1948 auf 803 015 Tonnen. Die Zeche Sachsen hatte einschließlich der Kokerei 1945 lediglich 1 773 Arbeiter. 1948 sorgten 2 961 Bergleute für die Förderung, die 1945 rund 250 000 und 1948 675 777 Tonnen betrug.

Weil die Belegschaftszahlen stiegen, konnte auch die Förderung erhöht werden. Das Sondermarkensystem litt jedoch unter dem allgemeinen Kaloriendilemma. Wie Abelshauser berichtet, brach Ende Januar 1947 in einigen Revierstädten die Brotversorgung zusammen. In der Woche vom 5. bis 12. Mai 1947 wurde in Bochum mit 629 Tageskalorien die absolut niedrigste Ration in der Britischen Zone zugeteilt. Es gab eine Welle von Streiks und Hungermärschen. Die Lage besserte sich erst im Sommer. Das Punktsystem lief bis September 1948. Von Ende 1947 bis Ende 1948 wurden im Bergbau zusätzlich Care-Pakete ausgegeben, die aus amerikanischen Armee-Depots und von privaten amerikanischen Hilfsorganisationen stammten. Jedes Paket enthielt etwa 40 000 Kalorien, genug also, um sich nicht nur selbst zu versorgen, sondern auch schwunghaften Handel damit zu treiben. Nach dem 1. Januar 1948 gab es für Bergleute zusätzlich sogenannte IK-Marken. Durch dieses „Importwaren-Kaufmarken-System" wurden die Bergleute direkt an Devisenerlösen beteiligt, die sie durch Mehrleistung erzielt hatten. Mit diesen IK-Marken konnten besondere Importwaren gekauft werden.

Alte Lebensmittelkarten finden sich noch bei vielen Familien in Kästen und Schubladen. Dabei handelt es sich aber fast ausschließlich um Exemplare aus den Jahren nach 1948, als die verschiedenen Punkte nicht mehr so wichtig waren. Für was es damals alles Bezugscheine gab, ist den meisten Zeitzeugen bereits entfallen. Die Eierkarte oder Seifenkarte mag ja noch erinnerlich sein, aber wer denkt wohl noch an die Essigkarte? Sie hat es ebenso gegeben wie einen Bezugsausweis für Obst und Gemüse und einen Fischbezugsausweis. Selbst ein Ausweis für Schuhausbesserungen war obligatorisch. Die normalen Lebensmittelzuteilungen wurden dann jeweils in der Zeitung aufgerufen. Man mußte die Abschnitte beim Kaufmann abgeben, der sie wiederum, sorgfältig aufgeklebt — wobei der fehlende Klebstoff meistens durch Wasserglas ersetzt wurde — an das Wirtschaftsamt weiterreichte. Eine Hammer Kauffrau erinnert sich noch gut, daß die Bearbeitung umso schneller ging, je sauberer die Marken geklebt waren. Das Amt gab dann Bezugsgutscheine für den Großeinkauf aus.

Im Juni 1947 kurz notiert

● *Auch das gab es damals schon: Am 28. Juni 1947 berichteten die Amtlichen Bekanntmachungen, daß das Militärgericht den Taxifahrer B. wegen Fahrens unter Alkoholeinfluß zu 30 Tagen Haft verurteilt habe.*

Begehrte Bergmanns-Punkte

Anne Ter Veen: Fürs Hotel Bettwäsche im Gepäck

Viele Hammer Kaufleute standen 1945 vor einem Trümmerberg. Zu ihnen gehörte auch Egbert Ter Veen, der von seinem „Kaufhaus für jedermann" an der Bahnhofstraße nur noch verbogene Eisenträger in einer Steinwüste vorfand. Den Kopf ließ er deswegen nicht hängen. Als erstes beschaffte er im Sauerland eine Baracke, die auf einer Ecke des Trümmergrundstücks aufgestellt wurde. Hier wohnte er gemeinsam mit seiner Frau Anne und handelte zugleich mit allem, was es damals gab. Viel war das nicht. Prunkstücke des Sortiments waren Tabletts und gerahmte Sprüche, die der Schwiegervater in Eigenarbeit herstellte. Später gab es dann auch Zinkeimer und verschiedene Haushaltswaren, die aber zum größten Teil nur gegen Bergarbeiterpunkte abgegeben wurden. In Anerkennung der besonders schweren Arbeit, die sie verrichten mußten, bekamen die Bergleute damals Sondermarken, sogenannte Bergmannspunkte. Damit konnten die Kaufleute bei Fabrikanten Waren abholen. Anne Ter Veen erinnert sich an diese Einkaufsfahrten, die sie gemeinsam mit ihrem Mann unternahm und bei denen sie, wenn eine Übernachtung erforderlich wurde, Bettwäsche und Handtücher im Gepäck hatte. In den wenigen Hotels, die es damals gab, fehlte es an Wäsche für die Gäste.

Organisieren mußte damals jeder. „Wie oft bin ich mit einem Zinkeimer zu Bauern gefahren, um Kartoffeln einzutauschen", berichtet die Kauffrau. Sie wußte, wo sie in Bayern gegen Stoffreste Puppen bekam und in Neheim Bestecke mit Heringen bezahlen konnte. Baumaterial war besonders schwierig zu bekommen. Wie auf allen anderen Baustellen, wurden auch bei Ter Veen brauchbare Steine aus dem Trümmerberg gefischt und „gepickt", das heißt, vom alten Mörtel befreit. Was sich an Waren erübrigen ließ, wurde gegen Holz, Eisenträger und Nägel getauscht, und so gelang es mit der Zeit, einen Teil des Kaufhauses, das unter dem Motto „Alle geh'n zu Ter Veen" bekannt war, wieder aufzubauen. Richtig in Schwung kam der Handel aber erst nach der Währungsreform, als bei den Fabrikanten auch klingende Münze wieder zählte.

Im August 1947 kurz notiert

● *Wegen Milchpantscherei entzog der Rat der Stadt im August 1947 zwei Milchhändlern das Gewerbe. Ratsherr Lohmann forderte schärfste Bestrafung bei derartigen Verbrechen, die den Mord an Säuglingen und Kleinkindern bedeuteten.*

Briten besetzten Häuser

Hammer Stadtvertretung drohte ihren Rücktritt an

Ein heikles Thema war die Beschlagnahme von Häusern und Wohnungen durch die Besatzungsmacht. Immerhin hatten die Briten, wie im Verwaltungsbericht der Stadt vermerkt, am 22. April 1947 noch 48 Häuser mit 162 Wohnungen – vorwiegend im Hammer Osten – in Besitz. Am 1. November 1948 waren 33 Häuser mit 123 Wohnungen belegt und am 31. März 1951 immer noch 23 Häuser mit 76 Wohnungen. Wagte in den ersten Nachkriegsmonaten noch niemand aufzumucken, und räumten die betroffenen Familien zwar zähneknirschend, aber ohne Widerspruch das Feld, so änderte sich das im Laufe der Zeit angesichts der ständig größer werdenden Wohnungsnot und des wachsenden Selbstbewußtseins der besiegten Deutschen.

Empörung löste im Frühjahr 1947 die Beschlagnahme von sieben Häusern aus, durch die 27 weitere Familien mit 77 Personen obdachlos wurden. Die Hammer SPD kritisierte in einer Resolution, daß 46 Wohnungen, die im Juli 1946 beschlagnahmt worden waren, zum Teil jetzt noch leer stünden, obwohl in Hamm 4 500 Menschen eine Bleibe suchten. „Wenn die Herren der Militärregierung die Verzweiflung und den Jammer der Bewohner der beschlagnahmten Häuser gesehen hätten, würden sie sicherlich bereit sein, uns bei unseren Bemühungen um die Aufhebung der Beschlagnahmeverfügung zu unterstützen", heißt es in der Resolution.

Heftige Kritik mußten sich die Engländer auch von der Stadtvertretung gefallen lassen. In der Sitzung am 14. März 1947 machte Ratsherr Dr. Lambrecht (SPD) die Diskrepanz in der Wohnraumversorgung deutlich. Er hatte errechnet, daß in Hamm für die deutsche Bevölkerung pro Kopf vier Quadratmeter Wohnraum zur Verfügung ständen, die 140 in Hamm lebenden Briten dagegen über 1 050 Quadratmeter, das heißt, über 72 Quadratmeter pro Kopf verfügen könnten. Oberbürgermeister Poggel mahnte, daß der Sieger für den Besiegten zu sorgen habe und daß, wer begangenes Unrecht bestrafe, sich hüten müsse, selbst Unrecht zu begehen.

Er gab zu bedenken, daß in Hamm 4 000 Menschen eine Wohnung suchten und mehr als tausend zwei Jahre nach Beendigung des Krieges immer noch behelfsmäßig in Bunkern untergebracht seien. Dringende Apelle richteten auch die Ratsherren Dieckmann, Schamer, Weidekamp (alle CDU), Reinköster und Dr. Lambrecht (SPD) an die Militärregierung.

Die Situation spitzte sich so zu, daß Regierungspräsident Fries Ende März nach Hamm kam, um den Rat zu beruhigen. Wie er sagte, war der Militärregierung vorgeschlagen worden, pro Person einen Wohnraum und für die Gemeinschaft zusätzlich eine Küche als ausreichend anzusehen. Der englische Wohnungsoffizier habe erklärt, daß die Beschlagnahme lediglich ein formeller Akt sei, der nicht in die Tat umgesetzt werde. Dem Rat genügte dieses Versprechen nicht. In einer einstimmig verabschiedeten Entschließung drohten die Politiker ihren Rücktritt an. Anfang April kehrte dann endlich wieder Ruhe ein. Der britische Brigadier Hudson teilte in Hamm Vertretern der Parteien und dem Leiter des Wohnungsamtes mit, daß 14 Räume zurückgegeben würden. Außerdem hätten sich, wie er berichtete, die Kommandanten der englischen Einheiten bereiterklärt, mit ihren Familien zu beraten, wie sie in schon beschlagnahmten Häusern deutsche Familien oder einzelne Personen aufnehmen könnten.

Frauen sollten in die Politik

Damen lehnten dankend ab: Mit Hausarbeit ausgelastet

Als im Oktober 1946 das erste freigewählte Stadtparlament zusammentrat, war es keineswegs sicher, daß die Ratsversammlung den Oberbürgermeister ohne Genehmigung der Militärregierung wählen durfte. Sie bekam dafür grünes Licht, weil jeder, der als Ratsmitglied kandidiert hatte, vorher auf seine politische Zuverlässigkeit überprüft worden war. Frühere Parteigenossen sollten von jeder politischen Tätigkeit ferngehalten werden. Auch öffentliche Ämter waren für Nazis tabu. Wie im Stadtarchiv nachzulesen, wurden deshalb von Mai 1945 bis März 1949 nicht weniger als 36 Beamte, 33 Angestellte und zehn Arbeiter aus städtischen Diensten entlassen sowie 21 weitere städtische Mitarbeiter aus politischen Gründen suspendiert, versetzt oder gar verhaftet.

Natürlich ließen sich die Besatzer ihren Aufenthalt in Deutschland von deutschen Behörden finanzieren. In einer Ratssitzung im August 1948 teilte Oberbürgermeister Ferdinand Poggel mit, daß bei der Besatzungsmacht etwa 1 500 Personen beschäftigt seien, für die im ersten Halbjahr 1948 genau 2 539 912 Mark aufgebracht werden mußten. Das war mehr, als die Stadt für Schulen und Fürsorge ausgeben konnte.

Die verschiedenen Stadtkommandanten hatten noch jahrelang das letzte Wort in Sachen Kommunalpolitik. Der letzte Resident-Officer verließ Hamm im März 1953, nachdem die Verantwortung für die Stadt schon lange zuvor weitgehend in deutsche Hände gelegt worden war. Die britischen Offiziere bemühten sich vor allem in den ersten Nachkriegsjahren, das Demokratieverständnis zu fördern. Besonders aufgeschlossen für kommunalpolitische Fragen zeigte sich Lt. Col. Haig, der vom Frühjahr 1946 an Kreiskommandant in Unna war und am 1. Juni 1947 Stadtkommandant in Hamm wurde.

Haig bemühte sich, Frauen für die Politik zu gewinnen. Er bot Hammer Bürgerinnen Kurse in England an, wo sie sich über das Funktionieren der Demokratie informieren sollten, und warb um Mitarbeit im Rat, wobei er auch entsprechende Kurse bei der gerade ins Leben gerufenen Volkshochschule vorschlug. Groß scheint das Interesse der Frauen an Mitarbeit in politischen Gremien nicht gewesen zu sein. Im Protokoll einer Sitzung vom 4. Mai 1948 ist nachzulesen, daß die Damen des Frauenclubs eingewendet hätten, sie hätten viel Hausarbeit und müßten sehr viel Zeit auf den Einkauf verwenden.

Einige Frauen waren aber auch in der ersten Nachkriegszeit durchaus bereit, sich der demokratischen Verantwortung zu stellen. Eine von ihnen war die Pfarrhelferin Sophie Buschkötter, die noch heute legendären Ruf hat. Er gründet sich vor allem auf eine Debatte über eine neue Marktordnung. Die ebenso fromme wie streitbare CDU-Dame konnte es nicht leiden, daß Büstenhalter und Schlüpfer auf Markttischen neugierigen Blicken dargeboten wurden. Sie lieferte sich Anfang der 50er Jahre mit dem FDP-Politiker Wilhelm Bitzer und Otto Rother von der SPD eine hitzige Diskussion. Die Ratskollegen schmunzelten damals umso mehr darüber, als alle drei Junggesellen waren. Die Politiker lernten Sophie Buschkötter aber auch von einer anderen Seite kennen. Sie wußte durchaus Mittel einzusetzen, die als „typisch weiblich“ gelten. Das rührte die Gegenpartei, die zwar nicht ihren Standpunkt änderte, für die aber Otto Rother (SPD) eigens für diesen Zweck zu jeder Ratssitzung ein blütenweißes, reines Taschentuch mitbrachte. Der frühere Oberbürgermeister Werner Figgen erinnert sich noch gut daran, daß Rother dieses Tuch der CDU-Ratsherrin jeweils mit galanter Geste zur Verfügung stellte, damit sie ihre Tränen trocknen konnte.

Übrigens: Wenn sich heute Jung-Politiker von der grünen Seite die parlamentarische Beratung mit dem Strickzeug verkürzen, sind sie nicht progressiver, als es damals die Konservativen waren: Sophie Buschkötter pflegte in Sitzungen stets das Häkelzeug zur Hand zu haben.

Im Oktober 1947 kurz notiert

- *Die Säuberung der Stadtbücherei von nationalsozialistischer Literatur war im Oktober 1947 noch nicht abgeschlossen. Wie Ratsherr Gerhard Krampe in der Ratssitzung berichtete, wurden bis zu diesem Zeitpunkt 300 Bücher an die Regierung in Arnsberg und weitere 300 an die Militärregierung ausgeliefert. Darüber hinaus standen 1 400 Bände zur Disposition. Im Leseraum lagen jetzt neben englischen auch deutsche Zeitungen aus.*

- *Rektor a. D. Josef Weidekamp, einer der maßgeblichen Mitgründer der Hammer CDU, gab Ende Oktober 1947 den Vorsitz der Kreispartei ab. Paul Schamer wurde einstimmig zu seinem Nachfolger gewählt.*

Schwarzmarkt florierte

Der Hunger war groß, auch auf kulturellem Gebiet

„Auf die Abschnitte W 4 der Lebensmittelkarten 11, 21, 31 und 41 wird je eine Schachtel Zündhölzer aufgerufen. Der Abschnitt W 4 der Lebensmittelkarte 41 darf nur dann beliefert werden, wenn er das Siegel der Kartenausgabestelle trägt. Die Lieferung erfolgt je nach Vorratslage“, heißt es in einer amtlichen Bekanntmachung im Oktober 1946. Selbst Zündhölzer waren damals Mangelware. „Die industrielle Produktion, soweit sie wieder angelaufen war, ging am Markt vorbei und bot Aschenbecher, Thermometer und Holzenten. Diese Gaben lagen auf dem Weihnachtstisch des Jahres 1946, als schlecht brennende Kerzen mit zehn Reichsmark je Stück gehandelt wurden und irgendein Wirtschaftsamt einen Bedarf von 4,3 Zündhölzern pro Tag und Kopf ausrechnete, der selbstverständlich nur auf dem Schwarzmarkt zu befriedigen war. Der Schwarzmarkt erwies sich überhaupt als die einzige wirtschaftliche Einrichtung, deren Aufschwung unverkennbar war“, schreibt der Verfasser in dem Buch „Die Stunde Null“ (Neuer Vorwärts Verlag).

Der illegale Handel, der sich auf den Bahnhofsbereich konzentrierte, florierte noch bis zur Währungsreform. Einer, der diese Zeit miterlebte, notierte für die Währungsumstellung folgende Preise: Ein Pfund Butter kostete im Juni 1948 noch 480 Reichsmark, im Juli war die gleiche Menge für fünf DM zu haben. Zucker wurde auf dem Schwarzmarkt mit 150 Reichsmark pro Kilo gehandelt und kostete offiziell im Juli dann nur noch eine DM. Kaffee und Zigaretten waren die begehrtesten Genußmittel.

Der Preis für ein Pfund Kaffee sank von einem Tag zum anderen von 500 Reichsmark auf 20 DM, zehn Zigaretten kosteten statt 70 RM jetzt noch eine DM. Ein Ei, das vor der Währungsreform seine zwölf Reichsmark brachte und im Juli 1948 dann für zwölf Pfennig gehandelt wurde, war in der ersten Nachkriegszeit ein willkommenes Geburtstagsgeschenk. Ein findiger Kopf dichtete dazu folgenden Reim: „Zu Deinem heutigen Wiegenfest komm ich für Dich frisch aus dem Nest. Oh mög Dein Geist und auch Dein Sinn so frisch stets sein wie ich es bin.“

Im Dezember 1946 zeichnete sich bereits ab, daß die Deutschen vor dem größten Hungerwinter ihrer Nachkriegsgeschichte standen. die verzweifelte Situation vieler Menschen trug dazu bei, daß die Selbstmordrate so hoch war wie nie zuvor. Die schwierige Versorgungslage hielt die Menschen aber nicht davon ab, den Nachholbedarf auf kulturellem Gebiet zu befriedigen. So gingen beim städtischen Kulturamt für die Konzertsaison 1946/47 insgesamt 2.570 Bestellungen ein, obwohl in zwei Vormietereihen nur 1 860 Plätze zur Verfügung standen.

Die Stadt legte für die Konzertvormiete eine Besucherstatistik an, aus der hervorgeht, daß bei der Nachfrage Angehörige der „geistigen Berufe", wie es dort formuliert ist, mit 21,1 Prozent an der Spitze lagen, gefolgt von Angestellten mit 15 Prozent, Kaufleuten und Hausfrauen mit je 11,2 Prozent sowie Schülern und Studenten mit 11,1 Prozent. Dann folgen die Frauenberufe (8,2 Prozent), die Beamten (7,5 Prozent), die Techniker (6,7 Prozent), die Handwerker (4 Prozent), die künstlerischen Berufe (2,4 Prozent), die Arbeiter (1,2 Prozent) und die Landwirte (0,4 Prozent). Angeboten wurden insgesamt laut Verwaltungsbericht 14 Sinfoniekonzerte, 5 Kammerkonzerte und neun Sonderkonzerte. Höhepunkt der Spielzeit war eine Veranstaltung mit dem Philharmonischen Orchester Berlin unter der Leitung von Sergiu Celibidache.

Auch der Städtische Chor machte inzwischen wieder von sich reden. Er sang Weihnachten 1946 in der Johanneskirche und in der Kapelle des Marienhospitals und veranstaltete am 30. März 1947 in der Johanneskirche einen Kantatenabend mit Werken alter Meister. Sehr aktiv war der Museumsverein, der regelmäßig zu Vorträgen einlud. Themen waren Anfang 1947 „Das Bauernhaus in Nordwestdeutschland", „Dürer und die Landschaft" oder die Vor- und Frühgeschichte von Hamm.

Die leichte Muse war nicht weniger geschätzt. So gab es beispielsweise im Sommer 1946 Gartenkonzerte im Restaurant Haumann in Wiescherhöfen mit der Kapelle Paul Baer, die auch bei einem Pfingstkonzert im Südring aufspielte, und einen Operettenabend des Theatervereins „Edelweiß" in der Gaststätte Hillringhaus am Daberg. Großen Anklang fanden die Kursonderveranstaltungen der städtischen Bäderverwaltung im Kurhaus, wo unter anderen „Die sechs frohen Sänger" vom Kölner Rundfunk von sich reden machten. Im Café Corso traten im November 1946 die „Zwei Geldners" als „unerreichte Elastik-Sensation", das mexikanische Gesangsquartett „Die 4 Connys", der Musikexzentriker „Ate", der Zauberer Orlanto, der Musical-Clown Conny Grewe, der Jongleur Becary und die „2 Morenos" als Tanzakrobaten auf. Über mangelnden Besuch brauchte sich die Familie Krieger, die das „Corso" führte, nicht zu beklagen.

Im Frühjahr 1947 kurz notiert

● *Rechtzeitig zum Osterfest 1947 wurde die Notkirche fertiggestellt, die die Liebfrauengemeinde auf dem Gelände des ehemaligen Vereinshauses an der Alleestraße errichtet hatte. Der Altar wurde aus dem Stein des alten Hochaltars hergestellt. Auch die Orgel wurde aus der durch Bomben zerstörten Kirche geborgen und jahrelang bis zur Fertigstellung der Notkirche im Piushaus aufbewahrt. Sie konnte dann wieder verwendet werden.*

Erst das Volk, dann die Partei

Nahrung, Kleidung und Wohnung waren wichtigste Aufgaben

Die britische Militärregierung bemühte sich von Anfang an, die kommunale Selbstverwaltung zu fördern. Eindrucksvoll war eine Rede, die der britische Kreiskommandant, Lt. Col. R. P. Haig, am 20. Februar 1947 in einer Sitzung der Amtsvertretung Rhynern hielt. „Treiben Sie keine Politik um ihrer selbst willen, und vermeiden Sie alle Parteizwistigkeiten", mahnte er die Politiker, die er aufforderte, ihre Macht gut und nutzbringend anzuwenden zum Wohle des Volkes. „Das Volk kommt an erster Stelle, die Interessen der Partei, zu der Sie gehören, erst an zweiter Stelle. Das deutsche Volk interessieren heute eigentlich nur drei Dinge, und das sind Nahrung, Kleidung und Wohnung. Sie sind alle drei knapp. Konzentrieren Sie Ihre ganze Kraft auf diese drei Dinge, und versuchen Sie, so weit wie möglich zu helfen", sagte Haig und fuhr fort: „Die Militärregierung und die deutsche Verwaltung stehen vor einer schwierigen Aufgabe. Sie wollen beide dasselbe, nämlich, daß das Land gut und tüchtig regiert wird."

Der Kreiskommandant verwies auf die „Verordnung 57", in der die Befugnisse der Landesregierung und der gesetzgebenden Versammlung in der britischen Zone umrissen wurden. Danach war das Land berechtigt, auf allen Gebieten Gesetze zu erlassen, außer denen, die der Militärregierung vorbehalten waren. Das galt zum Beispiel für Kriegsschulden, gesperrtes Vermögen, Lenkung der Arbeit, Gewerkschaften und Flüchtlingsfragen. Die Verordnung hatte das Ziel, daß die Offiziere der Militärregierung der deutschen Verwaltung keine direkten Befehle mehr geben, sondern lediglich die Oberaufsicht führen sollten.

Haig: „Das ist ein neuer Abschnitt in der Zeit der Besetzung Deutschlands. Das heißt nicht, daß die Militärregierung die Verantwortung los sein und auf die Schultern der deutschen Verwaltung abschieben will. Es ist ein weiterer Schritt im Zuge des demokratischen Fortschritts, hin zur völligen Selbstregierung."

Zwei Pferdegespanne für die Straßenreinigung

Schutträumen — das war 1946 das Gebot der Stunde. Um die Straßen freizubekommen, faßten auch die Politiker kräftig zu. Ende des Jahres konnte die Straßenreinigung wieder aufgenommen werden. Im Verwaltungsbericht ist vermerkt, daß dazu zwei Pferdegespanne eingesetzt wurden, die pro Tag 30 Kubikmeter Müll abfuhren. Dem Fuhrpark standen nach dem Krieg zunächst nur drei Pferdegespanne und ein Lkw zur Verfügung.

Gewerkschaft wieder aktiv

Ortskartell sollte überparteilichen Charakter wahren

Schon im Herbst 1946 wurde mit dem Wiederaufbau der Gewerkschaften begonnen. Am 2. September trafen sich Gewerkschaftler in der Hammer Bahnhofsgaststätte, um ein Ortskartell zu gründen. Elf Industriegruppen waren bereits gewerkschaftlich organisiert. Wie die Westfälische Rundschau damals berichtete, waren sich die Teilnehmer der Zusammenkunft darin einig, den überparteilichen Charakter des Ortskartells zu wahren. Sie forderten auch die Betriebsräte als verlängerten Arm der Gewerkschaften auf, ihre Tätigkeit entsprechend auszuüben und Betriebsratswahlen nicht mehr parteipolitisch auszuwerten.

Die Initiative für den Zusammenschluß ging von Hugo Bröker, Josef Berntzen und Gustav Drehwald aus. Die Vorstandswahl hatte folgendes Ergebnis: 1. Vorsitzender Fröba (Bergbau), 2. Vorsitzender Berntzen (Metall), Kassierer Drehwald (Bau), Schriftführer Keßler (Angestellte), Beisitzer: Grewe (Verkehr), Kräusler (Nahrungsgewerbe), Seifert (Graphisches Gewerbe), Feist (Holzarbeiter) und Luttau (Chemie).

Der Industrieverband Bergbau wurde am 8. und 9. Dezember 1946 in Herne gegründet. 321 Delegierte wählen den Sozialdemokraten August Schmidt zum Vorsitzenden.

Klare Absage an Gebietswünsche der Stadt Hamm

In den 17 Gemeinden des Amtes Pelkum lebten Anfang 1947 insgesamt 50 840 Einwohner. Davon waren etwa 13 000 Ortsfremde, von denen 4 905 nur behelfsmäßig untergebracht werden konnten. Es wurden 1 400 gefallene Soldaten betrauert und 1 000 Zivilisten, die im Krieg ums Leben gekommen waren. 3 600 Soldaten befanden sich noch in Kriegsgefangenschaft. Die Amtsvertretung befaßte sich am 24. Februar 1947 unter Leitung von Amtsbürgermeister Heinrich Renninghoff mit Eingemeindungswünschen der Stadt Hamm. Die Politiker waren sich einig, die Eingemeindung von Herringen, Wiescherhöfen und Pelkum mit allen Mitteln zu verhindern. Streit gab es um den Ankauf eines Pkw vom Bauern M., dem dafür 3 500 RM gezahlt werden sollten. Die KPD legte Einspruch ein: Es sei ein Verbrechen, einem früheren Ortsgruppenleiter der NSDAP einen so hohen Kaufpreis zu zahlen.

Volkshochschule eröffnet

Bildungsarbeit am Aufbau eines neuen Volksstaates

„Recht und Sittlichkeit müssen wieder das Fundament unseres Lebens werden, und es gilt, das Gefühl für die echten Werte zu wecken." Mit diesen Worten umriß Oberstudiendirektor Wilhelm Ellbracht bei der Eröffnung der Hammer Volkshochschule am 2. Februar 1947 die Aufgabenstellung dieser neuen städtischen Einrichtung. Ellbracht bildete gemeinsam mit Bürgermeister Dr. Konrad Lambrecht und Gewerkschaftssekretär Josef Berntzen das Direktorium der VHS, deren Vorläuferin es, wie Stadtarchivarin i. R. von Scheven bei Nachforschungen feststellte, schon Anfang der 20er Jahre in Hamm gegeben hatte. In der Feierstunde im Ausstellungsraum des Museums im Stadthof gab der Sprecher zu bedenken, daß zwar im Augenblick die materielle Not im Vordergrund stehe, die Gestaltung der Zukunft aber nicht ohne die Behebung der seelischen Not möglich sei.

In der Ankündigung der zunächst 22 Arbeitsgemeinschaften in den Amtlichen Bekanntmachungen vom 25. Januar 1947 hatte es geheißen, daß die Volkshochschule eine Stätte der Besinnung auf die wesentlichen Dinge des Lebens sein solle. Sie wolle nicht interessante Kenntnisse vermitteln, sondern helfen, Klarheit zu gewinnen über die Nöte der Zeit, über ihre Ursachen und über die Wege, die zu ihrer Überwindung führten.

Schon im Herbst 1946 waren Vorbereitungen für die Gründung einer Volkshochschule getroffen worden. Dem vorbereitenden Ausschuß gehörten Oberbürgermeister a.D. Josef Schlichter, Dr. Lambrecht, Dr. Ellbracht, Oberstudienrätin Eva Krafft, Stadtoberinspektor Karl Dehnert vom Kulturamt, Josef Berntzen, H. Stahmer sowie weitere Vertreter von Gewerkschaften und Parteien an. Die Stadtverwaltung forderte über die örtliche Presse im Dezember Lehrer aus Hamm und Umgebung auf, sich als Dozenten zur nebenamtlichen Mitarbeit zu melden. Gründliches Fachwissen auf volkswirtschaftlichem, wirtschaftlichem und kulturellem Gebiet war ebenso erwünscht wie „der selbstlose Wille, durch diese Bildungsarbeit am Aufbau eines neuen Volksstaates mitzuarbeiten".

In einer Zusammenkunft mit Oberbürgermeister Poggel Anfang Dezember 1946 lagen bereits konkrete Pläne für die geplante Volksbildungsstätte vor, die sich vor allem der Pflege des Heimatgedankens, der Menschen- und Charakterbildung sowie der Förderung des geistigen Zusammenlebens verschrieben hatte, wie es Studienrat Dr. Lambrecht formulierte. Der Unterricht wurde am

3. Februar mit Stimmbildung und Grundlehre der Musik sowie „Der Roman von Raabe bis zur Gegenwart“ aufgenommen. Im gleichen Monat hatten sich für die Arbeitsgemeinschaften bereits 750 Teilnehmer angemeldet. Zu den Dozenten gehörten Studienrat Rosenstengel, Musiklehrer Kemper, die Museumsdirektoren Bänfer und Dr. Zink, Mittelschullehrer Otterpohl, Studienrat Dr. Hagels, Kunstmaler Heinz Wittler, Dr. Röttger, Architekt Friedrich Wrede, Staatsanwalt Dr. Goeke, Rechtsanwalt Dr. Kaßmann, Dipl.-Handelslehrer Ditsche, Ingenieur W. Peters, Th. Fröbe, Riedel, H. Freitag, P. Zimner, Oberregierungsrat Kalleicher, Sophie Buschkötter und Lieselotte Lambrecht.

Im September 1947 wurde Studiendirektor Ellbracht die Leitung der VHS allein übertragen. Die Geschäftsführung hatte das Kulturpflegeamt mit Stadtoberinspektor Dehnert und Stadtassistent Tiggemann. Die Gebühren wurden auf 50 Reichspfennig pro Doppelstunde festgesetzt.

Vier Anzüge für die ganze Stadt

Lebensmittel waren knapp, Glühbirnen eine Rarität

Nicht nur Lebensmittel waren knapp im Winter 1946/47. Wie notdürftig die Versorgung auf allen Gebieten war, geht aus dem Verwaltungsbericht der Stadt hervor. War die Lage 1946 schon katastrophal, so verschlechterte sie sich Anfang 1947 noch weiter. Einige Beispiele: Im Dezember 1946 konnte das Wirtschaftsamt 86 Männern Bezugscheine für Anzüge erteilen, im Januar 1947 gab es nur noch vier für das gesamte Stadtgebiet. Zu dieser Zeit lagen aber 2 500 Anträge auf ein solches Kleidungsstück vor. Für das ganze Jahr 1947 durfte das Wirtschaftsamt nur 121 Bezugscheine ausgeben. Mäntel waren 2 000 beantragt, es konnten aber nur zwei bewilligt werden.

Mit anderen Waren sah es nicht besser aus. Zwar waren Anträge auf 1 100 Rundfunkgeräte gestellt worden, doch wurden nur 18 zugeteilt, die meisten an Blinde und Kriegsversehrte. Es gab nur eine einzige Nähmaschine, die ein caritativer Verband für die Einrichtung einer Nähstube erhielt. Vermutlich handelte es sich um das Evangelische Hilfswerk, das am 13. Januar 1947 in der Auguste-Viktoria-Schule eine Nähstube eröffnete, in der Flickmaterial und Nähgarn zum Teil zur Verfügung gestellt wurden. Ganz besonders knapp waren Glühbirnen. Allein Behörden, Betriebe und Ärzte hatten rund 30 000 Glühbirnen beantragt, zugeteilt werden konnten aber nur 563. Private Verbraucher hatten keine Chance, offiziell an eine solche Rarität zu kommen. Damals kursierte bei der Stadtverwaltung ein Rundschreiben, in dem die Mitarbeiter ermuntert wurden, Glühbirnen für die Büros auf dem Schwarzmarkt zu besorgen. Die Stadtbücherei wurde im Winter wegen fehlender Lichtquellen schon am frühen Nachmittag geschlossen.

Auch an den Kauf eines Kinderwagens war nicht zu denken. 200 Wünsche lagen dem Wirtschaftsamt vor, das lediglich vier davon erfüllen konnte. Wer keine Schwarzmarktquelle hatte, mußte auf dem Tauschweg zum Ziel kommen. Die Anzeigenseiten der Zeitungen waren voll von Angeboten und Anfragen. „Biete fast neuen Kinderwagen, suche Herrenarmbanduhr", hieß es zum Beispiel. oder: „Biete Damenwintermantel, suche Herrenanzug", „Biete Akkordeon, suche Anzugstoff", „Suche Schreibmaschine, biete Einkochkessel". Die Liste ließe sich beliebig lange fortsetzen.

Das Wirtschaftsamt war in einer hoffnungslosen Lage. Schon in der Dezember-Ratssitzung hatte SPD-Fraktionschef Heinrich Reinköster vorgeschlagen, die bei den Wirtschaftsämtern einlaufenden Bezugscheinanträge von ehrenamtlich tätigen Angehörigen der Gewerkschaften prüfen zu lassen. Als Beispiel führte er an, daß von 100 vorliegenden Anträgen auf Genehmigung eines Küchenherdes lediglich 45 genehmigt werden mußten, weil die übrigen bei einer Überprüfung als nicht notwendig erkannt worden seien. Reinköster scheiterte mit diesem Antrag am Widerstand der CDU. Auch als er seinen Vorschlag im Februar erneut zur Sprache brachte, konnte sich die Mehrheitsfraktion der Union nicht mit einer gewerkschaftlichen Kontrolle anfreunden. Sie hielt es für ausreichend, daß jeweils zwei Ratsmitglieder zur Mitarbeit in den Bezirksstellen des Wirtschaftsamtes bestimmt wurden.

Für diese Vertrauensposten wurden Diehl und Bröker (Hamm-Westen), Stichmann und Wemhöner (Süden), Piorck und Stickling (Norden), Paschen und Makorick (Mitte) sowie Dr. Lambrecht und Nüse (Hamm-Osten) ausgewählt. Sie hatten bei der Verteilung der Bezugscheine ein wichtiges Wort mitzureden. Wie aus dem Verwaltungsbericht der Stadt hervorgeht, waren über 100 ehrenamtliche Helfer eingesetzt, um zu sehen, wo Hilfe nottat. An Anbetracht der immer schlechter werdenden Versorgungslage wurde dann am 1. März 1947 eine Antragssperre erlassen.

Statt Münzen Gutscheine für Straßenbahn

Kleingeld war knapp im Sommer 1947. Die Gerüchte schwirrten um eine bevorstehende Währungsreform, und jedermann sammelte Münzen, weil sie für wertbeständig gehalten wurden. Weil man kaum noch wußte, wie die Straßenbahnfahrten zu bezahlen waren, veranlaßte der Rat der Stadt die Ausgabe von Hammer Notgeld im Wert von Zehn- und Zwanzigpfennigscheinen als Zahlungsmittel für Straßenbahnfahrten. Die Zehn-Pfennig-Wertmarke zeigte auf der Vorderseite den berühmten Merian-Stich von Hamm. Der Zwanzig-Pfennig-Schein wurde von dem Grafiker Robert Fuchs gestaltet.

Baracke Symbol für Humanität

Bahnhofsmission übernahm Verpflegung der Flüchtlinge

Für viele Durchreisende und Heimkehrer waren schlichte Holzbaracken auf dem Bahnhofsvorplatz dankbar begrüßte Anlaufstelle. Sie wurden hier von Mitarbeitern der Wohlfahrtsverbände mit warmen Getränken und Essen versorgt und konnten sich in den Räumen nach der strapaziösen Fahrt in ungeheizten Zügen aufwärmen. In einer Ratssitzung Anfang Februar 1947 stellte Ratsherrin Sophie Buschkötter im Namen der Christlichen Bahnhofsmissionen den Antrag auf Ankauf der Baracke, in der bis dahin das Evangelische Hilfswerk, die Caritas und die Arbeiterwohlfahrt gemeinsam tätig waren. Buschkötter argumentierte damit, daß das Nebeneinander die Arbeit erschwere. Ratsherr Maas fügte hinzu, daß trotz Einschreitens der Polizei „lichtscheue Elemente die Baracke als Wärmehalle ansehen und dort ihre unsauberen Geschäfte tätigen". Der Antrag wurde schließlich mit CDU-Mehrheit angenommen. Anläßlich der Übergabe des Behelfsheims an das Diakonische Werk Ende Februar wies Oberstadtdirektor Dr. Schultz darauf hin, daß die Verpflegung der Flüchtlinge und entlassenen Soldaten inzwischen auf die Bahnhofsmission übergegangen sei. Er sprach der Arbeiterwohlfahrt, der Caritas und der Inneren Mission den Dank der Stadt für die geleistete Hilfe aus.

Als Diebesbande berüchtigt: Die „Bomber" aus Werries

Die „Bomber" aus Werries waren 1947 und in den folgenden Jahren in aller Munde. Sie waren dafür bekannt, sich das, was sie brauchten, auch illegal zu beschaffen. Ihr größtes Vergehen, der Besitz von Waffen, führte dazu, daß das Militärgericht in Hamm die Sache an eine höhere Instanz abgab. So kam es, daß Mitte Juli 1947 erstmals das Hohe Militärgericht unter dem Vorsitz eines Lordrichters in Hamm tagte. Die sechs Angeklagten wurden für schuldig befunden, alliiertes Eigentum bei einem Einbruch in eine von den Engländern bewohnte Villa erbeutet zu haben. Dabei kam auch eine Mauserpistole in ihren Besitz. Die Polizei kam den Verbrechern schnell auf die Spur. Sie wurden, wie die Zeitung damals schrieb, „bei einem Gelage überrascht". Das Diebesgut, das sie an verschiedenen Stellen versteckt hatten, wurde sichergestellt. Dabei entdeckte die Polizei nicht nur die Mauser-Pistole, sondern auch weitere Waffen und Munition sowie Sprengstoff. Die geständigen Angeklagten erhielten Freiheitsstrafen zwischen 15 Monaten und drei Jahren.

Schon 12 000 SPD-Mitglieder

Gleisner: AWO zu Instrument der Wohlfahrt entwickelt

Eine rasante Entwicklung konnte die Sozialdemokratische Partei 1946 verzeichnen. Wie Unterbezirkssekretär Alfred Gleisner beim Unterbezirksparteitag am 29. Januar 1947 in Kamen mitteilte, stieg die Mitgliederzahl von 3 000 auf 12 000 und die Zahl der Funktionäre von 570 auf 2 700. Dem Unterbezirk gehörten die Kreise Unna, Lüdinghausen, Beckum, Lippstadt, Soest und die Stadt Hamm an. Gleisner wies darauf hin, daß die Arbeiterwohlfahrt (AWO) sich zu einem Instrument der Wohlfahrt entwickelt habe, und die Falkenjugend unter Leitung von Arthur Bunkowski aktiv geworden sei. Bewährt hätten sich 61 sozialistische Diskussionszirkel.

Die Westfälische Rundschau berichtete damals über das Treffen, bei dem Heinrich Wenke (Dortmund) feststellte, daß die SPD die Partei der Armen, der Ausgebeuteten, der Vertriebenen und Ausgebombten, aber auch des Bürgertums sei, das klassenmäßig nicht in eine kapitalistische Partei gehöre. Der Sozialismus sei kein äußerliches Organisationsschema, sondern bedeute auch Charakterbildung und warmherzige Menschlichkeit. Liebe und Güte, das sei kein Lippenbekenntnis, sondern Norm des täglichen Lebens.

Bei der Vorstandswahl wurde Heinrich Schreiner (Heeren-Werve) in seinem Amt als Vorsitzender bestätigt. Dem Vorstand gehörten auch Anton Pytlik (Bockum-Hövel), Leo Radtke (Hamm), Paul Putzig (Heessen), Fritz Heitsch (Werries) und Fritz Refeuther (Hamm) sowie Heinrich Reinköster (Hamm) an. „Mit einem zündenden Appell", so heißt es in dem Bericht, „begeisterte Hauptschriftleiter Walter Poller die Delegierten für ihre Arbeit". Poller war 1919 Redaktionsleiter — er war damals 19 Jahre alt und der jüngste in Deutschland — in Hamm geworden, wo er das SPD-Blatt „Der Hammer" redigierte, bis ihn die Nazis ins KZ brachten. Er war, wie bereits an anderer Stelle berichtet, nach dem Krieg Chefredakteur der Westfälischen Rundschau.

Im Juli 1947 kurz notiert

- *Alle gewerblich tätigen Musiker mußten sich am 31. Juli 1947 im Lokal Ringhoff einer Prüfung unterziehen und dazu ihre Musikinstrumente mitbringen. Anmeldungen zu dieser Aktion nahm Vorsitzender R. Sperling täglich ab 15 Uhr im Lokal Steinbrink an der Südstraße entgegen.*

Elternwille entscheidend

Militärregierung lehnte Rücktritt der Wiescherhöfener CDU ab

Wegen der Auseinandersetzungen zwischen Katholiken und Protestanten seien in den letzten Jahrhunderten Ströme von Blut geflossen, warnte Ratsherr Fritz Heitsch (SPD) in der Sitzung der Gemeindevertretung von Werries im November 1946, als ein Antrag der Eltern auf Einrichtung konfessioneller Schulen beraten wurde. Heitsch rief dazu auf, den Zwiespalt zwischen den Konfessionen zu überbrücken, zumal die Not zur Gemeinschaft zwinge. Er meinte, daß mit der christlichen Gemeinschaftsschule dem Wunsch der Eltern auch entsprochen werde. Dieser Ansicht stimmten 13 der 14 anwesenden Ratsmitglieder zu. Lediglich Ratsherr Karl Heller (CDU) votierte für die Konfessionsschule. In Braam-Ostwennemar sprach sich die Ratsmehrheit von SPD und KPD mit neun Stimmen für die christliche Gemeinschaftsschule aus, während die Christdemokraten sich für die Einrichtung aller drei Schularten einsetzten.

Erhebliche Kontroversen gab es in Süddinker. Am 6. Mai 1947 berichtete die Westfalenpost von einer „Brunnenvergiftung um die Bekenntnisschule". Das neue Zentrum, so hieß es, versuche, die Bevölkerung mit dem Vorwurf zu beunruhigen, daß in Süddinker noch immer nicht die konfessionelle Schule errichtet worden sei. Dazu sei festzustellen, daß die Regierung im Einvernehmen mit der Besatzungsmacht verfügt habe, daß nur dann für eine Konfession eine eigene Schule einzurichten sei, wenn für diese mindestens 60 Kinder angemeldet würden. Bei der Befragung der Eltern im vergangenen Jahr seien in Süddinker aber nur 35 Stimmen für die katholische und zwei für die evangelische Schule abgegeben worden. 14 Eltern hätten nicht abgestimmt und sich damit — laut Vorschrift — für die Gemeinschaftsschule entschieden. Die Schulbehörde habe daraufhin eine Konfessionsschule für Süddinker abgelehnt.

Für die jeweiligen Schulformen war schließlich der Elternwille maßgeblich, so daß die Beschlüsse der Gemeindevertretungen von Braam-Ostwennemar und Werries nicht wirksam wurden. Es gab je eine katholische und evangelische Schule in Rhynern, in Berge, in Werries und in Braam-Ostwennemar. Katholische Schulen wurden in Sönnern, Wambeln, Geithe und Westtünnen eingerichtet, evangelische in Osterflierich, Uentrop und Bramey-Lenningsen.

Zu erheblichen Meinungsverschiedenheiten kam es in der Schulfrage auch in Wiescherhöfen. Als Bürgermeister Osterbrauck in der Gemeinderatssitzung am 31. März 1947 den Vorschlag machte, in der Kolonieschule eine katholische und evangelische Konfessionsschule und auf dem Daberg die christliche Gemeinschaftsschule einzurichten, und Gemeindevertreter Wilhelm Nabe die christliche Gemeinschaftsschule auch in der Selmigerheide vorschlug, protestierte die CDU und reagierte auf den entsprechenden Mehrheitsbeschluß mit der Niederlegung der Mandate. Im Mai 1947 teilte Amtsbürgermeister Renninghoff dem Oberkreisdirektor mit, daß CDU-Fraktionschef Scherkamp den Rücktritt der CDU-Ratsmitglieder erneut bestätigt habe, die SPD die Mandatsniederlegung aber nicht anerkenne. Da diese auch von der Militärregierung abgelehnt wurde, ordnete der Oberkreisdirektor an, daß die CDU-Politiker ihr Amt weiterhin auszuüben hätten.

5 320 Flüchtlinge im Amt Rhynern

Bauern stellten Land für Gemüsegarten zur Verfügung

Das Flüchtlingsproblem brannte nach dem Krieg auf den Nägeln. Allein im Amt Rhynern waren im August 1946 5 320 Flüchtlinge, Ausgewiesene und Evakuierte in rund 700 Zimmern untergebracht. Die Einwohnerzahl, die sich 1939 noch auf 17 987 belaufen hatte, war im Oktober 1946 auf 23 797 gestiegen. Im Mai 1946 wurde das Wohnungs- und Flüchtlingsamt als selbständige Dienststelle eingerichtet. Wie aus dem Verwaltungsbericht hervorgeht, wurden im Sommer 1946 an Ostflüchtlinge 145 Mäntel, 194 Kleider, 350 Garnituren Unterwäsche, 104 Decken, 178 Paar Schuhe sowie 419 Berechtigungsscheine zum Empfang von Schuhsohlen ausgegeben.

Unter der Überschrift „So sorgt Rhynern für seine Flüchtlinge“ berichtete die Westfalenpost im Mai 1947, daß die Bauern in fast allen Gemeinden des Amtes Land zur Verfügung gestellt hätten, auf dem die Flüchtlinge Gärten einrichten konnten. Das DRK hatte in der Gaststätte Karlheim in Rhynern einen Unterkunftsraum für obdachlose Flüchtlinge eingerichtet, in dem auch durchreisende Heimkehrer übernachten konnten. Als besonderer Erfolg wurde gemeldet, daß dem Amt Rhynern vier Kohle-Kleinherde und 85 Kaffeekannen für Flüchtlingefamilien zugewiesen worden waren.

Von den 21 Gemeinden des Amtes Rhynern waren Werries mit 3 884 Einwohnern, Braam-Ostwennemar (3 655) und Berge (2 824) die größten. Am unteren Ende der Skala rangierten Freiske (254), Vöckinghausen (204) und Frielinghausen (140 Einwohner).

Städtische Bücherei eröffnet

1951 Vorkriegsbestand noch nicht wieder erreicht

Wer den perfekten Service in der Stadtbücherei kennt, kann sich nicht vorstellen, unter welchen primitiven Umständen der Bücherservice an den Bürgern nach dem Krieg wieder aufgenommen werden mußte. Um sie vor der Zerstörung bei Bombenangriffen zu schützen, waren die Bände während des Krieges ausgelagert worden. Der Teil, der im Haus Nehlen bei Welver untergebracht worden war, blieb gut erhalten. Zum Teil gestohlen oder vernichtet wurden aber jene Bestände, die auf Schloß Oberwerries in Sicherheit geglaubt waren.

Wie aus dem Verwaltungsbericht hervorgeht, wurde der gerettete Besitz der „Städtischen Volksbücherei" zunächst in den feuchten Keller des im Hammer Osten gelegenen Klosters, dem sogenannten „Klösterchen", gebracht und von dort in drei Räume des noch erhalten gebliebenen Stadthausflügels an der Brüderstraße, die kaum geheizt werden konnten. Noch einmal mußte umgezogen werden, und zwar im gleichen Stockwerk in größere Räume des Museums, die 1949 zurückgegeben wurden. Der Stadtbücherei wurden dann im gleichen Gebäude die Räume der Stadthauptkasse zur Verfügung gestellt.

Die Ausleihe wurde am 1. April 1946 wieder aufgenommen. Nachdem der alliierte Kontrollrat die Vernichtung des „unerwünschten Schrifttums" aus der Nazizeit angeordnet hatte, mußten auch die Buchhandlungen solche Literatur in der Stadtbücherei abgeben. Dem eigenen Bestand gingen durch den Krieg und durch diese Aktion rund 3 000 Bücher verloren. 1946 konnten lediglich 35, 1947 aber immerhin schon 162 neue Bücher angeschafft werden. Die Lust zum Lesen war den Hammern während des Krieges nicht vergangen. Immerhin wurden 1946 von 1 875 Lesern 28 723 und 1947 von 1 985 Lesern 34 386 Bände ausgeliehen. Bis zum 31. März 1951 war der Bestand zwar wieder auf 11 471 Bände angestiegen, er erreichte damit aber immer noch nicht den Bestand vor der ersten Bombardierung des Büchereigebäudes an der Martin-Luther-Straße.

Im November 1947 kurz notiert

● *In der November-Ratssitzung 1947 berichtete Ratsherr Peter Kreuseler von einem bedauerlichen Zwischenfall im Hafen. Beim Entladen eines Schiffes fiel in der Dunkelheit ein Arbeiter vom Laufsteg ins Wasser. Er konnte, weil es an Glühbirnen fehlte, nicht gesucht und gerettet werden.*

Stadt wurde schon bald zu eng

Nachbarn klangen Eingemeindungswünsche schrill im Ohr

Die kommunale Neuordnung, die 20 Jahre später in ersten Anfängen verwirklicht wurde, beschäftigte die Politiker des Raumes Hamm bereits 1947. „Hamms Lage drängt zur Stadterweiterung", befand die Westfalenpost am 7. Februar und vertrat die Ansicht, daß durch eine Eingemeindung von Uentrop, Rhynern, Pelkum, Wiescherhöfen, Herringen, Bockum-Hövel und Heessen weiteres Bau- und Gartengelände geschaffen werden müsse. Es sei ein unhaltbarer Zustand, daß der Raum Hamm in eine Stadt und drei Landkreise (Unna, Lüdinghausen, Beckum) aufgeteilt sei. Die Stadt als Verkaufs-, Wirtschafts- und Bildungszentrum für ein großes Hinterland müsse in die Lage versetzt werden, ein leistungsfähiger Verwaltungs- und Wirtschaftsmittelpunkt zu werden.

Den Nachbarn klangen solche Töne schrill im Ohr. SPD-Politiker Anton Pytlik aus Bockum-Hövel brachte am 30. September eine Entschließung im Lüdinghausener Kreistag ein, die sich gegen die Eingemeindungsabsichten der Stadt Hamm richtete und die von allen Fraktionen unterstützt wurde. Darin hieß es, die Stadt Hamm hintertreibe durch Einschaltung von Regierungsstellen die Errichtung eines von der Gemeinde Bockum-Hövel geförderten Industrieunternehmens nahe der Hammer Stadtgrenze. Sie behaupte, daß durch die geplante Anlage Siedlungsvorhaben der Stadt beeinträchtigt würden. Landrat Wilhelm Deist (CDU) und SPD- Fraktionsvorsitzender Anton Pytlik, beide aus Bockum-Hövel, erklärten in der Kreistagssitzung, daß Hamm die Eingemeindung von Bockum-Hövel vorbereite, die Gemeinde wolle jedoch weiterhin dem Kreis Lüdinghausen angehören.

In den Schulen fehlten immer noch 46 Räume

Die Schulen waren auch im März 1948 noch nicht wieder hergestellt. Stadtbaurat Haarmann berichtete dem Rat, daß immer noch 46 Unterrichtsräume fehlten. Wie er sagte, habe das Stadtbauamt das Baulenkungsamt in Gelsenkirchen ständig an die Hammer Anträge auf Instandsetzung der Schulen erinnert, doch fehle es tatsächlich an Baumaterial. Sobald dieses verfügbar sei, würden die jetzt noch von Firmen und Dienststellen belegten Schulgebäude freigemacht und umgehend mit den Ausbaumaßnahmen begonnen.

Wenn zwei sich streiten...

Bei Landtagswahl 1947 gingen die Parteien hart zur Sache

Obwohl in der Demokratie noch ungeübt, lieferten sich die Parteien bei der Landtagswahl im Frühjahr 1947 einen heißen Wahlkampf. Sie boten politische Prominenz bei Kundgebungen auf und verteilten auch schon Kandidatenbriefe. Paul Schamer, Ratsmitglied in Hamm, kandidierte für die CDU. Er mahnte in einem Flugblatt, daß die Teilnahme an der Wahl staatsbürgerliche Pflicht sei. Schließlich stehe der zu wählende Landtag vor großen Aufgaben. Er müsse die neue Verfassung schaffen, Fragen des Elternrechts, der Jugenderziehung und der Stellung der Kirchen regeln und durch ein neues Wirtschaftsrecht dafür sorgen, daß das Wohl des arbeitenden Menschen in den Mittelpunkt rücke. „Die Zeit der privatkapitalistischen Interessen muß ebenso vorbei sein wie die Zeit der Rechtlosigkeit des Einzelnen durch die Konzentrierung wirtschaftlicher Macht in der Hand des Staates", schrieb Schamer, der 1928 bereits, damals als Mitglied des Zentrums, Landtagsabgeordneter gewesen war. Diesmal kandidierte er für die CDU.

Die Zentrumspartei machte der CDU Konkurrenz. Die Folge: Die Wähler der christlichen Parteien zersplitterten sich, die SPD ging in Hamm als Sieger aus der Landtagswahl hervor. SPD-Kandidat Heinrich Reinköster wurde als erster Hammer Politiker direkt in den Düsseldorfer Landtag gewählt. Er erhielt 8 183 Stimmen oder 33,7 Prozent. 834 Wähler entschieden über seinen Erfolg. Paul Schamer konnte nur 7 349 Stimmen (30,3 Prozent) verbuchen. Hätte er auch die Zentrumsstimmen (3 989 oder 16,4 Prozent) bekommen, hätte er sein Ziel mit weitem Abstand erreicht. Die FDP sicherte sich 2 722 Stimmen (11,2 Prozent), die KPD mußte sich mit 2 050 Stimmen (8,4 Prozent) zufriedengeben. Die Wahlbeteiligung lag in Hamm nur bei 68,2 Prozent. „Brot statt Wahlen" hatte ein Wähler auf einen der 1 159 ungültigen Stimmzettel geschrieben und damit den Grund für das geringe Interesse an der Wahl deutlich gemacht.

Im Kreis Unna, dem die heutigen Stadtbezirke Uentrop, Rhynern, Pelkum und Herringen angehörten, kandidierten in zwei Wahlkreisen Hubert Biernat und Alfred Gleisner für die SPD, Karl Massmann und Josef Wüste für die CDU, Karl Werth und Walter Lambardt für die FDP, Hermann Rademacher und Alfred Zeitler für die KPD und Hermann Koch und Bernhard Lohmann für das Zentrum. Die SPD lag in beiden Wahlkreisen deutlich an der Spitze und erhielt insgesamt 37 376 Stimmen, für die CDU votierten 24 723 Wähler, die FDP landete mit 3 565 Stimmen ebenso wie das Zentrum (3 503 Stimmen) auf den hinteren Rängen, wo sich auch die KPD mit 11 896 Stimmen wiederfand. Gewählt wurden Landrat Hubert Biernat (SPD) und SPD-Unterbezirkssekretär Alfred Gleisner.

Bockum-Hövel gehörte zum Kreis Lüdinghausen, wo der CDU-Kandidat mit 49,2 Prozent der Stimmen gewählt wurde. Der SPD-Bewerber erhielt 24,8 Prozent, die FDP 3,5 Prozent, das Zentrum immerhin 13,7 Prozent und die KPD 8,8 Prozent. In Bockum-Hövel stimmten 40,1 Prozent der Wähler für die SPD, 37,78 Prozent für die CDU und 17,75 Prozent für die KPD.

Im Kreis Beckum, dem Heessen zugeordnet war, siegte ebenfalls die CDU mit 25 551 Stimmen vor der SPD (16 515 Stimmen), dem Zentrum (6 671 Stimmen), der KPD (5 029 Stimmen) und der FDP (1 347 Stimmen). Gewählt wurden in zwei Wahlkreisen die CDU-Kandidaten Paul Sombetzki und Luster Haggeney.

Am 29. April lag endlich das Ergebnis aus 149 Wahlkreisen vor. In Kleve, dem 150. Wahlkreis, wurde erst am 18. Mai gewählt. So konnte der Landtag frühestens am 20. Mai erstmals zusammentreten.

Insgesamt ging die CDU aus den Landtagswahlen als stärkste Partei hervor. Bei einer geringen Wahlbeteiligung von 64,9 Prozent ergab sich folgende Sitzverteilung: CDU 91 (bisher 92), SPD 64 (bisher 66), KPD 28 (bisher 19), Zentrum 20 (bisher 12), FDP 12 (bisher 8).

Die Bürger des Landes Nordrhein-Westfalen hatten bereits im 15. September die Gemeinde- und Amtsvertretungen und am 13. Oktober 1946 die Kreistage und die Parlamente der kreisfreien Städte gewählt. Am 20. April 1947 wurde auch der Landtag in demokratischer Abstimmung besetzt. Zur Information der Wähler gab die Landesregierung eine Broschüre heraus, in der sich Dr. Gerhard Schröder mit „Geschichte und System des Landtagswahlrechts" befaßte. Er wies darauf hin, daß auf eine gewählte Vertretung bei der Mittelinstanz, den Regierungspräsidenten, verzichtet worden sei. Die Wahlen zu den Landtagen von Nordrhein-Westfalen, Niedersachsen und Schleswig- Holstein seien die vorläufig letzte Stufe im parlamentarisch-demokratischen Aufbau des Staates.

Schröder hält fest, daß Bremen mit Bremerhaven und Wesermünde aus dem Verband der britischen Zone ausgeschieden und dem amerikanischen Besatzungsbereich zugeordnet worden sei. Außer den drei genannten Ländern bestehe in der britischen Zone nur noch der Stadtstaat Hamburg als selbständiges Land. Dort sei durch die Wahlen vom 13. Oktober bereits ein Parlament geschaffen worden, das sowohl kommunale wie auch staatliche Funktionen habe. In der amerikanischen, russischen und französischen Zone sei der Aufbau gewählter demokratischer Körperschaften bis zur Landesvertretung bereits abgeschlossen.

Die zur Zeit amtierenden Landtage von Nordrhein-Westfalen, Niedersachsen und Schleswig-Holstein, die von der Militärregierung auf Vorschlag der Parteien ernannt wurden, seien insoweit repräsentativ, als sie sich nach dem Ergeb-

ümmer so weit das Auge reicht: Dieses Foto hält den Blick aud dem Polizeipräsidium
f die Feidikstraße fest. Es ist vermutlich im Winter 1945/46 entstanden. Erste Zeichen
s Wiederaufbaus sind an aufgeschichteten gepickten Steinen und einem „Eigenheim“
reits zu erkennen. Im Polizeigebäude residieren noch die Alliierten Besatzungstruppen,
e ihre Fahrzeuge auf dem Hof abgestellt haben.

Erste Ansätze des Wiederaufbaus sind auf diesem Bild schon zu erkennen.
Es zeigt einen Blick von der Pauluskirche in die Trümmerlandschaft rund um den Marktplatz und auf die Ruine des Lutherhauses an der Königstraße. Im Hintergrund ist das Dach des heutigen Rathauses zu erkennen. Foto: Privatarchiv

Im Sommer 1947 gab es Notgeld als Zahlungsmittel für die Straßenbahn, weil Münzen knapp wurden. Dies war die Zehn-Pfennig-Wertmarke.

Mit den Trümmern leben mußten die Hammer Bürger in der Nachkriegszeit. Grüne Pflanzen hatten den grauen Schutt bereits weitgehend überdeckt, als der Westfälische Posaunentag auf dem Marktplatz stattfand und sich die Teilnehmer unter anderem auch in der Ruine des ehemaligen Logengebäudes gegenüber dem Griebschgebäude an der Poststraße versammelten. Foto: privat

Zu den Archiv-Schätzen des früheren Pressefotografen Herbert Neumann gehört auch dieses Foto von der zerstörten Schleuse am Datteln-Hamm-Kanal, das in der ersten Nachkriegszeit entstanden ist. Es macht deutlich, daß die Kanalschiffahrt durch den Bombenkrieg zum Erliegen gekommen ist.

Winter 1946/47 trainierten die Leichtathleten der Hammer Spielvereinigung in der Zechenturnhalle in Bockum-Hövel. ch dem Training der Damenriege entstand dieses Erinnerungsfoto. Im Bild, obere Reihe von links: Grothoff, verkamp, unbekannt, unbekannt, Nieder, Walter, unbekannt. Untere Reihe, von links: Gärtner, Conrady, Maziock, ührs, Schönewolf, Bock, Bock, Seifert.

Mit schwarzen Fahnen, wie hier an der Jägerallee, protestierte die Hammer Bevölkerung gegen die Besetzung der Wohnungen durch die Besatzungsmacht.
Foto: Weischer

Auch der Oberbürgermeister nahm beim Ehrendienst zur Schutträumung die Schaufel in die Hand (Bildmitte). Zu dieser Zeit gab es schon Pressefotografen, die das Ereignis im Bild festhielten. Wie erfolgreich die so hoffnungsvoll ins Leben gerufene Aktion war, ist nicht überliefert. Foto: Stadtarchiv

Mit Bauruinen wie hier an der Goethestraße (Mitte der zerstörte Kaiserhof) mußten die Hammer noch viele Jahre leben. Rat und Verwaltung waren schon froh, wenn es gelang, die Fahrbahnen zu räumen. Der Gehwege mußten sich die Bürger zum größten Teil in Selbsthilfe annehmen. Steine, die dort lagen, wurden sorgsam sortiert. Gut erhaltene Stücke wurden gepickt, daß heißt von Mörtel befreit und wieder als Baumaterial verwendet.
Foto: privat

Noch in den letzten Kriegstagen war die Lippebrücke im Zuge der Fährstraße befehlsgemäß von deutschen Truppen gesprengt worden, um den Vormarsch der Alliierten zu stoppen. Diese sinnlose Zerstörung führte dazu, daß die wichtige Verbindung zwischen Hamm und Heessen jahrelang nicht bestand. Um den Fußgängern weiter Umwege zu ersparen, wurde eine Notbrücke mit Hilfe von Pontons errichtet, die auch Radfahrern zur Verfügung stand. Dieses Foto, das Seltenheitswert hat und aus einem Hammer Familienalbum stammt, zeigt das Bauwerk.

ehr als ein Jahr lang war das Dach dieses Hauses an der Goethestraße 27 ungedeckt. Regenwasser wurde im oberen ockwerk in Wannen aufgefangen. Foto: privat

Wer heute über die Bahnhofstraße geht, kann sich kaum vorstellen, daß es dort an der Einmündung zur Straße am Stadtbad einmal so ausgesehen hat. Links das Grundstück Ter Veen mit den ersten Ansätzen des Wiederaufbaus, im Hintergrund der Westentorbunker. Foto: Herbert Neumann

Fleisch und Fett gab es zusätzlich für Schichtarbeiter im Bergbau.

Diese Bezugskarte gab die Deutsche Kohlenbergbauleitung für Bergleute aus.

chon wieder aufgebaut war die Agneskirche, als dieses Foto entstand. Die Trümmerberge, die das Gelände zwischen irche und Oststraße (Mitte) füllten, waren bereits verschwunden. Als Betonskelett den Krieg überstanden hatte das genannte Waldeck-Haus. In diesem Torso (Bild unten), der auf dem Foto oben an der Oststraße deutlich zu erkennen ist, atte gleich nach dem Krieg der Kaufmann Billet-Marzahl sein Obst- und Gemüsegeschäft eingerichtet. r siedelte später wieder zum Westentor über. Fotos: privat

Selbst Schuhreparaturen gab es nur auf „Marken“.

Ein Wahrzeichen für den Hammer Westen war der Turm der St. Josefskirche noch zehn Jahre nach Kriegsende. Das Kirchenschiff war bei Bombenangriffen am 22. April 1944 und am 7. Januar 1945 zerstört worden.
Der Turm wurde zwar erheblich beschädigt, doch hoffte die Gemeinde lange, ihn erhalten zu können. Im Winter 1948/49 gelang es Alois Piepke, Gerd Matthias und Willi Hartmann sogar, die Turmuhr wieder in Gang zu setzen. 1952 wurden Turmhelm und Schieferdach repariert. Doch drei Jahre später entstanden die Pläne für einen Kirchenneubau, dem der Turm im Herbst 1955 geopfert werden mußte. Der Neubau löste die Notkirche ab, die zum größten Teil in Eigenhilfe errichtet und zum Weihnachtsfest 1948 eingeweiht worden war.
Foto: privat

›ch ungedeckt war das Dach des Bahnhofsgebäudes, als dieses Foto vom Bahnhofsvorplatz 1947 aufgenommen wurde. ›chts ist die Baracke zu erkennen, in der die Hilfsorganisationen Heimkehrer und Flüchtlinge betreuten.

Paul Putzig war 43 Jahre alt, als er 1946 Bürgermeister in Heessen wurde. Der gebürtige Gelsenkirchener war Abteilungsleiter auf der Zeche Sachsen. Er wurde 1948 stellvertretender Landrat.

Rektor i. R. Josef Weidekamp war Mitgründer der CDU in Hamm und ihr erster Vorsitzender. Foto: Stadtarchiv

Nur einige Gewölbe, die Außenmauern und das Torso des Turms blieben stehen, als die Pauluskirche am 30. September 1944 im Bombenhagel zerstört wurde. Erst am 31. Oktober 1954 konnte die Kirche wieder eingeweiht werden. Dieses Foto zeigt einen Teil des Dachgewölbes (mit Blick auf die Gastwirtschaft „Zur Sonne“ und das Griebsch-Gebäude), dessen Statik durch Witterungseinflüsse und Taubenmist gefährdet wurde.

ıer der wichtigsten Männer der
ten Stunde in Hamm war der
ätere Landtagsabgeordnete und
edlervater" Gerhard Krampe.
hatte maßgeblichen Anteil am
ederaufbau der Stadt. Als er,
ährig, im Oktober 1980 starb,
rdigte Oberbürgermeister Werner
gen Toleranz und Gerechtigkeit, die
sen Politiker ausgezeichnet hätten.
r Hammer Ehrenbürger war bis in
n hohes Alter um das Gemeinwohl
nüht. Die Arbeit in der christlichen
zialbewegung war dem ersten von
ın Kindern sozusagen in die Wiege
egt worden. Der Vater hatte ihn
on als Schüler mit diesen Gedanken
traut gemacht. Der gelernte
ahtzieher wurde 1924 aktiver
tarbeiter der Katholischen
beiterbewegung (KAB) und
ernahm 1939 die Leitung des
zirksverbandes, dem er trotz der
rfolgungen während der Nazizeit bis
45 vorstand. Durch seine Mitarbeit
der Bauproduktionsgenossenschaft
emeinwohl" von 1920 bis 1933 war
n Interesse am Siedlungswesen
veckt. Schon 1946 stellte er seine
ahrungen der Siedlungs- und
hnungsbaugesellschaft Hamm zur
rfügung. Die erste Hammer
chkriegs-Siedlung trägt noch heute
nen Namen. 1954 in den
rdrhein-westfälischen Landtag
vählt, machte sich Gerhard Krampe
Initiator zahlreicher
hnungsbaupolitischer Gesetze einen
men. Er blieb zwölf Jahre Mitglied
Landtags und trat 1966 als
ähriger von einer erneuten
ndidatur zurück. Dem Rat der Stadt
örte Krampe von 1946 bis 1948
d von 1952 bis 1964 an.
ßgeblichen Verdienst hatte er
an, daß sich nach dem Krieg die
holischen und evangelischen
risten politisch in der CDU
ammenfanden. „Mit der Gründung
er christlich-demokratischen Partei
g 1945 ein Wunschtraum der
nner der christlich-sozialen
wegung des vergangenen
rhunderts in Erfüllung", schrieb er
einem 1977 erschienenen Buch, in
n er die Geschichte der CDU in
mm aufzeichnete. Gerhard Krampe
rde 1957 mit dem päpstlichen
den „Pro Ecclesia et Pontifice",
51 mit dem Bundesverdienstkreuz
d dem Wappenteller der Stadt und
57 mit der Ehrenplakette der Stadt
gezeichnet, die ihn 1971 zum
renbürger ernannte.

Aufsehen erregte bundesweit die Siedlungstätigkeit in Hamm. Ratsherr Gerhard Krampe hatte damals die Initiative für die Errichtung von Eigenheimen im Hammer Süden gegeben. Diese sogenannte „Krampe-Siedlung" interessierte auch den damaligen Ernährungs- und Landwirtschaftsminister Dr. Heinrich Lübke (Mitte), der im Dezember 1947 der Baustelle einen Besuch abstattete. Er wurde von Oberbürgermeister Ferdinand Poggel begleitet. Foto: Stadtarchiv

Die Grundsteinlegung für die „Krampe-Siedlung" wurde im großen Rahmen gefeiert. Foto: Festschrift Liebfrauen

ıum jemand kann sich heute noch vorstellen, wie die Innenstadt in den ersten Nachkriegsjahren aussah. eses Bild zeigt das Griebsch-Haus, das bereits ein neues Dach bekommen hat (links). Gegenüber ist das Gebäude der ıststätte „Zur Sonne" zu erkennen, das den Krieg teilweise überstanden hat, aber später Platz machen mußte für den ngelmann-Supermarkt. Foto: Privatarchiv

Alle Gemeindemitglieder von St. Stephanus in Heessen faßten kräftig zu, als es darum ging, die Pfarrkirche wieder aufzubauen. Zu den fleißigen Helfern gehörten auch diese jungen Männer, die sich in einer Arbeitspause zum Erinnerungsfoto stellten. Foto: Festschrift

Die katholischen Gemeinden feierten das Fronleichnamsfest 1947 wieder in traditioneller Weise mit Prozessionen in alle Stadtteilen. In der St. Josefs-Gemeinde im Hammer Westen waren natürlich auch die Ordensschwestern aus dem Kinderheim Vorsterhausen dabei.

ı Mann, dessen Wort Gewicht
:te, und der den Aufbau des
.terbezirks Hamm-Unna-Soest-
ɔpstadt-Beckum-Lüdinghausen
:h dem Krieg maßgeblich
tgestaltete, war Alfred Gleisner.
war von 1946 bis 1959
rteisekretär in Hamm und
rstandsmitglied im SPD-Bezirk
stliches Westfalen. Gleisner war
ı 1946 bis 1961 Kreistagsmit-
:d in Unna, gehörte von 1947
1951 dem Landtag an, war von
48 bis 1952 Ratsmitglied in
na und von 1949 bis 1959
ndestagsabgeordneter. Aus
sem Amt schied er auf eigenen
ınsch vorzeitig aus; nicht zuletzt
t Rücksicht auf seine Tätigkeit
Amtsdirektor in Pelkum vom
Dezember 1958 bis zum
April 1966. Im Zuge der
mmunalen Neuordnung war er
der Gründung der Stadt
rgkamen beteiligt, deren
rwaltung er als Stadtdirektor von
56 bis 1973 leitete. Alfred
:isner wurde als Bergmannssohn
19. Juni 1908 in Kamen
oren. Er fing zunächst auf der
:he Monopol an, wurde dann
iminalbeamter und arbeitete, als
ı diese Tätigkeit von den Nazis
boten wurde, ab 1933 für
rsicherungen. Den Krieg, in dem
schwer verletzt wurde, erlebte er
Offizier. Am 1. August 1945
rde Gleisner Mitglied der SPD,
die er sich von diesem
tpunkt an unermüdlich
setzte. Einer seiner Freunde und
rderer war Dr. Kurt
ıumacher. „Er zeichnete schon
nals den Weg, der auch heute
:h der gültige ist —
utschlands Einheit in Freiheit
d Bestandteil des vereinigten
ropas", hielt Alfred Gleisner
ı Bild links) als Ergebnis einer
nferenz der deutschen
zialdemokraten am
ınd 6. Oktober 1945 im Kloster
nnigsen fest.

Zwei Männer, die die Geschicke des Amtes Rhynern maßgeblich beeinflußten: Amtsbürgermeister Dr. Theodor Heller (rechts) und Amtsdirektor Walter Schüerhoff (links). Foto: Archiv Schüerhoff

Eine wichtige Rolle spielte im Amt Rhynern Amtsbürgermeister Dr. Nagel. Hier stellte er sich 1951 bei der Einweihung d Ev. Volksschule in Rhynern dem Fotografen. Im Bild von links: ein Regierungsdirektor, Amtsbaumeister Karl Schneider, ein Regierungsvertreter, Amtsdirektor Walter Schüerhoff, Architekt Frigge, Dr. Nagel, Schulrat Clement, Pastor Meinshausen, ein Regierungsvertreter und Pfarrer Pähler. Foto: Archiv Schüerhoff nis der Gemeindewahlen zusammensetzten. Schröder: „Ernannte Landtage können allerdings nicht die gleiche Legitimation aufweisen, die einem in allgemeinen, direkten Wahlen gewählten Parlament zukommt. Daher war die Forderung unabweisbar, die ernannten Landtage durch gewählte Landtage zu ablösen."

Nur 807 Kalorien pro Tag

Ernährungskrise erreichte im Mai katastrophalen Tiefstand

Die Armut war in der ersten Nachkriegszeit nicht nur Gast in allen Haushalten, sondern auch im Rathaus. Haushaltssorgen beschäftigten das Parlament im Februar 1947. Immerhin wies der Haushaltsplan rote Zahlen in Höhe von 3,5 Millionen Reichsmark aus. Wie Stadtkämmerer Wortmann damals berichtete, war den Gemeinden jeder Schuldentilgungsdienst verboten. Das führte dazu, daß einige Gläubiger der Stadt sogar die Hilfe der Fürsorge in Anspruch nehmen mußten.

Schlimmer noch war die Ernährungssituation. Der Jahresanfang 1947 stand im Zeichen der Brotnotlage. Zur Osterzeit gab es nur noch reines Maisbrot, das klitschig und schlecht bekömmlich war. Laut Verwaltungsbericht errechnete das Ernährungsamt für das gesamte Jahr 1947 einen Tagessatz von 1 219 Kalorien. Der Normalsatz von 1 550 Kalorien pro Tag wurde lediglich im September mit 1 546 Kalorien fast erreicht. Der Tiefstand wurde im Mai/Juni mit 807 und 845 Kalorien verzeichnet. Versorgt werden mußten in Hamm im Januar 1947 52 435 und im Dezember 54 488 Menschen. Mancher Hungrige nutzte die Möglichkeit, sich bei den Metzgereien mit Knochenbrühe zu versorgen. Diese an Ort und Stelle zu verzehren, wurde von der Stadt im Januar 1947 verboten. Die Abgabe der Brühe wurde zum Höchstpreis von zehn Pfennig pro Liter gestattet.

Die schlechte Ernährungslage führte dazu, daß die Zahl derjenigen, die 1947 eine Krankenzulage beanspruchen konnten, von 3 650 im Januar auf 11 055 im Dezember stieg. Zulagen gab es für insgesamt 16 386 Menschen in Hamm. Die Tageszeitung rechnete im August vor, daß es sich dabei um einige tausend Schwerst- und Schwerarbeiter der verschiedenen Kategorien, um 130 Polizeibeamte, 50 Mitglieder der Gefangenenpolizei, 30 Feuerwehrmänner, 22 Zollbeamte, fünf Röntgenmitarbeiter, 24 Tbc-Gefährdete (das Gesundheitsamt registrierte 264 Tuberkulose-Kranke), 78 Ärzte, 54 Hebammen und Gemeindeschwestern, 151 ehemalige KZ-Häftlinge sowie 30 Binnenschiffer handelte. Zulagen gab es auch für 4 425 Menschen, die laut ärztlicher Diagnose unterernährt waren.

Ebenso wie im Industriegebiet kam es in Hamm wegen des Hungers zu Demonstrationen. „Die Fettzuteilung ist mit 75 Gramm im Monat die Spitze der Katastrophe“, schrieb die Westfälische Rundschau. Gefordert wurde die Schaffung einer deutschen Regierung, der auch die Kohleproduktion unterstellt werden sollte, die Freigabe des Walfangs zur Schließung der Fettlücke und der endgültige Abschluß der Entnazifizierung. In Hamm traten die Betriebe von 10 bis 12 Uhr in den Streik.

Vor dem Polizeipräsidium kam es zu einer Kundgebung, bei der Oberbürgermeister Ferdinand Poggel und Gewerkschaftsvorsitzender Wrobe die Forderungen vortrugen und die Militärregierung um Unterstützung im Kampf gegen den Hunger baten. „Die Ernährungskrise hat in Hamm während der zweiten Woche der ersten Zuteilungsperiode nach dem ‚Jubiläum‘ der als Erbe des Dritten Reiches an uns überkommenen Lebensmittelkarten einen katastrophalen Tiefstand erreicht“, klagte die Westfalenpost. Sie schrieb, daß im günstigsten Fall, wenn die zugeteilten Lebensmittel wirklich ausgegeben werden konnten, für den einzelnen Verbraucher lediglich 631 Kalorien erreicht wurden. Fett und Fleisch waren nicht mehr zu haben. Da war es kein Wunder, daß viele Arbeiter den Betrieben fernblieben, um sich auf Hamsterfahrten mit Lebensmitteln zu versorgen. Selbstmorde nahmen rapide zu, die Säuglingssterblichkeit stieg erschreckend und erreichte bei Kindern im Alter bis zu vier Wochen 53 pro tausend. Zum Vergleich: 1988 starben in Hamm von tausend Kindern im Alter bis zu einem Jahr 6,7.

Am 1. Mai 1947 veranstaltete der in Bielefeld neu gegründete Deutsche Gewerkschaftsbund im Kurhaus eine Mai-Kundgebung, die, wie die Zeitung schrieb, „unter den unsichtbaren schwarzen Fahnen des Hungers und der Not“ stand. Der Berichterstatter bedauerte, daß bei dieser Kundgebung die Jugend fast vollkommen fehlte.

Für 1 800 Kinder täglich eine warme Mahlzeit

Groß war die Freude im Amt Rhynern, als im April 1947 die Nachricht eintraf, daß es auch in den Gemeinden Berge, Rhynern, Werries, Braam-Ostwennemar und Westtünnen eine Schulspeisung geben würde. Die erforderlichen Kochkessel, Thermoskübel und einen Teil der Eßnäpfe stellte das DRK Unna zur Verfügung. Das Essen wurde in der katholischen Volksschule in Rhynern, in der evangelischen Volksschule in Werries und in Braam-Ostwennemar gekocht und von dort verteilt. Die Kinder zahlten dafür wöchentlich eine Gebühr von einer Reichsmark. Für minderbemittelte Kinder wurden Patenschaften eingerichtet. Insgesamt bekamen 1 800 Jungen und Mädchen täglich eine warme Mahlzeit.

Babywäsche aus New York

Militärkommandant Goodson startete Hilfsaktion in England

Im Hungerjahr 1947 waren nicht nur Lebensmittel knapp, sondern alle Verbrauchsgüter. Angesichts leerer Tische im Wirtschaftsamt gab die Stadtverwaltung am 1. März 1947 bekannt: „Die dem Wirtschaftsamt zugeteilten Bezugsmarken reichten schon bisher nicht aus, um auch nur die krassesten Notstände zu beseitigen. Das Januar-Kontingent ist so erschreckend gering, daß das Wirtschaftsamt schweren Herzens gezwungen ist, viele Hilfesuchende, die jetzt eine Bezugsmarke erhoffen durften, um weitere Geduld zu bitten. Während dem Wirtschaftsamt Hamm im Dezember 18 000 Bezugsmarken zugeteilt worden sind, waren es im Januar nur 8 000 . . . Die Stadtvertretung hat in Resolutionen auf den katastrophalen Mangel an Schuhen und Bekleidung mit allem Ernst aufmerksam gemacht. Die Versorgungslage hat sich aber nicht gebessert, sondern verschlechtert.“ Weil bereits Tausende von Anträgen ohne Aussicht auf Genehmigung vorlagen, wurden ganz einfach keine Anträge mehr angenommen. Auf schriftliche Anfragen gab es keine Antwort. Dazu, so hieß es, fehle es an Zeit und an Papier.

In einer solchen Situation war jede Hilfe willkommen. Zum Beispiel die des Militärkommandanten Major Goodson, der wenige Wochen vor seinem Abschied von Hamm noch eine Spendenaktion in Großbritannien ins Leben rief. Ein Vetter des Kommandanten war Ratsherr in der englischen Stadt Glastonbury. Er sorgte dafür, daß die dortige Zeitung „The Central Summerset Gazetta“ die Bevölkerung zu einer Kleiderspende für Hamm aufrief. Mitte Juni teilte Oberbürgermeister Ferdinand Poggel in einer Ratssitzung mit, daß als erste Spende aus England eineinhalb Zentner gebrauchte Kleidung eingetroffen sei.

Eine ganz private Hilfsaktion startete Grete Hoennemann in den USA. Sie sammelte Textilien und schickte sie per Post nach Hamm. Am 18. Juli wurde Oberbürgermeister Poggel in der Ratssitzung beauftragt, der Spenderin dafür zu danken. Der gute Engel aus New York ließ es nicht dabei bewenden. Im September berichtete OB Poggel der Stadtvertretung, daß er weitere elf Pakete für Bedürftige erhalten habe und noch einmal acht unterwegs seien. Außerdem habe ihm die Deutschamerikanerin mitgeteilt, daß sie durch die Übersendung von Baby-Ausstattungen in der Lage sei, 1 200 Säuglinge in Hamm „trockenzulegen“.

Eine weitere Hilfsaktion wurde im Sommer 1947 von einer amerikanischen Organisation gestartet. Sie reagierte auf den Bericht eines Hammer Journalisten und regte an, daß die in Hamm lebenden Künstler einige ihrer Werke zur Verfügung stellen sollten. Die Organisation wollte den Transport nach Chikago veranlassen und die Arbeiten dort zu Höchstpreisen verkaufen. Der Reinerlös sollte dann den Künstlern und weiteren Bürgern der Stadt zugute kommen. Zahlreiche Künstler stellten für diese Aktion Werke zur Verfügung, die zunächst vom 5. bis 19. Oktober 1947 im Gustav-Lübcke-Museum ausgestellt wurden. Die feierliche Eröffnung dieser Präsentation nahmen Oberbürgermeister Poggel und Museumsdirektor Dr. Herbert Zink vor.

„Stadt im Grünen" gefordert

Verkehrsverein machte sich für den Wiederaufbau stark

Für die Erhaltung der Baudenkmäler - soweit sie den Bombenkrieg überlebt hatten - für die Förderung von Wettbewerben und dafür, „in der Bevölkerung das Streben nach einwandfreier Baugestaltung zu wecken", wollte sich der Verkehrsverein einsetzen, der am 26. Juli 1947 wieder ins Leben gerufen wurde. Zu der Gründungsversammlung, die von Oberstadtdirektor Dr. Schulz geleitet wurde, fanden sich 16 Mitglieder ein. Stadtbaurat Haarmann berichtete über die Aufgaben des Verkehrsvereins in Vergangenheit und Zukunft, und Stadtrechtsrat Dr. Heinrich Hans verlas die Satzung, bevor die Mitglieder Reinhard, Rüter und Rink in den vorläufigen Vorstand gewählt wurden. Bei der Verabschiedung der Satzung am 9. August 1947 wurde der Vorsitz Heinrich Rüter übertragen. 2. Vorsitzender wurde der Prokurist Heinrich Freitag, Schatzmeister der Kaufmann Clemens Brocker. Der offizielle Name klang umständlich: Verkehrsverein Hamm/Westfalen für Wiederaufbau, Verkehrs- und Wirtschaftsförderung. Die Zahl der Mitglieder stieg bis November 1947 auf 150.

Es wurden Sonderausschüsse für die verschiedenen Aufgaben gebildet. Für die Kulturpflege zeichnete Musiklehrer Kemper verantwortlich, den Sonderausschuß für Sport leitete Kaufmann Josef Walter, den Ausschuß für Verschönerung des Stadtbildes Museumsdirektor Dr. Herbert Zink. Um die Kurveranstaltungen kümmerte sich Geschäftsführerin Waltraud Wallmeyer. Als wichtige Aufgabe wurde der Wiederaufbau des Stadtbades herausgestellt, der zum Teil durch Spenden finanziert werden sollte. „Wir müssen danach streben, daß wir bald wieder von einer Stadt im Grünen sprechen können", forderte Heinrich Rüter die Mitglieder auf.

Klage wurde darüber geführt, daß es zu wenig Übernachtungsmöglichkeiten gebe. Hotelier Reuter wies in diesem Zusammenhang darauf hin, daß es vor dem Krieg in Hamm 340 bis 360 Hotelbetten gegeben habe, heute aber kaum 40 zur Verfügung ständen. Eines der größten Probleme sei die fehlende Bettwäsche. Oberbürgermeister Poggel bedauerte, daß die Stadt diesem Übelstand nicht abhelfen könne, es sei nicht einmal Wäsche für Säuglinge vorhanden. Die Forderung der Gastronomie, zu Wohnzwecken benutzte Hotelräume wieder freizugeben, führte zu einer lebhaften Diskussion. Die Politiker gaben zu bedenken, daß die Wohnungsnot zu groß sei. Dabei verwiesen sie auf die bedauerliche Situation einer siebenköpfigen Familie, der lediglich ein Raum zum Wohnen und Schlafen zur Verfügung stünde. Wie der Oberbürgermeister mitteilte, hatte die Stadt bei der Militärregierung beantragt, das Kurhaus, das Hotel Buschkühle und das Weinhaus Belling, die von der Besatzungsmacht beschlagnahmt waren, wieder freizugeben. Die Wiederherstellung des Kurparks war ein weiteres Beratungsthema. Es wurde vorgeschlagen, für die Verfüllung der Bombentrichter die Sport- und Schuljugend heranzuziehen und die leergelaufenen Teiche mit Kanalwasser aufzufüllen.

Im März 1948 berichtete Vorsitzender Freitag über den Streit zwischen den Städten Münster und Hamm, die sich beide bemühten, Sitz der Landwirtschaftskammer zu werden. Wie Stadtbaurat Haarmann mitteilte, hatte die Landesbauernschaft die Stadt Hamm um die Bereitstellung von Räumen gebeten. Der Wiederaufbau der Zentralhallen sei deshalb eine vordringliche Aufgabe. Es bestehe Aussicht, bis Juni vier der Hallen wieder herrichten zu können. Dazu aber sei es erforderlich, 30 weitere Arbeitskräfte zu stellen. Es wurde vorgeschlagen, für diese Aufgabe Strafgefangene mit heranzuziehen. Doch alle Mühe war vergebens: Bei der Ansiedlung der Landwirtschaftskammer lief bekanntlich Münster Hamm den Rang ab.

Statt in den Club in die grüne Natur

In einer Besprechung mit Stadtkommandant Major Goodson kam am 18. April 1947 ein delikates Thema zur Sprache. Im Protokoll heißt es: „Betrifft: Verkehr der englischen Truppen mit deutschen Mädchen. Der Herr Kommandant führte aus, die Führer der hiesigen Truppeneinheiten hätten vorgeschlagen, einen Raum zur Verfügung zu stellen, in dem sich Soldaten mit deutschen Mädchen zwanglos unterhalten oder Tischtennis spielen könnten. Die Einheitsführer wollten verhindern, daß die jungen Leute sich im Kurpark herumtreiben. Vielleicht könne sich der Fürsorgeausschuß mit einer derartigen Angelegenheit befassen. Es solle so eine Art Club sein, der unter Aufsicht der weiblichen Polizei stehen könne. Jedenfalls dürfe nicht der Eindruck erweckt werden, daß hier der Verführung Vorschub geleistet werden solle. Der Oberbürgermeister hielt es für notwendig, die Angelegenheit nochmals zu durchdenken. Er ist der Ansicht, daß für die nächsten sechs Monate von den jungen Leuten die grüne Natur vorgezogen würde.“

Welle der Korruption

Entnazifizierungsverfahren stießen auf vielseitige Kritik

Ein ebenso heikles wie unerfreuliches Thema war in der Nachkriegszeit die Entnazifizierung, auf die bereits eingegangen wurde. Im Sommer 1947 war das Kapitel keineswegs abgeschlossen. Die Westfalenpost veröffentlichte am 6. Mai 1947 dazu folgende Glosse: „Der Herrgott wandelte wieder einmal auf Erden und ging über Land. Da saß am Grabenrand ein Mann, der herzzerreißend weinte. „Warum weinst Du"? fragte ihn der Herrgott. „Ich habe kein Heim mehr und weiß nicht wohin", war die von Schluchzen erstickte Antwort. „Geh nach Hause, und Du wirst alles finden, wie es gewesen ist", entgegnete der Herr und ging weiter. Als er ein Stück gegangen war, fand er abermals einen Mann, der seinem Leid in Tränen freien Lauf ließ. „Warum weinst Du?", fragte er wiederum. „Ich habe nichts zu essen und großen Hunger." „Geh heim, Du wirst genügend Speise und Trank finden." Als er auf seinem Weg wieder ein Stück gegangen war, fand der Herrgott einen dritten, der auf seine Frage kaum einen Ton hervorbringen konnte. Der Herr sprach ihm gut zu, und schließlich erfuhr er: „Ich bin seit 1937 Parteigenosse." Da setzte sich der Herrgott zu ihm und weinte mit."

Ernsthaft, aber mit dem gleichen Tenor, setzte sich der SPD-Parteisekretär Alfred Gleisner mit diesem Thema auseinander. In einer Denkschrift vom 17. Oktober 1946, die er an das britische Hauptquartier in Bad Oeynhausen schickte und die Everhard Holtmann in einer Veröffentlichung unter dem Titel „Nach dem Krieg – vor dem Frieden, der gesellschaftliche und politische Neubeginn nach 1945 im Kreis Unna" festgehalten hat, weist Gleisner auf erhebliche Mängel des Entnazifizierungsverfahrens hin. Er kritisiert vor allem, daß den Betroffenen in fast allen Fällen versagt wurde, sich vor den Ausschüssen persönlich zu rechtfertigen.

Noch deutlicher wurde Gleisner in einer Festschrift zum zehnjährigen Bestehen der SPD im Unterbezirk Hamm-Unna-Soest-Lippstadt-Beckum-Lüdinghausen. Er rechnete mit den britischen Kreiskommandanten, die sich seiner Ansicht nach als Könige in ihrem Reich aufspielten, ab und schrieb: „Viele benutzten die Machtverblendung der alliierten Zaunkönige zur persönlichen Bereicherung, und das waren dann die großen Lumpen. Die kleinen drückten sich an den Türen der politischen Polizei-Büros der alliierten Streitkräfte herum, wo man Menschenleben und Freiheit nach Zigarettenwährung verhökerte. Diese Methode wurde bald von den Alliierten als eine Gefahr für sie selbst erkannt und dadurch abgeriegelt, daß man den Deutschen die Entnazifizierung in eigener Verantwortung übertrug, womit das Zeitalter der Fragebogen, der Lüge und der Denunziation angebrochen war. Ein Konglomerat von Haß und Mitleid, von Taktik und Wichtigtuerei schuf eine Welle von Korruption. Fragebogen und Atteste, Leumundszeugnisse und Bürgschaften waren die Handelsobjekte. Die Kirchen füllten sich, und wer zuvor am lautesten gegen sie gewettert hatte, saß während der Predigt in der ersten Bank ... Den großen Nazis ... passierte schon deshalb kein Malheur, weil sie in den hohen Stellungen der ‚ruhmreichen Vergangenheit' kaum direkt an den verbrecherischen Handlungen teilgenommen hatten. Gefangen und gehangen aber wurden alle Luftschutzwarte, die befehlsgemäß jede Familie auf die Pflichten der Bürger in Kriegszeiten hinzuweisen hatten und der NSV-Wart, der mit seiner schauerlich klappernden Sammelbüchse keinen Einwohner seines Wohnbezirks übersehen durfte." Gleisner vertrat in dieser Schrift die Ansicht, daß die Entnazifizierung den hoffnungsvollen Prozeß der einsichtsvollen Besinnung unterbrach und stellte rückblickend fest: „Die sich wirklich schuldig fühlenden Nazis hatten Aktentaschen voller Persilscheine. Sie gingen meistens frei aus und sind auch heute noch die gefährlichen Gegner unseres Staates, die sie gestern waren."

Über die Besetzung des Entnazifizierungsausschusses kam es im Juni und Juli 1947 zu Auseinandersetzungen im Hammer Rat. Dabei ging es um die Frage, den Ausschuß, der von Stadtvertreter Maaß (CDU) geleitet wurde, um Gewerkschaftsvertreter zu erweitern. CDU-Ratsherr Notzon kritisierte, daß der Betrag von 75 000 RM, den der Ausschuß für seine Arbeit benötige, ohnehin hoch und eine starke Belastung für die Bevölkerung sei. Deshalb gehe es nicht an, den Ausschuß um drei Vertreter zu erweitern. Die Parteien sollten vielmehr je einen Vertreter zurückziehen, um so Platz zu machen für je einen Vertreter der Gewerkschaft, der Kaufmannschaft und des Handwerks. SPD-Fraktionsvorsitzender Heinrich Reinköster MdL lehnte diesen Vorschlag ab. Schließlich erklärte sich die CDU bereit, den Entnazifizierungsausschuß um die Mitglieder Hugo Bröcker (Gewerkschaft), Schulze-Wieschen (Kaufmannschaft) und Karl Niermann (Handwerkerschaft) zu erweitern.

In dem Dokumentarband „Stunde Null in Deutschland" findet sich eine Gesamtbilanz der Säuberungen der Verwaltungen in Nordrhein-Westfalen nach dem Stand vom 31. Mai 1947. Danach sind im Zuge der Entnazifizierung in der öffentlichen Verwaltung der Regierungsbezirke von 26 677 Beamten 8 786 und von 66 474 Angestellten 6 299 aus politischen Gründen entlassen worden; in der Landesverwaltung waren es von 58 730 Beamten 9 044 und von 27 668 Angestellten 2 648. Die britische Militärregierung hatte eigens Entnazifizierungsgerichte eingerichtet, als deren oberste Instanz im Juni 1947 am Oberlandesgericht in Hamm Spruchsenate eingesetzt wurden. 1950 wurde vom Bundesinnenministerium eine Bilanz der Entnazifizierungsmaßnahmen in den drei westlichen Zonen erstellt. Von rund sechs Millionen Betroffenen wurden 1 700 in die Kategorie I (Hauptschuldige), 23 000 in II (Belastete), 150 000 in III

(Minderbelastete) und eine Million in IV (Mitläufer) eingestuft. Rund vier Millionen Verfahren wurden eingestellt.

GI sehnte sich nach Hilda

Oberbürgermeister Poggel: Beitrag zur Völkerverständigung

Manchmal schreibt das Leben Geschichten, die einem Schriftsteller alle Ehre machen würden. Das trifft auch für jene zu, die sich mit Hilda aus Braam-Ostwennemar befaßt. Nachzulesen ist sie in der Ausgabe der Westfalenpost vom 8. August 1947. Berichtet wird darin von einer Suchaktion, mit der ein sehnlicher Wunsch des amerikanischen Soldaten Pete aus Johnstown erfüllt wurde. Pete hatte als GI zu den alliierten Besatzungstruppen gehört und in Hamm ein Fräulein Hilda kennengelernt, das Verkäuferin in einem Lebensmittelgeschäft war.

Er war unglücklich, ihre Anschrift verloren zu haben, und schickte nun aus Amerika ein Foto samt Lageskizze, die, so meinte damals die Zeitung, einem Generalstäbler alle Ehre gemacht hätte. Das Bild wurde veröffentlicht, mit dem Erfolg, daß sich 50 Hildas in der Redaktion meldeten. Doch schließlich kam auch die richtige. Sie hatte klugerweise das geblümte Kleid angezogen, das sie auch auf dem Foto trug.

Besonders gut saß es allerdings nicht mehr, denn Hilda war nach zwei Hungerwintern erheblich dünner geworden. Oberbürgermeister Poggel, den die Geschichte ebenfalls rührte, schrieb anschließend unter anderem an Pete: „. . . Die von ihnen und sicher auch von der nun gefundenen Hilda beabsichtigte Verbindung wird, wenn auch nur zu einem kleinen Teil, zur Völkerverständigung und zu gegenseitiger Achtung beitragen. Ich hoffe, später einmal zu hören, daß Sie ein glückliches Ehepaar geworden sind." Ob die beiden wirklich Hochzeit gefeiert haben, ist nicht überliefert.

Kleingärtner bezahlten Pfähle mit Raucherkarten

Kleingärten waren gefragt nach dem Krieg. Wie sich Albert Bennemann erinnert, wurde die Anlage Sonnenblick 1946 zunächst mit 14 Gärten, im April 1947 mit weiteren 32 und im September 1948 mit 23 Gärten erschlossen. Jedes Mitglied mußte eine Aufbauumlage von 100 RM zahlen und stiftete 1948 eine Monatsraucherkarte für die Beschaffung von Pfählen.

Kohlen für Flüchtlinge

Untersuchung 1947: Untergewicht bei zwei von drei Kindern

„Wenn man den sich stets wiederholenden Äußerungen großer und kleiner Staatsmänner Glauben schenken sollte, dann war jedes der letzten sieben Jahre das schwerste Jahr der deutschen Geschichte“, stellte Heessens Bürgermeister Paul Putzig in seinem Grußwort zum Jahreswechsel 1947/48 fest. Und er fuhr fort: „Wir alle waren bereit, dieser Annahme zuzustimmen, und Jahr für Jahr mußten wir erfahren, daß der Tiefpunkt noch immer nicht erreicht, die Not immer noch nicht überwunden werden konnte. Flüchtlinge, Ausgebombte, Arbeiter, Angestellte und Bauern, so weit nicht kompensationsfähig oder schwarzmarktbeflissen, alle erwarten im neuen Jahr den schon so oft angesagten Wiederanstieg unserers Wirtschaftslebens. Die Siegermächte mögen es sich gesagt sein lassen, daß nicht Feigheit, Dummheit oder Sturheit, sondern Pflichttreue der hervorstechendste Charakterzug des schaffenden deutschen Menschen ist. Es ist die höchste Zeit, alles daranzusetzen, dieses kostbarste Gut zur Entwicklung eines demokratischen Staates zu erhalten.“ Putzig wußte wie alle anderen, daß es viel zu tun gab in dieser Zeit, auch in Heessen, einer Gemeinde, die knapp 11 000 Einwohner zählte und deren 3 079 Haushaltungen sich mit 2 335 Wohnungen zufrieden geben mußten.

Erschreckende Ergebnisse hatte eine Schulkinderuntersuchung im Jahr 1947, die im Verwaltungsbericht aufgeführt ist. Danach hatten 67,9 Prozent der Kinder Untergewicht, das bei zwei von ihnen mehr als zehn Kilo (!) betrug. 29 Kinder hatten Krätze, 182 Zahnschäden und bei 315 Schülern und Schülerinnen waren die Tuberkulinproben positiv.

Niemand wußte, was wichtiger war, der Wiederaufbau oder die Ernährung. Um bei den wenigen Lebensmitteln, die auf Karten zugeteilt wurden, wenigstens vernünftige Preise sicherzustellen, setzte die Gemeindevertretung Ende 1946 einen Preisausschuß ein. Ihm gehörten Gregor Eckard (CDU), Wilhelm Häger (SPD), Karl Matthäi (KPD), Wilhelm Cosfeld (Gewerkschaft) und Eduard Bainczyk (Ostflüchtlinge) an. Der Ausschuß sollte die Preisbehörde im Interesse der Verbraucher bei ihrer Überwachungsaufgabe unterstützen.

Die Armut war groß, vor allem auch bei den Flüchtlingen. Zum Weihnachtsfest 1946 veranstaltete die evangelische Jugend eine Bastelaktion, bei der aus Abfallholz aus einer Schreinerei Tiere, Puppenmöbel und anderes Spielzeug hergestellt wurden. Zu den Beschenkten gehörten neben Heessener Kindern die Bewohner des Flüchtlingskinderheims in Schmehausen. Ein Teil wurde bei einem Elternnachmittag am dritten Advent zugunsten Bedürftiger versteigert.

Es wurden auch öffentliche Sammlungen veranstaltet. 1947 kamen dabei zum Beispiel für Ostflüchtlinge 14 599 RM, für die Opfer des Naziregimes 3 241 RM und für Heimkehrer und Kriegsbeschädigte 7 228 RM zusammen. Mancher war damals auf Unterstützung durch das Wohlfahrtsamt angewiesen, das in Heessen 75 Kriegerwitwen mit 103 Kindern und elf Kriegsbeschädigte mit 24 Familienabgehörigen versorgte.

Die Schulen waren wieder voll in Betrieb, aber für 1 497 Schüler(innen) standen 1946 lediglich 27 Lehrkräfte zur Verfügung. Es gab drei katholische und eine evangelische Volksschule mit insgesamt 32 Klassenräumen. Bei einer Befragungsaktion hatten sich die Eltern mit großer Mehrheit (86,1 Prozent bei den katholischen und 73,5 Prozent bei den evangelischen Familien) für die Bekenntnisschule ausgesprochen.

Voller Stolz meldet der Verwaltungsbericht, daß Heessen seit dem 21. Mai 1946 wieder mit Ruhrwasser beliefert werden und die Notversorgung aus dem Brunnen auf Schacht III eingestellt werden konnte. Allerdings mußte der Frielicker Weg an das Wasserwerk Gelsenkirchen angeschlossen werden, weil der Wasserdruck in Hamm nicht ausreichte.

Das durch Bomben beschädigte Freibad wurde behelfsmäßig vom 6. Juli bis 31. August 1946 in Betrieb genommen, doch fanden sich wegen des schlechten Wetters nur 3 254 Besucher ein. Ein Jahr später klang die Bilanz besser: Obwohl die Schäden noch nicht beseitigt waren, wurden vom 1. Juni bis 1. September 26 033 Badegäste gezählt. Der Wiederaufbau konnte erst 1950 abgeschlossen werden.

Noch eine Zahl aus dem Verwaltungsbericht 1946 verdient Erwähnung: Bis Ende 1946 wurden von den auf landwirtschaftlichen Flächen vorhandenen 3 000 Bombentrichtern 2 950 eingeebnet.

Auch die Schachtanlage Sachsen in Heessen hatte durch die Luftangriffe schwer gelitten. Wie Emil Steinkühler in seiner Geschichte der Gemeinde Heessen berichtet, zog sich die Beseitigung der Schäden bis 1949 hin. Der Wiederaufbau der Kokerei konnte erst im Oktober 1951 abgeschlossen werden. „Die Absicht der Besatzungsmacht, die schwerbeschädigte Zeche stillzulegen und einen Teil der Belegschaft auf andere Schachtanlagen zu verteilen, wurde glücklicherweise verhindert", schreibt Steinkühler. Die Zeche Sachsen, die 1943 mit 4 000 Beschäftigten eine Rekordmarke erreichte, hatte 1945 nur noch 1 400 Belegschaftsmitglieder, eine Zahl, die bis 1948 wieder auf 3 000 stieg. Die Bergleute hatten ein Herz für die übrigen Bürger der Gemeinde und spendeten, wie Gemeindedirektor Böker im Januar 1948 in der Ratssitzung berichtete, 80 Tonnen ihrer Deputatkohle für Flüchtlinge.

Die St. Stephanus-Kirche in Heessen wurde am 6. November 1944 von Bomben zerstört. Unter den Trümmern fand Küster Theodor Westhoff den Tod. Der Gottesdienst wurde zunächst in der Kapelle des Bernardus-Stifts gefeiert und Ende 1944 das Pfarrheim zur Notkirche umgebaut. In der Chronik der

Pfarrgemeinde ist festgehalten, daß der Wiederaufbau der Kirche im Juli 1946 begann. Zwei Wochen später stürzten aber zwei weitere Pfeiler und beinahe der gesamte Dachstuhl ein. Erst im April 1947 erhielt die Gemeinde den Erlaubnisschein für den Wiederaufbau der Kirche. Unter der Leitung von Pfarrer Philipp Halbeisen, der am 11. April 1948 feierlich in sein Amt eingeführt worden war, wurden die Arbeiten aufgenommen, an denen sich alle Pfarrmitglieder beteiligten. Immer wieder wurden Kollekten veranstaltet, um die Finanzierung zu sichern. Den Rekordbetrag von 5 955 RM erbrachte die Kollekte an beiden Pfingsttagen 1948. Am 10. Oktober konnte dann das Richtfest gefeiert werden, das mit dem Pfarrfamilienfest verbunden wurde. Die Christmette zum Weihnachtsfest feierte die Gemeinde bereits in der notdürftig wiederhergestellten Kirche. Am 14. und 15. Mai 1949 war es dann so weit: Die St. Stephanus-Kirche wurde feierlich eingeweiht.

Übrigens. . .

. . . sind Skandale keine Erfindung unserer Tage. Im Juli 1947 gab es einen heftigen Parteien- und Pressekrieg wegen gestohlener Kirschen. Zwei junge Männer hatten sich nachts in Westtünnen an einem Kirschbaum bedient und waren dabei von dem Besitzer und seinem Sohn erwischt und verprügelt worden. Brisant wurde das Drama um die Kirschen in Nachbars Garten, weil es sich bei dem knüppelschwingenden Baumbesitzer um den Bürgermeister handelte. Die gegnerischen Parteien, in diesem Fall die SPD und das Zentrum, nutzten die Gelegenheit zum Schlagaustausch. „Wuchtig trieb er der CDU den Trennkeil der Phrasen mitten ins Herz", formulierte die der Union nahestehende Westfalenpost bombastisch in einem Bericht über eine SPD-Kundgebung, in der politisches Kapital aus der Prügelszene gezogen wurde. Dem Bürgermeister blieb keine andere Wahl: Er stellte sein Amt bis zur gerichtlichen Klärung des nächtlichen Vorfalls zur Verfügung. Im September sprach das Gericht das letzte Wort. Vor großer Zuschauerkulisse wurde die Kirschen-Affäre, die einem der beiden jungen Männer einen dreiwöchigen Krankenhausaufenthalt eingebracht hatte, noch einmal aufgerollt. Der Kirschbaumbesitzer und sein Sohn wurden zu Geldstrafen von 600 und 300 Reichsmark verurteilt.

Noch im Herbst 1948 Gefängnis für Tauschgeschäft

Wegen unerlaubter Tauschgeschäfte stand Werner S. im Herbst 1948 vor dem Militärgericht in Hamm. Er hatte in Soest bei einem belgischen Soldaten eine Kamera gegen Zigaretten getauscht. Bei einer Kontrolle auf dem Hammer Bahnhof waren die Zigaretten entdeckt worden. Das Gericht glaubte dem Angeklagten nicht, aus Not gehandelt zu haben, und verurteilte ihn zu 21 Tagen Gefängnis.

Bürgermeisterwahl strittig

Nach zweimaliger Wiederholung hatten Bürger das Wort

In der Ratssitzung Ende Januar 1948 ging es in Heessen hoch her. Vor großer Zuschauerkulisse wurde auf Anordnung der Militärregierung turnusgemäß der Bürgermeister gewählt. Kandidaten waren der bisherige Amtsinhaber Paul Putzig (SPD) und Ernst Brockhaus (CDU). Unter dem Vorsitz von Alterspräsident Bernhard Hölter erhielten Putzig elf und Brockhaus neun Stimmen bei einer Enthaltung. Als auch der Stellvertreterposten neu besetzt werden sollte, legte Brockhaus, der bisherige Amtsinhaber, Protest ein. Das, so meinte er, habe die Militärregierung nicht befohlen. Die Mehrheit setzte sich durch und wählte den SPD-Vertreter Bernhard Hölter in dieses Amt. Einig waren sich SPD und CDU, KPD-Ratsmitglied Franz Königsmann für sechs Monate aus den nichtöffentlichen Sitzungen auszuschließen. Er hatte die Schweigepflicht verletzt und geplaudert.

Bei den Kommunalwahlen am 17. Oktober 1948 bekam die CDU 49,94 Prozent der Stimmen, die SPD 43,07 und die KPD 6,99. Die CDU erhielt sieben Mandate, die SPD sechs und die KPD eines. Dem Rat gehörten damit für die CDU Anton Block, Gerhard Bohnenkamp, Franz Bracht, Ernst Brockhaus, Bernhard Linnemann, Ferdinand Müller und Hermann Weitkamp (er war der einzige Neuling im Parlament) an. Die SPD war mit Paul Putzig, Walter Blaurock, Heinrich Fliege, Fritz Groß, Heinrich Kretschmer und Otto Nell vertreten, die KPD wie bisher durch Franz Königsmann.

Bürgermeister Putzig verzichtete auf eine Wiederwahl, da er in Beckum zum stellvertretenden Landrat gewählt worden war. Als Nachfolger wurden Ernst Brockhaus (CDU) und Heinrich Fliege (SPD) vorgeschlagen. Die Wahl ergab ein 7 : 7 Unentschieden. So gab der bisherige Bürgermeister Putzig mit seiner zweiten Stimme den Ausschlag für Fliege. Brockhaus wurde sein Stellvertreter. Die CDU legte Protest gegen die Wahl Flieges ein und klagte beim Verwaltungsgericht. Am 11. November 1949 mußte die Bürgermeisterwahl wiederholt werden. Es blieb bei 7 : 7, und die Wahl mußte innerhalb von 17 Tagen erneut erfolgen. Obwohl die CDU diesmal Ferdinand Müller als Gegenkandidaten von Heinrich Fliege benannte, blieb das Ergebnis das gleiche. Jetzt hatten die Heessener Bürger das Wort, die sich mit 2 881 Stimmen für Fliege und mit 2 850 für Müller aussprachen. Fliege blieb im Amt, Brockhaus sein Stellvertreter.

Als Gemeindedirektor Böker im Juli 1952 um Versetzung in den Ruhestand bat, gab es um die Besetzung der Stelle so große Differenzen, daß die gesamte

CDU-Fraktion zeitweise zurücktrat. Gewählt wurde im November 1952 nicht der von der CDU favorisierte Amtsoberinspektor Emil Steinkühler, der Beigeordneter wurde und sich auch als Heimatforscher einen Namen machte, sondern der Verwaltungsamtmann Gustav Wieland aus Pelkum mit einer Stimme Mehrheit.

Bei der Bürgermeisterwahl trat in der gleichen Sitzung der seltene Fall ein, daß zwei SPD-Kandidaten gegeneinander antraten. Amtsinhaber Fliege bekam Konkurrenz durch seinen Vorgänger Putzig, der eine Stimme mehr für sich verbuchen konnte. Stellvertreter wurde Walter Blaurock. Bei der Kommunalwahl hatte die SPD einen Stimmenanteil von 50,1 Prozent errungen, die CDU bekam 46,3 Prozent, die KPD nur 3,5 Prozent.

1961 gab es mit je zwölf Sitzen ein Patt zwischen den beiden großen Parteien, die sich darauf einigten, den Bürgermeisterposten in den ersten beiden Jahren der CDU und in den letzten beiden der SPD zuzuerkennen. Heinrich Wiese (CDU) übernahm den Ratsvorsitz (in seiner Amtszeit wurden Heessen am 28. April 1964 Stadtrechte verliehen), ihm folgte am 29. März 1963 Walter Blaurock. Bei den Neuwahlen im September 1964 wechselten die Posten erneut: Wiese wurde Bürgermeister, Blaurock sein Stellvertreter. Bei der Wahl hatte die CDU 13 Mandate errungen, die SPD lediglich zehn, die FDP einen.

Nichts war in Heessen so beständig wie der Wechsel: 1969 errang die SPD wieder die Mehrheit, die den von der CDU vorzeitig pensionierten Stadtdirektor Gustav Wieland zum Bürgermeister wählte. Als Wieland 1971 starb, wurde Helmut Simshäuser sein Nachfolger und damit der letzte Bürgermeister der Stadt Heessen, die bei der kommunalen Neuordnung am 1. Januar 1975 in die Stadt Hamm eingegliedert wurde.

Im Herbst 1948 kurz notiert

- *Die Kurhaus-Lichtspiele standen ab Montag, 18. Oktober 1948, wieder jeden Montag der Zivilbevölkerung für abendliche Filmvorführungen zur Verfügung. Das berichteten die Amtlichen Bekanntmachungen. Bisher war dieser Abend für die englische Besatzung reserviert. Die Engländer behielten sich nur noch den Freitagabend vor.*

- *Der Gesangverein Frohsinn kündete in der örtlichen Presse für den 7. November 1948 um 15.30 Uhr im Kurhaus eine Aufführung des Händel-Oratoriums „Judas Maccabäus“ an. Es spielte das Kreisorchester Unna. Die Leitung hatte Ludwig Bornemann.*

„Die Eingeborenen von Trizonesien“

Kluft zwischen Besatzungszonen in West und Ost sichtbar

Mit dem Schlager „Wir sind die Eingeborenen von Trizonesien“ machten die Westdeutschen 1947 deutlich, daß sie nicht bereit waren, angesichts des Elends zu kapitulieren. Die enge Kooperation der drei westlichen Besatzungszonen war eine wichtige Voraussetzung für eine Verbesserung der Lebensbedingungen. Wesentliche Weichen stellte dabei der amerikanische Außenminister Marshall, der am 5. Juni 1947 seinen Plan zur wirtschaftlichen Unterstützung Europas, den historisch gewordenen „Marshall-Plan“, vorstellte.

Die Teilung Deutschlands in Ost und West zeichnete sich zu dieser Zeit bereits ab. In dem Buch „So viel Anfang war noch nie“ schreibt Wolfgang Benz: „Das Treffen (die gescheiterte Konferenz der Ministerpräsidenten aller vier Zonen im Juni 1947 in München) wurde darüber hinaus zum Symbol der deutschen Teilung, der Unfähigkeit, sich über die Grenze zur Ostzone hinweg, die sich immer mehr zur Demarkationslinie zwischen unvereinbaren Systemen entwikkelte, zu verständigen.“

Wie in allen anderen Städten wurde auch in Hamm die Kriegsschädenbeseitigung mit allen Kräften vorangetrieben. Der Neue Westfälische Kurier rechnete am 20. Mai 1947 vor, welche Summen allein in einem Jahr aufgewendet werden mußten. Mehr als 3,6 Milllionen Reichsmark waren 1947 für die Beseitigung von Kriegsschäden vorgesehen, davon 1,4 Millionen für private Wohnungen und 3,2 Millionen für städtische Einrichtungen. Das war wesentlich mehr als im Jahr zuvor.

Bei der Beseitigung der Trümmer wurde nach wie vor auf den freiwilligen Ehrendienst gesetzt, mit dem am 15. Januar 1947 begonnen wurde, um die Straßen wieder passierbar zu machen. In den ersten fünf Monaten leisteten 1 200 Männer insgesamt über 6 000 Arbeitsstunden. Selbsthilfe war das Gebot der Stunde. So erklärten sich beispielsweise im Juli 1947 CDU-Ratsmitglieder aus der Nordenvorstadt dazu bereit, die Fußgängerstege der Nordenbrücke eigenhändig wieder verkehrssicher zu machen, da sich die Stadtverwaltung nicht in der Lage sah, Arbeitskräfte dafür abzustellen.

Erste Eigenheime in Bau

Ratsherr Gerhard Krampe als Siedlervater bekannt

2,5 Mio Reichsmark stellte der Rat der Stadt im April 1947 bei seiner Etatberatung für das Bau- und Siedlungswesen zur Verfügung. Das war natürlich nur ein Tropfen auf den berühmten heißen Stein. Schließlich waren über 2 600 Wohnungssuchende in Lagern und Notquartieren untergebracht. Hatte es 1939 für 56 684 Einwohner noch 16 500 Wohnungen gegeben, so war das Verhältnis 1947 mit 8 517 Wohnungen für 53 437 Einwohner arg in Schieflage geraten. Wie die Zeitung damals berichtete, konnte das Wohnungsamt nur jeden 20. Antragsteller berücksichtigen. Umso mehr wurde die Gründung einer neuen Siedlungsgesellschaft in Hamm begrüßt. Initiator war CDU-Ratsherr Gerhard Krampe, der später als „Siedlervater" in die Geschichte der Stadt einging. Die SPD forderte in der August-Sitzung des Rates, den überparteilichen Charakter der Siedlungsgemeinschaft zu wahren. Die Einladungen zum 1. Spatenstich, der am 10. August 1947 erfolgte, wurden allerdings von der CDU verschickt. Zum Spaten griffen in der Feierstunde Oberbürgermeister Ferdinand Poggel und der Vorsitzende der Siedlergemeinschaft, Gerhard Krampe, die von einem „Werk christlicher Selbsthilfe und echtem Notgemeinschaftsgeist" sprachen.

War die Schaffung von Wohnram auch ein zentrales Anliegen, so bedrückten Hunger und Kälte die Menschen doch noch mehr. Die Not war so groß, daß Kinder an britischen Zügen bettelten. „Die Kinderplage auf den Anlagen des Bahnhofs nimmt bedrohliche Formen an", klagte der Bahnhofsvorstand in den Amtlichen Bekanntmachungen und kündigte an: „Wir werden nicht weiter dulden, daß Kinder die Gleise in Scharen bevölkern, dadurch die Lokomotivführer unsicher machen und sich selbst in höchstem Maße gefährden."

Korruption war an der Tagesordnung. Sie nahm so gravierende Formen an, daß der Landtag in Düsseldorf im Herbst 1947 eigens einen Staatskommissar zur Bekämpfung von Korruption und Mißwirtschaft einsetzte. Dieser forderte in einem öffentlichen Aufruf zum Kampf gegen die „Schmarotzer der Not" auf, zum Kampf gegen Großschieber und skrupellose Geschäftemacher und zum Kampf gegen Verwaltungsmitarbeiter, die ihr Amt mißbrauchten. Er rief zu einer „neuen Moral der Gemeinschaft" auf: „Sie zu fundieren, ist eines jeden Pflicht, damit Deutschland entstehe als ein Hort friedlicher, ihrer europäischen Aufgabe bewußter Bürger, die mit Selbstachtung und Zuversicht, getragen von hohem sittlichem Verantwortungsgefühl, ein Reich der Lauterkeit und des sozialen Rechts aufzubauen bereit sind."

Sorge bereitete dem Rat eine von Düsseldorf angeordnete Kraftfahrzeugstillegung. Danach sollten von 170 zugelassenen Pkw 20 und von 133 Lkw (bis zu 500 kg Nutzlast) 77 aus dem Verkehr gezogen werden. Die Ratsherren Reinköster und Hirsch gaben in der Ratssitzung Mitte Oktober zu bedenken, daß das Verkehrsministerium für Hamm von 55 000 Einwohnern ausgehe, daß die Stadt aber einen Wirtschaftsraum von mehr als 150 000 Einwohnern versorge. Man war sich deshalb einig, in Düsseldorf um eine Quotenerhöhung nachzusuchen.

Da nicht alle Wohnungen genügend geheizt werden konnten, beschloß der Rat der Stadt die Einrichtung von Wärmehallen in der Herberge zur Heimat, im Friedrich-Wilhelm-Stift und in verschiedenen Gaststätten. Für diese bestand jedoch, wie Oberbürgermeister Poggel versicherte, kein Verzehrzwang. Alkohol gab es zu dieser Zeit ohnehin höchstens unter der Theke. Gäste wurden mit einem sogenannten „Heißgetränk“ bewirtet, das sich durch nichts als durch seine Bonbonfarbe auszeichnete.

FDP kam 1946 nicht in den Rat

Erfolg stellte sich bei der Landtagswahl 1947 ein

Die FDP wurde schon gleich nach Kriegsende in Hamm aktiv. Am 17. November 1945 erschien in den Amtlichen Bekanntmachungen eine Mitteilung, daß die Liberal-Demokratische Partei im Klosterkeller eine Geschäftsstelle eingerichtet habe, in der dienstags, donnerstags und samstags von 17 bis 19 Uhr Sprechstunden waren. Erster Vorsitzender nach der Gründung des Kreisverbandes Hamm war Dr. Henneberg. Er wurde am 7. Februar 1947 in seinem Amt bestätigt. Zu dieser Zeit waren die Liberalen im Rat der Stadt noch nicht vertreten. Hatte die FDP bei der Kommunalwahl in Hamm 1946 (umgerechnet auf das heutige Stadtgebiet) nur 2,6 Prozent der Stimmen erzielt, so lag der Anteil bei der Landtagswahl im April 1947 in der damaligen Stadt Hamm immerhin bei 11,2 Prozent.

Die Parteimitglieder waren damit nicht zufrieden. Sie kritisierten in einer Versammlung am 25. April 1947 die wenig ansprechenden Plakate, das Fehlen guter Broschüren und die schlechte Parteiorganisation in Landkreisen. „Wir sind ein Heer von Offizieren, es fehlen die Unteroffiziere und Mannschaften, die die Kleinarbeit leisten“, zog der Vorstand einen bildhaften Vergleich.

Angesichts der großen Not richtete die Partei einen Nothilfedienst ein. So wurden im Laufe eines Monats allein 1.500 kg Wolle an Bedürftige verteilt, was, wie im Protokollbuch der Hammer FDP festgehalten ist, eine gute propagandistische Wirkung hatte. „Kritik und freie Aussprache, diese beiden Geschenke der Demokratie wollen wir pflegen, damit sich das Weltbild der jungen Menschen vervollkommnen kann", wird darin der damalige 1. Vorsitzende des Landesverbandes der Jungdemokraten, Willi Weyer, zitiert, der am 7. November 1947 in einer Veranstaltung in Hamm über das Thema „Die junge Generation" sprach.

Beim Kreisparteitag am 16. Januar 1948 wurde Vorsitzender Dr. Henneberg von seinem bisherigen Stellvertreter Heinrich Rüter abgelöst. 2. Vorsitzender wurde Fritz Müller, Schriftführer Werner Thiele und Kassierer Karl-Heinz Bock. Bei der Kommunalwahl am 17. Oktober 1948 erhielt die FDP vier Mandate und zog mit Erwin Soegtig, Wilhelm Bitzer, Otto Jakubowski und Ella Petras in den Rat ein. Die Freien Demokraten hatten im damaligen Hammer Stadtgebiet einen Stimmenanteil von 13,28 Prozent errungen. Dieses Ergebnis war, wie Dr. Middelhauve vom Landesverband dem Kreisverband Hamm am 26. November bestätigte, eines der besten im Lande.

Zentrum durfte hospitieren

Hans-Hermann Stillger Kreisvorsitzender in Hamm

Das Zentrum war am 14. Oktober 1945 in Soest wiedergegründet worden. In der ersten öffentlichen Versammlung am 23. März 1946 sprachen unter anderem Clemens Altewischer, Gründer des Hammer Kreisverbandes und sein erster Vorsitzender, sowie sein Stellvertreter Mühlhoff. Zur ersten Kommunalwahl im Oktober 1946 trat das Zentrum in Hamm nicht an. Bei der Landtagswahl im April 1947 konnte es aber schon 16,4 Prozent der Stimmen für sich verbuchen. Die zweite Kommunalwahl nach dem Krieg am 17. Oktober 1948 brachte das Zentrum ebenso wie die FDP in den Rat der Stadt. Mit 15,2 Prozent der Stimmen erhielt die katholische Partei fünf Mandate.

Auf einem Delegiertentag der Kreispartei Hamm und Unna-Nord am 31. August 1947 erläuterte Landesvorsitzender Johannes Brockmann (Rinkerode) die Zentrumsarbeit. Mit Blick auf die allgemeine Notsituation forderte er eine erhöhte Produktion in nahrungsschaffenden Betrieben, eine gerechte Erfassung der Waren und eine gerechte Verteilung.

Daß das Zentrum die Gedanken des katholischen Politikers Ludwig Windthorst, der 1871 die Führung der Zentrumspartei in Deutschland übernommen hatte, weiterentwickeln wolle, unterstrich Gewerbeoberlehrer Lohmann aus

Soest. Der Neue Westfälische Kurier berichtete damals über diese Veranstaltung, in der Hans-Hermann Stillger, der inzwischen das Amt des Kreisvorsitzenden übernommen hatte, einmütig in seinem Amt bestätigt wurde.

Der Erfolg der Landtagswahl motivierte die Zentrumspartei, sowohl in der Stadt Hamm wie auch im Amt Rhynern Sitz und Stimme in allen kommunalpolitischen Ausschüssen zu beantragen. Diesem Wunsch wurde in Hamm nicht entsprochen. Der Amtsvertretung Rhynern lag ein entsprechender Antrag bereits am 12. Dezember 1946 vor. Er wurde damals abgelehnt. Am 6. Juni 1947, nach dem Zentrums-Erfolg bei der Landtagswahl, beschloß die Amtsvertretung Rhynern mit 17:2 Stimmen, der Zentrumspartei je einen Hospitanten im Bau- und Wohlfahrtsausschuß zuzubilligen. Abgelehnt wurde der Antrag des Zentrums, in Süddinker eine Bekenntnisschule zu errichten.

Für Selbstversorger keine Karten

Lebensmittel liefen Gehaltszettel den Rang ab

Kleingärten waren gefragt. Im Juni 1947 lagen bei der Stadt nicht weniger als 728 Anträge auf ein Stück Gartenland vor. Sie konnten bei weitem nicht berücksichtigt werden, obwohl inzwischen sogar Parkflächen in Nutzgärten verwandelt worden waren. Ärger gab es im Mai 1947 wegen der Gemüsekarte. Kleingärtner mußten bei Ausgabe der Lebensmittelkarten Angaben machen über Art und Umfang ihres Gemüseanbaus. Wer mehr als 25 Quadratmeter Gemüseland in seinem Kleingarten bearbeitete, bekam die Karte nicht. Kartoffelacker wurden nicht angerechnet. Landwirte wurden von der Erhebung nicht ausgeschlossen. Alle Inhaber landwirtschaftlicher Betriebe mit mehr als einem halben Hektar Land mußten einen Betriebsbogen ausfüllen, in dem die Verteilung des Grund und Bodens auf die verschiedenen Fruchtarten anzugeben war.

„Marken machen nicht satt" war eine Glosse am 18. November 1947 in der Westfalenpost überschrieben. Darin heißt es: „Wie sich die Zeiten ändern: Früher wartete man 29 Tage lang auf den Monatsletzten, wenn der Gehaltszettel fällig war, heute ist der Beginn der neuen Kartenperiode weit wichtiger geworden. Die Lebensmittelkarte hat sich in unserem Alltagsdasein den ersten Platz erobert. In der ersten Woche des neuen Versorgungsabschnitts hat sie auch noch unbedingt Format. Ihr Besitzer kommt sich mit ihr vor wie ein Krösus. Aber das ändert sich bald. Schon nach wenigen Tagen ist nicht mehr viel übrig geblieben von all der Herrlichkeit. Doch die Lebensmittelkarte zählt auch dann noch nicht zur Makulatur. Die Behörden sind unberechenbar — und nach Wochen und Monaten erfolgt auf einer längst ausgedienten Karte noch ein Aufruf. Wer da nicht auf dem Posten ist, kommt leicht zu kurz."

Die Kaufleute hatten viel Arbeit mit den Marken, die sie aufkleben und beim Wirtschaftsamt abliefern mußten. Sie wurden in Kästen vorsortiert, die bis zu 20 Fächer hatten. Die Zeitung schrieb: Liste nimmt kein Ende, und früher gab es sogar noch eine Essigkarte, mit der es aber Gott sei Dank inzwischen Essig geworden ist. Versauern können wir unser Dasein wieder markenfrei. Das ist schon viel wert."

Die damalige Mitarbeiterin einer Hammer Leihbücherei erinnert sich an eine Dame, die schreckensbleich in den Laden kam. Sie hatte ein Buch zurückgegeben und darin ihren kostbarsten Besitz, die Lebensmittelkarte, als Lesezeichen steckenlassen. Zum Glück war das Buch noch nicht wieder verliehen. Sie konnte die Lebensmittelkarte wieder mit nach Hause nehmen.

Demontage angedroht

Hiobsbotschaft für Hamm: WDI auf der Liste

Im Herbst 1947 zeichnete sich ab, daß Hunger und Kälte noch lange nicht überstanden waren. Zur allgemeinen Not kam im Oktober 1947 noch eine weitere große Sorge: Die Alliierten drohten mit der Demontage wichtiger Industriebetriebe, die zum Teil in anderen Ländern, wie zum Beispiel in der Sowjetunion, wieder aufgebaut werden sollten. Ziel war es, die großen Konzerne und damit die deutsche Wirtschaftsmacht zu zerschlagen. Schon im Januar 1947 war mit der „Operation Severance" (Operation Trennung) begonnen worden, um die großen Stahlunternehmen in kleinere Betriebe aufzuteilen.

Den Hammer Rat erreichte am 16. Oktober '47 die Hiobsbotschaft, daß die Westfälische Drahtindustrie (WDI) auf der Demontageliste stehe und eine Totaldemontage geplant sei. Im Beisein von Oberbürgermeister Poggel und verschiedenen Ratsmitgliedern protestierte die Belegschaft gegen diesen Plan. In einem Telegramm an Ministerpräsident Arnold und Wirtschaftsminister Nölling in Düsseldorf legte die Stadt am 20. Oktober 1947 Protest gegen die Maßnahme ein, durch die mehr als tausend Werksangehörige ihren Arbeitsplatz verlieren würden. Darüber hinaus, so wurde argumentiert, produziere das Werk unentbehrliche Spezialerzeugnisse für Bergbau, Reichsbahn, Bauindustrie und Landwirtschaft.

Wenige Tage später suchte Oberbürgermeister Poggel den Regierungspräsidenten in Arnsberg auf und bat ihn um seine Unterstützung im Kampf gegen die Demontage. Auch dem Stadtkommandanten, Lt. Col. Haig, trug Poggel die Hammer Sorgen vor und machte ihn auf die politischen, wirtschaftlichen und sozialen Folgen aufmerksam.

Am 4. November wurde der Rat zu einer Sondersitzung in die Werkshalle der WDI einberufen. Dazu fanden sich nicht nur die gesamte Belegschaft, Stadtkommandant Haig sowie Delegationen aller Behörden und Gewerkschaften ein, sondern auch Dechant Brück und Superintendent Torhorst als Vertreter der Kirchen. Oberbürgermeister Ferdinand Poggel verwies auf den bevorstehenden harten Winter und darauf, daß die ohnehin schwierige Situation durch eine Demontage der WDI noch erschwert werde. Die Folgen würden nicht nur die Arbeiter und ihre Familien, sondern die gesamte Bevölkerung zu spüren bekommen. Unter dem Beifall der Zuhörer erklärte der Oberbürgermeister: „Aus psychologischen, kommunalen und politischen Gründen erheben wir Einspruch gegen die WDI-Demontage, weil sie eine Fehlentscheidung darstellt. Aus Gründen der politischen Vernunft und der wirtschaftlichen Klugheit betonen wir immer wieder: Die WDI darf nicht demontiert werden.“ Ratsherr Heinrich Reinköster (SPD) führte den Zuhörern die Gefahr eines neuen „Nazismus“ als Folge einer solchen Maßnahme vor Augen und bat den Stadtkommandanten, sich dafür einzusetzen, daß die Demontage verhindert werde.

Ratsherr Josef Wüste, der als Drahtzieher dem Betriebsrat der WDI angehörte, fand einmütige Zustimmung für seinen Vorschlag, daß der Oberbürgermeister und die beiden Fraktionsvorsitzenden bei der Demontagebehörde in Düsseldorf vorstellig werden sollten, um den Hammer Protest deutlich zu machen.

Alle Bemühungen aber schienen vergebens zu sein. Kurz vor Weihnachten traf in Hamm die Nachricht ein, daß die Westfälische Drahtindustrie demontiert werde. Die Ungewißheit blieb während der folgenden acht Monate. Am 2. September 1948 berichtete die Lokalzeitung von einer Rundfunkmeldung, derzufolge die WDI von der Demontageliste gestrichen sei. Die Werksleitung konnte diese Meldung jedoch nicht bestätigen, die Militärregierung hüllte sich in Schweigen.

Das Thema Demontage kam auch zur Sprache, als sich kurz vor den Kommunalwahlen im Oktober 1948 der Militärgouverneur Nordrhein-Westfalens, General Bishop, in Hamm einfand. Er ließ sich von Oberbürgermeister Poggel, Oberstadtdirektor Dr. Schultz, Flüchtlingsamtsmitarbeiter Blume, Oberlandesgerichtspräsident Dr. Wiefels und Generalstaatsanwalt Dr. Kesseböhmer über die Situation in Hamm informieren.

Ehe es Gewißheit über das Schicksal der WDI gab, sollten noch sieben Monate vergehen. Am 25. Mai 1949 traf, wie das Firmenarchiv ausweist, die langersehnte Nachricht ein, daß die Westfälische Drahtindustrie von der Demontageliste gestrichen sei. Am 24. November 1949 konnte Bundeskanzler Konrad Adenauer dann im Bundestag einen Stop aller Demontageabsichten verkünden.

Er teilte damit das Ergebnis von Verhandlungen mit den alliierten Hohen Kommissaren der internationalen Ruhrbehörde mit.

1947 war ein Hungerjahr

Durchschnitt für Normalverbraucher lag bei 1 179 Kalorien

„Die Befürchtungen, daß die Verlegung des Tagungsraumes der Hammer Stadtväter in den hiesigen Museumssaal auch der parlamentarischen Arbeit einen musealen Stempel aufdrücken würde und für die Zukunft kein gutes Omen bedeute, konnten durch das temperamentvolle Verhalten einiger Stadtverordneter bei der Behandlung schon oft diskutierter Fragen zerstreut werden", berichtete die Westfälische Rundschau am 26. November 1947 über eine Ratssitzung, in der, entsprechend den Vorschriften der Gemeindeordnung, die Bürgermeisterwahl anstand. Für den Hammer Rat gab es da keine Probleme. Einstimmig wurden sowohl Oberbürgermeister Ferdinand Poggel (CDU) wie auch Bürgermeister Dr. Konrad Lambrecht (SPD) in ihren Ämtern bestätigt.

Lebhaft wurde es dann, als es um Fragen des Wohnungsbaus und der Trümmerbeseitigung ging. Einige Stadtvertreter kritisierten mangelnde Initiative der Beamten, die die Beschlüsse des Rates nicht mit der nötigen Konsequenz durchführten. Während Stadtbaurat Haarmann meinte, daß die Beteiligung am Ehrendienst bei der Schutträumung zu wünschen übrig ließe, stellte OB Poggel die Erfolge heraus. Immerhin sei bereits fast die Hälfte von 300 000 Kubikmeter Schutt abgetragen worden, davon 30 000 durch die Behörden und den Ehrendienst und 95 000 durch Privatinitiative.

Nach Ansicht von Stadtvertreter Cobet war der Hammer Westen zufriedenstellend von Trümmern gesäubert. Ebenso eine Seite der Martin-Luther-Straße, auf der dann die Arbeiten ohne ersichtlichen Grund eingestellt worden seien. Erfreuliche Fortschritte mache auch die Trümmerbeseitigung auf dem Marktplatz.

Oberbürgermeister Poggel zog nach einem Jahr Amtstätigkeit Bilanz. Er sagte, daß 1946 als Notjahr in die Geschichte eingegangen und 1947 treffend als Hungerjahr zu kennzeichnen sei. Es habe in der 101. Zuteilungsperiode mit 631 Kalorien den niedrigsten Ernährungsstand der Nachkriegszeit gebracht und bei einem Durchschnitt für Normalverbraucher von 1 179 Kalorien keinen Anlaß zum Jubeln gegeben. Hätten im August 1946 rund 1 500 Personen eine Krankenzulage bekommen, so seien es jetzt siebenmal so viele. Trotzdem habe man die Hoffnung nicht verloren. Immerhin seien die Schäden an Gas-, Wasser- und

Lichtleitungen weitgehend behoben, 126 neue Gewerbebetriebe zugelassen und etwa 400 Familien ein Kleingarten zugeteilt worden. Das Wohnungsamt habe 5 793 Personen in 4 361 Räumen zusätzlich unterbringen können, und 857 Wohnungen seien neu erstellt worden. In diesem Zusammenhang wurde kritisiert, daß in den 16 von englischen Familien bewohnten Häusern noch 60 Räume leerstünden.

Firmen horteten Waren

Später Ausgabe an Bevölkerung freigegeben

In einer Sondersitzung des Bockum-Höveler Gemeinderates wurde im November 1946 Klage über die ungenügende Versorgung mit Lebensmitteln, Hausbrand und Textilien geführt und bemängelt, daß das örtliche Wirtschaftsamt bei der Verteilung der vorhandenen Güter versagt habe. Amtsleiter L., so kritisierte Gemeindevertreter Erich Müller, habe zweierlei Maß angewendet und einzelne Personen, vor allem Geschäftsleute, bevorzugt. Er beantragte deshalb die Suspendierung von L. In der Januar-Sitzung wurde dann das Ergebnis der Überprüfung vorgelegt und festgestellt, daß bis auf die Anfertigung privater Schreiben während der Dienstzeit keine dienstlichen Verfehlungen und vor allem keine Veruntreuungen oder Unredlichkeiten festgestellt worden seien. Die Mißstände seien vielmehr auf ein Versagen von L. auf organisatorischem Gebiet zurückzuführen. Seine Wiederbeschäftigung im Wirtschaftsamt sei deshalb nicht erwünscht.

Sein Amtsnachfolger N. berichtete über eine von Polizei und Wirtschaftsamt durchgeführte Überprüfung hiesiger Geschäfte. Dabei seien in vier Firmen Spinnstoffwaren und Schuhe im Wert von insgesamt 42 000 RM sichergestellt worden, die bei Bestandsmeldungen verheimlicht worden waren. Der Einzelhandelsverband hatte zwar gegen die Beschlagnahme protestiert, doch wurde die Maßnahme des Wirtschaftsamtes vom Rat der Gemeinde gutgeheißen. Die Politiker schlugen vor, in Verhandlungen mit den Geschäftsleuten und dem Landeswirtschaftsamt eine Freigabe der Waren für die Bevölkerung zu erwirken. Im März 1947 wurde dann eine Kommission gebildet, die die Ausgabe der sichergestellten Waren überprüfen sollte.

Über die Tätigkeit dieser Kommission berichtete Gemeindedirektor Adolf Brühl in der Gemeinderatssitzung am 31. Oktober 1947. Dabei kamen auch zwei Beschlüsse dieser Kommission zur Sprache, die beanstandet worden waren: die Bewilligung von Gasherden für Landrat Wilhelm Deist (der übrigens im Januar 1947 als Gemeindevertreter zurückgetreten und durch Willi Wiese ersetzt worden war) und den Bergmann Hartung. Zur Begründung gab Brühl an, daß Deist im Besitz eines noch reparaturfähigen Gasherdes sei und Hartung Deputatkohle beziehe. Gemeindevertreter Heinrich Hölscher (SPD) kritisierte das Verhalten Deists, der seinen Antrag mit persönlichen Verdiensten um die Zuweisung der Gasherde nach Bockum-Hövel begründet habe und so seinen politischen Einfluß zur Erzielung persönlicher Vorteile mißbraucht habe. Die Gasherd-Affäre war damit noch nicht ausgestanden. In der Sitzung am 15. Dezember griff Erich Müller (SPD) das Thema erneut auf, nachdem Landrat Deist in einer Zeitung erklärt hatte, daß ihm der Gasherd von der Wirtschaftskommission einstimmig zugewiesen worden sei. Müller stellte klar, daß er in der fraglichen Sitzung gegen die Zuweisung gestimmt und ein anderes SPD-Mitglied nicht an der Sitzung teilgenommen habe.

Bericht über Greuel im KZ

Vereinigung der Verfolgten des Naziregimes in Hamm aktiv

Die Vereinigung der Verfolgten des Naziregimes (VVN) war auch in Hamm aktiv. Sie wurde von Leo Radtke betreut, der bis Kriegsende in Sachsenhausen war und als erster Redner nach dem Krieg über die Greueltaten in den Konzentrationslagern berichtet hatte. Er war 1945 von der Militärregierung in den Rat berufen worden und Mitgründer der Ortsgruppe Hamm der SPD. 1947 war er als Regierungsreferent in Arnsberg tätig. Gemeinsam mit Artur Bunkowski trat er als Sprecher auf Antikriegskundgebungen unter dem Motto „Krieg dem Kriege“ in Hamm, Herringen, Ostwennemar, Werries und Wiescherhöfen auf.

Für die in der britischen Zone vom 7. bis 14. September 1947 veranstaltete „Antifaschistische Woche“ bereitete die Gruppe um Leo Radtke auch in Hamm eine Veranstaltungsfolge vor. Die VVN betreute in Hamm 150 anerkannte politisch Verfolgte. Wie die Lokalzeitung im September 1947 berichtete, fielen von den im Jahr 1933 in Hamm gezählten 450 Mitgliedern der jüdischen Synagogengemeinde 125 dem Nazi-Terror zum Opfer. Vom Schicksal der anderen wußte man nichts. Die jüdische Gemeinde in Hamm zählte 1947 nur noch 14 Mitglieder. Die Gedächtniswoche für die Opfer des Faschismus klang mit einer Feierstunde im Kurhaus aus, die vom VVN und allen Parteien veranstaltet wurde.

Verjüngungskur für SPD

Bergheimer Kreis bemühte sich um Festigung der Demokratie

Die „alte Tante SPD“ sollte verjüngt werden. Das hatten sich profilierte Politiker zum Ziel gesetzt, die sich in den ersten Nachkriegsjahren im „Bergheimer Kreis“ zusammenschlossen. Einer der Mitgründer war der damalige Unterbezirkssekretär in Hamm, Alfred Gleisner. Er erinnerte sich in einer Festschrift, die er 1956 aus Anlaß des zehnjährigen Bestehens der SPD im Unterbezirk Hamm-Unna-Soest-Lippstadt-Beckum-Lüdinghausen verfaßte: „In Kamen hatten sich schon 1945 junge Menschen zusammengefunden, die mit Offenheit und scharfer Kritik die Probleme unseres Alltags diskutierten. In diesem Kreis wurden nun die brennenden Fragen mit national und international bedeutenden Persönlichkeiten öffentlich besprochen. Die Ergebnisse fanden Beachtung und Anerkennung. So entstand der in weiten Kreisen Deutschlands bekannte Bergheimer Kreis. Politiker aus Indien, Japan, Kanada, Schweden und anderen Ländern kamen zu uns und informierten sich über den Stand der Diskussion. Anliegen des Bergheimer Kreises war die Schaffung eines neuen Menschenbildes, und gar bald ergaben sich aus den Debatten konkrete Vorschläge, die in Form von Thesen publiziert wurden und eine rege Diskussion in Deutschland auslösten. Dadurch wurde der Bergheimer Kreis erweitert. Es fanden und finden sich heute dort Menschen zusammen, denen es um die Bewahrung und Festigung der Demokratie in Deutschland ernst ist.“

„Hier wurde bereits der Grundstein für das Godesberger Programm gelegt“, berichtet Werner Figgen, ehemaliger Hammer Oberbürgermeister, Bundestagsabgeordneter und Arbeits- und Sozialminister des Landes Nordrhein-Westfalen. Er gehörte damals zur jungen Garde und war später für die Organisation der Treffen verantwortlich. Neben prominenten Referenten wie Carlo Schmid und Herbert Wehner sei es vor allem Hubert Biernat, Landrat des Kreises Unna, später Regierungspräsident und dann Innenminister, gewesen, der die Arbeit des Bergheimer Kreises mitgeprägt habe. Das Leitmotiv beschreibt Alfred Gleisner so: „Neben der Erkenntnis, daß der Sozialismus die Aufgabe unserer Zeit ist, wagten sie den mutigen Schritt, die Demokratie über die Partei- und Weltanschauungsgrenzen hinweg zum Generalthema für alle zu erheben. Sie gingen dabei von der Erkenntnis aus, daß jede Koalitionsarithmetik ihre Grenzen an den Gesetzen menschlicher und politischer Sauberkeit im öffentlichen Leben findet.“

Bilanz der Landtagswahl vom 20. April 1947, die für sie sehr erfolgreich verlaufen war, zog die SPD im Mai bei ihrem Unterbezirkstag in Unna. Wichtigstes Thema aber war die drohende Demontage von Industriebetrieben durch die Besatzungsmächte. Der Vorsitzende des Bezirks Westliches Westfalen, Oberbürgermeister Fritz Henßler (Dortmund), warnte die Alliierten, die mit ihrer Demontagepolitik gerade die deutschen Arbeiter bestrafe, die am unschuldigsten an dem verbrecherischen Hitler-Krieg gewesen seien. Man wolle, so sagte er, die Nazischuld nicht kleiner machen, als sie sei, aber im Interesse der Wahrheit müsse gesagt werden, daß es Schuldige daran, daß Hitler Brandstifter werden konnte, in der ganzen Welt gebe.

Die Delegierten des Unterbezirks nahmen auch Stellung zur kommunistischen SED, die sie eindeutig ablehnten. Henßler gab zu bedenken, daß das totalitäre System der SED auf dem Gebot von Glauben und Gehorchen fuße, das demokratische aber auf Erkenntnis und Willen baue. „Wir lehnen die SED ab", erklärte der SPD-Politiker, „weil wir nicht fremde Staatsherrschaft wollen, sondern freiheitlichen Sozialismus." Die Delegierten, die 14 000 Mitglieder aus dem Raum Unna-Hamm-Soest-Lippstadt-Beckum-Lüdinghausen vertraten, lehnten einstimmig den Zusammenschluß von SPD und KPD ab.

Im Zusammenhang mit der Demontage kam es später beim Kampf um die Chemischen Werke in Bergkamen zu dramatischen Zwischenfällen. Wie Alfred Gleisner in seinen Erinnerungen festhielt, setzten die Engländer sogar Panzer ein, um die Demonstranten zu vertreiben. Die Truppen zogen nach einigen Wochen ab, das Werk blieb der Gemeinde erhalten.

In Lippewiesen begehrten Sonntagsbraten entdeckt

Kleine Begebenheiten am Rande werden nur selten bekannt, doch werfen sie oft ein bezeichnendes Licht auf die Zeit, in der sie sich ereignen. Wie groß der Hunger war, der jahrelang nach dem Krieg herrschte, macht eine Episode deutlich, die in einer Hammer Familie bis heute unvergessen ist. Einige Jungen hatten irgendwann im Herbst 1945 in der Nähe der Brücken an der Münsterstraße ein Kaninchen aufgetrieben, das am Kanal entlang um sein Leben lief. Die Jungen dachten an den leckeren Braten, den es verheißen könnte, und suchten seiner habhaft zu werden. Das Tier rettete sich in eines der Rohre, die an der Münsterstraße lagen. Doch die Jäger waren findig. Einer von ihnen hatte inzwischen nicht nur einen Sack besorgt, sondern auch seinen Hund geholt. Flugs wurde der Sack über das Rohr gestülpt und der Hund an der anderen Seite hineingesteckt. Es dauerte nur Sekunden, dann war die Beute verpackt und verschnürt. Passanten, die sich inzwischen angesammelt hatten und von denen einer sich noch heute daran erinnert, freuten sich — ob ganz neidlos, sei dahingestellt — an dem Jagdglück. Ob diese Art von Waidwerk erlaubt war oder nicht, das kümmerte in der Hungerzeit niemanden.

Bürgermeister bediente sich

Bezugschein-Affäre: Freispruch in der Berufungsverhandlung

Als der Rat der Gemeinde Braam-Ostwennemar am 21. Dezember 1946 die Instandsetzung der Wege und Straßen als zentrales Problem behandelte und es dem wenige Tage zuvor zum Bürgermeister gewählten Karl B. überließ, die Finanzierungslücke von 1 400 RM zu schließen, ahnte niemand, daß B. sein Organisationstalent schon wenige Monate später zum Verhängnis werden sollte. An der Sitzung nahmen neben dem Bürgermeister sein Vorgänger, Bruno Orlinski, dessen gleichnamiger Vater sowie die Gemeindevertreter Bernhard Böckmann, Heinrich Sandbothe, Fritz Plümpe, W. Holtei, Wilhelmine Sandkühler (alle SPD), Andreas Schidlowski (KPD), Josef Langerbein, Christian Kampmann, Heinrich Lülf, Felix Lipke und Heinrich Rosenhövel (alle CDU) teil.

Am 26. August 1947 war es vorbei mit Vertrauen und Einmütigkeit. Die CDU hatte einige unangenehme Fragen auf Lager. Sie wollte unter anderem wissen, wozu es einen Wohlfahrtsausschuß gebe, wenn die Bezugscheine vom Bürgermeister beliebig verteilt würden. Außerdem verlangte sie Antwort auf die Fragen, ob ein Parteigenosse Bezugscheine für Schuhe und Frau S. für eine Flasche Schnaps bekommen und der Bürgermeister vom „verdammten schwarzen CDU-Pack" gesprochen habe. B., der Schritte gegen die Verleumder androhte, sprach der Rat mit neun gegen fünf Stimmen (dem Rat gehörten acht Vertreter der SPD, sechs der CDU und einer der KPD an) das Mißtrauen aus. Im Protokoll wurde festgehalten, daß die SPD innerhalb von drei Tagen einen neuen Bürgermeister stellen wolle.

Vier Tage später erklärte Bruno Orlinksi sen., daß B. sein Amt aus gesundheitlichen Gründen niederlege. Zu seinem Nachfolger wurde einstimmig Fritz Plümpe gewählt. KPD-Vertreter Andreas Schidlowski schlug vor, gerichtliche Schritte gegen B. einzuleiten. Da er sich zum Mißtrauensantrag nicht geäußert habe, sei anzunehmen, daß die Vorwürfe auf Wahrheit beruhten.

Auf Anordnung der Landesregierung mußten im September alle Bürgermeister neu gewählt werden. Am 24. 9. 1947 erhielt Fritz Plümpe (SPD) acht Stimmen, Heinrich Borgschulze, der gegen ihn antrat, hatte mit sechs Stimmen das Nachsehen. Die Verwaltung teilte mit, daß sich B. nach den bisherigen Feststellungen des Amtes Rhynern in 39 Fällen Bezugsmarken angeeignet habe. Der Untersuchungsausschuß kam zu einem schlimmeren Ergebnis. Sein Sprecher klagte am 21. November 1947, daß es nicht leicht gewesen sei, sich durch ein Labyrinth von fliegenden Blättern und unleserlichen Schriften durchzufinden. B. habe in 100 Fällen Bezugsmarken für sich verwandt. Außerdem sei überhaupt nicht festzustellen, wo zwei noch fehlende Fahrräder geblieben seien.

In seiner Jahresbilanz äusserte Bürgermeister Plümpe am 30. Dezember die Hoffnung, daß im kommenden Jahr dem moralischen Verfall Einhalt geboten werde und die wirtschaftliche Gesundung voranschreite. Aus einem Bericht der höheren Dienststelle, der in dieser Sitzung vorgelegt wurde, ging hervor, daß B. eine strafbare Handlung nicht nachzuweisen sei, er die fehlenden Sachen aber ausgegeben habe. Die Gemeindevertretung hätte nie zulassen dürfen, daß der Bürgermeister so selbständig handeln konnte. Während Schidlowski (KPD) die Ansicht vertrat, daß B. „hin- und hergeschwindelt" habe, sprach Bruno Orlinski (SPD) von einem „politischen Manöver" gegen B. und kritisierte voreilige Veröffentlichungen. Er drehte den Spieß um und stellte seinerseits nun einen Mißtrauensantrag gegen den stellvertretenden Bürgermeister Heinrich Borgschulze (CDU), dessen Absetzung mit Mehrheit beschlossen wurde. Zu seinem Nachfolger wählte der Rat Bruno Orlinski sen. mit 7 : 6 Stimmen.

Als der damalige stellv. Amtsdirektor Walter Schüerhoff in der Sitzung am 22. März 1948 den Haushaltsplan erläuterte, herrschte bei der Genehmigung des Zahlenspiegels Einmütigkeit. Auch die Nachfolger für die auf eigenen Wunsch aus dem Gemeinderat ausgeschiedenen Mitglieder Benner, Böckmann, Lülf und Lipke wurden einstimmig gewählt. Es waren Franz Steimann und Willi Strecker für die SPD und Heinrich Schlieper und Ludorf für die CDU. Dann aber war es vorbei mit dem Frieden am Verhandlungstisch. Die CDU legte Protest gegen den Mißtrauensantrag gegen Borgschulze ein, der im öffentlichen Interesse der Korruption Einhalt geboten habe. Sie blies nun ihrerseits wieder zum Gegenangriff und forderte, daß Bruno Orlinski sein Amt niederlegen solle. Der Rat einigte sich schließlich darauf, daß die Vorsitzenden der Parteien diesen Fall klären sollten.

Am 17. August 1948 berichtete die Westfalenpost, daß das Amtsgericht Hamm einen vorläufigen Schlußstrich unter die Affäre gezogen habe. Es verurteilte den ehemaligen Bürgermeister Karl B. zu sechs Monaten Gefängnis und 5 000 DM (inzwischen war die Währung umgestellt worden) Geldstrafe, weil er gegen das Kontrollratsgesetz Nr. 50 verstoßen habe. Er wurde für schuldig befunden, 80 Bezugscheine für sich und seinen Haushalt selbst verbraucht zu haben, weil er nach eigener Aussage der Meinung gewesen sei, er dürfe eigene Bekleidungsstücke, die er an Heimkehrer und andere Bedürftige abgegeben habe, auf diese Weise ersetzen.

An der politischen Front kehrte nun erst einmal Ruhe ein. Bei der Bürgermeisterwahl am 30. Oktober 1948 waren sich die Fraktionen so einig, daß Fritz Plümpe einstimmig wiedergewählt wurde. Karl Hermanny erkannte seine vorbildliche Arbeit an und sprach ihm für die CDU mit dem Hinweis, daß das Wohl des Volkes wichtiger sei als die Partei, das Vertrauen aus. Hermannys Wunsch, stellvertretender Bürgermeister zu werden, fand bei der Mehrheitsfraktion keine Gegenliebe. Er unterlag mit 4 : 6 Stimmen seinem Konkurrenten Franz Steimann (SPD), der später als Bürgermeister die Geschicke der Gemeinde Braam-Ostwennemar bis zur ersten kommunalen Neuordnung, bei der am 1. Januar 1968 aus dem Amt Rhynern die Großgemeinden Uentrop und Rhynern gebildet wurden, leitete.

Bei der Kommunalwahl am 17. Oktober 1948 erhielten in Braam-Ostwennemar die SPD 47,26 Prozent der Stimmen (sechs Sitze), die CDU 33,88 Prozent (vier Sitze), die KPD 11,93 Prozent (zwei Sitze) und die FDP 6,9 Prozent (einen Sitz). Gewählt wurden für die SPD Fritz Plümpe, Ernst Otto, Wilhelm Klingenberg, Franz Renner, Hermann Lange und Franz Steimann, für die CDU Wilhelm Bohnenkamp, Karl Hermanny, August Hoppe und Dietrich Demmer, für die KPD Friedrich Scheidel und Franz Lukassen sowie für die FDP Heinrich Wilshaus.

Das Verfahren gegen den ehemaligen Bürgermeister B., der Berufung gegen das Urteil des Amtsgerichts eingelegt hatte, wurde am 26. Februar 1949 endgültig abgeschlossen. B., der mit der Verteilung der Bezugscheine offensichtlich überfordert gewesen war, wurde auf Kosten der Landeskasse freigesprochen.

Wiederwahl der Bürgermeister

In Gemeinden des Amtes Rhynern keine Überraschungen

Wahlen für die Gemeinde-, Amts- und Kreisvertretungen standen 1947 nicht auf dem Programm, doch mußten die jeweiligen Ratsvorsitzenden sich erneut zur Wahl stellen. In der Amtsvertretung Rhynern war das kein Problem. Im Beisein des Kreiskommandanten, Lt. Col. Baker, wurden Amtsbürgermeister Dr. Franz Nagel und sein Stellvertreter Fritz Heitsch einstimmig wiedergewählt.

In den Gemeinden des Amtes Rhynern brachten die Bürgermeisterwahlen keine Überraschungen. In 18 der 21 Gemeinden wurden die amtierenden Bürgermeister in ihren Ämtern bestätigt. In Norddinker war Bürgermeister Dietrich Wältken schon vorher ausgeschieden. Sein Nachfolger wurde der Eisenbahner Heinrich Stockey, der auch schon bisher die Geschäfte geführt hatte. Die Bürgermeister Karl Moennighoff in Hilbeck, dessen Amt der Bauer Karl Gerdes übernahm, und August Ostermann in Wambeln, der von Eduard Montag abgelöst wurde, hatten darum gebeten, von einer Wiederwahl abzusehen.

Im Amt blieben Heinrich Lüke in Allen, Heinrich Grundel in Berge, Fritz Plümpe in Braam-Ostwennemar, Karl Gosewinkel in Bramey-Lenningsen, Wilhelm Becker in Flierich, Heinrich Oberdorf in Freiske, Heinrich Koch in Frielinghausen, Heinrich Korte in Haaren, Fritz Poth in Osterflierich, Paul Mentrop in Osttünnen, Wilhelm Schumacher in Rhynern, Friedrich Pannock in Schmehausen, Engelbert Kühlmann in Sönnern, Josef Mönninghoff in Süddinker, Wilhelm Korte in Uentrop, Wilhelm Möllmann in Vöckinghausen, Karl Koßmann in Werries und Wilhelm Schwinde in Westtünnen.

German Civils arbeiteten im Depot

Deutsche Mädchen kamen zum Tanz in die Kaserne

Ein interessantes und in der Öffentlichkeit heute weitgehend unbekanntes Kapitel der Nachkriegsgeschichte in Hamm wurde in der ehemaligen Argonnerkaserne an der Soester Straße geschrieben, in der die britische Besatzungsmacht später die Windsor Boys School einrichtete. Nach Beendigung des Krieges waren hier zunächst Truppenteile untergebracht. Darunter befand sich auch die „German Civil Labour Organisation", abgekürzt GCLO 451, eine Transportarbeitergruppe, die aus deutschen Männern bestand. Mit einem von ihnen hat die damalige Stadtarchivarin Ilsemarie von Scheven ein Gespräch geführt, in dem Rolf Wagner seine Tätigkeit dort schilderte.

Er hatte sich als damals 20jähriger im Herbst 1947 mit seinem 24jährigen Bruder über die grüne Grenze aus der sowjetisch besetzten Zone in den Westen abgesetzt. Vergebens suchten beide in Hannover und Bielefeld Arbeit. Hilfesuchend wandten sie sich schließlich an einen Bekannten, den sie durch die Kinderlandverschickung in Thüringen kennengelernt hatten. Von ihm erfuhren sie, daß die englische Besatzungsmacht in Hamm eine Transportarbeitergruppe eingerichtet hat, für die noch Bewerber gesucht würden.

Die beiden sprachen in der Kaserne an der Soester Straße vor. Zwei Tage warteten sie auf Antwort. Während dieser Zeit übernachteten sie im Wartesaal des Hammer Bahnhofs. Sie wurden angenommen und wie ihre Kollegen in englische braune Wollstoffuniformen eingekleidet. Untergebracht waren sie im ersten Stock eines Kasernenblocks. Für je sechs von ihnen gab es ein Zimmer. Da Öfen fehlten, bauten sich die Männer aus Heizspiralen in Selbsthilfe ein Heizsystem.

Es gab für die deutschen Mitarbeiter eine Kantine und zwei Räume für Versammlungen und Tanzvergnügen. Zweimal wöchentlich durften die Männer deutsche Mädchen aus der Nachbarschaft zum Tanz einladen. Leiter der Labour Groups war ein deutscher Kompaniechef.

Eingesetzt wurden die German Civils im Depot in der Mark, wo Bestände der deutschen Wehrmacht und Industriegüter ebenso lagerten wie elektrische Geräte, Baumaterial und militärisches Gerät. Täglich wurden Güter waggonweise an- und ausgeliefert. Trotz strenger Kontrollen gelang es den Arbeitern hin und wieder, etwas für den Schwarzmarkt abzuzweigen. Beliebte Artikel waren Feuersteine und Glühbirnen, die auf den Umschlagplätzen am Bahnhof, im Café Corso, im Thalia-Theater an der Weststraße, im Arcadia am Ostentor oder bei Lammers an der Eylertstraße bei anderen Schwarzmarkthändern eingetauscht wurden.

Die Arbeit war nicht erfreulich. „Wir fühlten uns fast wie Sklaven", erinnerte sich Rolf Wagner, der im Januar 1948 kündigte, bei seinen künftigen Schwiegereltern in Werries eine neue Unterkunft fand und bei der Zeche Sachsen anlegte. Im April des gleichen Jahres verließ auch sein Bruder die GCLO, die bald darauf von Hamm — teilweise nach Dortmund — verlegt wurde.

Mit Kunst den Hunger besiegt

Nahrhafte Honorare beliebter als klingende Münze

Kultur war gefragt in den ersten Nachkriegsjahren. War einerseits viele Jahre lang ein nationalsozialistisch genehmer Einheitsbrei serviert worden, stürzten sich andererseits die Menschen jetzt umso mehr auf die schönen Künste, als sie hofften, dadurch Hunger und Kälte vergessen zu können. Musiker und Schauspieler waren nur zu gern bereit, Kunst ans Volk zu liefern. Klingende Münze interessierte sie dabei weniger als Handfestes zum Beißen oder Heizen. Bekanntestes Beispiel sind die Ruhrfestspiele, mit denen in Recklinghausen aus der Not eine Tugend gemacht wurde.

Die Idee wurde im kalten Winter 1946/47 geboren. Damals leisteten Recklinghausener Bergleute den Hamburger Bühnen Hilfe bei der Beschaffung von Heizmaterial. In dem im Siedler-Verlag erschienenen Buch „So viel Anfang war nie" heißt es dazu: „. . . Hamburger Bühnentechniker fanden in den Recklinghausener Bergleuten bei ihrer verzweifelten Suche nach Heizmaterial im vom Mangel gekennzeichneten Deutschland verständnisvolle Helfer, die, ungeachtet der Androhung erheblicher Strafen seitens der Militärregierung, die Hamburger Bühnen illegal mit Kohle versorgten und damit den dortigen Spielbetrieb retteten. Als Dank gaben die Hamburger im Sommer 1947 ein Gastspiel in Recklinghausen. In den Folgejahren wurde dies zu einem festen Brauch, aus dem sich die „Ruhrfestspiele" entwickelten, eine Bezeichnung, die im August 1947 von Vertretern beider Städte festgelegt wurde."

Das Beispiel war keineswegs ein Einzelfall, wenn es auch in seinen Folgen von ungleich größerer Bedeutung wurde als jedes andere. In Hamm wurde ebenfalls Kunst für nahrhafte Gage geliefert. Heinrich Graevinghoff, der sich mit der Geschichte der früheren Gemeinde Uentrop befaßt, hat festgehalten, daß das Dortmunder Schauspielhaus am 20. und 21. September 1947 ein Gastspiel in Uentrop gab. Anlaß dazu waren die Gründungen des Sportvereins und einer Laienspielschar im Jahr 1946. Auf Vermittlung von Else H., die das Restaurant „Zum Stadttheater" in Dortmund betrieb, kam die Truppe nach Uentrop, um unter Leitung von Hans Trippel Szenen aus Opern und Operetten aufzuführen. Der Saal war bis auf den letzten Platz besetzt, und es gab begeisterten Applaus. Für das Honorar wurde gesammelt, dabei kam es aber nicht auf Geld an. Naturalien wie Wurst, Speck, Eier oder Kartoffeln waren weit mehr gefragt.

Bürgermeister der Gemeinde Uentrop war zu dieser Zeit Wilhelm Korte. Dem Gemeinderat gehörten Wilhelm Damberg, Heinrich Bußmann, Fritz Flessenkemper, Wilhelm Schlotmann, Wilhelm Schenkel, Wilhelm Kohlhase, Fritz Hoselmann und Heinrich Wiethege an.

Hotel Oberwerries im Visier

Die Währungsreform machte ehrgeizige Pläne zunichte

„Schloß wird Ausflugsstätte" jubelte die Tageszeitung am 6. Februar 1948. In der Tat sah es so aus, als sollten die müden Mauern von Oberwerries wieder munter gemacht werden und neues Leben in die Ruinen einziehen. Der Besitzer der renommierten Corso-Betriebe, Fritz Krieger, hatte schon seit einiger Zeit Interesse an dem aus dem 17. Jahrhundert stammenden Wasserschloß bewiesen, das seit dem Tod des letzten Besitzers, Oberst von Elverfeld, im Jahr 1781 weitgehend unbewohnt und zur Ruine verkommen war. Krieger plante ein Hotel mit Restaurant und Café. Im äusseren Schloßhof wollte er Grünanlagen entstehen lassen und eine Tanzfläche errichten. Zunächst waren Gasträume im Erdgeschoß des 1730 von dem berühmten Baumeister Schlaun errichteten Marstalls vorgesehen. In zwei weiteren Bauabschnitten sollten später im Schloß Restaurant, Konferenzzimmer und ein Saal für 2 000 Personen entstehen.

Die Stadt hatte das Schloß 1942 von den Hermann-Göring Werken (Vorläufer der Märkischen Steinkohlengewerkschaft und der Zeche Sachsen) für 25 000 RM gekauft. An eine Restaurierung, die mit rund 400 000 RM veranschlagt wurde, war nach dem Krieg nicht zu denken. Umso begeisterter griff der Rat die Idee des Gastronomen Krieger auf. Da auch der Landeskonservator keine

Einwände erhob, stimmten die Politiker im April 1948 einem Pachtvertrag über die Dauer von 25 Jahren zu. Als Pacht sollten 18 RM pro Hektoliter Bier gezahlt und vier Fünftel des Betrages auf die Instandsetzungskosten verrechnet werden. Für die Baugenehmigung und die Zuteilung von Baustoffen war der Kreis Beckum zuständig.

Als hinderlich erwies sich zunächst eine Flüchtlingsfamilie, die im Marstallgebäude untergebracht war und für die eine neue Wohnung gefunden werden mußte. Das war aber nur eines von weiteren Problemen, zu denen vor allem die Währungsreform gehörte, nach der Fritz Krieger seinen Finanzierungsplan in den Papierkorb werfen konnte. Sein Tod am 5. März 1950 bedeutete das endgültige Aus für Hotel Oberwerries. Zwar inserierte die Stadt im Frühjahr 1950 in der „Welt" die Verpachtung des Schlosses als Erholungs- und Tagungslokal samt 26 519 qm großem Grundstück und meldeten sich 13 Interessenten, von denen ein Hotelier aus Emden in die engere Wahl kam, doch war an eine Realisierung nicht zu denken. Die hochfliegenden Pläne reduzierten sich im Februar 1951 auf ein Wanderheim für Wassersportler und Turner. Im gleichen Jahr meldete der Deutsche Turnerbund Interesse für das Marstallgebäude an, das er dann auch übernahm. Aus dem Schloß wurde wenig später auf Initiative von Berufschuldirektor Joseph Tippkötter und mit finanzieller Hilfe des Landes ein Berufsschullandheim.

Todesopfer bei Kohlenklau

Frau verlor Gedächtnis — nach vier Jahren entdeckt

„Kohlenklau fordert zwei Menschenleben", berichteten die Westfälischen Nachrichten am 6. Dezember 1947. Kurz vor dem Weihnachtsfest hatte das Schicksal das Glück einer Heessener Familie zerstört. Ein 45 Jahre alter Familienvater hatte sich auf die Suche nach Heizmaterial begeben. Er ging zum Bahnhof in Heessen, um, wie es damals üblich war, Kohlenwaggons zu „erleichtern" oder Kohlenstücke vom Bahndamm aufzusuchen. Als er nicht zurückkam, machte sich der 20jährige Schwiegersohn auf den Weg, um ihn heimzuholen. Aber auch er blieb verschwunden. Am nächsten Morgen wurde das grausige Unglück entdeckt. Beide waren auf der Güterzugstrecke Hamm-Ahlen von Zügen erfaßt und getötet worden.

Ein anderes ungewisses Schicksal klärte sich erst nach vier Jahren auf. Die Frau eines Heessener Arztes hatte sich 1945 auf den Weg gemacht zu ihrem Mann, der sich in einem Lazarett in Norddeutschland als Arzt noch in Kriegsgefangenschaft befand. Sie kam dort nie an, ließ auch nie wieder etwas von sich hören. Alle Nachforschungen waren vergebens. 1949 wurde sie durch einen Zufall in Stade von einer Bekannten entdeckt. Die Arztfrau konnte sich an nichts erinnern und hatte 1945 in einem Flüchtlingslager in Helmstedt einen anderen Namen bekommen. Was dazu geführt hatte, daß sie ihr Gedächtnis verlor, blieb ungeklärt. Sie war, wie die Zeitungen damals berichteten, zwischen 1945 und 1949 in verschiedenen englischen Familien als Kindermädchen und zuletzt in Stade als Krankenschwester tätig gewesen. Ihre wirkliche Identität wurde ihr erst nach ihrer Rückkehr nach Heessen wieder bewußt.

Zivilcourage brachte einer Hausfrau aus Heessen 1948 sogar öffentliches Lob des Gemeinderates ein. Bürgermeister Putzig erwähnte das beispielhafte Verhalten der Frau Schuster in der Ratssitzung. Sie hatte im Zug zwischen Dortmund und Hamm eine gesuchte Giftmörderin erkannt und für ihre Festnahme durch die Polizei gesorgt. Die steckbrieflich Gesuchte stand im Verdacht, in verschiedenen Orten des Ruhrgebiets sechs alte Frauen mit vergifteten Zigaretten umgebracht zu haben und auch in Heessen aufgetaucht zu sein.

Hamm Kartoffel-Lenkstelle

Zoll nahm Erdäpfel aus Amerika genau unter die Lupe

Hans-Otto und Margarethe Schulz sind heute noch glücklich über die freundliche Aufnahme, die sie als Flüchtlinge im Raum Hamm fanden. Der Zollinspektor aus Wurzen bei Leipzig war gegen Ende des Krieges in Lüdenscheid in Gefangenschaft geraten und nach Frankreich gebracht worden. Als er im Juli 1946 entlassen werden sollte, mußte er eine Adresse in Westdeutschland angeben. Zufällig kannte er den Bauern Lippmann in Overberge, den er zum Verwandten ernannte. Dort angekommen, wurde ihm nicht die Tür gewiesen. Er bekam ein Bett und teilte das Zimmer mit einem der Angestellten. Mit Hilfe des Bürgermeisters wurde ihm kurz darauf ein Zimmer bei einem Lokomotivführer zugewiesen. So konnte er Frau und Sohn aus der sowjetisch besetzten Zone über die „grüne Grenze“ in den Westen holen.

„Zwei Betten, ein schwarzes Ledersofa aus dem Wartesaal, das uns als drittes Bett diente, ein Stuhl und ein eiserner Ofen war alles, was wir an Möbeln hatten“, erinnert sich Margarethe Schulz, die damals nur zwei Koffer mit dem nötigsten Hab und Gut mitbringen konnte. Ihr Mann verdingte sich als Bauhilfsarbeiter für einen Stundenlohn von 67 Pfennig und holte sich bei der ungewohnten Arbeit blutige Hände. Doch der Flüchtling hatte Glück. Er lernte einen Zollkommissar kennen, der beim Bauern Lippmann die Rübenkrautpresse wegen der Zuckersteuer prüfen mußte, und erhielt durch ihn die Gelegenheit, sich bei der Zollbehörde zu bewerben. Am 6. November 1946 durfte er seinen Dienst beim Hammer Zoll, der damals im Hafenamt beheimatet war, antreten. Natürlich mußte er auch entnazifiziert werden und Leumundszeugnisse aus seinem Heimatort beschaffen. Das war kein Problem. „Innerhalb von vier Wochen war die Sache erledigt", erinnert sich Schulz.

Der damals 33jährige hatte noch zwei Kollegen: den Kommissar und einen, der die Bücher und die Kasse führte. Die Beamten nahmen unter anderem Weizen und Kartoffeln aus Amerika unter die Lupe. „Hamm war Kartoffel-Lenkstelle" berichtet Schulz und erzählt von verplombten Zügen, die aus Hamburg eintrafen. Die Waggons wurden von Hamm aus weiter verteilt. Unter Polizeischutz entnahmen die Zollbeamten, denen Bahnbedienstete die Wagen öffnen mussten, Proben, die im Chemischen Untersuchungsamt unter anderem auf Kartoffelkäfer untersucht wurden. Branntwein-, Bier- und Mineralölsteuer waren weitere wichtige Aufgabengebiete. „Es wurde viel zu Hause schwarz gebrannt, vor allem bei den Bergleuten. Aber wir haben nach Möglichkeit weggesehen", plaudert der pensionierte Zöllner aus dem Nähkästchen.

Das war natürlich nicht immer möglich. So wurde ein Bönener, der das Brennerei-Geschäft sozusagen im Großen aufgezogen hatte, eines Tages kontrolliert und das Gerät beschlagnahmt. Schulz und sein Kollege konnten es aber nicht mitnehmen, da sie mit dem Fahrrad auf Diensttour waren. Es mußte dann später mit einem Wagen geholt werden. Das Zollamt siedelte, wie der Pensionär heute berichtet, nach der Währungsreform zur Polizeidirektion in die Hohe Straße über, weil das Hafenamt Platz brauchte. Später war die Dienststelle an der Adolfstraße, bevor das Zollamt an der Nordstraße gebaut wurde. Es ist inzwischen dem Einkaufscenter gewichen und in den Westen ausgesiedelt worden.

Ufa-Leinwand im Kurhaus wieder aufgebaut

Kinovergnügen gab es schon am 26. Oktober 1945 wieder in Hamm, als das Ufa-Theater im Kurhaus eröffnet wurde. Es wurde auf Anweisung der alliierten Filmkontrollstelle im Juli 1946 in Westfalen-Theater umbenannt und firmierte ab 1. April 1948 als Kurhaus-Lichtspiele. Der Pachtvertrag mit der Ufa wurde am 1. November 1949 gelöst. Am 13. Oktober 1949 waren die Kurhaus-Lichtspiele geschlossen worden. Als Nachfolger stellten sich am 20. Oktober 1949 die Capitol-Lichtspiele am Kentroper Weg vor, die bis zum Dezember 1967 bestanden. Sie schlossen zum gleichen Zeitpunkt wie die „Kamera", die in einem Gaststättensaal am Langewanneweg eingerichtet worden war. 1948 gab es Kinovorführungen im Kristallpalast an der Martin-Luther-Straße und vom 6. August 1948 an im Atrium-Theater, den früheren Odeon-Lichtspielen, in dem 550 Zuschauer Platz fanden.

1 800 Flüchtlinge in Herringen

Badeanstalt in der Jahnschule wieder in Betrieb genommen

Wie in allen anderen Gemeinden mußten auch in Herringen eine Reihe von Straßen umbenannt werden. Die Herringer machten das besonders gründlich. Obwohl Amtsbaumeister Teegen in der Sitzung am 14. März 1947 mitteilte, daß nach einer neuen Verfügung lediglich die Namen neuerer Militaristen verschwinden müßten, ließ sich der Rat beispielsweise auch für die Kaiser- und Moltkestraße neue Namen einfallen. In der gleichen Sitzung wurde bekannt, daß die Gemeinde Herringen 1 800 Flüchtlinge aufgenommen hatte. Sie unterzubringen und zu versorgen war ein großes Problem. Noch im Oktober 1947 klagte Gemeindevertreter Langer über die unwürdigen Verhältnisse, unter denen die Neuankömmlinge leben mußten. Der Wunsch, die Straßenbeleuchtung wieder in Ordnung zu bringen, ließ sich ebenso wenig realisieren wie die Einrichtung eines Leichtkrankenhauses und eines Altersheimes in der Diesterwegschule.

Die Diebstähle in Feld und Flur veranlaßten die Politiker, im Mai 1947 die Einsetzung eines Flurschutzes zu beschließen. Mit Unterstützung der Polizei sollten jeweils vier Männer am Tag und zwei in der Nacht unterwegs sein. Für diese Aufgabe sollten pensionierte Polizeibeamte gewonnen werden.

Im Januar 1948 beschloß der Rat, die Badeanstalt in der Jahnschule wieder in Betrieb zu nehmen. Die Belieferung mit Koks hatte der Hammer Schwimmverein Rote Erde übernommen, der dafür in der Halle trainieren durfte. Am 4. Februar teilte Bürgermeister Geisler allerdings mit, daß die Halle wegen Koksmangels stillgelegt werden mußte.

Am 5. April 1948 lag dem Gemeindeparlament ein Antrag auf Errichtung eines Lichtspielhauses vor. Mit Befremden wurde festgestellt, so heißt es im Protokoll, daß der aus Berlin stammende Antragsteller über das Material für den Neubau bereits verfüge. Das kam den Politikern seltsam vor. Sie wiesen darauf hin, daß in Herringen 18 Bauvorhaben für Arbeiter wegen Materialmangels seit eineinhalb Jahren nicht ausgeführt werden konnten. Die Politiker fürchteten, daß die Baustoffe des Kino-Erbauers dem regulären Baumarkt entzogen worden seien und sprachen von „Sabotage der gelenkten Bauwirtschaft“. Dem Berliner stellten sie deshalb eine Falle: Sein Antrag werde wohlwollend geprüft, wenn es ihm gelänge, auch Material für die 18 Arbeiterhäuser zu beschaffen. Das Problem erledigte sich durch die Währungsreform im Juni 1948. Zwei Monate später genehmigte der Rat den Kino-Neubau, mit dem am 1. März 1949 begonnen werden sollte.

Zuvor hatte sich im Mai auf kulturellem Gebiet einiges getan. So spielten am 11. Mai sogenannte „Neubergleute" für ihre Kumpel, um den Erlös Kriegsversehrten zugute kommen zu lassen. Die Bewohner des Bergarbeiterlagers der Zeche Heinrich Robert führten im Saal Lohsträter und im Saal Ockler dreimal die Operette „Ein Mädel wie du" auf. Am 25. Mai fiel der Startschuß für die Herringer Volkshochschule. Zur Eröffnung sprach Rektor Wellie über das Thema „Arbeiterschaft und Volkshochschule".

Aus den Wahlen am 17. Oktober 1948 in Herringen ging erwartungsgemäß die SPD als Sieger hervor. Sie war mit dem bisherigen Bürgermeister Fritz Geisler, dem Bergmann Bernhard Dickmann, dem Bergmann Helmut Teichmann, der Hausfrau Rosa Kemper, dem Bergmann Erich Zöllner, dem Bergmann Herbert Bittner, dem Bäckermeister Heinrich Renninghoff, dem Maurer Josef Notthoff, dem Kesselheizer Josef Grees, dem Bergmann Bernhard Schäfer und dem Bergmann Alexander Langer vertreten. Der CDU-Fraktion gehörten der Bauer Heinrich Nölken, der Steiger Franz Runfelder, der Steiger Heinrich Roetger und der Nachtwächter Vinzenz Wiesner an. Die Interessen der KPD vertraten der Fahrhauer Heinrich Otte, der Invalide Alfred Guder, der Bergmann Fritz Dirkschnieder und der Maurer Artur Klaus.

Fritz Geisler erhielt bei der Bürgermeisterwahl überraschenderweise nicht die Mehrheit. Bernhard Schäfer (SPD) wurde sein Nachfolger. Als dessen Stellvertreter rückte 1952 Christian Tippmann auf, der 1956 Bürgermeister wurde. Tippmann behielt das Heft auch in der Hand, als die Gemeinde Herringen am 30. Juni 1965 aus dem Amtsverband Pelkum ausschied und selbständig wurde. Er blieb nach der ersten kommunalen Neuordnung 1968 Bürgermeister der Großgemeinde Pelkum und stand dem Stadtbezirk Herringen nach Anschluß an die Großstadt Hamm zum 1. Januar 1975 als Bezirksvorsteher vor.

Im Sommer 1948 kurz notiert

● *Mit dem Problem der Arbeitslosigkeit befaßte sich der Rat der Stadt 1948 in seiner Juli-Sitzung. Stadtbaurat Haarmann wies darauf hin, daß sofort tausend Menschen bei Instandsetzungsarbeiten und Trümmerbeseitigung eingesetzt werden könnten. Die Abgeordnete Buschkötter lehnte den Einsatz von Frauen bei Bauarbeiten und beim Schutträumen ab.*

● *Im Kurhaus, das von den Engländern besetzt war, fielen Restaurationsbetrieb und Hotel für die deutsche Bevölkerung aus. Erst im Juli 1949 eröffnete der Pächter ein Restaurant in seinen Privaträumen. Das Hotel stand erst ab dem 5. Mai 1950 wieder zur Verfügung.*

● *60 Prozent aller Hammer Kinder waren 1948 wurmkrank. Das berichtete Ratsherr Bernhard Lohmann im Mai in der Ratssitzung. Er forderte eine Vergrößerung der Kinderheilstätte Sylverberg und eine bessere Milchzuteilung für Kinder und alte Menschen.*

Säuglingswäsche aus USA

Vater legte Oberbürgermeister nackten Säugling auf den Tisch

Keinen Anlaß zum Jubeln gab es zur Jahreswende 1947/48. Daran ließ Oberbürgermeister Ferdinand Poggel in einem in den örtlichen Zeitungen veröffentlichten Grußwort keinen Zweifel. Er machte allerdings auch auf einen anderen Aspekt aufmerksam. „Wenn wir einmal den Blick von unserer Heimatstadt abwenden, um der sogenannten ‚großen Politik‘ eine kurze, rückblickende Betrachtung zu widmen, so sehen wir unter anderem, daß das Verständnis für die deutsche Not bei den Siegerstaaten und überall in der Welt ständig wächst“, schrieb der Oberbürgermeister. Und er zitierte den englischen Professor Douglas-Shmith von der Universität Cambridge, der gesagt hatte: „Einer Tatsache jedenfalls bin ich gewiß: Daß Deutschland in der Stunde seiner Niederlage größer ist als jemals in den Jahren seines vergänglichen Ruhmes. Die Tapferkeit der Deutschen, ihr geduldiger Fleiß, das erstaunliche Maß an Reinlichkeit und Selbstachtung unter erschütternden Schwierigkeiten wird noch die Bewunderung der Welt herausfordern — selbst die Bewunderung derer, die am wenigsten geneigt sind, den Feind von ehemals zu lieben.“

Poggel fügte hinzu, daß das deutsche Volk mit platonischen Beteuerungen allein nicht viel anfangen könne, doch ließen sie im Zusammenhang mit den neuen wirtschaftlichen Plänen hoffen, daß bei den Besatzungsmächten dem Verständnis auch die helfende Tat folge.

Hilfe gab es schon in verschiedener Weise. So zum Beispiel durch die Care-Pakete oder durch private Spendenaktionen. Zu diesen gehörten auch Sendungen von Säuglingswäsche. Eine davon traf im September 1947 bei Anne und Friedhelm Gosewinkel ein. Sie kam aus Milwaukee in USA, hatte aber keinen Absender, so daß sich die Beschenkten nie bedanken konnten. Die Freude, daß Sohn Rainer nun so fein herausstaffiert werden konnte, war groß.

Unter dem Titel „Margarete-Hilfe kleidet Säuglinge“ schrieb die Westfalenpost am 12. März 1948: „Die Geste eines sorgengeplagten frischgebackenen Vaters, der kürzlich in einer Stadt in der britischen Besatzungszone dem Oberbürgermeister seinen neugeborenen Säugling im Adamskostüm auf den Schreibtisch legte mit der Aufforderung, für die Bekleidung des Kindes zu sorgen, ist bezeichnend für die heutige Situation. Hammer Säuglinge haben es besser.“ Und das war Margarete Hoennemann aus New York zu danken, die bereits mehrfach Spenden geschickt hatte und seit Anfang 1948 jedem neuen Hammer Erdenbürger eine Wäscheausstattung spendierte. Die Ausgabe übernahm ehrenamtlich eine Angestellte des Wirtschaftsamtes.

Wie die Zeitung weiter berichtete, fuhr aus hygienischen und organisatorischen Gründen der Wagen einer Hammer Wäscherei zweimal wöchentlich bei den Müttern vorbei und tauschte schmutzige Säuglingswäsche gegen saubere. Die Anlieferung erfolgte gegen Erstattung der Reinigungskosten frei Haus. „Diese Regelung bedeutet in diesen seifenarmen Zeiten ebenfalls eine fühlbare Entlastung der Mütter“, stellte die Zeitung fest. Säuglingswäsche wurde auch von den katholischen Frauenvereinen gesammelt, die sich damit in den Dienst der vom Erzbischof initiierten Aktion „Mütter helfen Müttern“ stellten.

Zeche sollte bauen

Material bekam nur der, der etwas zum Schieben hatte

Der Winter 1946/47 war so hart und die Versorgung mit warmer Kleidung und Schuhen so schlecht, daß viele Kinder häufig den Unterricht schwänzen mussten. Das führte beispielsweise in Werries dazu, daß statt der Zeugnisse einige Schüler/innen einen Zettel erhielten, auf dem lapidar vermerkt war: „Für ... wird ein Zeugnis nicht ausgestellt, da zu viel gefehlt.“ Der Gemeinderat befaßte sich in seiner Sitzung am 3. April mit diesem Verfahren, das in Anbetracht der von den Kindern nicht zu verantwortenden Situation nicht gutgeheißen wurde. Der Rat beauftragte die Verwaltung, mit den Schulleitern zu sprechen.

Die von der Besatzungsmacht im Herbst 1947 angeordnete Neuwahl der Bürgermeister verlief in Werries ohne Probleme. Amtsinhaber Karl Koßmann (SPD) wurde einstimmig wiedergewählt, sein Stellvertreter Karl Heller (CDU) erhielt nur eine Gegenstimme. In dieser Sitzung bemängelte Ratsherr Franz Scheffler mangelnde Siedlungstätigkeit in der Gemeinde. Ratsherr Fritz Heitsch gab zu bedenken, daß nur der bauen könne, der etwas zum Schieben habe. Deshalb entstünden in Landgemeinden mehr neue Häuser als in Industriegemeinden.

Keine Gegenliebe fand im Januar 1948 ein Antrag der Märkischen Steinkohlengewerkschaft (Zeche Sachsen) auf Erlaß der Grundsteuer für die zerbombten Häuser in der Kolonie. Die Zechenherren mußten sich sagen lassen, daß sie es versäumt hatten, auf den Trümmergrundstücken aufzuräumen. So seien dort Rattenherde entstanden. Es wurde einstimmig beschlossen, die Steuer nur dann zu erlassen, wenn die Grundstücke binnen einem Monat aufgeräumt und die Häuser in Jahresfrist im Rahmen des Bergarbeiter-Wohnbauprogramms wieder aufgebaut seien. Am 22. März 1948 wurde dem Antrag der Zeche doch noch stattgegeben, nachdem Amtsbürgermeister Dr. Nagel darauf hingewiesen hatte, daß ein Rechtsanspruch auf Steuererlaß bestehe. Die Märkische hatte jedoch zugesagt, sofort mit den Aufräumungsarbeiten zu beginnen.

Die SPD behielt bei der Wahl am 17. Oktober 1948 die Mehrheit. Für sie wurden in den Rat damals der Tischler Karl Koßmann, der Arbeiter Karl Schobert, der Bergmann Fritz Rogge (er starb am 19. Dezember 1948, sein Nachfolger wurde Franz Scheffler), der Lokführer Walter Parakenings, der Bergmann Johann Banaczak, der Drahtzieher Willi Mecklenbrauck und der Maurerpolier Karl Kampmann gewählt. Scheffler legte sein Amt im Oktober 1949 nieder, sein Nachfolger wurde Paul Glania. Die CDU war im Rat mit dem Arbeiter Wilhelm Krabus, dem Drahtzieher Karl Müser und dem Bergmann Josef Schäfer vertreten. Die beiden Mandate der KPD besetzten der Berginvalide Karl Melzer und der Schachtmeister Heinrich Kleff. Auch das Zentrum war diesmal dabei. Lehrer Hans Studnik, der bei der Wahl kandidiert hatte, verzichtete auf sein Amt, in das Franz Mürköster nachrückte. Als dieser 1950 ausschied, vertrat Josef Blanke die Zentrumspartei im Rat der Gemeinde Werries.

Bürgermeister blieb Karl Koßmann, der dieses Amt bis zu seinem plötzlichen Tod am 20. September 1966 bekleidete. Sein Nachfolger wurde am 4. Oktober 1966 Adalbert Morawietz (SPD). Am 1. Januar 1968 trat die erste Kommunale Neuordnung in Kraft. Morawietz wurde auch an die Spitze der damit entstandenen Großgemeinde Uentrop gewählt, deren Bürgermeister er bis zur Bildung der Großstadt Hamm im Jahr 1975 blieb.

9 000 Bombentrichter verfüllt

Wahl des Amtsdirektors war in Rhynern problematisch

So genau wurde damals gezählt: Der sorgfältig geführte Jahresbericht der Amtsverwaltung Rhynern weist für 1947 insgesamt 142 Genehmigungsanträge für Bauvorhaben aus. Von den 595 durch Kriegseinwirkung zerstörten Häusern im Amtsgebiet waren 484 wieder bewohnbar. Es wurden — und die Beamten führten genau Buch — unter anderem 18 920 Dachziegel, 21 700 Ziegelsteine, 87,2 Tonnen Zement, 78,8 Tonnen Kalk, fünf Tonnen Eisen, 16,6 Kubikmeter Holz und 1 741 Quadratmeter Glas zur Verfügung gestellt. Die rund 9 000 Bombentrichter waren Ende 1947 zum größten Teil wieder verfüllt. Papier war immer noch knapp. Deshalb erhielt jede Gemeindevertretung auch nur ein Exemplar des Verwaltungsberichts 1947. Chef der Amtsverwaltung Rhynern war zu diesem Zeitpunkt Heinrich Püttmann, der seit dem 1. Dezember 1905 beim Amt beschäftigt war, vom 1. Juli 1917 bis zum 31. 7. 1946 die Aufgaben eines Amtsrentmeisters erfüllte und dann die Leitung der Rhynerschen Verwaltung übernahm. Als er im Mai 1948 um seine Pensionierung bat, brachte die Lösung der Nachfolgefrage für die Amtsvertretung einige Probleme. Amtsvertreter Dr. Theo Heller, der Dr. Nagel 1952 als Amtsbürgermeister ablöste, schlug den Amtsinspektor Walter Schüerhoff als Verwaltungschef vor, doch lehnte dieser eine Wahl ohne Stellenausschreibung ab.

Am 19. Juni 1948 wurde Oberkreisdirektor a.D. Richard Klewer aus Meschede mit 18 Stimmen bei fünf Enthaltungen zum Amtsdirektor gewählt — er war bis 1943 Bürgermeister der Stadt und des Amtes Werl und zuletzt Landrat und Oberkreisdirektor des Kreises Olpe — doch hielt es ihn nicht lange in Rhynern. Er fand besonders schwierige Verhältnisse vor: Die deutsche Währung war soeben auf DM umgestellt worden. Bei der Verabschiedung eines Nothaushaltsplanes am 20. Juli 1948 klagte er, daß er sein Amt in dem Augenblick angetreten habe, wo den Gemeinden alles genommen worden sei. Er nannte es seine vornehmste Aufgabe, den Kommunen mit Rat und Tat zur Seite zu stehen, damit man über die schwersten Erschütterungen hinwegkomme. Die Überbrükkungshilfen seien so gering, daß man nicht wisse, wie man das Geld für die Wohlfahrtsempfänger aufbringen könne. Klewer bat darum, ab jetzt alle Steuern monatlich pünktlich zu zahlen. Der Neuling verließ Rhynern bereits wieder zum 30. September 1948.

Fortan führte sein Stellvertreter Walter Schüerhoff die Amtsgeschäfte. In der Zwischenzeit einstimmig zum Amtsdirektor gewählt, wurde Schüerhoff am 1. Mai 1949 offiziell in sein Amt eingeführt und blieb Chef der Amtsverwaltung bis zu deren Auflösung am 31. 12. 1967. Dann übernahm er das Amt des Gemeindedirektors der neu gebildeten Großgemeinden Rhynern und Uentrop. Als diese Gemeinden 1975 mit der Stadt Hamm vereint wurden, trat Walter Schüerhoff in den Ruhestand.

Die folgenden Jahre hat er dazu genutzt, die Geschichte des Amtes Rhynern von seiner Gründung im Jahr 1815 bis zu seiner Auflösung im Jahr 1967 zu erforschen und schriftlich niederzulegen. Daß dabei die Zeit nach dem letzten Krieg der Nachwelt lückenlos überliefert werden konnte, ist nicht zuletzt der Tatsache zu danken, daß Schüerhoff diese Jahre von Anfang bis Ende miterlebt und maßgeblich mitgestaltet hat.

Im September 1948 kurz notiert

- *In einer Besprechung, an der neben Stadtkommandant Haig und Oberstadtdirektor Dr. Schultz auch Stadtjugendpfleger Klumb teilnahm, wurde am 10. September 1948 festgestellt, daß die Jugendherberge Sylverberg vom Jugendherbergsverband schlecht in Ordnung gehalten werde und daß sie kaum belegt sei. Es wurde erwogen, den Sylverberg in ein städtisches Jugendheim umzuwandeln oder die Räume zum Teil als Auffanglager für verwahrloste Jugendliche zu nutzen.*

CDU und SPD fast gleich stark

Große Unterschiede bei Wahlergebnissen von 1946 und 1948

Der Eindruck, daß sich die Militärregierung bei der Einberufung der ersten Rhynerschen Amtsvertretung im Jahr 1946 (13 Sitze für die CDU, zehn für die SPD und vier für die KPD) total verschätzt hatte, lag bei der ersten Wahl im Herbst 1946 auf der Hand. Die CDU ging mit 19 Abgeordneten klar in Führung, die Sozialdemokraten bekamen vier Mandate, die Kommunisten lediglich eines. Doch am 17. Oktober 1948 wandelte sich das Bild. Die CDU erhielt neun Sitze und behielt gegenüber SPD (acht) und KPD (ein Sitz) nur deshalb die Mehrheit, weil die beiden Zentrumsabgeordneten den Christdemokraten weitgehend die Stange hielten. „Die schwierigen Mehrheitsverhältnisse brachten es mit sich, daß viele Zugeständnisse gemacht werden mußten, erinnert sich der spätere Amtsdirektor Walter Schüerhoff.

Mandatsträger waren für die CDU Dr. Josef Nagel, Prof. Dr. Beckmann, Hilbeck, Heinrich Grundel, Berge, Dr. Theo Heller, Uentrop, Heinrich Horstkemper, Rhynern, Josef Mentrop, Süddinker, Wilhelm Möllmann, Vöckinghausen, Heinrich Rosenhövel, Braam-Ostwennemar, Josef Schäfer, Werries, für die SPD Karl Jackenkroll, Flierich, Robert Kellermann, Berge, Karl Koßmann, Werries, Arthur Kuchinke, Werries, Karl Niggemann, Westtünnen, Franz Renner, Braam-Ostwennemar, Otto Schmerling, Freiske und Franz Steimann, Braam-Ostwennemar, sowie für die KPD Karl Melzer, Werries, und für das Zentrum Theodor Lohmann aus Westtünnen und Josef Roschkewitz aus Rhynern. Dr. Josef Nagel wurde in seinem Amt als Amtsbürgermeister bestätigt, sein Stellvertreter wurde Theodor Lohmann.

In den 21 Gemeinden des Amtes Rhynern brachten die Kommunalwahlen am 17. Oktober 1948 folgende Mandatsverteilung: Allen 3 CDU, 1 SPD (Wiederwahl Bürgermeister Heinrich Lüke), Berge 5 CDU, 4 SPD, 2 Zentrum (Wiederwahl Bürgermeister Heinrich Grundel mit 5 gegen 1 Stimme bei 5 Enthaltungen), Braam-Ostwennemar 6 SPD, 4 CDU, 2 KPD, 1 FDP (Wiederwahl Bürgermeister Fritz Plümpe), Bramey-Lenningsen 5 SPD, 4 CDU (Neuwahl Bürgermeister Heinrich Schäfer), Flierich 3 SPD, 2 Unabhängige (Neuwahl Bürgermeister Karl Jackenkroll), Freiske 2 SPD, 1 CDU (Neuwahl Bürgermeister Heinrich Brackelmann), Frielinghausen 3 CDU (Wiederwahl Bürgermeister Heinrich Koch), Haaren 2 CDU, 1 SPD (Wiederwahl Bürgermeister Heinrich Korte), Hilbeck 5 CDU, 3 SPD (neuer Bürgermeister Karl Moennighoff, CDU, einstimmig, Stellvertreter Karl Nüsken, (SPD), Norddinker 3 CDU,

1 SPD (Wiederwahl Bürgermeister Heinrich Stockey), Osterflierich 5 CDU, 3 SPD (Wiederwahl Bürgermeister Fritz Poth), Osttünnen 2 CDU, 1 FDP, 1 Unabhängiger (Neuwahl Bürgermeister Gerhard Sasse), Rhynern 6 CDU, 3 SPD, 2 Zentrum (Wiederwahl Bürgermeister Wilhelm Schumacher), Schmehausen 3 CDU, 1 SPD (Wiederwahl Bürgermeister Friedrich Pannock), Sönnern 3 CDU, 1 Parteiloser (Wiederwahl Bürgermeister Engelbert Kühlmann, einstimmig, Stellvertreter Fritz Mittrop, parteilos), Süddinker 2 CDU, 1 SPD, 2 Zentrum (neuer Bürgermeister Gerhard Splietker, Zentrum, Stellvertreter Mönninghoff), Uentrop 3 CDU (Neuwahl Bürgermeister Leopold Graevinghoff, einstimmig, Stellvertreter Fritz Flessenkemper), Vöckinghausen 3 CDU, 1 FDP (Wiederwahl Bürgermeister Wilhelm Möllmann), Wambeln 3 CDU, 1 Zentrum (Wiederwahl Bürgermeister Eduard Montag, Friedrich Becker Stellvertreter), Werries 7 SPD, 3 CDU, 2 KPD, 1 Zentrum (Wiederwahl Bürgermeister Karl Koßmann), Westtünnen 2 CDU, 2 SPD, 2 Zentrum (neuer Bürgermeister Karl Niggemann mit drei gegen zwei Stimmen bei einer Enthaltung, Stellvertreter Theodor Lohmann).

In der Gemeinde Rhynern erhielt die CDU bei dieser Wahl 54,94 Prozent der Stimmen, die SPD 26,89 und das Zentrum 18,16 Prozent. Gewählt wurden für die CDU der Bauer Wilhelm Schumacher, der Schlossermeister Josef Mentrop-Prenger, der Maurerpolier Karl Böse, der Malermeister Heinrich Horstkemper, der Bauer Karl Kermelk und der Landwirt Friedrich Conrady in direkter Wahl. Von der Reserveliste reihten sich für die SPD der Angestellte Heinrich Köhne, der Schornsteinfegermeister Wilhelm Lichte und der Maschinen-Ingenieur Walter Freitag sowie für das Zentrum der Eisenbahnbeamte Josef Hüske sen. und Friedrich Bußmann in den Rat ein. Für Freitag, der seinen Wohnsitz verlegte, rückte im November 1949 der Tankwart Gustav Gebauer nach, für Heinrich Horstkemper im April 1950 Heinrich Buschulte und für Karl Böse 1951 der Sattlermeister Paul Ringkamp. Wilhelm Schumacher blieb Bürgermeister bis 1969. Er wurde von Heinrich Welken abgelöst, nach dessen Tod Wilhelm Erdelkamp (beide FDP) die Nachfolge antrat.

Beim Kopf-an-Kopf-Rennen in Westtünnen erhielten die CDU 34,61 Prozent der Stimmen, die SPD 35,49 und das Zentrum 29,89 Prozent, womit alle durch zwei Mandate vertreten waren. Gemeindevertreter waren der Bauer Wilhelm Schwinde und der Eisenbahner Wilhelm Korte für die CDU, der Malermeister Theodor Lohmann und der Lagerarbeiter August Bussmann für das Zentrum und der Kfz-Meister Karl Niggemann und der Bauer Wilhelm Krähling für die SPD. Die Bürgermeisterwahl am 28. Oktober 1948 erwies sich als schwierig. Für Lohmann gab es zwei Stimmen bei zwei Gegenstimmen und zwei Enthaltungen, für Niggemann ein Patt von 3:3. Nach einer Sitzungsunterbrechung brachte die geheime Wahl die Entscheidung: drei Stimmen für Niggemann, zwei Stimmen für Lohmann, eine für Schwinde. Dieser legte im Oktober 1949 sein Ratsmandat nieder und machte damit Platz für den Landwirt Fritz Damberg. Nachfolger von Niggemann als Bürgermeister wurde 1952 Heinrich Schlieper, nach dessen Tod 1963 Heinrich Kappelmann gewählt wurde. Er blieb bis zur Auflösung der Gemeinde Westtünnen im Amt.

4235 Wohnungssuchende in Hamm

Ausschuß zur Bekämpfung der Korruption eingesetzt

Korruption war Anfang 1948 an der Tagesordnung. Und das umso mehr, als die Währungsreform ihre Schatten vorauswarf. Niemand wußte, wann der „Tag X" sein würde, und jedermann wollte an Sachwerten hinüberretten, was er konnte. Zur Bekämpfung der Mißstände setzte der Rat der Stadt einen Ausschuß ein. Ihm gehörten (in Klammern die Vertreter) Johann Westermeier (Dietrich Althoff) für die CDU, Ludwig Heckenkemper (Franz Funnekötter) für die SPD, Hermann Fischer (Wilhelm Heppberger) für das Zentrum, Walter Günther (Hermann Knief) für die KPD, Werner Thiele (Karl- Heinz Bock) für die FDP, Heinrich Holsträter (Josef Berntzen) für die Gewerkschaften und Oberbürgermeister Poggel (Bürgermeister Dr. Lambrecht) für die Stadt an.

Dieser Ausschuß deckte unter anderem zwei krasse Fälle von Warenhortungen auf, über die Heinrich Holsträter im März in einer DGB-Versammlung berichtete. Wie er sagte, hatte eine Drogengroßhandlung in einem Privatkeller Medikamente im Wert von 3 000 RM versteckt und den Normalverbrauchern entzogen. Entgegen einer eidesstattlichen Versicherung, außer in Hamm und Ostwennemar keine Ausweichlager zu besitzen, habe eine Eisenwarengroßhandlung in einem Bauerngehöft in Norddinker eine große Anzahl von Armaturen unter Stroh versteckt gehalten. Außerdem hätten Kontrollgruppen bei Hofbegehungen zahlreiche Verfehlungen aufgedeckt.

Die Aufbauleistung ging unvermindert weiter. Im Januar 1948 zählte die Tageszeitung in einer Bilanz auf, daß in der Zeit von Mai 1945 bis zum 31. Dezember 1947 rund 14 000 qm Straßenfläche instandgesetzt wurden. Von 25 Brücken waren fünf zerstört worden. Nur eine davon, die Brücke im Zuge der Münsterstraße, konnte bis dahin durch einen Behelfsbau ersetzt werden. 23 Straßenzüge waren von Trümmern geräumt und dabei rund 900 000 Kubikmeter Schutt beseitigt worden. Dieser wurde zum Teil in einer Trümmerverwertungsanlage verarbeitet und für die Herstellung von Steinen verwandt.

Das Fehlen von Heizmaterial machte sich in den Grünanlagen bemerkbar: Auf der 36 Morgen großen Waldfläche des Südenstadtparks (Tierpark) waren fünf-Morgen im Zuge der Brennstoffversorgung abgeholzt worden. Auf der Kahlfläche waren allerdings 3 000 Kiefern und 200 Fichten als Ersatz gepflanzt worden. Auch der Kurpark mußte Federn lassen: Nach dieser Aufstellung wanderte das Holz von 4 000 Bäumen in Hammer Öfen. Zur Nachkriegsbilanz gehört noch ein weiteres trauriges Kapitel: Auf den Friedhöfen wurden 1 177 Kriegsopfer bestattet.

Groß war nach wie vor die Wohnraumnot. Stadtrechtsrat Dr. Heinrich Hans berichtete dem Rat der Stadt im März 1948 über eine Wohnraumerhebung, bei der bisher 130 Straßen mit 9 551 Wohnräumen überprüft worden seien. Dabei sei festgestellt worden, daß 121 Räume anderweitig belegt werden könnten.

In Hamm waren am 1. Januar 1948 noch 3 722 Wohnungssuchende gemeldet, eine Zahl, die am 1. Mai bereits auf 4 235 gestiegen war. Zu diesem Zeitpunkt waren immer noch 83 Menschen in Bunkern untergebracht, weitere 700 lebten in Baracken, Notunterkünften und Kellern. Wohnraum fehlte überall. So klagte Herringens Bürgermeister Fritz Geisler im Mai 1948 in der Sitzung der Amtsvertretung Pelkum, daß in Herringen für 3 550 Haushalte nur 2 520 Wohnungen zur Verfügung stünden.

Am 13. November 1948 wurde in den Amtlichen Bekanntmachungen eine Statistik des Kreiswohnungsamtes veröffentlicht, aus der hervorgeht, daß die Zahl der Wohnungssuchenden in Hamm von 4 191 am 1. April 1948 auf 5 300 Anfang November gestiegen war. Im gleichen Zeitraum wurden 1 189 Wohnungen an 2 760 Personen vergeben. Es wurden rund 1 300 Zuzugsgenehmigungen erteilt und 1 350 Anträge abgelehnt. Von der Besatzungsmacht waren immer noch 44 Häuser mit 462 Wohnungen beschlagnahmt. Am 1. Oktober 1948 standen in Hamm für 18 504 Haushaltungen nur 11 324 Wohnungen zur Verfügung. Zum Vergleich: Am 1. April 1939 verfügten 15 988 Haushaltungen über 16 500 Wohnungen.

Im Herbst 1948 kurz notiert

- *Der Postservice ließ nach dem Krieg zunächst viel zu wünschen übrig. Wie aus einer Mitteilung in den Amtlichen Bekanntmachungen hervorgeht, nahm die Post die „seinerzeit mangels Kraftwagen ausgefallene Paketzustellung“ erst ab 6. September 1948 wieder wie früher werktags auf. Die Zustellgebühr betrug 20 Pfennig.*

- *Das Wasserstraßenamt rechnete für November 1948 mit der Wiederaufnahme des Schiffsverkehrs auf dem Kanal bis Schmehausen. Bis dahin sollte die im Krieg zerstörte Schleuse Werries wiederhergestellt sein. Das meldete die Westfalenpost am 2. Oktober 1948.*

Neue Bücher gegen Altpapier

Arnsbergs Regierungspräsident Fries rief zur Buchspende auf

Der Hunger hatte im Nachkriegsdeutschland viele Gesichter. Es gab nicht nur körperliche, sondern auch seelische Entbehrungen. Darauf verwies Regierungspräsident Fritz Fries, als er Mitte Mai 1948 alle Familien des Regierungsbezirks Arnsberg zu Buchspenden für Heimkehrer aufrief. „Daß es hilfreiche Menschen gibt, hat sich 1946 erwiesen, als 4,2 Millionen RM zusammengetragen wurden, um den Wiederaufbau der bombardierten Städte mit zu finanzieren", schrieb Fries. „Während die Gelehrten sich den Kopf zerbrachen, ob das Wort „Aufbau", „Neubau" oder „Wiederaufbau" am Platze sei, gaben wir durch die hilfreiche Tat die Antwort. Unvergessen der Erfolg dieses Zusammenstehens in der Sammlung und in der aus ihr geborenen Ausstellung „Unser Wiederaufbau" in Arnsberg, der ersten deutschen Fachausstellung, die Ausgangspunkt für alle folgenden in anderen Städten war", erinnerte der Regierungspräsident.

Diesmal galt seine Sorge den Hunderttausenden ehemaligen Soldaten, die in diesem Jahr aus der Kriegsgefangenschaft entlassen werden sollten. Viele von ihnen seien körperlich und seelisch krank und bedürften der helfenden Hand. Diese solle nicht leer sein und ein Buch bereithalten, denn es seien nicht nur private Bücherschränke, sondern auch städtische Bibliotheken zerstört.

Nur spärlich könnten Verlage neue Werke herausgeben. Ein Buchgeschenk für die Heimkehrer sei ein Bekenntnis zur Bruderliebe und zum Familiensinn. Er bat darum, nicht Ladenhüter, Schmöker und Schundliteratur, sondern gute Bücher aller Art an die Regierungsbibliothek in Arnsberg zu schicken.

Bücher waren Mangelware, denn in den Verlagen lief die Arbeit nur langsam wieder an. Voraussetzung dafür waren zunächst einmal Lizenzen, die die Militärbehörden erteilten. Und dann fehlte es natürlich an Papier. Kein Wunder, daß die ersten neuen Bücher, die nach dem Krieg geliefert werden konnten, den Buchhandlungen je nach Größe zugeteilt wurden. Diese mußten dann zusätzlich zum Verkaufspreis die entsprechende Menge Altpapier von den Kunden fordern. Ilsemarie von Scheven, damals Buchhändlerin bei Dabelow, erinnert sich noch gut an die Aktion, für die eigens im Laden eine Waage aufgestellt wurde. „Die Kunden kamen mit Zeitungspacken und mit alten Büchern. Eine Dame gab sogar Hitlers „Mein Kampf" in Zahlung, ein Buch, das damals streng verboten war", berichtet sie.

Kampf gegen Kartoffelkäfer

Feldinspektion auf dem Stundenplan der Schulen

„Wenn durch Absuchen ein Feld nicht gesäubert werden kann, wird der Feind durch Spritzen mit Kalkarsen und Gesarol vernichtet.“ So las sich am 1. Juni 1948 in der Tageszeitung ein Bericht über den Kampf gegen den Kartoffelkäfer, der mit allen Mitteln und zu einer Zeit, als von Umweltschutz noch keine Rede war, auch kräftig mit der „Chemischen Keule“ geführt wurde. An der Vernichtungsaktion beteiligten sich neben vielen anderen Gruppen der Bevölkerung vor allem die Schulkinder. Das Absuchen großer und kleinerer Kartoffelfelder stand damals regelmäßig auf dem Stundenplan. Die Zeitung teilte ihren Lesern mit, daß in der letzten Maiwoche an 20 Fundstellen 406 Käfer und 425 Eigelege gefunden worden seien. In der Woche vorher, als mit der Suche begonnen worden sei, hätten die Schüler 206 Käfer, 55 Eigelege und eine Larve an sechs Fundstellen eingesammelt.

Nicht so beherrschend wie heute, aber immerhin ein wichtiger Diskussionspunkt war damals die Frage der politischen Mitarbeit der Frauen. Die Referentin für Frauenfragen beim Landesverband der CDU, Christa Morawe, war Ende Mai 1948 zu Gast in Hamm und forderte, daß Frauen in allen örtlichen und überörtlichen Parlamenten vertreten sein müßten. Denn, so argumentierte sie, die Frau als „Hüterin des Heimes“ sei in erster Linie in der Lage zu beurteilen, ob sich ein Raum zu Wohnzwecken eigne oder nicht. Sie sei kompetent, über die Zuteilung von Verbrauchsgütern zu entscheiden, da sie selbst in erster Linie Verbraucher sei.

Wieviel an Aufbauarbeit noch zu leisten war, zeigt der Bericht über eine Ratssitzung aus diesen Tagen. Dem Parlament wurde beispielsweise bekanntgegeben, daß der 3 000-Kubikmeter Wasserbehälter in Berge in Kürze repariert werden solle. Das Baugerüst im Gewicht von 60 Tonnen sei bereits von den Mannesmann-Werken geliefert worden, doch fehle es noch an geeigneten Bauhandwerkern zur Aufstellung des Gerüsts.

Obwohl die Instandsetzungsarbeiten am Leitungsnetz auf Hochtouren liefen, registrierten die Stadtwerke immer noch einen Verlust von 15 Prozent beim Wasser und 20 Prozent beim Gas. Immerhin waren 15 (!) Straßenlaternen schon wieder in Betrieb genommen worden und sollten weitere 25 repariert werden. Die Verlängerung der Straßenbahnlinie bis zum Amtshaus in Pelkum hätte schon erfolgen können, wenn es genügend Arbeitskräfte gäbe. Der Mangel war offensichtlich so groß, daß die Amtsvertretung Pelkum noch im Oktober 1948 vergebens die Aufnahme des Straßenbahnbetriebs bis zum Amtshaus forderte.

Zwei Mark Sitzungsgeld

Handspritze der Pelkumer Feuerwehr 1947 ausgemustert

Die Pelkumer Feuerwehr verfügte 1947 noch über eine Handspritze. Am 8. April kam der Gemeinderat aber zu der Erkenntnis, daß dieses Gerät nichts mehr wert sei. Dennoch wurde die Frage erörtert, ob man sie möglicherweise noch an eine andere Gemeinde verkaufen könne. Das erschien dann aber doch wohl aussichtlos. So wurde sie schließlich dem Bürgermeister und Bauern Fritz Tünnemann anvertraut, der glaubte, die Räder und Achsen noch verwenden zu können.

Tünnemann (CDU), der der Gemeinde Pelkum seit dem 20. September 1946 vorstand, wurde im September 1947 als Bürgermeister bestätigt. Er blieb auch nach der Kommunalwahl am 17. Oktober 1948 im Amt. Neben Friedrich Tünnemann gehörten der CDU-Fraktion dann der Bauer Friedrich Leusmann, der Reichsbahn-Inspektor Josef Siepmann, der Zechenangestellte Friedrich Bennemann und der Weichenwärter Friedrich Hohaus an. Für die SPD waren der Schmied Heinrich Schüttmann, der Schmied Heinrich Liesegang und der Zeichner Bruno Grabowski im Rat vertreten. Grabowski wurde allerdings später durch den SPD-Politiker Hueßmann abgelöst.

Für die politische Tätigkeit gab es zu dieser Zeit noch keine finanzielle Entschädigung. Am 20. Mai 1948 beantragte Josef Siepmann, den Mitgliedern des Rates jeweils drei Mark Sitzungsgeld zu gewähren. Die Reaktion seiner Ratskollegen wird im Protokoll nicht erwähnt, doch beschloß der Pelkumer Rat am 25. Juli 1949, ein Sitzungsgeld von zwei DM zu zahlen sowie die Teilnahme an auswärtigen Veranstaltungen mit drei DM zu vergüten und die Fahrtkosten zu übernehmen.

Dem Weetfelder Gemeinderat gehörten nach der Wahl am 17. Oktober 1948 unter dem Vorsitz von Bürgermeister Wilhelm Lange (SPD) Ernst Gosewinkel und Fritz Hohaus (beide SPD) sowie E. Schimmelschulze und Fritz Wienpahl (beide CDU) an.

In Wiescherhöfen blieb Karl Osterbrauck (SPD) auch 1948 Bürgermeister. Dem Rat gehörten außerdem für die SPD Emil Köckler, Wilhelm Ehrhardt, Franz Kapuscinski, Gottfried Wittek, Wilhelm Nabe (der Osterbrauck später als Bürgermeister ablöste), Johann Keller, Johannes Hotze und Heinrich Bußmann an. Die CDU war durch Johann Scherkamp, Franz Thiele, Karl Schlonsack und Paul Juscyk vertreten, die KPD durch Otto Zander.

Wahlen mit Hindernissen

Aufgebrachte Zuhörer verhinderten nichtöffentliche Beratung

Waren die Umstände der Wahl eines neuen Gemeindedirektors in Bockum-Hövel schon dramatisch genug (über die Meinungsverschiedenheiten und die spektakuläre Einführung von Verwaltungschef Dr. Karl Beermann am 31. März 1948 wurde schon berichtet), so ging auch die Bürgermeisterwahl Ende 1947 nicht reibungslos über die Bühne. Bernhard Linneweber (CDU) beantragte die Wiederwahl seines Fraktionskollegen Bernhard Barkhaus und des SPD-Vertreters Bernhard Blomeier als stellv. Bürgermeister. SPD-Vertreter Müller nominierte dagegen für seine Fraktion Blomeier an erster Stelle. Als der Antrag Linneweber mit 12:12 Stimmen abgelehnt wurde, kam es zur geheimen Wahl. Auch sie brachte ein Unentschieden. Es gab je elf Stimmen für die Kandidaten. Der Losentscheid fiel schließlich zugunsten von Barkhaus aus, Blomeier wurde als Stellvertreter wiedergewählt.

Das politische Leben in Bockum-Hövel war schon zu jener Zeit nicht langweilig. Als am 11. Februar 1948 über die Wiedereinstellung des wegen Unregelmäßigkeiten beurlaubten Angestellten N. als Leiter des Wirtschaftsamtes beraten werden sollte, wurde von der CDU beantragt, diesen Punkt in nichtöffentlicher Sitzung zu behandeln. Die SPD-Sprecher forderten jedoch eine öffentliche Beratung, da die gegen N. erhobenen Beschuldigungen nach Einstellung des Strafverfahrens eine öffentliche Rehabilitierung erforderten. Bei der Abstimmung gab es jedoch eine 13:10-Mehrheit für die Diskussion hinter verschlossenen Türen. Bürgermeister Barkhaus forderte daraufhin die Zuhörer auf, den Beratungsraum zu verlassen. Im Protokoll ist dann vermerkt: „Da jedoch seiner wiederholten Aufforderung durch die Zuhörer nicht Folge geleistet wurde, diese vielmehr mit Drohungen und Beleidigungen antworteten, hob der Bürgermeister die Sitzung auf“.

Eine Woche später trafen sich die Gemeindevertreter zu einer nichtöffentlichen Sitzung, bei der auf Antrag des Betriebsrates der Gemeindeverwaltung Betriebsobmann Einert zugelassen wurde. Dieser setzte sich, wie auch verschiedene Ratsmitglieder, für die Wiedereinsetzung des N. ein. Er sagte, daß Abteilungsleiter G. für die Unregelmäßigkeiten verantwortlich gewesen sei. N. habe seiner Dienstaufsichtspflicht wegen persönlicher Inanspruchnahme nicht ausreichend nachkommen können. Die Entscheidung wurde schließlich einem Schiedsgericht übertragen, dem Oberkreisdirektor Weskamp und SPD-Parteisekretär Alfred Gleisner angehörten.

:tene Dokumente der Zeitgeschichte entdeckte jetzt der junge Heimatforscher Andreas Skopnik: Aufnahmen, die der ;ssefotograf Herbert Neumann in den ersten Nachkriegsjahren für den Westfälischen Kurier gemacht hatte. Auch diese den Aufnahmen gehören dazu. Sie zeigen Marschkolonnen der britischen Besatzungstruppen in der Südstraße vor dem maligen Oberlandesgericht (heute Rathaus) die für die Kinder offensichtlich eine Sensation waren. Im Hintergrund ist Villa des Oberlandesgerichtspräsidenten mit zerstörtem Dachstuhl zu erkennen. Dort steht heute das Arbeitsamt. gebrochen wurde auch das Haus auf dem Foto unten, in dem eine Zeit lang die Musikschule ihr Domizil hatte. Auf dem undstück wurde das Jugendzentrum errichtet.

Das ist die Notkirche, die die Liebfrauen-Gemeinde an der Alleestraße errichtete.

Marianne Vogel war eine außergewöhnliche Frau.
Sie wurde bereits 1940 mit der Leitung eines Kreditinstituts beauftragt und war bis 1964 Direktorin der Hammer Volksbank.

Hans-Otto Schulz an seinem Arbeitsplatz im Hammer Zollamt.

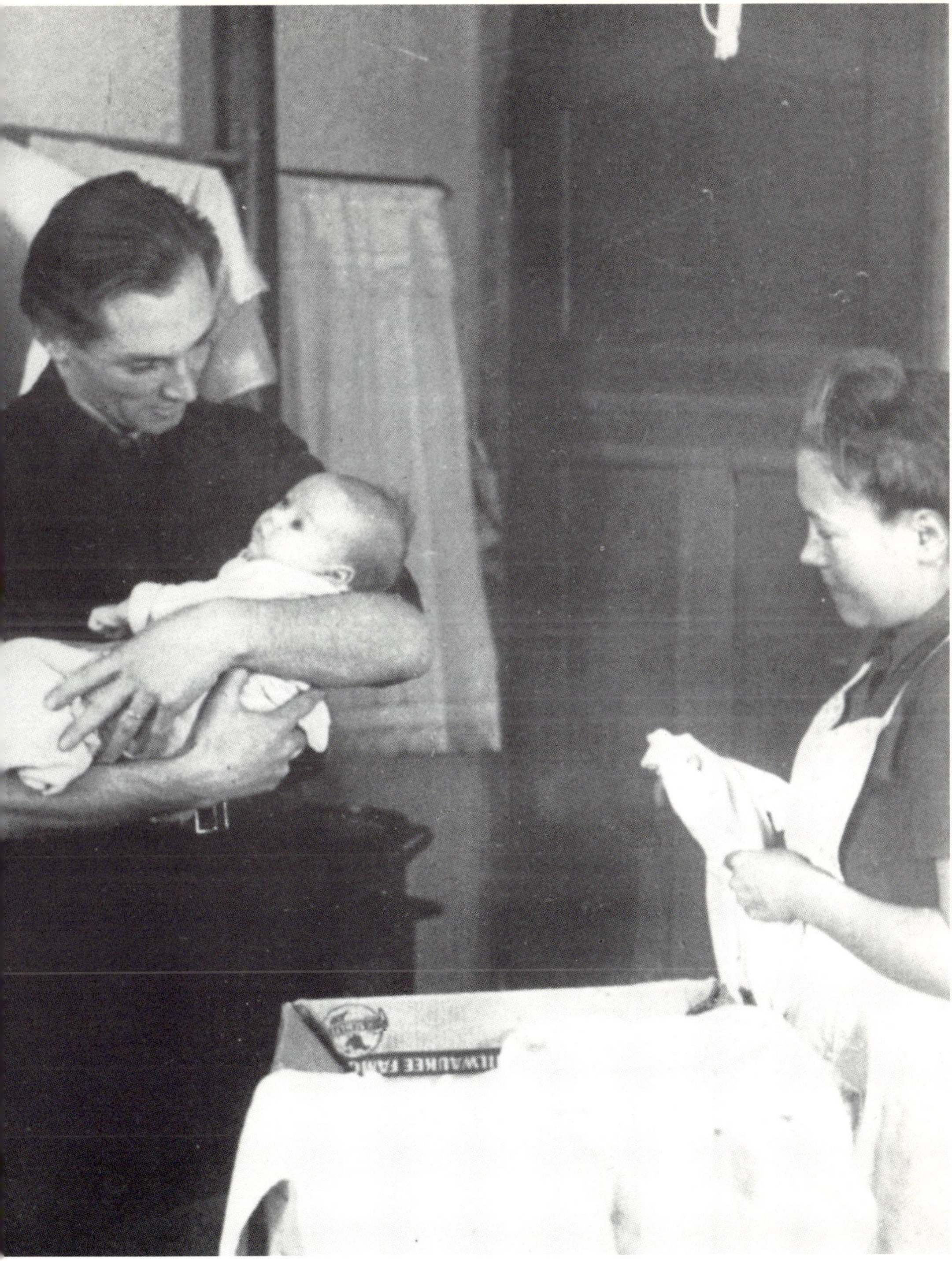

n Dokument der Stadtgeschichte ist dieses Bild. Es zeigt Anne und Friedhelm Gosewinkel mit Sohn Rainer und
nem Paket aus den USA, das eine komplette Babyausstattung enthielt. Foto: Stadtarchiv.

„Er ist alles andere als ein Bullenbeißer. Sein Wesen ist Menschenfreundlichkeit und Güte, gemischt mit einer ganz anständigen Dosis rheinischen Humors", schrieb ein Journalist im Januar 1951 über Hugo Bröcker, den SPD-Politiker, der nach dem Krieg zu den Männern der ersten Stunde in Hamm gehörte. Bröcker war zunächst Mitglied des Bürgerrats und der von den Alliierten eingesetzten Stadtvertretung, gehörte dem ersten gewählten Rat an und wurde von diesem im Herbst 1946 einstimmig zum Bürgermeister gewählt. Er blieb Stellvertreter des Oberbürgermeisters, bis er sich im November 1952 aus Altersgründen aus der Kommunalpolitik zurückzog. Der im April 1953 zum Ehrenbürger Ernannte wurde im Juli 1960 mit dem Bundesverdienstkreuz ausgezeichnet und starb am 21. März 1963 kurz vor Vollendung seines 90. Lebensjahres. Hugo Bröcker wurde in Mettmann geboren. Er trat 1898 dem Deutschen Metallarbeiterverband bei, für den er ab 1906 als Gewerkschaftssekretär tätig war. Im Oktober 1920 kam er nach Hamm, wo er die Stelle eines Bevollmächtigten seiner Gewerkschaft übernahm. 1929 wurde er in den Magistrat gewählt. Von den Nationalsozialisten aus dem politischen Amt gejagt und der beruflichen Existenz beraubt, schlug er sich bis zum Kriegsende als Versicherungsvertreter durch, um dann maßgeblich am Wiederaufbau der Gewerkschaften mitzuwirken. Viele Jahre war Hugo Bröcker Bevollmächtigter der Metallarbeitergewerkschaft in Hamm.

Eine wichtige Rolle in der Hammer SPD spielte Arthur Bunkowski, der bereits vor 1933 Kreisvorsitzender der Sozialistischen Arbeiterjugend Hamm-Soest war und den Ortsverband Ahlen der SPD leitete. Er war Büroleiter der Volksfürsorge in Hamm und wohnte an der Viktoriastraße. Aus dem Krieg zurückgekehrt, nahm er die Jugendarbeit sofort wieder auf. Er war Vorsitzender der „Falken", der Jugendorganisation der SPD im Unterbezirk Hamm mit den Kreisen Unna, Soest, Lippstadt und Lüdinghausen und Vorsitzender des SPD-Ortsvereins Hamm-Westen. Der 1909 Geborene trat häufig als Redner bei Kundgebungen auf, so auch am 15. Mai 1947 in Herringen, wo er über das Thema „Demokratie als Weg und Ziel" sprach. Einen Namen machte sich Bunkowski, der im März 1954 Vorsitzender des Landesjugendringes wurde und dem Rat der Stadt von 1952 bis 1959 angehörte, unter anderem mit einer Broschüre „Spiel mit Kindern". Sie wurde von den „Falken" in der Reihe Arbeitshefte für Kinder- und Jugendarbeit herausgegeben und enthielt Gedanken zur Erziehungsarbeit ebenso wie Spiele, Geschichten, Rätsel und Theaterstücke. Der SPD-Politiker verließ Hamm im Mai 1959. Er siedelte nach Münster über, wo er 1958 ein Dezernat beim Landesjugendamt des Landschaftsverbandes übernommen hatte.

hloß Oberwerries wurde von 1684 bis 1692 im Auftrag der Freifrau Maria Ida von Beverförde errichtet. Baumeister war r Kapuzinerpater Ambrosius von Oelde. Das Schloß wurde nur bis 1781 bewohnt und 1942 von der Stadt als Ruine worben. Nach dem Krieg war es ein beliebtes Ausflugsziel für Paddler und andere Ausflügler. Im Torbogen bestand zu eser Zeit schon eine Gaststätte. Dort machten es sich diese jungen Leute 1948 vor der Kulisse der Schloßruine gemütlich. oto: privat

Das Geschäft blühte buchstäblich im Sommer 1948 auf dem Hammer Wochenmarkt, der inzwischen am Westentor etabliert war. Einer der Gärtner, die die Hammer mit Blütenschmuck versorgten, war Josef Blanke. Tochter Hannelore erinnert sich noch gut an diese Zeit. Wie sie berichtet, wurden die Blumen damals nach Geschäftsschluß im Keller der Kreissparkasse gelagert. Foto: privat

Als diese Begegnung 194
stattfand, besaß die
Hammer Spielvereinigur
schon wieder richtige
Kluften. Ganz rechts
Walter Becker, der sich
manchmal an einem Tag
zunächst als Handballer
und dann als
Fußballtorwart bewährte
Er erinnert sich an ein
Spiel in Dolberg, bei der
die Hammer vor der
Währungsreform hofften
sich einmal richtig
sattessen zu können. Mi
großem Hallo wurden si
mit einem Pferdewagen
abgeholt und herzlich
begrüßt. Aber dann kam
für die Gastgeber das
große Erwachen. Die
Hammer siegten mit
15 : 0. Das konnten die
Dolberger nicht
verkraften. Sie rächten
sich und ließen die
enttäuschten Gäste
hungrig zu Fuß nach
Hause gehen.
Foto: Privatarchiv Beck

Der Aufbau war schon fortgeschritten, als dieses Foto vom Kaufhaus Ter Veen entstand. Das Eckgebäude wurde später an- und aufgebaut. Foto: privat

ahrzeichen des Krieges war der „kopflose“ Turm der Pauluskirche noch bis Oktober 1962. Dann erst bekam er seinen euen Helm. Der Torso (Bildmitte) war weithin sichtbar (im Hintergrund der Turm der Lutherkirche). Deutlich zu kennen ist auf diesem Foto die Widumstraße mit dem Haus Henin (links unten). An der Oststraße (rechts) überragte das erwaltungsgebäude der Klosterbrauerei (rechts) die umliegenden Häuser. Foto: Archiv Skopnik

Viel enger als heute war früher der Eingang der Weststraße am Westentor. Die Ruinen der Drogerie Neuhaus (im Hintergrund der Turm des zerstörten Landratsamtes) beherrschten das Bild noch bis 1951. Dann wurde an dieser Stelle nit dem Bau des Textilhauses Grabitz begonnen, dessen Fluchtlinie entsprechend dem Bebauungsplan einige Meter zurückversetzt werden mußte. Zu dieser Zeit führte die Straßenbahnlinie (die Schienen sind im Vordergrund zu erkennen) ioch durch die Weststraße. Foto: Archiv Skopnik

Eine wichtige Rolle in der Hammer Kommunalpolitik spielte Heinrich Reinköster, der die Interessen der Stadt von 1947 bis zu seinem Tode im Jahre 1967 im nordrhein-westfälischen Landtag vertrat und dem Rat der Stadt von 1946 an angehörte. Er wurde am 19. März 1897 im Kreis Herford geboren, absolvierte eine Schneiderlehre, war kaufmännischer Angestellter einer Konfektionsfirma und wurde 1926 Sekretär des Reichsbundes der Kriegsbeschädigten für die Provinz Westfalen. Reinköster kam 1928 nach Hamm. Er war von 1933 bis 1937 arbeitslos und machte sich dann als Schneider selbständig. Der SPD, deren Kreisvorsitzender in Hamm er 1945 wurde, gehörte er seit 1918 an. Reinköster, der selbst kriegsbeschädigt war, setzte sich besonders für gesundheitspolitische Belange ein. Foto: Dotter

Dr. Wilhelm Hüster wurde am 26. März 1895 in Lübbecke geboren. Sein Abitur legte er 1914 in Hamm ab, um dann Jura zu studieren. Er promovierte 1921 und war zunächst als Verwaltungsjurist tätig, bevor er sich als Rechtsanwalt in Dortmund niederließ. Hüster wurde 1948 Stadtkämmerer in Hamm, übernahm 1952 das Amt des Stadtdirektors und trat 1959 in den Ruhestand. Er starb am 30. März 1985 in Bad Berleburg. Sein besondere Interesse galt theologischen Fragen, über die er zahlreiche Veröffentlichungen vorlegte. Foto: Stadtarchiv

So sahen die Betriebsgebäude der Brauerei Isenbeck am Westenwall nach dem Krieg aus (links). In den Büros mußten die Mitarbeiter eng zusammenrücken (Bild oben). Daß umgearbeitete Wehrmachtsuniformen zu den gängigsten Kleidungsstücken gehörten, beweist der junge Mann links im Vordergrund.
Foto: Herbert Neumann

So sahen sie aus, die neuen Banknoten. Fünf DM waren damals schon ein kleines Vermögen. Daß die Deutsche Mark einen solchen Siegeszug antreten und bald schon zu den stabilsten Währungen der Welt zählen würde, konnte damals niemand ahnen. Gab es 1948 für 100 DM noch 22 Schweizer Franken, waren es 1949 schon 74 und 1953 bereits 91.

Dem Hammer Schauspielhaus war keine große Zukunft beschieden. Nach zwei Jahren war der Traum vom Glück bereits vorbei. Einige der Ensemblemitglieder schlossen sich zunächst dem von Käthe Fuchs gegründeten Zimmertheater an. Na einer Premiere stellten sich Ellen Kellner-Flesch, Franz von Moskwa, Käthe Fuchs, Egbert von Klitzing, Ernst Schmidt u Hannes Kroeger zu einem Erinnerungsfoto (im Bild von links). Foto: privat

aum vorstellbar, daß die Nassauerstraße einmal so
ısgesehen hat. Im Hintergrund der Turm der
ıtherkirche, die bereits am 31. Oktober 1948 wieder
ıngeweiht wurde. In den Häusern auf der linken Seite
ar unter anderem das Fahrradgeschäft Reinert
ıtergebracht. Foto: Archiv Skopnik

Die ganze Gemeinde nahm freudig Anteil, als am Ostersonntag 1949 der Richtkranz über der Agnes-Kirche wehte, die im Bombenkrieg total zerstört worden war. Viele fleißige Hände hatten mitgeholfen, die Schuttberge aus dem Gotteshaus zu beseitigen. Foto: Archiv Skopnik

Treffpunkt nicht nur für Liebespaare war die „Normaluhr“ am Westentor, die sogar den Krieg überstanden hatte. Rundherum wurde noch 1951 kräftig gebuddelt, um die Kanalisation wieder in Gang zu bringen. Im Hintergrund sind die Ruinen des Landratsamtes zu erkennen, das wenig später einem Neubau Platz machen mußte. Rechts ein Fachwerkbehelfsheim, das „Max-Wienhold-Haus“, das eine Zeitlang als Notküche diente, inzwischen aber Gaststätte geworden war, und in der Mitte der stolze „Neubau“ des Reisebüros. Foto: Stadtarchiv

Wer erinnert sich heute noch, wie die Raststätte Rhynern-Süd vor fast 50 Jahren ausgesehen hat? Es ist dem damaligen Amtsdirektor Walter Schüerhoff zu danken, daß die Baracke der Nachwelt im Bild erhalten blieb. Er fotografierte die „Begegnungsstätte für Deutsche aus Ost und West“ zu einer Zeit, als niemand an Selbstbedienung oder Autobahn-Hotel dachte und die Nordseite der BAB noch bar jeder gastlichen Stätte war. Rhynern-Süd wurde 1956/57 in eine moderne Raststätte verwandelt, die Baracke abgebrochen. Ende Dezember 1949 wurde in der Westfalenpost das Treiben der „leichten Mädchen“ auf dem Rastplatz geschildert.

ıum zu glauben, aber so sah das Westentor wirklich einmal aus. Deutlich zu erkennen ist rechts die Kaufhalle. Bei dem 'achwerkhaus" im Hintergrund handelt es sich um jenes Behelfsheim, in dem das Deutsche Reisebüro seinen ersten Sitz .tte. Parkplätze gab es Ende der vierziger Jahre noch in Hülle und Fülle. Foto: Archiv Skopnik

Ein Schmuckstück des Otto-Krafft-Platzes war der Goldfischteich. Er diente während des Krieges auch als Feuerlöschteich Im Frühjahr 1950 wurde das Becken mit Bauschutt verfüllt, weil die Wurzeln der umstehenden Kastanien die Zuleitungen immer wieder beschädigten. Mit Pferd und Wagen wurde diese Arbeit damals ausgeführt. Planierraupen gab es noch nicht dafür aber zahlreiche freiwillige Helfer. Foto: Privatarchiv Skopnik

ltenheitswert hat dieses Foto als historisches Zeitdokument: Es zeigt vier
ımmer Oberbürgermeister. Mit dem damals amtierenden Dr. Günther Rinsche
nks) stoßen seine Vorgänger Werner Figgen, Heinrich Langes und Ferdinand
ggel (von links) auf die Zukunft der Stadt Hamm an. Foto: Stadtarchiv

ım selben Tag geboren, am selben Tag geehrt". So überschrieb der Westfälische Anzeiger seinen Bericht über die
rleihung der Ehrenbürgerrechte an Altoberbürgermeister Ferdinand Poggel (stehend links) und Stadtdirektor a. D.
ter Röttgen (Mitte), die Oberbürgermeister Werner Figgen (rechts) am 5. Dezember 1959 vornahm. Damit wurden die
rdienste der beiden Politiker anerkannt, die wesentlich zum Wiederaufbau der Stadt nach dem Krieg beigetragen hatten.
owohl sie verschiedenen politischen Lagern angehörten, verstanden sich die beiden so gut, daß sie, wie Werner Figgen
äter zu berichten wußte, häufig bis spät in der Nacht am Biertisch darüber stritten, wer von ihnen zehn Minuten älter
. Einmal, so Figgen, wurden sie dabei im Kurhaus sogar von der Polizei festgenommen, weil sie die Polizeistunde nicht
ngehalten hatten. Foto: Stadtarchiv

Der Rat, der bis 1952 im Amt war, stellte sich gemeinsam mit der Verwaltungsspitze dem Fotografen. Von links (obere Reihe) Stadtkämmerer Dr. Wilhelm Hüster, Wilhelm Rube (CDU), Stadtsekretär Werner Meierkord, Bernhard Seveneick (FDP), Hermann Fischer (Zentrum), Otto Jakubowski (FDP), Franz Nüse (CDU), Wilhelm Lange (SPD), Fritz Schröder (SPD), Alfred Stichmann (CDU), Franz Funnekötter (SPD), Stadtdirektor Peter Röttgen, (mittlere Reihe) Oberstadtdirektor Dr. Schultz, Heinrich Hugemann (Zentrum), Emil Cobet (CDU), Heinrich Voß (CDU), HeinrichReinköster (SPD), Peter Kreuseler (SPD), Heinrich Holsträter (SPD), Else Wagner (SPD), Wilhelm Brockmann (Zentrum), Heinz Diekmann (CDU), Ernst Notzon (CDU), Otto Rother (SPD), Verwaltungsdirektor Robert Strunck, (untere Reihe) Fritz Knickenberg (CDU), Hans-Hermann Stillger (Zentrum), Wilhelm Bitzer (FDP), Erna Mühlhoff (Zentrum), Oberbürgermeister Ferdinand Poggel (CDU), Bürgermeister Hugo Bröcker (SPD), Ella Petras (FDP), Carl Trahms (SPD), Hans Büning (SPD), Mimi Temme (SPD). Auf dem Foto fehlt CDU-Ratsherrin Sophie Buschkötter. Foto: Stadtarchiv

Im März 1948 gab es andere Sorgen. Die Arbeitsgemeinschaft der christlich-sozialen Vereine und Jugendorganisationen führte beim Gemeinderat Klage über die sittliche Gefahr, die der Jugend durch die große Zahl von Tanzveranstaltungen drohe. Der Rat teilte diese Bedenken, doch wies Gemeindedirektor Brühl darauf hin, daß es keine Möglichkeit gebe, die Tanzlustbarkeiten einzuschränken, da die entsprechende Polizeiverordnung von der Militärregierung aufgehoben worden sei. Das von der Landesregierung in Aussicht gestellte neue Gesetz sei aber noch nicht erlassen. Die Polizei wurde um vermehrte Kontrollen bezüglich des Jugendschutzes gebeten.

Am 8. April starb SPD-Gemeindevertreter Müller, zu dessen Nachfolger der Rat drei Wochen später Karl Kottenhahn wählte. Dieser lehnte die Berufung im Juni jedoch ab, wodurch ein neuer Streit ausgelöst wurde. Die SPD benannte nun Anton Pytlik als Kandidaten, gewählt wurde aber mit Stimmenmehrheit der CDU Paul Zimner. Gemeindevertreter Heinrich Schröer geriet daraufhin in Harnisch: „Was wir in dem soeben stattgefundenen Wahlgang erlebten, brachte mir und meiner Fraktion keine Überraschung. Da bei der Einstellung der CDU zu erwarten war, daß sie, trotz des Appells, den wir zu Beginn der Sitzung an sie gerichtet haben, ihre totalitären Nazigepflogenheiten nicht ablegen würde.“ Zimner zog die Konsequenz und erklärte: „Ich lehne es ab, mich von der CDU gegen den Willen meiner Partei wählen zu lassen.“

Bei der Kommunalwahl am 17. Oktober 1948 wurde in Bockum-Hövel die SPD stärkste Fraktion. Sie eroberte zehn Sitze in direkter Wahl, während die CDU zwei Mandate direkt und sechs über die Reserveliste holte, aus der die KPD zwei Vertreter stellte. Zwar erhielt der bisherige Bürgermeister mit 674 die meisten Wählerstimmen, doch mußte Bernhard Barkhaus (CDU) dieses Amt abgeben. Zu seinem Nachfolger wählte die Gemeindevertretung am 3. November 1948 mit 10:9 Stimmen Anton Pytlik. Stellvertreter wurde Heinrich Schröer (SPD) mit 12:7 Stimmen. Pytlik blieb bis 1952 Bürgermeister, ihm folgte Heinrich Schröer, in dessen Amtszeit Bockum-Hövel am 15. Mai 1956 Stadtrechte verliehen wurden. Schröer wurde 1958 von Karl Kottenhahn abgelöst, der bis 1962 im Amt blieb. Helmut Pytlik wurde das nächste und letzte Stadtoberhaupt der 1975 mit Hamm vereinigten Stadt.

Dem Rat der Gemeinde Bockum-Hövel gehörten ab 17. Oktober 1948 folgende Mitglieder an: SPD: Anton Pytlik, Hermann Blomeier, Adolf Brühl, Franz Gellesch, Josef Gretenkord, Ernst Hubold, Karl Kottenhahn, Otto Müller, Hermann Radtke und Heinrich Schröer, CDU: Bernhard Barkhaus, Heinrich Adolphs, Emilie Heinlein, Bernhard Linneweber, Karl Reiner (er legte schon am 15. November sein Amt nieder. Von der Reserveliste rückte Heinrich Lübbert nach), Otto Roggon, Franz Thiele und Josef Wittkamp, KPD: Georg Kaim und Robert Mende. Die Berufsgruppe der Bergleute und Zechenangestellten war mit zehn am stärksten vertreten. Dem Bockum-Höveler Rat gehörte mit Emilie Heinlein nur eine Frau an.

DM als Sonntagskind geboren

Am 20. Juni 1948 gab es 40 DM Startkapital für jedermann

Das Rätselraten um den Tag X und die Kopfquote der Währungsreform bescherte auch den Hammer Bürgern schon Anfang Juni heiße Köpfe. Es gab kaum noch ein anderes Thema. „Der kleine Mann hat plötzlich die Begabung zum Finanzexperten in sich entdeckt und schwelgt in Fachausdrücken, die selbst gewiegte Börsianer erblassen lassen können", schrieb die Tageszeitung. Sie berichtete am 17. Juni von einem interessanten Phänomen: Seit Beginn der Woche hatten die Schwarzmarktgeschäfte am Hauptbahnhof schlagartig aufgehört. In Sparkassen und Banken fanden sich die Kunden zu Hunderten ein. Sie deckten sich mit Erspartem ein, um das zum Umtausch benötigte Bargeld zur Hand zu haben. Dennoch wurde es als ein Paukenschlag empfunden, als die Alliierten am Samstag, 19. Juni, das „Erste Gesetz zur Neuordnung des deutschen Geldwesens" verkündeten. Es wurde in den Tageszeitungen der drei Westzonen veröffentlicht.

Zahltag war Sonntag, der 20. Juni. Haushaltungsvorstände und Alleinstehende konnten sich gegen Vorlage ihrer Kennkarte und der Lebensmittelkarten die neuen D-Mark-Scheine abholen. Jeder Bewohner der Westzonen erhielt einen Kopfbetrag von 60 DM im Umtausch gegen 60 Reichsmark. Ausgezahlt wurden zunächst nur 40 DM, den Rest gab es einige Wochen später.

Die Geldscheine waren in den USA gedruckt worden. Was fehlte, war Kleingeld. Deshalb behielten die Reichsmarkmünzen und -noten bis zu einen Betrag von einer Mark zunächst zu einem Zehntel ihres Nennwertes Gültigkeit. Die erste DM-Woche war von Hoffen und Bangen bestimmt. Jeder zitterte um seine Sparguthaben. Mit dem Kopfgeld waren Formulare ausgegeben worden, auf denen die Guthaben angegeben werden mußten.

Altgeld, das nicht bis Freitag, 27. Juni, abgeliefert oder deklariert war, verfiel. Schulden durften bis zum 26. Juni nicht zurückgezahlt werden, denn das Umstellungsverhältnis sollte erst eine Woche später durch ein weiteres Gesetz festgelegt werden. Dieses bereitete vielen Kontoinhabern eine große Enttäuschung. Das Altgeld wurde zwar im allgemeinen im Verhältnis zehn zu eins eingetauscht, doch wurde die Hälfte des Neugeldes zunächst blockiert. Das Festkontengesetz vom 7. Oktober 1948 war dann eine Hiobsbotschaft: Von dem blockierten Geld wurden nochmals 70 Prozent gestrichen, so daß von 100 Reichsmark letztlich nur sechs DM übrigblieben.

Heftig diskutiert wurde die Frage, ob mit der Währungsreform zugleich Bewirtschaftung, Rationierung und Preisstopp abgeschafft werden sollten. Gegen den

Widerstand der Alliierten setzte sich der „Vater des Wirtschaftswunders“, der spätere Wirtschaftsminister und Bundeskanzler Ludwig Erhard, der seit März 1948 Direktor der Verwaltung für Wirtschaft war, mit der Freigabe der Märkte im Sinne der sozialen Marktwirtschaft durch. Erhard prägte am Wochenende der Währungsreform in einer unvergessenen Rede den Satz, der in der Dokumentation „Stunde Null in Deutschland“ festgehalten ist: „Der einzige Bezugschein ist jetzt nur noch die Deutsche Mark.“ Und er sagte auch: „Wenn die Menschen wieder den Sinn der Arbeit erkennen, dann packen sie auch an. Und dies ist die Chance, daß unser Geld wieder echte Kaufkraft repräsentiert.“

Bundestagsvizepräsident Richard Stücklen erinnerte sich 1988 anläßlich des 40jährigen Jubiläums der Deutschen Mark daran, daß sich die Besatzungsmächte 1948 nicht auf eine für alle vier Besatzungszonen einheitliche Geldreform einigen konnten. Stücklen: „Am 19. März 1948, als die Sowjets ihre Mitarbeit im Alliierten Kontrollrat einstellten, war klar, daß aus einer Währungsreform auf gesamtdeutscher Basis nichts werden würde. Die alliierten Militärbehörden haben daraufhin die Bank deutscher Länder als erste gemeinsame staatliche Institution der drei westlichen Besatzungszonen ins Leben gerufen. Diese gemeinschaftliche westdeutsche Zentralbank war eine unerläßliche Voraussetzung für die technische Durchführung der Währungsumstellung. Die Währungsreform selbst folgte der Konzeption amerikanischer Experten und stand in alleiniger Verantwortung der alliierten Militärregierung. Die Bank deutscher Länder wurde zur ‚Hüterin der Währung‘ bestellt, eine Aufgabe, die 1959 auf ihre Rechtsnachfolgerin, die Deutsche Bundesbank, überging.“

Lebensmittel blieben auch im Juli noch rationiert

Der damalige Ernährungs- und Landwirtschaftsminister Dr. Heinrich Lübke sprach Anfang Juli 1948 auf einer CDU-Kundgebung im Kristall-Palast. Dabei wies er darauf hin, daß Grundnahrungsmittel nach wie vor bewirtschaftet seien. Die Fleischration im Juli habe 200 g betragen, sie werde im August gewiß erhöht, keinesfalls aber mehr als 400 Gramm sein. An eine friedensmäßige Ernährung mit Fleisch und Fett sei zunächst noch nicht zu denken, sagte Lübke. Er wies in diesem Zusammenhang darauf hin, daß 1948 für 3,2 Milliarden DM Lebensmittel ohne Gegenleistung aus den USA geliefert würden. Die Amerikaner und Engländer bezahlten so für ihre in Jalta und Potsdam getroffenen Fehlentscheidungen, meinte der Bundesminister.

Der Traum: Ein Liter Milch

Geldumtausch in Hamm an 73 Stellen problemlos

„Zuerst gab es die große Freßwelle“, erinnert sich Verwaltungsdirektor a. D. Werner Meierkord an die ersten Tage nach der Währungsreform. Er war damals blutjunger Angestellter bei der Stadt und immer hungrig. Sein großer Traum waren ein ganzer Liter Milch und eine große Scheibe Bauernstuten mit Butter und Käse. Wie hatte er die Schieber beneidet, die damit angaben, daß es ihnen so gut ginge, wie vermutlich nie wieder im Leben. „Wir konnten mit Aktenstaub nichts kompensieren“, erzählt er und macht den Unterschied zu jenen deutlich, die irgendetwas produzierten oder gehortet hatten, das sie gegen Lebensmittel eintauschen konnten. Der 22jährige verdiente vor der Währungsreform genau 145,20 Reichsmark im Monat. „Das reichte gerade aus, um auf dem Schwarzmarkt ein oder zwei Päckchen Butter zu kaufen“, rechnet er heute noch vor.

Wie Werner Meierkord waren viele froh, als endlich am Samstag, 19. Juni, die Währungsreform bekanntgegeben wurde. Der Termin 20. Juni war auch bei der Stadtverwaltung vorher nicht bekannt gewesen. Aber es war alles vorbereitet. An 73 Umtauschstellen standen 400 Mitarbeiter, darunter auch Beamte aus anderen Behörden und freiwillige Helfer, bereit, den Hammer Bürgern 40 Deutsche Mark auszuzahlen. Es war ein sonniger Sonntag, berichtet Werner Meierkord, der im heutigen Polizeipräsidium, damals auch Sitz des Einwohnermeldeamtes, eingesetzt war. Schon am frühen Morgen standen die Menschen dort Schlange, um möglichst schnell in den Besitz der neuen Währung zu kommen. Die schönste Erinnerung ist für ihn der Milchreis, der an diesem Tag aus der Krankenhausküche für alle Helfer geliefert wurde. Geschirr mußte jeder mitbringen, meistens waren es sogenannte Kochgeschirre aus Wehrmachtszeiten.

Der Tag verlief ruhig und friedlich in Hamm. Am nächsten Morgen waren die Schaufenster bereits mit Dingen gefüllt, die es jahrelang nicht gegeben hatte. Ganz so üppig, wie es mancher heute in Erinnerung hat, war das Angebot damals aber wohl noch nicht. Doch darauf wird noch zurückzukommen sein.

Start in eine neue Bank-Ära

Vor der Währungreform kaum jemand an Krediten interessiert

„Ich wollte unseren Jungen bringe, machen Sie da mal einen Bänker raus", mit diesen Worten stellte Mutter Fertmann ihren damals 14jährigen Sohn am 18. April 1945 bei Volksbank-Direktorin Marianne Vogel vor. Dem heutigen Bank-Prokuristen ist die Szene unvergessen geblieben. Der jüngste Sohn eines Bäckermeisters hat sich an diesem Tag sozusagen in die Geschichte der Hammer Volksbank eingeschrieben, war er doch der erste Lehrling, der nach Kriegsende seine Ausbildung begann. Die Zeiten waren außerordentlich turbulent. Erst zwei Wochen vorher hatten die alliierten Truppen die Stadt Hamm besetzt, offiziell war der Krieg noch immer nicht beedet. Als am 9. Mai die Kapitulation in Kraft trat, hatte Willi Fertmann sich schon die ersten Sporen als Stift verdient.

„An Bankgeschäften tat sich bis zur Währungsreform nicht viel", erinnert er sich heute. Das Geld hatte keinen Wert, es machte nicht satt. Wer wollte da schon Kredite haben? Die Kontoauszüge wurden nachmittags vom Lehrling ausgetragen, der auf dem Rückweg Holz und Kohlen sammelte, um die Kanonenöfen in den Bankräumen damit versorgen zu können. Wenn die täglichen Kassengeschäfte abgewickelt waren, machten sich alle ans Steinepicken und an Aufräumarbeiten im Hof, allen voran die Direktorin. Das Haus in der Bismarckstraße, in dem sich neben der Volksbank auch eine Arztpraxis, die Hoheneckzentrale und Wohnungen befanden, war von den Bomben nicht ganz verschont geblieben. Zum Glück waren alle Akten erhalten, da die vorsichtige Chefin einen Bunker hatte bauen lassen. Das kam den Mitgliedern bei der ersten Generalversammlung nach dem Krieg zugute, die am Montag, 26. August 1946, um 18 Uhr im Lokal Ringhoff an der Oststraße stattfand. Der Vorstand legte dabei die Gewinn- und Verlustrechnung für das Jahr 1945 vor. Diese Unterlagen sind heute nicht mehr vorhanden.

Vorsitzender des Aufsichtsrates war zu dieser Zeit der Bäckermeister Carl Oevel. Dem Aufsichtsrat gehörten der Bauunternehmer Karl Kleiböhmer, der Metzgermeister Wilhelm Evermann, der Malermeister Clemens Surholt, der Kaufmann Heinrich Manss sowie ab 1946 der Kaufmann Aloys Middel und der Bauunternehmer Josef Helmich und ab 1947 der Fleischermeister Franz Schulte-Wermeling an.

Marianne Vogel, die die Geschäfte der Volksbank Hamm von 1940 bis 1964 alleinverantwortlich geführt hat, war eine Ausnahmeerscheinung und nach dem Krieg sicher die einzige Bankdiretorin in Deutschland.

Der „bewundernswerte und beispielhafte berufliche Aufstieg“ dieser Frau wurde anläßlich ihres Ausscheidens von allen Seiten gewürdigt. Die Kollegen der Volksbanken im Bezirk Ruhr-Hellweg stellten damals fest: „Es ist einmalig in der Geschichte unserer westfälischen Genossenschaftsbewegung, daß das Schicksal die Bürde so schwerer Zeiten und eines so verantwortungsvollen Berufes in die Hand einer starken Frau legen konnte, die die wechselvollen Geschicke nicht nur meisterte, sondern auch den hohen heutigen Ruf der Volksbank Hamm begründete.“ Und der Paderborner Volksbank-Chef meinte gar: „Wenn ich es recht bedenke, möchte ich fragen, aus welchem Grunde nicht mehr Damen Bankdirektoren werden. Ganz ohne Zweifel bringt manche Frau Eigenschaften mit, die dem Mann nicht ohne weiteres gegeben sind.“

Mit schweren Zeiten hatte Marianne Vogel zu leben gelernt. Als sie die Lehre begann, tobte der erste Weltkrieg. Anfang der 20er Jahre brachte die Inflation Unglück über das deutsche Volk. Die junge Kassiererin mußte mit unvorstellbaren Summen rechnen. Ein Beispiel dafür: Die Generalversammlung hatte im Mai 1924 über einen Reingewinn von 10 319 Billionen (!) zu beschließen. Dann kamen in den 40er Jahren der Bombenkrieg und die Hungerjahre nach der Kapitulation, und schließlich die Währungsreform, die gerade die Bänker vor große Probleme stellte. Nach der Umstellung, so erinnerte sie sich später, blieben der Kasse von zehn Millionen Reichsmark noch 591 000 DM. Und es begann eine neue Ära. „Vor der Währungsreform gab es kaum Wettbewerb, die Banken lebten wie im Naturschutzgebiet“, berichtet Willi Fertmann aus der Zeit der staatlich gelenkten Zwangswirtschaft. „Die Bankgeschäfte beschränkten sich zu dieser Zeit im wesentlichen auf die Hereinnahme von Kundeneinlagen in laufender Rechnung und als Spareinlage sowie auf die Abwicklung des bargeldlosen Zahlungsverkehrs.“

Die Ausbildung bei dem in Anspielung auf die Direktorin im Volksmund „Vogelbank“ genannten Geldinstitut war zwar gut, die theoretische Unterweisung in der Berufsschule aber eher bescheiden. Sie beschränkte sich zunächst auf kaufmännisches Rechnen und Buchführung. Für gute Prüfungsnoten bekam Willi Fertmann von Direktorin Vogel den Freytag-Roman „Soll und Haben“. Bankfachklassen, so berichten die damaligen Absolventen Karl-Heinz Gerwing und Günter Löw, wurden bereits 1945 an der Handelsschule eingerichtet.

In der Eisenbahnerstadt kurz notiert

● *Für den Reisezug-, Güterzug- und Rangierdienst waren beim Bahnbetriebswerk Hamm ab 1948 bereits 137 Lokomotiven beheimatet. Daran erinnert sich der frühere Bundesbahner Albert Bennemann. Beim Hammer Eisenbahnknotenpunkt waren rund 3 000 Eisenbahner beschäftigt, davon 1 340 Beamte und 1 660 Lohnbedienstete. Von der Bahnhofskasse wurden 850 Pensionäre, 615 Witwen und 550 Rentner betreut. Damit lebten in dieser Zeit in Hamm und Umgebung rund 5 000 Eisenbahnerfamilien.*

Geniale Idee: Lastenausgleich

Kontenumstellung bei Banken langwierige Sisyphusarbeit

Die langerwartete Währungsreform am 20. Juni 1948 brachte einen Ansturm auf Banken und Sparkassen und für deren Mitarbeiter endlose Überstunden. „Vor unseren Schaltern standen Menschenschlagen“, berichtet Willi Fertmann, der mit einigen Kollegen bei der damaligen Reichsbank (heute Landeszenralbank) die DM-Erstausstattung für die Volksbank abgeholt hatte. „Die Reichsmark war als gesetzliches Zahlungsmittel außer Kraft gesetzt und mußte bei Banken und Sparkassen zur Gutschrift auf ein Konto abgeliefet werden,“ ruft er in Erinnerung.

War die Auszahlung des „Kopfgeldes“ schon ein Mammutunternehmen, so war die Kontenumstellung eine langwierige Sisyphusarbeit. „Die Kunden mußten sich eine Bank als sogenannte Abwicklungsbank aussuchen, bei der sie alle ihre Konten anmeldeten“, läßt Volksbank-Prokurist Willi Fertmann die Ereignisse noch einmal Revue passieren. Eine Abwertung auf zehn Prozent war zunächst im Gespräch. Von diesem Betrag konnte die Hälfte auf ein frei verfügbares Konto überwiesen werden, die andere Hälfte war gesperrt. Später wurde davon, sofern es sich um Altsparguthaben handelte, die vor dem 1. Januar 1939 bestanden hatten, noch einmal 1,5 Prozent freigegeben. Das Geld, das während des Krieges angespart worden war, ging verloren. Insgesamt betrug die Abwertung also nicht zehn, sondern nur maximal 6,5 Prozent.

Als „genial“ apostophiert Fertmann das Lastenausgleichsgesetz, das Prof. Ludwig Erhard damals konzipiert hatte und das nach der Währungsreform in Kraft trat. Es sorgte dafür, daß nicht nur Geldvermögen abgewertet, sondern auch Immobilienbesitz im Zuge der Währungsreform belastet wurde. Außerdem wurde Bombengeschädigten eine Entschädigung zuteil. Haus- und Grundbesitzer, die ihr Eigentum nicht durch den Bombenkrieg verloren hatten, mußten Hypothekengewinnabgaben zahlen. Diese Mittel kamen in einen Topf, aus dem günstige Aufbaudarlehen gewährt wurden. Abgewickelt wurde das in einem Zeitraum von 30 Jahren über ein Spezialinstitut, die Lastenausgleichsbank, die als Deutsche Ausgleichsbank heute noch besteht.

Für den jungen Bankangestellte war diese Geldpolitik aber noch ein Buch mit sieben Siegeln. Viel wichtiger war Willi Fertmann damals das erste DM-Gehalt, das er bekam. Er weiß es noch auf den Pfennig genau: Es waren 103,58 DM. Und er leistete sich gemeinsam mit seinen Kollegen für 3,58 DM den Luxus, in einer benachbarten Kneipe ein Kotelett und ein Solei zu essen und den neuen „Wohlstand“ mit einigen Pils zu feiern.

Reichsmarknoten in den Reißwolf

Fahrkartenschalter der Bank und Kinosäle blieben leer

„Das Wunder geschah: Freundliche Bauern boten wieder Gemüse und Früchte aller Art an“, berichtete der Neue Westfälische Kurier in seiner Ausgabe vom 23. Juni 1948. Hatte Blumenkohl eine Woche vorher noch eine Reichsmark gekostet, so wurde er jetzt für 50 und 20 Pfennig angeboten. Aber in der DM-Währung. Und das war den Käufern zu teuer. Vorsorglich hatte der Wirtschaftsminister von Nordrhein-Westfalen in einer Bekanntmachung vom 21. Juni bereits Höchstpreise festgesetzt. Danach durfte der Blumenkohl je nach Größe zwischen zehn und 60 Pfennig kosten. Dicke Bohnen standen mit 25 Pfennig in der Liste, Salat je Kopf mit sechs bis 15 Pfennig. Stachelbeeren durften für 39 Pfennig verkauft werden, Erdbeeren für 92. „Als erstes Getreideerzeugnis wurde gestern Pumpernickel ‚ohne‘ angeboten, meldete die Westfalenpost am 29. Juni. Das Leichtbier, das ab 1. Juli wieder im Angebot war, wurde aber noch gegen Brotmarken abgegeben.

Das Geld war knapp, zumal auf den Sparkonten auch am 1. Juli noch keine Gutschriften in neuer Währung erfolgt waren. Die Mitarbeiter der Banken und Sparkassen machten Überstunden, soviel hatten sie zu tun. Vor allem mit der Auswertung der Vordrucke, von denen neun von zehn falsch ausgefüllt waren, wie die Zeitung berichtete. Schließlich mußte damals noch alles von Hand erledigt werden. Allein bei der Stadtsparkasse wurden auf 27 500 Fragebogen 87 Mio Reichsmark auf den Konten angemeldet. 5,5 Mio Reichsmark wanderten über die Bankschalter in die Papiermühlen. Schon am 22. Juni 1948, das war der Dienstag nach der Währungsreform, wurden im Bankverkehr die ersten DM-Beträge eingezahlt.

Viele Betriebe standen vor einem großen Problem. Sie hatten nicht genug Deutsche Mark, um die Löhne auszuzahlen. Bei der Reichsbahn war es vorbei mit Reisen auf Trittbrettern. Die Fahrkartenschalter blieben in den ersten Tagen nach der Währungsreform leer. Wurden, wie in der Zeitung nachzulesen war, in der ersten Junihälfte noch täglich rund 9 000 Fahrkarten gekauft, so waren es nach dem 20. Juni zunächst nur noch etwa 900 pro Tag. Anfang Juli stieg die Nachfrage dann aber wieder auf rund 2 500.

„Jetzt muß sich herausstellen, wem Kunst eine Sache des Herzens ist“, meinte die Westfalenpost am 1. Juli und verwies auf leere Kinosäle und Absagen bei Musiklehrern. Doch die Sorgen erwiesen sich als unbegründet. Als am 8. Juli im Kurhaus das Zuckmayer-Stück „Des Teufels General“ aufgeführt wurde, war der Saal, wie drei Winter lang gewohnt, bis auf den letzten Platz besetzt. Probleme hatte der Zirkus Barum, der vom 2. bis 8. Juli auf der Wiese am Kanal gastierte und obendrein noch unter Regenfluten zu leiden hatte. Die gesamten Einnahmen wurden damals unter dem Personal aufgeteilt.

Die Fußballvereine der Stadt Hamm und der umliegenden Gemeinden gründeten Anfang Juli eine Notgemeinschaft, um die finanziellen Schwierigkeiten nach der Währungsreform zu überwinden. 13 Vereine boten Doppelveranstaltungen an und teilten die Einnahmen unter sich auf.

Pensionen überprüft

Entnazifizierungsausschuß wollte öffentlich verhandeln

Im Januar 1948 wurde der Entnazifizierungsausschuß durch den Rat der Stadt neu besetzt. Ihm gehörten jetzt (in Klammern die Stellvertreter) Franz Maas (Josef Wüste) für die CDU, Otto Rother (Reinhard Haritz) für die SPD, Josef Reuter (Hermann Fischer) für das Zentrum, Erwin Soegtig (Artur Schilf) für die FDP, Friedrich Gerling (Johann Stille) für die KPD, Adolf Berkemeyer (Paul Heinrichsmeier) für den Verband der Verfolgten des Naziregimes, Karl Niermann (Hermann Schröder) für die Handwerkerschaft, Wilhelm Schulze (Wilhelm Schulze-Wieschen) für den Einzelhandel, Hugo Bröcker (Otto Seifert) für die Gewerkschaften und Otto Gierse (Anton Sträter) als Beamte an.

Franz Maas wurde Vorsitzender dieses Gremiums und forderte in einem Schreiben an den Oberstadtdirektor, die Stadt möge einen Raum für die öffentlichen Verhandlungen zur Verfügung stellen. An Arbeit mangelte es dem Ausschuß nicht. Er hatte sich nicht nur mit Beamten und Angestellten zu befassen, die im öffentlichen Dienst tätig sein wollten, sondern ab Juli 1948 auch mit Beziehern von Renten und Pensionen. Am 30. Juni 1948 kam eine Verordnung heraus, mit der die politische Überprüfung der Versorgungsberechtigten geregelt wurde. Nach der Überprüfung wurde entschieden, ob der Antragsteller die vollen Versorgungsbezüge, einen Teil davon, die Bezüge nach einem niedrigeren Dienstgrad oder überhaupt kein Geld bekommen solle.

Stadt in Bredouille

Etatreserven bei Bauunternehmern „zwischengelagert“

Die Währungsreform brachte auch die Stadt ganz schön in die Bredouille. In der Ratssitzung am 20. August 1948 wurde von einem alarmierenden Tiefstand der Stadtfinanzen gesprochen und das monatliche Defizit mit 400 000 DM angegeben. Stadtkämmerer Dr. Hüster berichtete, daß die Stadt durch die Währungsreform 1,7 Mio Reichsmark und die Stadtwerke 4,5 Mio RM Altgeldbesitz verloren hätten. 1,4 Mio D-Mark, die die Stadt als Überbrückungskredit vom Land bekommen habe, könnten diesen Verlust nicht wettmachen. Schon im Juli hatten sich die Stadtvertreter besorgt über den Zukunftshaushalt geäußert. Waren sie dabei einig, einen Personalabbau nur als äußerstes Mittel und nur dann vorzunehmen, wenn auch Aufgaben reduziert würden, so standen im August bereits 22 Kündigungen als Folge der katastrophalen Finanzlage ins Haus. Der Vorschlag von Stadtvertreter Reinköster (SPD), die städtischen Gehälter auf eine Höchstmarke von 800 DM zu begrenzen, hatte im Rat keine Gegenliebe gefunden, da das Leistungsprinzip in Gefahr geraten könne.

Als fürsorglicher Finanzverwalter hatte Dr. Wilhelm Hüster, der im April 1948 Stadtkämmerer in Hamm geworden war, das mit der Währungsreform verbundene Fiasko für den städtischen Haushalt vorausgesehen. Er hatte deshalb mit einem, wie er glaubte legalen Trick versucht, der Stadtkasse Reserven zu erhalten. Pate stand dabei die Befürchtung, daß städtische Altgeldguthaben durch die Währungsreform stärker abgewertet werden könnten, als Guthaben von Privatpersonen. Am 16. Juni 1948 überwies der Stadtkämmerer an 20 Bauunternehmer und Baustoffhändler Beträge von je etwa 100 000 Reichsmark. Insgesamt waren das 1,8 Mio RM, für die nach der Währungsreform Baumaterial eingekauft und Aufbauarbeiten ausgeführt werden sollten.

Hüster richtete dafür besondere Konten bei der Stadtsparkasse Hamm ein und stellte durch Sperrvermerke sicher, daß die Bauunternehmer, auf deren Namen die Konten liefen, nicht über die Gelder verfügen konnten. Zwei Unternehmer lehnten die Überweisungen ab, so daß am 19. 6. 1948, also einen Tag vor der Währungsreform, 350 000 Reichsmark in die Stadtkasse zurückflossen.

Die übrigen Guthaben wurden von den Unternehmern verabredungsgemäß angemeldet und in DM umgewertet. Die Gutschriften auf den 18 Konten beliefen sich auf 84 474 DM, die in den Jahren 1948 und 1949 in die Stadtkasse zurückliefen, wobei Dr. Hüster die Überweisungen vornahm und die Firmeninhaber lediglich in Kenntnis setzte.

Es war allen, die von dieser Manipulation Kenntnis hatten, klar, daß Dr. Hüster völlig uneigennützig gehandelt und die Stadt allenfalls davon profitiert hatte. Dennoch kam es zu einem Strafverfahren gegen Dr. Wilhelm Hüster, der vom 10. 4. 1948 bis zum 20. 11. 1952 Stadtkämmerer war und dann Stadtdirektor wurde. Ihm wurde vorgeworfen, gegen das Währungsgesetz verstoßen zu haben, was eine Strafe bis zu sechs Monaten Gefängnis hätte bedeuten können. Das Verfahren gegen Dr. Hüster wurde 1953 aufgrund eines Straffreiheitsgesetzes vom 31. 12. 1949 eingestellt. Diese Lösung mißfiel jedoch Wilhelm Hüster, der sich keiner Schuld bewußt war. Er bemühte sich um eine rechtliche Klarstellung vor einem ordentlichen Gericht, wurde jedoch dahingehend belehrt, daß nach den für die Amnestieverordnung gültigen Bestimmungen in diesem Fall nach Erteilung des Einstellungsbescheids kein Antrag auf gerichtliche Entscheidung gestellt werden könne.

Stadtdirektor Hüster gab nicht auf. In einem Schreiben an Oberstadtdirektor Dr. Schultz bat er am 4. September 1953 darum, zur Klärung der Angelegenheit ein Disziplinarverfahren gegen ihn einzuleiten. Hüster vertrat die Ansicht, daß er nicht gegen das Gesetz verstoßen haben könne, da die Geldüberweisung bereits vier Tage vor dem Inkrafttreten des Gesetzes erfolgt sei. Im übrigen sei er in seinem Bemühen um eine Risikoverteilung bestärkt worden durch die Tatsache, „daß von allen Seiten, insbesondere auch von seiten der Regierung und der Finanzämter in der Zeit vor der Währungsreform Beträge ganz ungewöhnlich hohen Ausmaßes und ohne zwingende Notwendigkeit auch von übergeordneten behördlichen Stellen an die Stadt überwiesen wurden, so beispielsweise in der Zeit vom 10.6. bis 26.6. 1948 1,7 Mio RM in fünf Teilbeträgen von der Finanzkasse Hamm, der Regierungshauptkasse Arnsberg und der Landeshauptkasse Düsseldorf." Vielfach seien in dieser Zeit bei der Stadthauptkasse Beträge eingegangen, bei denen sich der Verwendungszweck erst Wochen hinterher ermitteln ließ, zumal Begleitverfügungen oder -schreiben gefehlt hätten.

Durch Stadtrat Dr. Gleibe ließ Oberstadtdirektor Dr. Schultz dem inzwischen zum Stadtdirektor gewählten Dr. Wilhelm Hüster am 26. September 1953 mitteilen, daß kein Anlaß für die Einleitung eines Dienstordnungsverfahrens bestehe. Die Anwendung eines Dienstordnungsmittels käme, so heißt es in dem Schreiben an Dr. Hüster, „schon wegen Ihres einwandfreien gesamten dienstlichen und außerdienstlichen Verhaltens während Ihrer Mitarbeit bei der Stadtverwaltung Hamm" nicht in Frage. Bei Hüsters Verabschiedung attestierte ihm der amtierende Oberstadtdirektor Dr. Hans Tigges, daß er Mut, Zivilcourage und Können bewiesen habe. Erst 1958 wurde Dr. Hüster auch vom Oberlandesgericht in einem Urteil bestätigt, daß seine Transaktionen, durch die er der Stadt Hamm erhebliche Summen vor dem Währungsverfall gerettet hatte, korrekt und legal gewesen sind.

Hilfspakete aus Chile

Tonnenweise Lebensmittel und Kleidungsstücke geschickt

Die deutschen Gemeinden in Chile haben in der Zeit von 1945 bis 1948 durch Geld- und Sachspenden den Überlebenskampf in der Heimat tatkräftig unterstützt. An dieses weitgehend unbekannte Kapitel der deutschen Nachkriegsgeschichte erinnerte jetzt der Leiter des Altenclubs Christuskirche, Albert Bennemann. Er fand in seinen Unterlagen einen Bericht in der Kirchenkreiszeitung vom 21. Juni 1970. Darin werden unter der Überschrift „Darf man das vergessen?“ Notizen des Berger Pfarrers Martin Kannegießer veröffentlicht, der lange Jahre als Pfarrer einer deutschen Gemeinde in Valparaiso in Chile tätig war. „Wenn wir heute für die Not anderer sammeln“, heißt es im Kirchenblatt, „sagt man uns oft, uns hat bisher auch keiner geholfen. In den Jahren 1945 bis 1948 war es nicht nur die Gemeinde in Valparaiso, die sammelte und arbeitete, um zu helfen. Die Notizen aus Chile mögen daran erinnern, daß es in unserer größten Not Christen waren, die sich trotz Haß und Feindschaft stark machten zu helfen.“

Die erste Eintragung stammt vom 24. Juni 1945. Darin heißt es, daß die bisher von deutschen evangelischen Pfarrämtern in Chile für die deutschen Kriegsgefangenen durchgeführten Sammlungen jetzt unter Mitwirkung aller Kreise auf eine allgemeine Heimathilfe erweitert worden sei. Einen Monat später waren bereits die ersten sechs Kisten mit Wollsachen über Schweden nach Deutschland auf dem Weg. „Die Heimat wartet auf unsere Hilfe“, hieß es in einem Aufruf, der offensichtlich ein großes Echo fand. „Wer sich am Anfertigen von Stricksachen für Deutschland beteiligen will, kann die nötige Wolle dafür kostenlos im Pfarrhaus erhalten“, lautete die Mitteilung am 2. September 1945, als unter anderem 2 700 Paar Kinderschuhe nach Deutschland unterwegs waren. Im September waren die ersten Hilfssendungen in Schweden eingetroffen und wurden von dort per Schiff weitergeleitet. Am 21. Oktober gab der Pfarrer bekannt, daß „die notwendige Anzahl von Kisten mit Kindersachen für den Ende Oktober fahrenden Dampfer bereits erreicht ist“. Er bat aber zugleich um weitere Spenden, die dann im Dezember auf den Weg gebracht würden. Mit großer Freude wurde Mitte Dezember 1945 die Mitteilung aufgenommen, daß die ersten Sendungen in Deutschland verteilt worden seien: „Diese Weihnachtsfreude soll uns alle zu höchster Opferbereitschaft anspornen.“

Bis März 1946 hatten allein die in Valparaiso lebenden Deutschen 400 000 Pesos gespendet. Im Mai 1946 wurde Bilanz gezogen: „Vom Zentralkomitee in

Santiago sind bisher nach Deutschland geschickt worden 30 000 Kleidungsstücke, 7 500 Paar Schuhe und 37 500 Kilo Lebensmittel. Wer heute noch der Not der Heimat untätig zusieht, hat nicht das Recht, sich Christ zu nennen."
Eindrucksvoll ist die Liste der Spenden, die am 29. Juli 1946 mit einem norwegischen Schiff geschickt wurden: 22 000 Kilo Hülsenfrüchte, 1 600 Kilo Honig, 21 000 Kilo Haferflocken, sieben Kisten Seife, 150 Wolldecken, 6 000 Stück Bekleidung, 1 200 Kilo Trockenfrüchte und 6 000 Paar Schuhe. Schon im August folgten 22 000 Kilo Lebensmittel, 5 000 Kilo Honig, 1 000 Paar Schuhe und 2 800 Kleidungsstücke sowie im Oktober weitere 24 000 Kilo Lebensmittel, 2 700 Kleidungsstücke und 5 400 Kilo Seife.

In diesem Umfang war die Hilfsaktion wohl nicht aufrechtzuerhalten. Die Kollekten wurden aber weiterhin dafür verwendet. Am 25. Mai 1947 teilte der Pfarrer der Gemeinde in Valparaiso von der Kanzel aus mit, daß die Notrufe von drüben in letzter Zeit so zahlreich geworden seien, daß „versucht werden soll, wenigstens hin und wieder mit Liebesgabenpaketen zu helfen". Noch im September 1948 betreute die Kirchengemeinde regelmäßig 22 Familien in allen Besatzungszonen Deutschlands. Den Dank der Beschenkten überbrachte im Mai 1950 Pastor Niemöller, Leiter des Außenamtes der Evangelischen Kirche in Deutschland, der anläßlich einer Südamerikareise auch nach Valparaiso kam.

Kurhaussaal stets ausverkauft

Collegium musicum war ab Dezember '47 wieder aktiv

Die Deutschen hungerten in der Nachkriegszeit nicht nur buchstäblich, sondern auch in übertragenem Sinne — und zwar nach Kultur. Die Theateraufführungen im Kurhaus waren ständig ausverkauft. Für die Vormietereihen A und B gab es in der Saison 1946/47 je 997 Vormieter, die Reihe C, in der Nachmittagsvorstellungen angeboten wurden, verzeichnete 696 Abonnenten. Durchschnittlich erlebten 1 008 Besucher jede der 33 Vorstellungen. Ein Jahr später gab es bei 28 Vorstellungen — darunter ein Tanzabend mit der Palucca — im Schnitt 1 059 Besucher. Diese Rekordzahl wurde nie wieder erreicht. Auch bei den Konzerten wurden 1947/48 durchschnittlich 1 025 Besucher registriert. Nach der Währungsreform war ein spürbarer Besucherrückgang zu verzeichnen. Das Kulturamt bot deshalb zunächst nur noch eine Konzert-Vormietereihe an, in der pro Vorstellung jeweils knapp 700 Besucher gezählt wurden.

Als Veranstalter gesellte sich dem Kulturamt und der Kurverwaltung, die zahlreiche Sonderveranstaltungen anbot, am 30. August 1948 die Volksbühne zu.

Vorsitzender dieses heute noch existierenden Vereins wurde Albert Timmerberg, Geschäftsführer Gewerkschaftssekretär Heinrich Holsträter.

Einen wichtigen Part in der Hammer Kulturszene übernahm das Collegium musicum, das 1928 von musikbegeisterten Bürgern gegründet worden war. Es hatte seine Tätigkeit Mitte der 30er Jahre eingestellt und wurde im Dezember 1947 wieder ins Leben gerufen. Im Januar 1948 begannen unter Leitung von Dr. Martin Wolschke die Proben. Im Rahmen der städtischen Veranstaltungen bat das Collegium musicum am Freitag, 15. Oktober 1948, zu seinem ersten Kammerkonzert nach dem Krieg in die Beisenkamp-Aula. Es trat, wie es im Programm hieß, „wieder vor die Öffentlichkeit, um seine alten Freunde an seinem Tun teilnehmen zu lassen, neue zu gewinnen und allen zusammen Werke zu erschließen, die das große Sinfoniekonzert unbeachtet läßt, die aber heute wie einst mitreißen". Aufgeführt wurden Werke von Fasch, Mozart, Knab und Händel.

Der spätere Musikschuldirektor Dr. Martin Wolschke leitete auch die Evangelische Singgemeinde Hamm, die beispielsweise am 21. Dezember 1947 in der Beisenkamp-Aula eine Weihnachtsmusik veranstaltete, in der die Solisten Christa und Gerharda Thoene (Violine), Dr. Siegfried Torhorst (Cello) und Käte Petras (Klavier) mitwirkten. Aktiv war damals auch die Gesangschule Else Nordmeyer ter Brüggen, bei deren Schüler-Vortragsabend am Samstag, 10. April 1948 im Saal Ringhoff Dr. Martin Wolschke die musikalische Begleitung der zehn Sängerinnen übernahm.

Wieder eine Lust zu leben

Schon im Sommer '48 begann Karriere der „Reiseweltmeister"

Die D-Mark hatte es allen angetan. Auch Hotel- und Pensionswirten in deutschen Landen. Schon im Juli 1948 setzte die erste Reisewelle ein. Im Verlauf der folgenden Jahrzehnte avancierten die deutschen Urlauber schließlich zum Reise-Weltmeister. So sehr es sie später in die Ferne zog, so gern machten sie 1948 zunächst von der Möglichkeit Gebrauch, die Urlaubsgebiete vor der Haustür kennenzulernen. Willkommen waren sie überall. Sogar bei den Bayern, deren Stoßseufzer damals hieß „Ich wollte, die Preußen kämen . . .". Der Geldbeutel war klein, die Reiselust aber groß. Die Veranstalter meldeten, daß Ruhpolding neben Borkum am meisten gefragt war. 14 Tage Vollpension gab es schon ab 174,40 DM, Lebensmittelkarten mußten aber ebenso mitgebracht werden wie in einigen Fällen Bettwäsche. Ganz Kluge nahmen auch Glühbirnen im Reisegepäck mit.

„D-Mark entthronte Bellachini – Zaubereien ohne Ende“, schrieb im Juli 1948 die Hammer Westfalenpost. „Es grenzt beinahe an Hexerei, was die D-Mark in einer wahren Rekordzeit alles hervor- und auch fortgezaubert hat“, heißt es in einer Glosse unter diesem Titel und weiter: „Hokus-Pokus-Fidibus, sagt Zauberin D-Mark, und schon verwandelt sich der hinter griesgrämiger Maske scheinbar leere Theken hütende Kaufmann Pfeffersack wieder in den alten liebenswürdigen Geschäftsmann . . . . Frau Zimmermann entdeckt plötzlich, daß der als Büro getarnte Raum ihrer Wohnung sehr gut wieder seinem ursprünglichen Zweck zugeführt werden kann, und schon zieht das früher so oft benutzte Schild ‚Möbliertes Zimmer zu vermieten‘ die staunenden Passanten in seinen Bann . . . .Frau Schleicher, die stets ein so warm empfindsames Herz für ihre Mitschwestern hatte und ihnen gern einmal – aus reiner Nächstenliebe natürlich – ein Pfündchen Kaffee zum Selbstkostenpreis von 400 Reichsmark überließ, ist gar regelrecht zerplatzt. Vom Winde verweht sind auch die Legionen, die ruhelos von Ort zu Ort zogen und alles Mögliche und Unmögliche in Fettigkeiten und andere nahrhafte Produkte zu verzaubern trachteten. Entzaubert sind dafür die Eisenbahnabteile von Kisten, Eimern und Koffern. Man kann wieder sitzenderweise reisen und braucht nicht mehr ‚standesgemäß‘ auf Puffern und Trittbrettern sein Leben aufs Spiel zu setzen . . . . Unsere Hühner legen wieder, unsere Kühe geben wieder Milch, der Landmann findet wieder den Weg zur Stadt, und aus der Versenkung aufgetaucht sind auch wieder die so lange verhexten Theater- und Konzertkarten. Es ist wieder eine Lust zu leben.“

Die zweite Kopfgeldrate

Auszahlung im September 1948 meistens bargeldlos

Der 20. Juni 1948 ist allen, die ihn miterlebten, ebenso in Erinnerung geblieben wie die 40 DM, mit denen damals das neue Leben begann. Wer weiß aber noch, daß im September die zweite Rate des Kopfbetrages, und zwar 20 DM, ausgezahlt wurde? Dieses Ereignis war nicht mehr so spektakulär, zumal es in den meisten Fällen bereits „bargeldlos“ abgewickelt wurde. Der Betrag wurde den jeweiligen Umrechnungskonten gutgeschrieben. Natürlich nur bei solchen Bürgern, die Altgeld angespart hatten. Aber wer hatte das wohl nicht? Dennoch gab es solche Fälle, und dafür war dann das Ernährungsamt zuständig. Voraussetzung war allerdings, daß die Bezieher beim Empfang der ersten Rate des Kopfgeldes am 20. Juni mehr als 40 Reichsmark abgeliefert hatten. Wer nicht die ganzen 60 Mark hatte abgeben können, bekam jetzt auch nur den Betrag, der über 40 Mark gelegen hatte. So streng waren damals die Vorschriften.

Die meisten Beträge wurden allerdings über Banken und Sparkassen gutgeschrieben. Und diese waren daran interessiert, die Sparkonten aufzufüllen. „Wer den Kopfbetrag ganz oder zum Teil als Sparguthaben stehen läßt, dient sich selbst und dem Wiederaufbau unserer Stadt", teilte die Sparkasse der Stadt Hamm in den Amtlichen Bekanntmachungen mit. „Jedem sollte die Gutschrift Ansporn und Anfang zu neuem Sparen sein. Gewiß ist der Warenhunger groß und manche Anschaffung vordringlich. Wenn aber jeder sein Geld abhebt und ausgibt, entsteht ein unvernünftiger Ansturm auf Waren, und weitere Preissteigerungen sind zu befürchten. Vernünftiges Verhalten zwingt die Preise herunter und sichert den Geldbedarf für die Wintereinkellerung. Trotz aller Enttäuschungen ist das Sparen volkswirtschaftliche Notwendigkeit und Voraussetzung für die Erfüllung unserer Wünsche. Die Sparkassen zahlen zweieinhalb bis vier Prozent Zinsen, je nach vereinbarter Kündigungsfrist." Für alle, die das Geld sofort haben wollten, wurden Auszahlungstage je nach Anfangsbuchstaben des Familiennamens festgelegt.

Ärger über Preiswucher

Kaffee im Laden teurer als auf dem Schwarzen Markt

Erinnerungen erweisen sich oft als trügerisch. Das gilt auch für die Zeit nach der Währungsreform, die heute vielen Zeitzeugen vom Wohlstand geprägt gewesen zu sein scheint. Beim Studium alter Protokolle und Zeitungsbände stellt sich jedoch heraus, daß die Konsumwelle erst allmählich einsetzte. Kaffee beispielsweise gab es erst im September 1948 wieder frei zu kaufen, allerdings zu Preisen, die mit 24 bis 26 DM höher waren als der Schwarzhandelskurs. Zu dieser Zeit saß die D-Mark schon etwas lockerer. „Sekt ging weg wie warme Semmeln", berichtete die Westfalenpost am 2. September 1948. Im Juli und August 1948 war es noch zu Demonstrationen wegen allgemeinen Preiswuchers gekommen. „Freude und Erstaunen über das seit Jahren nicht gekannte reichliche Warenangebot auf Märkten und in Läden sind schon bald einer Ernüchterung und vielfach einer hellen Empörung gewichen", stellten Oberbürgermeister Ferdinand Poggel und Oberstadtdirektor Dr. Schultz in einem Appell fest, in dem sie die Bevölkerung der Stadt zur Besonnenheit bei Einkäufen aufriefen.

„Die Preise für viele Artikel haben eine schwindelnde Höhe erreicht, die kauflustige Bevölkerung sieht ihre gute D-Mark wie Butter in der Sonne zerfließen. Der Schwarzmarkt — von Plätzen und Straßen vertrieben — treibt jetzt, unterstützt von unverantwortlichen Käufern aus allen Schichten der Bevölkerung, im Verborgenen sein schmutziges Handwerk. Wenn der Preistreiberei und dem Schwarzmarkt nicht schnellstens Einhalt geboten wird, gerät die Stabilität der D-Mark und die Versorgung in Gefahr", stellten die Stadtoberen fest.

Die Hammer Verbraucher werden in dem Aufruf dringend aufgefordert, keine überhöhten Preise zu zahlen. „Wenn Ihr nicht kauft, dann müssen die Preise fallen", verweisen Poggel und Schultz auf die Regeln der Marktwirtschaft. Ihr Appell schließt mit dem Hinweis: „Wir alle müssen wieder rechnen lernen. Jeder Kauf muß sorgfältig überlegt werden. Es gilt jetzt das Sprichwort: „Wer den Pfennig nicht ehrt, ist des Talers nicht wert."

In einer Protestkundgebung des Deutschen Gewerkschaftsbundes im Kurhaus gegen die Preisentwicklung nach der Währungsreform forderte Regierungspräsident Fries die Einführung eines Preisstops. Er vertrat die Ansicht, daß Deutschland in den letzten Jahren in den alten Gleisen der Hitlerschen Zwangswirtschaft weitergetrottet sei und forderte das Verwaltungsamt für Wirtschaft in Frankfurt auf, durchgreifende Maßnahmen zugunsten der Notleidenden und Minderbemittelten zu treffen.

Er sprach davon, daß sich im Volk zwei Lager gebildet hätten: die Arbeiter, Angestellten und Beamten, die 76 Prozent der Bevölkerung ausmachten, und die Bauern, Fabrikherren, Händler und Handwerker. Unter diesen 24 Prozent seien die Währungsgewinnler zu suchen. Lebensmittelkarten und Bezugscheine waren nach erfolgter Währungsumstellung keineswegs abgeschafft. So wurden beispielsweise für die 116. Zuteilungsperiode im Sommer 1948 neben den Lebensmittelkarten 20 Textilpunkte pro Person ausgegeben. Das war nicht eben viel, denn nach einer am 3. Juli 1948 veröffentlichten Tabelle brauchte man beispielsweise für einen Herrenanzug 130 Punkte und für einen Mantel 90. Die Zuteilung reichte gerade für ein Sommerkleid oder für zwei Schlüpfer. Als am 1. Juli laut Zeitungsmitteilung mit dem Schuhverkauf auf den Abschnitten Z 601 und 602 begonnen wurde, bildeten sich vor den Geschäften in der Hammer Innenstadt so lange Schlangen, daß die Türen vorübergehend geschlossen werden mußten und die Polizei den Verkehr auf der Straße regelte.

Süßigkeiten waren noch zwei Monate später eine Rarität. „Bald gibt es wieder Schokolade", schrieb ein Reporter nach einem Besuch in einer Herforder Schokoladenfabrik. Dort hatte er erfahren, daß für die Trizone 5 000 Tonnen Rohkakao zugeteilt werden sollten.

Der Direktor der Verwaltung für Ernährung, Landwirtschaft und Forsten des Vereinigten Wirtschaftsgebiets, Schlange-Schöningen, teilte noch im Oktober 1948 mit: „Solange zwischen Erzeugung und Bedarf noch eine so große Lücke klafft, sind und bleiben im Interesse der geregelten Versorgung aller Verbraucher bewirtschaftet: Brotgetreide, Brot, Nährmittel, Mehl und Kaffee-Ersatz, Milch, Käse und Fette aller Art, Zucht- und Nutzvieh, Fleisch und Fleischwaren, Seefische und Zucker." Wenn es nicht gelinge, warnte er, die Bewirtschaftung dieser Nahrungsmittel fest in die Hand zu bekommen, sei eine Ernährungskrise im kommenden Frühjahr unvermeidlich. Es sei dringend erforderlich, daß der Schwarzmarkt verschwinde und die Staatsautorität wieder hergestellt werde.

Die Panzer-Spezialisten

Einheiten in der Beisenkamp-Kaserne wechselten häufig

Die Beisenkamp-Kaserne wurde für eine Panzereinheit der deutschen Wehrmacht in den 30er Jahren gebaut. Ein Teil der Keller diente während des Krieges den Schülerinnen der benachbarten Städtischen Oberschule für Mädchen als Luftschutzbunker. Im Mai 1945 nahmen die alliierten Truppen auch diese Kasernenanlage in Besitz, um dort deutsche Kriegsgefangene unterzubringen. Welche Einheit der Alliierten dann zunächst im Beisenkamp stationiert war, ist im Stadtarchiv nicht festgehalten. Auch die britische Rheinarmee verfügt über keinerlei Unterlagen aus dieser Zeit. Eine der Einheiten, die nach den alliierten Kampftruppen in den Gebäuden an der Eschenallee untergebracht waren, war, wie der von 1969 bis 1973 mit der Leitung dieser Gruppe beauftragte Chief Superintendent Ernst Strauch recherchiert hat, die 872. Dienstgruppe (872. DG), eine „wehrmachtentwaffnete Einheit unter Aufsicht der alliierten Behörde". Sie war im Juli 1945 aus deutschen Kriegsgefangenen des Lagers Rheinberg aufgestellt worden. Unter anderem wurde sie bei Aufräumungsarbeiten in Wuppertal und im September 1945 bei der Wiederherstellung des Dortmund-Ems-Kanals in Ladbergen eingesetzt. Im Mai 1946 wurde die Gruppe in die Beisenkamp-Kaserne nach Hamm verlegt. Von dort aus war sie vorwiegend im Depot in der Mark tätig. Nach der Entlassung als Kriegsgefangene am 31. Juli 1947 blieben die meisten der Männer bei der Einheit, die dann die Bezeichnung GCLO (German Civil Labour Organisation) erhielt. Sie wurde im März 1948 nach Dortmund und im Juni 1949 nach Münster verlegt, doch kam eine Untergruppe nach Hamm zurück.

Im Mai 1948 zog die 317. Tank Transport Unit in die von der Rheinarmee in „Cromwell Barracks" umbenannten Kasernen ein. Sie war 1947 aufgebaut worden. Unter anderem wurde ihr ein Wachkommando angegliedert, in das Polen, die sich als ehemalige Kriegsgefangene oder Zwangsarbeiter in der britischen Besatzungszone befanden und nicht in ihr Heimatland zurück konnten oder wollten, aufgenommen wurden. Die Ausbildung der Fahrer wurde zunächst in Cuxhaven begonnen und dann in Flensburg weitergeführt. Im März 1948 wurde die Einheit nach Langenhagen bei Hannover verlegt, wo sie Aufgaben im Zusammenhang mit der Berliner Luftbrücke übernahm.

Im Hauptquartier der britischen Rheinarmee wurde gleichzeitig beschlossen, die Einheit auf den Panzertransport zu spezialisieren. Sie wurde nach Hamm verlegt und 1963 in „617. Tank Transporter Unit MSO RCT" umbenannt. RCT heißt „Royal Corps of Transport", MSO steht für „Mixed Service Organisation". In diese zunächst rein polnische Einheit traten später auch Jugoslawen, Litauer, Letten, Esten, Tschechen, Slowaken, Ungarn und Ukrainer ein. „Abgesehen von Sprachschwierigkeiten gibt es keinen Unterschied zwischen uns", stellte der letzte Chef der MSO, Staff Superintendent Wladyslaw Paterek fest, als die MSO, die 1974 in Anlehnung an einen alten britischen Brauch von der Stadt Hamm mit dem Ehrentitel „The Freedom of the City" ausgezeichnet worden war, im September 1977 ihr 30jähriges Bestehen feierte. Bei einer Parade der Panzertransporter und Brückenlegepanzer in der Beisenkamp-Kaserne, wie sie in Hamm nach wie vor genannt wird, zeigten die 350 Soldaten, wie geschickt sie mit den schweren Fahrzeugen umzugehen verstanden.

Die „Cromwell-Barracks" hatten sich längst zu einem Hauptumschlagsplatz der britischen Rheinarmee entwickelt. Die Panzertransporter legten pro Jahr mehr als eine Million Meilen zurück. Als die Einheit im September 1972 ihr 25jähriges Jubiläum feierte, wurde vorgerechnet, daß sie bis dahin bereits rund 40 000 gepanzerte Fahrzeuge transportiert und dabei eine Entfernung zurückgelegt hatte, die mehr als 908 mal rund um die Erde reichte. Aus Anlaß des Jubiläums würdigte Oberbürgermeister Dr. Günter Rinsche bei einem Empfang im Rathaus die Beziehungen zwischen den Nationalitäten innerhalb dieses britischen Truppenteiles als vorbildlich für das Zusammenleben der Menschen. Er zeichnete den kommandierenden britischen Offizier, Major Bennetts, und den zu dieser Zeit amtierenden Chef der angegliederten polnischen Truppe, Staff Superintendent Wesoly, mit der silbernen Ehrenplakette der Stadt aus. Die britische Stabseinheit, die vom Hammer Beisenkamp aus für die Rheinarmee in Nord- und Westdeutschland den Einsatz der Zivilisten im Dienst der britischen Krone koordinierte und plante, feierte am 18. Januar 1982 ihr 25jähriges Bestehen in Hamm.

Am 31. März 1987 schlug für die MSO die Abschiedsstunde. Bei einem letzten Appell wurde die Einheit aufgelöst. Einer der 55 Tieflader-Kolosse, die ausgemustert wurden, erhielt den Namen „Wladyslaw Paterek" und soll als Museumsstück erhalten bleiben. Mit Paterek, dem „Vater der MSO", wie er genannt wurde, gingen 70 seiner Landsleute — zum Teil früher als sie wollten — in Pension.

Das Kommando über neue, modernere Lastzüge übernahmen die 160 britischen Soldaten der 617. Tank Transport Squadron. Auch deren Tage in Hamm waren gezählt. Am 12. Mai 1991 verabschiedete sich die britische Panzertransporteinheit der Rheinarmee mit einer Parade von Hamm.

Pelkumer SPD verlor Mandate

Neue Wahlgesetze führten zu anderer Sitzverteilung

Zur Kommunalwahl im Oktober 1948 bewarben sich nur drei Parteien um Sitze in der Amtsvertretung Pelkum. Die SPD behielt weiterhin ihre Führungsrolle, doch führten neue Wahlgesetze zu einer anderen Zusammensetzung des Parlaments. Hatten bisher die SPD 27 Mandate, die CDU vier und die KPD zwei, so mußte die SPD, obwohl sie mehr als doppelt so viel Stimmen wie die CDU erhielt, zehn Sitze abgeben, während die CDU vier und die KPD zwei dazugewannen. Bei einem Wahlergebnis von 15 564 Stimmen für die SPD, 7 459 für die CDU und 3 315 für die KPD ergab sich eine Sitzverteilung von 17 Mandaten für die SPD, acht für die CDU und vier für die KPD. Die Wahlbeteiligung von über 80 Prozent zeigte das große Interesse der Bevölkerung an der Kommunalpolitik.

Der Pelkumer Amtsvertretung gehörten jetzt von der SPD Heinrich Barz (Overberge), Albert Dau (Wiescherhöfen), Alfons Degler (Herringen), Max Dittrich (Rünthe), Josef Grees (Herringen), Wilhelm Herrmann (Herringen), Johann Heuser (Bergkamen), Fritz Knäpper (Heil), Heinrich Martin (Bergkamen), Fritz Offeln (Altenbögge), Karl Osterbrauck (Wiescherhöfen), Paul Prinzler (Rünthe), Heinrich Renninghoff (Herringen), Bernhard Schäfer (Herringen), Gustav Schwarz (Bönen), Karl Steinhoff (Nordbögge) und Heinrich Stickdorn (Bönen) an. Die CDU war mit Franz Brüggemann (Herringen), Karl Fluhme (Bergkamen), Wilhelm Kettermann (Wiescherhöfen), Heinrich Lettenbräucker (Sandbochum), Maria Niggemeyer (Altenbögge), Benedikt Piontek (Rünthe), Peter Schmidt (Altenbögge) und Friedrich Tünnemann (Pelkum) vertreten. Die KPD entsandte Karl Drücke (Altenbögge), Alfred Guder (Herringen), Carl Honsa (Wiescherhöfen) und Hermann Rademacher (Rünthe).

In der konstituierenden Sitzung am 12. November 1948 im festlich geschmückten Saal des Zechenkasinos wurde Amtsbürgermeister Heinrich Renninghoff in seinem Amt bestätigt. Der Wunsch der CDU, mit Friedrich Tünnemann den Stellvertreter zu stellen, fand jedoch keine Mehrheit. SPD und KPD sprachen sich gemeinsam für Johann Heuser (SPD) aus.

In dieser Sitzung ging es nicht nur um Ämterverteilung, sondern auch um handfeste Sorgen. So wurde einstimmig eine Vorlage der Verwaltung verabschiedet, nach der den Fürsorgeempfängern je Haushalt zwei Zentner Kohlen aus öffentlichen Mitteln geliefert werden sollten. Mit der Einführung der D-Mark waren die Sorgen keineswegs behoben. Im Stadtarchiv befindet sich ein Bericht der

Polizeistation Herringen vom 25. Juli 1949. Darin heißt es, daß das Geld knapp und der Lebensunterhalt im Vergleich zum Einkommen zu teuer sei. Brennholz sei schwer zu haben, der Kohlepreis zu hoch. Kaum jemand sei in der Lage, Geld zu sparen. „Ein großer Teil der Bevölkerung glaubt noch nicht an ein Fortbestehen der jetzigen Währung", hieß es damals.

Auf den Nägeln brannte vor allem das Flüchtlingsproblem. Die Neubürger waren nicht nur außerordentlich schlecht untergebracht (bis zu sieben Personen mußten sich manchmal ein Zimmer teilen), es gab auch erhebliche Schwierigkeiten bei der Arbeitsplatzbeschaffung. Amtsdirektor Heibert teilte der Kreisverwaltung am 24. August 1949 mit, daß von 57 726 Einwohnern des Amtes Pelkum 7 196 Flüchtlinge seien.

An der Spitze des Amtes Pelkum standen als Amtsbürgermeister nach Heinrich Renninghoff (bis zum 4. Mai 1950) Johann Heuser (vom 15. Mai 1950 bis 31. Mai 1953), Paul Prinzler (vom 30. Juni 1953 bis 22. August 1963), Christian Tippmann (vom 24. Oktober 1963 bis zum 16. November 1964), Alfred Schmiedel (vom 17. November 1964 bis zum 28. Februar 1966) und Toni Denzer (vom 28. Februar 1966 bis zur Auflösung des Amtes Pelkum am 31. 12. 1967).

Amtsdirektoren waren nach Adolf Heibert (bis November 1958) Alfred Gleisner (2. Dezember 1958 bis 22. April 1966) und Alfred Schmiedel (1966 bis zur Auflösung des Amtes am 31. 12. 1967).

Mit der ersten kommunalen Neuordnung entstand die Großgemeinde Pelkum, der die Gemeinden Herringen, Pelkum, Lerche, Sandbochum, Weetfeld und ein Teil Wiescherhöfens angehörten. Bürgermeister wurde Christian Tippmann, Gemeindedirektor Erich Tiefenbach. Am 1. Januar 1975 wurde die Großgemeinde an Hamm angegliedert und bildet heute die Stadtbezirke Herringen und Pelkum.

Stadt zahlte für Besatzung

2,5 Millionen im ersten Halbjahr '48 für Leistungen und Löhne

Die Wiederaufbauleistung konnte sich sehen lassen. Es gab u. a. 3 294 neu erstellte Wohnungen, gute Fortschritte bei der Trümmerbeseitigung und die Ansiedlung von 18 Industrie-, 21 Großhandels- und acht Baubetrieben. Diese beachtliche Bilanz legte Oberbürgermeister Ferdinand Poggel vor, als die Stadtvertreter angesichts der bevorstehenden Kommunalwahlen am 1. Oktober 1948 in einer Sitzung im Stadthof (heute Paracelsus-Kaserne) Rückblick auf ihre zweijährige Tätigkeit hielten. Poggel wies darauf hin, daß die Zahl der Kleingärten von 763 auf 1 543 gestiegen sei und 4 700 Flüchtlinge untergebracht werden konnten. In einem Punkt allerdings trog die Hoffnung: Die vom Oberbürgermeister stolz aufgeführte Niederlassung von zwei Behörden, der Tierärzte- und der Apothekerkammer, erwies sich als ein kurzfristiger Erfolg. Mangels geeigneter Räume kehrten die beiden Kammern Hamm bald den Rücken.

Finanziell war die Stadt in einer sehr schwierigen Lage. Besonders belastend wirkten sich dabei die Besatzungskosten aus. In der Augustsitzung hatte OB Poggel berichtet, daß allein im ersten Halbjahr 1948 für diesen Zweck 2,5 Mio Mark bereitgestellt werden mußten. Dabei handelte es sich um 543 000 Mark für Lieferungen und Leistungen, 1,8 Mio Mark für Löhne und Gehälter sowie 160 000 Mark für beschlagnahmten Grundbesitz, Mobiliar und Wohnungen. Die Kosten, sagte Poggel, würden zwar vom Land erstattet, doch sei die Belastung untragbar und unverhältnismäßig hoch. Das machte er an einem Vergleich deutlich: An Fürsorgekosten konnte die Stadt im gleichen Zeitraum nur 1,1 Mio aufbringen und für Schulen lediglich 800 000 Mark.

In den Amtlichen Bekanntmachungen vom 15. Oktober 1948 findet sich eine interessante Notiz: Der Oberstadtdirektor gab als „Kreiskriegssachschädenfeststellungsbehörde“ bekannt, daß am Stadthof Möbel versteigert würden. Es handelte sich um Einrichtungsgegenstände, die von der Besatzungsmacht beschlagnahmt und jetzt zurückgegeben worden waren, doch konnten die rechtmäßigen Besitzer nicht ermittelt werden.

Pläne für neuen Stadtkern

Bei Architektenwettbewerb gingen 60 Entwürfe ein

„Auch in Notzeiten muß eine verantwortungsbewußte Verwaltung ihre Pläne auf die Notwendigkeiten und Möglichkeiten der Zukunft ausrichten“, befand die Hammer Stadtverwaltung und gab am 15. Oktober 1948 im Amtsblatt bekannt, wie sie sich die Neugestaltung des Stadtkerns vorstellte. Das Bauamt hatte einen Architektenwettbewerb ausgeschrieben, zu dem nicht weniger als 60 Entwürfe eingegangen waren. Sie wurden jetzt nach der Bewertung durch das Preisgericht in einer Ausstellung des Verkehrsvereins in zwei Stockwerken der Ackerschule an der Wilhelmstraße zehn Tage lang der Öffentlichkeit vorgestellt. Die ersten drei Preise wurden Architekten aus Coesfeld, Dortmund und Gelsenkirchen zuerkannt.

Vorgegeben war den Wettbewerbsteilnehmern der Wiederaufbauplan der Hammer Bauverwaltung für die Innenstadt. Er sah als Hauptverkehrsader in Nord-Süd-Richtung die Nord-, Stern- und Goethestraße vor. Ziel war es, die Südstraße zu entlasten. Der Ost-Westverkehr sollte durch die Ost- und Weststraße, der West-Ostverkehr durch Martin-Luther- und Widumstraße geleitet werden. Nach den Vorstellungen der städtischen Planer sollte in dem Viereck zwischen Martin-Luther-, Stern-, Nassauer- und Südstraße in späterer Zukunft das neue Rathaus entstehen. Für das Museum war der Richard-Matthaei-Platz reserviert, das Theater sollte an der Oststraße zwischen dem Kleinen Exerzierplatz und der Rietzgartenstraße gebaut werden.

Erweitert werden sollte der Eingangsbereich des Ostrings mit dem Musikpavillon. An der Nordseite des Platzes war ein Saalbau geplant, dem sich nach Norden bis zur Königstraße ein neuer Marktplatz anschließen sollte. Die Südseite des Marktplatzes an der Pauluskirche war für die Errichtung des evangelischen Gemeindehauses vorgesehen. An der Westseite des Platzes sollten die Ruinen des Rathauses einem Neubau der Stadtsparkasse weichen. Die Nordseite war dann Geschäftshäusern vorbehalten.

Den Architekten war vor allem die Gestaltung des Marktplatzes aufgegeben, wobei sie auch Vorschläge für die Rekonstruktion des zerstörten Turmes der Pauluskirche machen sollten. Der Sieger des Wettbewerbs schlug dafür den spitzen, achteckigen Turm aus dem Mittelalter vor. Das Preisgericht befand: „Die Lage des Stadtbildes in der flachen Landschaft verlangt einen starken, in die Ferne wirkenden Turm, wie er etwa im Mittelalter vorhanden war. Dieser Forderung kommt der vom Träger des 2. Preises vorgeschlagene Helm am nächsten. Eine andere Möglichkeit, den Turm durch ein oder mehrere Geschosse aufzustocken, erfordert einen starken Eingriff in die bestehende Architektur. Eine Wiederholung barocker Helmformen erscheint dem Preisgericht als bedenklich, da nicht zeitlos genug."

Angetan war die Jury von der Idee des Wettbewerb-Siegers, den Platz um die Pauluskirche in zwei Plätze aufzuteilen und diagonal mit dem neuen Marktplatz zu verbinden. Sie räumt in ihrer Schlußbetrachtung allerdings ein: „Die wirtschaftliche Durchführbarkeit all dieser Pläne, namentlich auch in Bezug auf die Beanspruchung großer Bodenflächen, muß die Zeit ergeben."

Eigenheime im Kampf gegen die Wohnungsnot

Mit der Errichtung von Eigenheimen wurde auch in Bockum-Hövel versucht, der Wohnungsnot Herr zu werden. So schloß der Gemeinderat am 20. Mai 1948 mit dem Gemeinnützigen Bauverein Bockum-Hövel einen Vertrag, der den Grundstückskauf für den Bau von Eigenheimen für Bergleute an der Grün- und Werner Straße regelte. Wegen der bevorstehenden Währungsreform wurde ein Kaufpreis nicht festgelegt, dafür aber vereinbart, daß der fällige Betrag erst fünf Jahre nach der Auflassung zu zahlen sei.

Um fairen Wahlkampf bemüht

Erste freigewählte Hammer Stadtvertretung zog Bilanz

„Das Gefühl, daß wir in Deutschlands schwerster Zeit zusammengestanden haben, um die Not zu lindern und für die gesamte Bevölkerung zu arbeiten, möge uns allen der schönste Lohn für unsere Bemühungen sein. Ich habe den Wunsch, daß der kommende Wahlkampf sachlich und fair bleibt und so geführt wird, wie wir hier gearbeitet haben. Dann haben wir dem Gedanken der Demokratie am besten gedient." Mit diesen Worten schloß Oberbürgermeister Ferdinand Poggel am 1. Oktober 1948 im Ausstellungsraum des Museums im Stadthof (heute Paracelsus-Kaserne) die letzte Sitzung des ersten frei gewählten Hammer Stadtparlaments. Sechzehn Tage später, am 17. Oktober 1948, sollte erneut gewählt werden.

Der Rat legte eine Bilanz seiner Arbeit vor. Dabei kam immer wieder die Not zur Sprache, die auch drei Monate nach der Währungsreform keineswegs gebannt war. Sorge bereitete unter anderem der steigende markenfreie Verkauf von bewirtschafteten Lebensmitteln, der auch nach Ansicht des Landesernährungsamtes die Versorgung der Bevölkerung mit Brot und Fleisch im Laufe des Winters in Frage stellte. Das örtliche Ernährungsamt wurde vom Rat angewiesen, mit Ordnungsstrafen gegen Verstöße vorzugehen. Hilfe für 4 822 Fürsorgeempfänger hatte die Kohlenhändlervereinigung in Aussicht gestellt, die sich bereiterklärte, diesem Personenkreis den Zentner Kohlen für 2,80 DM zu liefern. Drei Prozent Nachlaß sicherte bei nachgewiesener Bedürftigkeit auch der Einzelhandelsverband Hamm zu.

Selbstlos dachte Ratsherr Notzon, der vorschlug, die Aufwandsentschädigungen für die Parlamentarier herabzusetzen, um so Mittel für die Notleidenden zu beschaffen. Sein Wunsch fand aber kein Gehör. Der Oberbürgermeister wies darauf hin, daß die Festsetzung der Aufwandsentschädigung eine Aufgabe der neuen Stadtvertretung sein werde.

Auch an Lob mangelte es nicht in dieser Sitzung. Ratsherr Kreusler dankte als Vorsitzender des Bauausschusses der Bauverwaltung und hier vor allem dem technischen Stadtoberinspektor Sell für die Beseitigung der größten Schäden am Kanalisationsnetz. Durch die Erledigung dieser Arbeiten vor der Währungsreform seien der Stadt 2,5 bis 3 Mio DM erspart worden. Lob gab es auch für das Kindertagesheim Sylverberg. Die dort seit Juli 1947 für je sechs Wochen untergebrachten 550 Kinder hätten durchschnittlich drei Kilo an Gewicht zugenommen.

Auf der Wunschliste für die Zukunft stand neben der Instandsetzung von Sportplätzen und Turnhallen der Wiederaufbau des Stadtbades in drei Bauabschnitten. So sollten zunächst die Wannen- und Reinigungsbäder, dann das Maschinenhaus und schließlich das Hallenschwimmbad wiedererstehen. Die Sportvereine hatten angeregt, für den Wiederaufbau des Stadtbades einen Sportgroschen zu erheben.

Hilfe für die Berliner

UdSSR verhängte Blockade über geteilte Stadt

„Der Kampf um Berlin ist Sache des ganzen deutschen Volkes! Es kommt jetzt darauf an, der Berliner Bevölkerung mit der Tat zu helfen." So beginnt ein Aufruf an die Bevölkerung von Hamm, in dem um Geldspenden für die eingeschlossene Stadt gebeten wird. Der Hauptausschuß des Rates hatte am 24. September 1948 beschlossen, in der Zeit vom 6. bis 14. Oktober eine Haussammlung zugunsten des Hilfswerks Berlin zu veranstalten. Die Bürger der Stadt wurden dafür um Spenden entsprechend ihren Vermögensverhältnissen gebeten.

In dem Aufruf heißt es, daß sich vor allem der Mangel an Kohlen in Berlin gravierend bemerkbar mache und die Industrie zum Erliegen bringe. Es sei bereits zu Massenentlassungen gekommen. In den westlichen Sektoren gebe es bereits über 400 000 Unterstützungsempfänger. Um Heizmaterial, Frischgemüse und Kartoffeln nach Berlin fliegen zu können, fehlten mindestens zwei Millionen DM. „Wir dürfen Berlin in diesem Kampf um die Freiheit nicht im Stich lassen! Wir müssen zeigen, daß wir über die Sympathie hinaus mit allen noch verbliebenen Mitteln auf der Seite der so schwer geprüften, tapferen Bevölkerung der Stadt Berlin stehen, deren Haltung nicht nur bei uns, sondern auch in den Ländern der westlichen Demokratien Achtung errungen hat."

Über Berlin war von der UdSSR als Reaktion auf die Währungsreform am 24. Juni 1948 eine Blockade verhängt worden, die die Westsektoren der geteilten Stadt von der Außenwelt abschnitten. Nicht zuletzt dank der vor allem von den Amerikanern aufgebauten Luftbrücke gelang es den Sowjets nicht, den freien Teil der Stadt unter ihre Kontrolle zu bringen. Die Blockade wurde am 12. Mai 1949 aufgehoben.

Große Hoffnungen trogen

Schauspielhaus hatte trotz Unterstützung keinen Erfolg

„Wir erlauben uns, Sie zur festlichen Premiere, die am Donnerstag, 7. Oktober 1948, 19 Uhr, im großen Saal des Kurhauses Bad Hamm (Westf.), Ostenallee, stattfindet, ergebenst einzuladen", hieß es im ersten Programmheft des Schauspielhauses Hamm, das mit Schillers „Don Carlos" Premiere feierte. Die Schauspieler und Mitarbeiter um Lizenzträger Hans Harnier und seine Vorstandskollegen Elisabeth Reich-Richarz und Peter Siebel machten sich große Hoffnungen. Denn das Kulturangebot in Hamm war bisher bestens frequentiert, der Kurhaussaal ständig ausgebucht. Warum sollte es da nicht gelingen, ein eigenes Theater zu installieren? Doch der Starttermin kurz nach der Währungsreform erwies sich als denkbar ungünstig, und da auch kräftige finanzielle Unterstützung von seiten der Stadt ausblieb, war das Schicksal des Theaters im Juli 1950 bereits wieder besiegelt.

Den Auftakt bildete, wie im Verwaltungsbericht der Stadt Hamm nachzulesen ist, Anfang Juni 1948 eine Aufführung des Schiller-Schauspiels „Die Räuber" im Kristall-Palast durch das Mülheimer Schauspielhaus. Das Stück wurde ohne Kulissen und Kostüme dargeboten. Dem Theaterausschuß des Rates erklärten Spielleiter Hans Harnier und Tonmeister Peter Siebel, daß sie das Mülheimer Ensemble nach Hamm verlegen möchten. Die Parlamentarier signalisierten grundsätzlich Zustimmung und stellten den Kurhaussaal und den städtischen Bühnenfundus zur Verfügung. Für die Spielzeit 1948/49 wurden vier Vorstellungen in der städtischen Vormiete eingeplant.

Eine Sammlung in der Bürgerschaft brachte 8 000 DM als Startkapital zusammen. Die Künstler stellten sich am Sonntag, 26. September, bei einer Matinee dem Hammer Publikum vor. „Die Erwartungen sind nach dieser von Peter Ruhnau geleiteten Vorstellung sehr hoch gespannt und verbieten für die Zukunft kleine Maßstäbe", wird später im Programmheft die örtliche Presse zitiert. Am 7. Oktober 1948 war es dann so weit: Das Schauspielhaus Hamm stellte „Don Carlos" als erste eigene Inszenierung vor.

Zum Ensemble gehörten Carmen Andrass, Annemarie Boese-Harnier, Anny Boese-Harnier, Käthe Fuchs, Dorothea Klein, Elisabeth Reich-Richarz, Hans Gerö, Hans Harnier, Wolfgang Hiller, Hannes Kroeger, Peter Ruhnau, Ernst Schmidt, Franz Simon, Werner Strüngmann, Helmut Tromm, Hubert Unser, Heinz Rudolf Uppenkamp und Bruno Wittchen. Bühnenbildner war Alfons Maria Hartstein. Dann ging es Schlag auf Schlag. Bereits am 12. Oktober wurde

Franz Molnars Lustspiel „Der Teufel lacht dazu" im Atrium aufgeführt. Da aller guten Dinge drei sind, folgte wenig später die Komödie „Ingeborg" von Curt Goetz. Nicht weniger als 15 Inszenierungen sah der Spielplan 1948/49 vor, darunter Goethes „Faust", Hauptmanns „Biberpelz", Shakespeares „Was Ihr wollt" und Borcherts „Draußen vor der Tür", ein Drama von brennender Aktualität, von dem es im Programmheft hieß: „Ein Stück, das kein Theater spielen und kein Publikum sehen will."

Doch der ganz große Erfolg blieb aus und die Kasse chronisch leer. Im September 1949 wurde mit einer groß angelegten Sportveranstaltung versucht, dem Theater finanziell unter die Arme zu greifen. Bei einem Fußballspiel im Jahnstadion lachte das Publikum Tränen. Im Dienst der Muse machte selbst die Verwaltungsspitze mit. Wie in der Westfalenpost nachzulesen ist, wurde eine Oberligamannschaft vom „Amtsschimmel" angeführt, auf dem Verwaltungsmitarbeiter Schmalz im Sattel saß. Mit Shorts und Six-Pence-Mütze folgte Oberstadtdirektor Dr. Schultz, Stadtkämmerer Dr. Hüster trug den schmalen Stadtsäckel auf der Schulter, Stadtbaurat Haarmann hatte sich als Torwart mit einem Klappstuhl bewaffnet. Mit von der Partie waren auch Stadtrechtsrat Dr. Hans, Flüchtlingsamtsmitarbeiter Blume und die Ratsmitglieder Bitzer, Jakubowski, Holsträter, Klempt, Funnekötter, Rube, Rother und Reinköster. Die Elf der Presse, gegen die die Stadtmannschaft antrat, trug einen Riesenfederhalter auf das Spielfeld. Neben Verlagsdirektor Stillger, mit Krone und Königsrock geschmückt, marschierten die Damen Kaiser, Weltermann und Eickhoff sowie die Herren Berges, Longerich, Hamburg, Hessenbruch, Kruse, Wahle, Wiegel und Rohkämper. Die Schiedsrichter Carl Corzilius und Wilhelm Klumb hatten keine leichte Aufgabe. In der WP hieß es: „Nun kommen die Lachmuskeln der Zuschauer nicht mehr zur Ruhe. Was sich da auf dem grünen Rasen tut, hat das Jahn-Stadion noch nicht erlebt. Wider alle Regeln des Sports, mit Geist und Humor und zeitweise mit zwei Bällen rollt ein „Fußballspiel" ab, das nicht seinesgleichen hat. Als selbst Herr „Beer" noch im zottigen Fell erscheint und der Oberstadtdirektor ob dieser telegraphisch-motorisch übermittelten Nachricht in Ohnmacht fällt, kennt die Heiterkeit keine Grenzen mehr." (Dieser Auftritt bezog sich auf einen Wirtschaftsskandal, der damals in Hamm Schlagzeilen machte.)

4 500 Zuschauer hatten zuvor eine Begegnung der „Nachwuchs-Liga" erlebt, bei der sich die Mannschaften der Stadtverwaltung und der Presse um ein wenig mehr Ernst bemüht hatten. In der Pause schwebte das Ballett des Schauspielhauses Hamm mit dem „Kaiserwalzer" über den Rasen. Humorvoll moderiert und kommentiert wurde die Veranstaltung, die einen Reinerlös von 2 700 DM für das Schauspielhaus brachte, von Peter Ruhnau.

Peter Ruhnau blieb Hamm auch treu, nachdem das Schauspielhaus im Juni 1950 geschlossen werden mußte. Er übernahm später die Öffentlichkeitsarbeit für die Brauerei Isenbeck und machte sich als Conferencier einen Namen. Zunächst aber schloß er sich seiner Kollegin Käthe Fuchs an, die mit einem

Zimmertheater die Bühnentradition fortsetzte. Dem Ensemble gehörte eine kurze Zeit auch Hannes Kroeger an, dessen Frau heute noch in Hamm lebt. Sie hatte ihn erst kennengelernt, als das Schauspielhaus schon geschlossen war.

Ruth Kroeger erinnert sich, daß die Schauspieler damals in alle Winde verweht wurden. Ihr Mann bewarb sich mit Erfolg wieder beim Auswärtigen Amt, für das er früher schon tätig war. Beide gingen nach Mexiko und dann nach Kolumbien. Von dort kehrte Ruth Kroeger nach dem Tod ihres Mannes wieder nach Deutschland zurück.

In Hamm lief das Zimmertheater zunächst gut an. Bis zum Mai 1959, als sie ihr 40jähriges Bühnenjubiläum feierte, präsentierte Käthe Fuchs 95 Premieren. Aufführungsort war der Saal des Cafés Schulte an der Weststraße, der kostenlos zur Verfügung gestellt wurde. Die Premieren waren regelmäßig ausverkauft, dennoch warf das Zimmertheater nicht genug ab, um davon leben zu können. Die Künstler erhielten, wie das Kulturamt in seinen Unterlagen festgehalten hat, monatlich lediglich 15 bis 20 DM, ein Betrag, der mit der Arbeitslosenunterstützung verrechnet wurde. Käthe Fuchs mußte ihr Theater im Dezember 1966 aus gesundheitlichen Gründen aufgeben. Sie wurde mit der Silbernen Plakette der Stadt ausgezeichnet und siedelte nach Remscheid über, wo sie bis Mai 1971 ihren Lebensabend verbrachte.

Auch Ruheständler überprüft

Bei Nazi-Vergangenheit Aberkennung der Bezüge möglich

Die Entnazifizierungsausschüsse hatten auch Ende 1948 noch viel zu tun. Im September erließ der Regierungspräsident in Arnsberg eine Verordnung, die die politische Überprüfung der Versorgungsberechtigten regeln sollte. Die entsprechenden Verfahren wurden jeweils auf Antrag eingeleitet und sollten klären, ob der Beamte oder seine Hinterbliebenen die vollen Versorgungsbezüge, einen Bruchteil davon oder Versorgungsbezüge nach einem niedrigeren Dienstgrad bekommen sollten. Möglich war bei entsprechender Nazi-Vergangenheit auch eine völlige Aberkennung der Bezüge. Im Amtlichen Schulblatt vom 20. September 1948, in dem diese Verordnung veröffentlicht wurde, wird ausdrücklich darauf hingewiesen, daß einem Betroffenen nicht nachgewiesen werden müsse, sich aktiv an der nationalsozialistischen Parteiarbeit beteiligt zu haben, sondern daß vielmehr er selbst den Beweis zu erbringen habe, nicht aktiv tätig gewesen zu sein.

Bei einer Einstufung in die Entnazifizierungs-Kategorien I und II wurden die Versorgungsbezüge völlig aberkannt, was auch bei Stufe III als Alternative zu einer Kürzung möglich war. Bei Gruppe IV wurden die Pensionen gekürzt, wenn die Beförderung nur aufgrund der Zugehörigkeit zur NSDAP erfolgt war. Gruppe V schließlich behielt die vollen Bezüge. Diese Regelung galt auch für Hinterbliebene.

Zur Einstufung wies der Regierungspräsident darauf hin, daß es immer auf die Gesamthaltung des Betroffenen ankomme, „wobei die individuelle Verantwortlichkeit, insbesondere seine geistige Fähigkeit, die Folgen seines Handelns zu übersehen, zu berücksichtigen sind". Weiter heißt es unter anderem: „Einer Einreihung in Gruppe IV oder V wird ein Gesamtverhalten des Betroffenen entgegenstehen, durch das er die Ziele der Partei wesentlich unterstützt hat, zum Beispiel durch ständiges Überschreiten der Mindestpflicht bei Beitragszahlungen und Spendenhöhe, . . . betontes nationalsozialistisches Verhalten in und außerhalb des Dienstes, schroffes Auftreten gegenüber Nichtparteigenossen und Bedrängten, Kirchenaustritt aus politischen Gründen, ständiges und überflüssiges Tragen der Uniform und des Parteiabzeichens, Tätigkeit als Provokateur, Spitzel, Denunziant, betontes Heil-Hitler-Grüßen . . .".

Eine Einstufung in Kategorie IV könne dagegen bei nominellen Mitgliedern der Partei erfolgen. Sie müßten gezeigt haben, daß sie den Nationalsozialismus innerlich ablehnten. „Es wird sich meist um solche Parteimitglieder handeln, die nur unter Druck in die Partei eingetreten sind." Als Voraussetzung für die Einstufung in Gruppe V wurde aktiver Widerstand genannt, der Nachteile finanzieller, beruflicher oder körperlicher Art zur Folge gehabt habe. Als Beispiele werden angeführt „Nichttragen des Parteiabzeichens, Unterlassen des Hitlergrußes, Ablehnung des Kirchenaustritts" sowie bei Anwälten die Verteidigung politisch Verfolgter, bei Richtern Urteile, die im Widerspruch zu den Anschauungen des Nationalsozialismus standen, bei Lehrern die Weigerung, Kruzifixe aus den Schulen zu entfernen oder der Hitlerjugend Schulräume zur Verfügung zu stellen. Auch die Unterstützung von Opfern und Gegnern des Nationalsozialismus war ein Pluspunkt zur Einstufung in Kategorie V. Wie bereits berichtet, hatten die Kategorien folgende Bedeutung: Gruppe I Hauptschuldige, II Belastete, III Minderbelastete, IV Mitläufer und V Entlastete.

Im November 1948 kurz notiert

Ratsherr Notzon stellte den Antrag, den Ärmsten der Armen eine Weihnachtsbeihilfe zukommen zu lassen. In der Ratssitzung wurde jedoch darauf hingewiesen, daß im Augenblick für diesen Zweck keine Mittel vorhanden seien. Der Stadtkämmerer gab zu bedenken, daß für die laufenden Fürsorge- und Personalkosten bis Ende des Monats noch keine Deckung vorhanden sei. Ratsherr Rother machte den Vorschlag, daß die höher bezahlten Beamten und Angestellten zugunsten der Notleidenden auf einen Teil ihrers Gehaltes verzichten sollten.

Keine Wiederaufbau-Lotterie

Lutherkirche wurde am 31. Oktober 1948 wieder eingeweiht

Der Rat der Stadt Hamm war sich am 1. Oktober 1948 darin einig, alles zu tun, um den Wiederaufbau der Agnes- und der Paulus-Kirche zu fördern. Die Parlamentarier folgten deshalb einstimmig dem Vorschlag von Stadtkämmerer a.D. Wortmann, für den guten Zweck eine Lotterie zu veranstalten, die von ortsansässigen Firmen durch Sachpreise unterstützt werden sollte. Die Stadt selbst stellte als Hauptgewinne zwei baureife Grundstücke zur Verfügung. Aus der Lotterie wurde jedoch nichts. Vergebens wurde in Unterlagen der katholischen und der evangelischen Kirchengemeinde nach Resultaten gesucht. Im Stadtarchiv fand sich des Rätsels Lösung: Der nordrhein-westfälische Sozialminister verweigerte seine Zustimmung. Immer wieder wurde die Stadt Hamm in Düsseldorf vorstellig, bis sie schließlich das Vorhaben 1950 aufgeben mußte. Der Wiederaufbau der Kirchen wurde schließlich mit Hilfe von Spenden finanziert.

An der Pauluskirche waren 1947 erste Arbeiten zur Sicherung der erhalten gebliebenen Gewölbe ausgeführt worden. Wie August Bobe in der Kirchengeschichte festgehalten hat, wurde Anfang 1949 der Turm befestigt. Im Herbst 1951 konnte der Dachstuhl über dem Langschiff errichtet werden, für das am 20. Oktober 1951 das Richtfest gefeiert wurde. Über dem Chorraum wehte der Richtkranz erst am 18. Juni 1953. Am Reformationsfest, dem 31. Oktober 1954, wurde die Pauluskirche eingeweiht. Ihr Turm war damals noch ohne Helm, dessen gotische Form im Januar 1959 beschlossen wurde. Das 79,30 Meter hohe Wahrzeichen der Stadt Hamm wurde im Oktober 1962 fertiggestellt.

Auch an der Agnes-Kirche war 1947 mit Aufräumungsarbeiten begonnen worden. Das Richtfest konnte dann am Ostersonntag, dem 17. April 1949, gefeiert werden. Am 22. März 1953 kam Erzbischof Dr. Lorenz Jaeger nach Hamm, um das neu erstandene Gotteshaus zu konsekrieren.

Schneller wieder aufgebaut wurde die Lutherkirche an der heutigen Martin-Luther-Straße, die 1944 teilweise zerstört worden war. Sie konnte am Reformationsfest 1948 bereits wieder ihrer Bestimmung übergeben werden. Einen Tag zuvor war die Glockenweihe vorgenommen worden. In der Einladung dazu wird vermerkt, daß von den beiden im Krieg abgegebenen Glocken nur die größere wieder zurückgegeben worden sei. Eine zweite wurde dann aus den Trümmern der abgestürzten Glocken der Pauluskirche gegossen. Die Einweihung der Kirche nahm am 31. Oktober 1948 Präses D. Koch vor. Eine kirchenmusikalische Feierstunde am Nachmittag wurde von der Evangelischen Singgemeinde unter Leitung von Dr. Martin Wolschke gestaltet.

Das vierte Gotteshaus in der Innenstadt, die Liebfrauenkirche, wurde als erste Kirche in Deutschland bereits in der Nacht zum 8. September 1940 durch zwei Bombentreffer zerstört. Der Wiederaufbau wurde schon 1943 in Angriff genommen, doch machte ein weiterer Bombenangriff alle Mühen zunichte. Erst am 19. Oktober 1952 konnte der Grundstein für den Wiederaufbau der Kirche gelegt werden, die am 16. August 1953 von Erzbischof Dr. Lorenz Jaeger geweiht wurde.

Wahl mit Spannung erwartet

Neues Gesetz brachte für die „Kleinen" bessere Chancen

Mit Spannung wurde in Hamm die Kommunalwahl erwartet. Zum zweitenmal in der Nachkriegsgeschichte wurde die Bevölkerung am 17. Oktober 1948 an die Urnen gerufen, um ein neues Stadtparlament zu wählen. Die mit 24 Sitzen im 30köpfigen Rat vertretene CDU ging mit großen Hoffnungen in den Wahlkampf. Sie hatte 1946 49,3 Prozent der Stimmen errungen. Trotz eines Anteils von 37,5 Prozent hatte die SPD sich aufgrund des Wahlverfahrens mit sechs Sitzen zufrieden geben müssen. KPD, Zentrum und FDP waren im amtierenden Rat nicht vertreten, obwohl KPD 5,2 und Zentrum 5,1 Prozent der Stimmen bekommen hatten. Am 17. Oktober wollten sich alle Parteien wieder den Wählern stellen. Sie rechneten sich bessere Chancen aus, da das Gemeindewahlgesetz am 6. April 1948 geändert worden war und bereits ein Stimmenanteil von fünf Prozent die Mitarbeit im Parlament sicherte. CDU, SPD, KPD, FDP und Zentrum stellten in allen 18 Wahlbezirken der Stadt Hamm Kandidaten.

Die Reservelisten führten bei der CDU der Angestellte Ferdinand Poggel, bisher amtierender Oberbürgermeister, der Angestellte Heinrich Voß, der Rektor i.R. Josef Weidekamp, der Angestellte Wilhelm Rube und der Handwerker Ernst Notzon an. Die führenden Kandidaten der SPD waren der Schneider Heinrich Reinköster, der Rentner Hugo Bröcker, bisher amtierender Bürgermeister, der Kaufmann Heinz Schmiedinghoff, die Hausfrau Mimi Temme und der Gärtner Heinrich Lüttke. Die FDP schickte an vorderster Front den Kaufmann Erwin Soegtig, den Bergrat i.R. Wilhelm Bitzer, den Schreiner Otto Jakubowski, die Hausfrau Ella Petras und den Bäckermeister Bernhard Seveneick ins Feld. Bei den Kommunisten standen der Krankenhaus-Verwalter Josef Wiesmann, der Former Friedrich Gerling, der Elektriker Karl Muth, der Gleiswerker Willy Kuttge und der Kaltwalzer Franz Hasselmann vorn. Bei der Zentrumspartei war Verlagsdirektor Hans-Hermann Stillger der Spitzenkandidat. Ihm folgten auf den nächsten Plätzen der Ingenieur Paul Giesa, der Justiz-Obersekretär Hermann Fischer, die Hausfrau Erna Mühlhoff und der Justiz-Angestellte Paul Heinrichsmeyer. Jeder Wähler hatte eine Stimme, die er in der Zeit von 8 bis 18 Uhr in den Wahllokalen abgeben konnte. In den neuen Rat der Stadt wurden 31 Mitglieder gewählt, das war ein Sitz mehr als bisher.

SPD wurde stärkste Fraktion

Zentrum und FDP durften jetzt ein Wörtchen mitreden

„Marxistische Front zurückgedrängt", unter dieser Schlagzeile erschien in der Westfalenpost vom 19. Oktober 1948 der Bericht über die Gemeindewahlen vom 17. Oktober 1948 in Nordrhein-Westfalen. Bei einer Wahlbeteiligung von 68,1 Prozent waren landesweit 2 005 640 Stimmen für die CDU, 1 958 395 für die SPD, 427 905 für die KPD, 378 108 für die FDP, 528 768 für das Zentrum, 9 460 für DKP/DRP, 16 486 für RVP und 20 223 für Unabhängige abgegeben worden. In Hamm hatten sich 31,14 Prozent der Wähler für die CDU und 35,73 Prozent für die SPD entschieden. Beide Parteien hatten damit im Vergleich zur Landtagswahl im April 1947 (CDU 30,25 und SPD 33,68 Prozent) zugelegt. In die Gewinnerliste trug sich die FDP mit 13,28 (1947: 11,2) Prozent ein. Die KPD mußte mit 4,63 (1947: 8,44) Prozent erhebliche Verluste hinnehmen. Auch das Zentrum befand sich mit 15,22 (1947: 16,43 Prozent) auf dem absteigenden Ast.

Strahlender Wahlsieger war die SPD, die damit erstmals in Führung ging. Sie eroberte zwölf Mandate, die CDU mußte sich mit zehn zufrieden geben. Fünf Sitze gingen an das Zentrum, vier an die FDP. Das war als Folge des geänderten Wahlsystems ein harter Schlag für die CDU, die bisher 24 von 30 Ratsmitgliedern stellte. Die anderen sechs Sitze hatte die SPD gehabt. Jetzt durften auch die „Kleinen" mitreden — bis auf die KPD, die unter fünf Prozent blieb und damit von der kommunalpolitischen Arbeit ausgeschlossen war. Die Wahlbeteiligung lag in Hamm mit 70,8 Prozent leicht über dem Landesdurchschnitt.

Die Westfalenpost damals: „Stellenweise wurde offensichtlich nicht die Person des Kandidaten, sondern die Partei gewählt. Das führte zu Ergebnissen, die der Originalität nicht entbehren. So mußte beispielsweise der Fraktionsführer und

Spitzenkandidat der SPD, Landtagsabgeordneter Reinköster, im Wahlbezirk IV dem Kandidaten der CDU den direkten Sitz überlassen. Da der SPD auf der Reserveliste kein Sitz mehr zufiel, wird auch der bisherige SPD-Fraktionsführer nicht mehr dem Stadtparlament angehören. In anderen Bezirken wurden prominente und volkstümliche Vertreter der CDU von bisher wenig hervorgetretenen SPD-Kandidaten überflügelt. Die Stadtvertretung weist daher besonders bei der SPD eine Reihe neuer Namen auf, während die CDU nur aus den Vertretern besteht, die auch bisher dem Stadtparlament angehörten."

In einem Punkt irrte die WP: SPD-Fraktionschef Heinrich Reinköster gehörte auch weiterhin dem Rat an. Sein damals erfolgreicher Kontrahent, der CDU-Ratsherr Alfred Stichmann, erinnert sich, daß Reinköster in den Rat nachrückte, weil der SPD-Ratsherr Friedrich Gorhold nach Wiescherhöfen umzog und sein Platz deshalb frei wurde. Die Verwaltung machte es sich später in ihrem Rechenschaftsbericht des Rates einfach. Sie reihte Heinrich Reinköster unter die Direktkandidaten ein.

Registriert wird in der WP, wo die Parteien die meisten Stimmen erhielten. So hatte die SPD ihren höchsten Anteil im Bezirk XI (Westen) mit 810 Stimmen. Die CDU hatte ihre Hochburg in Stadtmitte-Ost mit 732 Stimmen. Für das Zentrum eroberte Rektor Karl Klempt im Hammer Norden mit 391 Stimmen sogar ein Direktmandat. Hier unterlag die CDU mit 318 Stimmen. Die FDP hatte die meisten Wähler, und zwar 356, in Stadtmitte West, während die KPD im Bezirk XII (Westen), ihren treuesten Wählerstamm (127 Stimmen) hatte.

Die Verwaltung zählte nach der Wahl vom 17. Oktober 1948 folgende Ratsmitglieder auf: SPD: Heinrich Holsträter (Gewerkschaftssekretär), Karl Trahms (Bezirksschornsteinfegermeister), Hans Büning (Eisenbahnbeamter), Heinz Schmiedinghoff (Kaufmann), Hugo Bröcker (Rentner), Peter Kreuseler (Werkmeister), Heinrich Reinköster (Schneider), Franz Funnekötter (Kaufmann), Wilhelm Lange (Eisenbahner), Else Wagner (Hausfrau), Otto Rother (Maschinenmeister), Fritz Schröder (Schreinermeister). Diese Ratsmitglieder wurden alle in direkter Wahl gewählt.

CDU: Franz Nüse (Bergmann), Sophie Buschkötter (Volkspflegerin), Emil Cobet (Apotheker), Alfred Stichmann (Dreher), Fritz Knickenberg (Maschinensetzer) in direkter Wahl sowie Ferdinand Poggel (Kassenleiter), Heinrich Voss (Diakon), Josef Weidekamp (Rektor i. R.), Wilhelm Rube (Angestellter) und Ernst Notzon (Schreinermeister) von der Reserveliste.

Zentrum: Karl Klempt (Rektor) in Direktwahl, Hans-Hermann Stillger (Verlagsdirektor), Paul Giesa (Ingenieur), Hermann Fischer (Justiz-Obersekretär) und Erna Mühlhoff (Hausfrau) von der Reserveliste.

FDP: Erwin Soegtig (Kaufmann), Wilhelm Bitzer (Bergrat i. R.), Otto Jakubowski (Schreiner) und Ella Petras (Hausfrau), alle von der Reserveliste.

Im Lauf der Amtsperiode schieden Heinz Schmiedinghoff (SPD) und Karl Klempt (Zentrum) durch Umzug, Josef Weidekamp (CDU) durch Krankheit und Paul Giesa (Zentrum) und Erwin Soegtig (FDP) durch Tod aus. Nachfolger wurden Mimi Temme (Hausfrau) von der SPD, Heinrich Hugemann (Elektromeister) vom Zentrum, Heinz Diekmann (Kaufmann) von der CDU, Wilhelm Brockmann (Justiz-Oberwachtmeister) vom Zentrum und Bernhard Seveneick (Bäckermeister) von der FDP.

Zentrum wollte Bürgermeister stellen

Großes Lob für Hammer FDP vom Landesvorstand

Die Wahl war gelaufen. Jetzt war die nächste Hürde zu nehmen. Angesichts der geänderten Mehrheitsverhältnisse war die Wiederwahl von Oberbürgermeister Ferdinand Poggel keineswegs selbstverständlich. Schließlich war die SPD die stärkste Fraktion geworden. Allein aber konnte keine der beiden großen Parteien bestimmen. Zentrum und FDP hatten ein Wörtchen mitzureden. Im Protokollbuch der Hammer FDP ist festgehalten, daß FDP-Vorsitzender Heinrich Rüter am 29. Oktober 1948 seinen Parteifreunden über eine Zusammenkunft aller im Stadtparlament vertretenen Parteien im Büro der SPD berichtete. Dabei ging es um die Wahl des Oberbürgermeisters und die Besetzung der Ausschüsse, von denen es, wie bisher schon, nicht weniger als 46 (!) geben sollte. Man einigte sich darauf, jeden Ausschuß mit drei Vertretern der SPD, zwei der CDU und je einem von Zentrum und FDP zu besetzen. In der Frage der Wahl des Oberbürgermeisters sprach sich die FDP für Ferdinand Poggel (CDU) aus.

In einer weiteren Sitzung des Vorstandes und der Ratsvertreter der Liberalen Anfang November kam das Thema erneut zur Sprache. Das Zentrum war wegen einiger im Protokoll nicht näher bezeichneten Äußerungen eines Pastors verärgert und drohte mit der Aufstellung eines eigenen Bürgermeister-Kandidaten. CDU-Vorsitzender Emil Cobet und Josef Weidekamp hatten inzwischen versucht, den Zentrums-Ratsherrn Hans-Hermann Stillger zu beschwichtigen. Einen Tag vor der konstituierenden Ratssitzung teilte das Zentrum mit, daß es mit der Poggel-Wahl einverstanden sei, wenn die FDP den Zentrums-Bürgermeister mitwählen würde. Bis um zwölf Uhr mittags sollten sich die Liberalen am Tag der Ratssitzung, dem 12. November 1948, entscheiden.

In der Diskussion hatte 2. Vorsitzender Fritz Müller keine Bedenken gegen einen Zentrums-Bürgermeister, er hielt es aber für richtiger, daß die SPD, wenn die CDU den Oberbürgermeister stelle, den Bürgermeisterposten bekommen solle. Da der FDP an einem guten Einvernehmen mit der SPD lag, wurde in einem Schreiben an das Zentrum dessen Wunsch in Anbetracht der Stärke der

SPD als nicht besonders glücklich bezeichnet. Dem Zentrum wurde jedoch zugesagt, seinen Vorschlag dadurch zu stützen, daß sich die FDP-Abgeordneten bei der Bürgermeisterwahl der Stimme enthielten. So geschah es dann auch, das Zentrum hatte aber inzwischen seinen Sinn gewandelt und stimmte für den SPD-Kandidaten Hugo Bröcker. Bei den Hammer Liberalen traf Ende November ein Brief des Landesvorstands ein. Dr. Middelhauve bescheinigte ihnen, eines der besten Wahlergebnisse im Land erzielt zu haben.

In der Jahreshauptversammlung der Hammer FDP am 7. Januar 1949 wurde Vorsitzender Heinrich Rüter in seinem Amt bestätigt. Als seine Stellvertreter wurden Fritz Müller wiedergewählt und Bernhard Seveneick neu delegiert. Für dessen Posten war eine Stichwahl erforderlich, denn kandidiert hatten dafür auch Ratsfraktionsvorsitzender Wilhelm Bitzer und FDP-Mitglied Karl Kaiser aus Osttünnen (Amt Rhynern). Bitzer erhielt zunächst 13 Stimmen, Seveneick elf und Kaiser zehn. Die Stichwahl zwischen Bitzer und Seveneick entschied letzterer für sich.

Poggel bleibt Oberbürgermeister

SPD-Mehrheitsfraktion konnte sich nicht durchsetzen

Die Wiederwahl des CDU-Politikers Ferdinand Poggel zum Oberbürgermeister der Stadt Hamm war nach der Kommunalwahl vom 17. Oktober 1948 keineswegs sicher. Schließlich hatte die SPD die Union überrundet und war mit zwölf Mandaten die stärkste Fraktion im Rat. Um sich mit ihrem Votum durchsetzen zu können, waren die zehn CDU-Ratsmitglieder auf die Unterstützung der kleinen Parteien angewiesen. Das Zentrum verfügte über fünf Stimmen, die FDP über vier. Die unsicheren Mehrheitsverhältnisse machten in der Ratssitzung am 12. November 1948 einen zweiten Wahlgang erforderlich, denn neben Poggel bewarben sich Hugo Bröcker für die SPD und Hans-Hermann Stillger für das Zentrum um das Amt das Stadtoberhaupts. Der erste Wahlgang ergab 14 Stimmen für Poggel, zwölf für Bröcker und vier für Stillger. Da kein Kandidat die absolute Mehrheit errang, war eine Stichwahl erforderlich. Sie brachte in geheimer Abstimmung mit 18 Stimmen den Sieg für Poggel. Bröcker mußte sich mit den zwölf Stimmen seiner eigenen Fraktion zufriedengeben. An der Ratssitzung nahmen nur 30 der 31 Stadtvertreter teil. Ein Zentrumsabgeordneter fehlte.

Unkompliziert verlief die Wahl des Bürgermeisters. Bei Stimmenthaltung der FDP wurde Hugo Bröcker in diesem Amt, das er bisher schon ausgeübt hatte, bestätigt. „Es ist unsere Aufgabe, die Interessen der Bevölkerung unserer Stadt auf kommunalem Gebiet zu vertreten, der Bürgerschaft zu dienen und dafür zu sorgen, daß die Not, die auf allen Gebieten vorhanden ist, gelindert wird, soweit menschliche Kräfte dazu in der Lage sind," hatte Ferdinand Poggel zu Beginn der Sitzung in seiner Begrüßungsansprache zu bedenken gegeben. Und er fuhr fort: „Wir werden diese Pflichten nur dann erfüllen können, wenn allseitig guter Wille, Sachlichkeit und Toleranz vorhanden sind."

Nach seiner Wahl bat er alle Ratsmitglieder um Unterstützung: „Die Zeiten, die vor uns liegen, sind hart und schwer. Wir wollen Hand in Hand arbeiten und unsere persönlichen und parteipolitischen Interessen zurückstellen. Nur wenn wir so arbeiten, wird es möglich sein, die Folgen des unseligen Krieges und eines verruchten Systems allmählich zu lindern und unsere Stadt einer besseren Zukunft entgegenzuführen."

Ähnlich äußerte sich auch der britische Stadtkommandant Haig: „Sie haben Ihr Amt nicht erhalten, um Ihre eigenen Vorteile zu suchen, sondern einzig und allein, um der Bevölkerung zu dienen." Haig warnte vor Parteikämpfen und Gehässigkeit, die er als „Fluch des deutschen politischen Lebens" bezeichnete. Der Einsatz der Politiker müsse zuallererst der Bevölkerung dienen und sehr viel später dann der politischen Partei. Jetzt gehe es darum, die ganze Energie einzusetzen, um Wohnraum zu beschaffen und für Ernährung und Kleidung zu sorgen. Der Bau von Theatern, Restaurants und Büros müsse so lange zurückgestellt werden, wie noch Menschen in Bunkern und anderen menschenunwürdigen Behausungen lebten.

Auch auf das Flüchtlingsproblem ging der Stadtkommandant ein. Er wies darauf hin, daß Hamm nach der Aufnahme von über 4.000 Flüchtlingen zum Sperrgebiet erklärt worden sei. Die Neubürger würden von vielen Menschen als unerwünschte Eindringlinge angesehen. Sie erhielten nicht immer die Unterstützung, die ihnen ihr unglückliches Schicksal etwas erträglicher machen könnte. Haig appellierte an seine Zuhörer, diese Menschen in ihre Gemeinschaft aufzunehmen. Einleitend hatte der Vertreter der Militärbehörde darauf hingewiesen, daß weder er noch die Besatzungstruppe der örtlichen Zivilverwaltung Anweisungen zu erteilen habe. Es gebe zwar noch verschiedene Punkte, die der Kontrolle durch die Militärregierung unterlägen, doch handele es sich dabei nicht um Alltagsaufgaben der Stadtverwaltung.

Oberbürgermeister Poggel dankte dem Stadtkommandanten: „Wir haben mit Befriedigung gehört, daß die Zeiten vorbei sind, wo wir nur Befehlsempfänger waren, und daß der Vertreter der Militärregierung in erster Linie Berater und Helfer sein will."

Im weiteren Verlauf der Sitzung ging es um die Besetzung der Ausschüsse des Rates. Oberbürgermeister Poggel gab zu bedenken, daß die Zahl von bisher 46 Ausschüssen zu groß sei und die Arbeit erschwert habe. Andere Städte, die größer als Hamm seien, kämen mit 25 Ausschüssen aus. In interfraktionellen Gesprächen habe man sich deshalb auf 26 Fachgremien geeinigt. Die Vorsitzenden der acht ständigen Ausschüsse (Personal-, Gewerbe-, Gesundheits-, Kultur-, Jugendamts-, Bau-, Stadtwerke- und Finanzausschuß) bildeten gemeinsam mit dem Oberbürgermeister und dem Bürgermeister den Hauptausschuß. Von den Ausschußvorsitzenden stellten SPD und CDU je drei sowie Zentrum und FDP je einen. Der in dieser Sitzung gefaßte Beschluß des Rates, künftig immer mittwochs zu tagen, hat noch heute Gültigkeit.

„Blättchen“ hatte ausgedient

Am 1. November 1949 war Westfälischer Anzeiger wieder da

Ein Spiegelbild der Zeitgeschichte sind die Zeitungsbände, die im Archiv des Westfälischen Anzeigers aufbewahrt werden. Ein besonderes Kapitel schreiben dabei jene Blattsammlungen, die eigentlich „artfremd“ sind. Sie unterscheiden sich nicht nur in Format und Umfang von den normalen Jahrgängen der Heimatzeitung, sondern auch im Inhalt. Denn sie wurden zensiert. Freie Berichterstattung war damals verboten. Es handelte sich auch nicht um eine „Zeitung“, sondern um ein Mitteilungsblatt. Das „Blättchen“ war den Hammer Bürgern als erste und einzige Nachrichtenquelle nach dem Krieg hochwillkommen. Es wurde von der Militärregierung herausgegeben und erschien erstmals am 19. Juni 1945.

Major J. M. Delius von der britischen Stadtkommandantur hatte die Idee, das „Neue Lippe-Mitteilungsblatt“ zu schaffen, um die Bevölkerung auch über amtliche Bekanntmachungen zu unterrichten. Denn seit die Amerikaner am 6. April die Stadt Hamm besetzt hatten, war der Westfälische Anzeiger zum Schweigen verurteilt. Die Alliierten beauftragten am 13. Juni 1945 die Druckerei Emil Griebsch mit Herstellung und Vertrieb der Zeitung, für die Major Delius als Herausgeber und Zensor fungierte. Unter dem Titel „Mitteilungsblatt für den Stadtkreis Hamm und den Landkreis Unna“ war der Inhalt genau vorgeschrieben. Es wurden Anweisungen, Bekanntmachungen und Gesetze der Militärregierung veröffentlicht und Mitteilungen über Lebensmittelrationen. Als Redakteurin wurde die Lokalredakteurin des Westfälischen Anzeigers, Annemarie Weltermann, eingesetzt.

Das Mitteilungsblatt erschien zunächst einmal wöchentlich. Der Titel wurde zum 1. September 1945 in „Amtliche Bekanntmachungen“ und zum 4. Januar 1947 in „Amtliche Bekanntmachungen der Stadt Hamm“ umgeändert. Als die Währungsreform, auf die ein erster Hinweis in der Ausgabe vom 16. April 1948 auftaucht, vorüber war, konnte das „Blättchen“ weiter ausgebaut werden. Eine

Sonderseite war am 1. Oktober 1949 der Mitteilung gewidmet, daß ab dem 1. November dieses Jahres der Westfälische Anzeiger wieder erscheinen würde. Das am 8. Oktober 1949 in „Hamm'sches Wochenblatt" umbenannte Presseorgan hatte damit ausgedient. Die letzte Ausgabe erschien am 26. Oktober 1949.

Schilda, Köpenick oder 1001 Nacht?

Hamm sollte Zentrum der Textilindustrie werden

Wirtschaftsskandale sind keineswegs eine Erfindung der Neuzeit. Schon in den ersten Nachkriegsjahren sorgten Glücksritter für Schlagzeilen. Die DM hatte kaum ihren Siegeszug angetreten, als auch in Hamm einer von ihnen sein Süppchen auf Kosten der Stadt zu kochen versuchte. Der „Fall Beer" machte nicht nur Schlagzeilen, er wurde im September 1949 auch bei einer Benefiz-Sportveranstaltung zugunsten des Hammer Schauspielhauses — wie berichtet — parodistisch in Erinnerung gerufen. Drei Monate zuvor war der Betrug aufgedeckt worden. „Die Textilwerk-Seifenblase ist geplatzt", hatte die Tageszeitung am 8. Juni 1949 berichtet. Ein 80-Millionen-Projekt, das der angebliche „Großindustrielle" und „Diplom-Kaufmann" Beer (44) am Hammer Hafen errichten wollte, hatte sich als Riesenbluff erwiesen. Beer war am 3. Juni wegen Urkundenfälschung, falscher Titelführung und Betruges festgenommen worden.

Zwei Monate zuvor hatte Hamm weit über die Stadtgrenzen hinaus Aufsehen erregt mit dem „modernsten Textilwerk der Welt", das 5 500 Arbeiter beschäftigen und Hamm zum Mittelpunkt der Textilindustrie machen sollte. Arbeitsplätze waren knapp zu jener Zeit, deshalb gingen in der „Textilstadt von morgen" Stellenbewerbungen aus ganz Deutschland nicht nur bei der Stadtverwaltung und beim Verkehrsverein, sondern sogar in den Zeitungsredaktionen ein. Schon war ein „Internationales Hotel am Bahnhof" im Gespräch. Skeptisch wurden lediglich Pläne des „Großindustriellen" Anton Beer aufgenommen, 5 400 Werkswohnungen zu errichten. Diese Zahl erschien bei 5 500 Arbeitern doch ein wenig hoch.

Als der Schwindel aufflog, wich die Jubelstimmung tiefer Depression. Das wurde in einer Ratssitzung am 22. Juni deutlich, in der Oberbürgermeister Ferdinand Poggel, Oberstadtdirektor Dr. Schultz und die Fraktionsvorsitzenden Erklärungen abgaben. Dabei verglich SPD-Chef Reinköster Hamm mit Schilda und Köpenick, während Zentrums-Sprecher Stillger von „Märchen aus 1001 Nacht" sprach. Der Stadtkommandant der Militärregierung, Oberstleutnant

Haig, gab eine Ehrenerklärung für Stadtverwaltung und Rat ab. Die Stadt war noch glimpflich davongekommen. Sie war zwar einem Betrüger aufgesessen, hatte dabei aber nur einen Schaden von 1 343,20 DM in Kauf nehmen müssen.

Erziehung zum Frieden

Geschichtsunterricht stand unter neuen Aspekten

Geschichtsunterricht war nach Kriegsende zunächst tabu. Erst im Sommer 1947 wurden die Lehrer auf diese Aufgabe vorbereitet, so daß der Kultusminister für das Winterhalbjahr 1947/48 die planmäßige Erteilung des Geschichtsunterrichts an Volks- und Mittelschulen anordnen konnte. Im Amtlichen Schulblatt für den Regierungsbezirk Arnsberg wurde im März 1949 auf den entsprechenden Erlaß hingewiesen und zu bedenken gegeben: „Der Geschichtsunterricht steht heute vor einer ebenso schweren wie entscheidenden Aufgabe, die nur gemessen werden kann an der Größe der Katastrophe, die über das deutsche Volk hereingebrochen ist. Er ist in der heutigen Schule zentrales Lehrfach, dem für die grundlegende Neuerziehung und innere Wandlung unseres Volkes überragende Bedeutung zukommt.“ Es gehe nicht so sehr um historische Tatsachen und Daten, sondern vor allem darum, durch lebendige Einblicke in die Vergangenheit geschichtliches Verständnis zu wecken.

„Die Erziehung zur Demokratie ist vornehme und überaus schwierige Aufgabe des Geschichtsunterrichts. Der Lehrer muß sich klar darüber werden, daß Demokratie mehr als eine Staatsform, daß sie eine Lebensform ist“, heißt es in den Richtlinien. Und es wird betont, daß der Unterricht in den Dienst der Friedenserziehung treten müsse: „Unsere Jugend muß erkennen, daß Spannungen und Konflikte im Völkerleben zuerst nicht durch Kriege und Gewalt, sondern durch Verhandlung und Verständigung auszuräumen sind.“

76 Wohnungen waren 1951 noch besetzt

In Notunterkünften lebten am 1. November 1945 in Hamm 2 245, ein Jahr später 1 844 und am 1. November 1948 692 Menschen. In Bunkern waren 1946 genau 97 und am 31. 12. 1950 noch 16 Hammer Einwohner untergebracht. Die Bevölkerungszahl stieg von 32 148 am 29. April 1945 auf 61 396 am 1. April 1951. Von der Besatzungsmacht beschlagnahmt waren am 22. April 1947 noch 48 Häuser mit 162 Wohnungen. Diese Zahl reduzierte sich bis November 1948 auf 33 Häuser mit 123 Wohnungen. 23 Häuser mit 76 Wohnungen waren im März 1951 immer noch von den Alliierten besetzt.

1948 das Jahr des Aufstiegs

Krieg richtete Sachschäden in Höhe von 120 Millionen an

So alt sind in Hamm die (Rauchverzicht-)Bräuche: Als der Rat der Stadt – schon damals immer an einem Mittwoch – am 29. Dezember im Ausstellungsraum des Museums zu seiner letzten Sitzung des Jahres 1948 zusammenkam, notierte die Presse anschliessend: „Ohne die erstmals im Tagungsraum aufgestellten Aschenbecher benutzen zu dürfen, stärkten sich die meisten männlichen Stadtvertreter im Vorraum und auf den Gängen für die gemeine Sitzung durch den Genuß der für drei Stunden entbehrten Tabakwaren." Mit den Zigaretten um die Wette rauchten die Köpfe, denn es war Bilanz gezogen und aufgezeigt worden, wieviel noch beim Wiederaufbau der Stadt zu tun blieb. Die entstandenen Kriegsschäden schlugen nach einer Aufstellung von Stadtbaurat Haarmann mit 120 Millionen DM zu Buche. Davon entfielen 55 Mio auf Wohngebäude, 35 Mio auf Industrie und Gewerbe, 10 Mio auf öffentliche Wohngebäude, 15 Mio auf Straßen und Versorgungsleitungen und 5 Mio auf Sonstiges. Der Schaden an städtischem Eigentum wurde auf 23,4 Mio DM geschätzt.

Er war bis zu diesem Zeitpunkt zu etwa 30 Prozent behoben worden. Mindestens weitere zehn Jahre waren nach Ansicht der Experten erforderlich, um alle materiellen Kriegsfolgen zu beseitigen. In besonders schlechtem Zustand befanden sich die Schulgebäude. Nur fünf Prozent der Schäden konnte bisher repariert werden. Die größte Sorge aber war die Wohnungsnot. Immerhin fehlten Ende 1948 in Hamm noch rund 5 000 Wohnungen. Vor dem Krieg hatten bei 55 000 Einwohnern rund 16 500 Wohnungen zur Verfügung gestanden, jetzt waren es bei gleicher Einwohnerzahl nur noch 11 350.

Dennoch sahen alle hoffnungsvoll in die Zukunft. Das betonte auch Oberbürgermeister Ferdinand Poggel, der in seinem Jahresrückblick 1948 im Vergleich zu dem Katastrophenjahr 1945, dem Notjahr 1946 und dem Hungerjahr 1947 als Jahr eines allmählichen Aufstiegs bezeichnete. Schwierigkeiten habe es vor allem durch die Neuordnung des Geldwesens und die Abkehr von der Zwangsbewirtschaftung gegeben. Poggel: „Diese Maßnahmen brachten schwere Härten mit sich. Viele alte Leute haben ihre letzten Sparpfennige verloren, der größte Teil der sonstigen Sparguthaben ging verlustig, und die Stadt büßte ihr Geld restlos ein." Als Folge der Zwangsbewirtschaftung hätten die Preise eine Höhe erreicht, die unerträglich sei, meinte Poggel. Er erwarte auch für das neue Jahr viele Schwierigkeiten, doch rechne er mit einem allmählichen Aufschwung. Als Hauptwünsche nannte er den Frieden und die Rückkehr der Kriegsgefangenen.

Dieser letzte Wunsch sollte allerdings nicht so schnell in Erfüllung gehen. Zwar meldete die sowjetische Nachrichtenagentur TASS am 4. Mai 1950, wie der Chronik des 20. Jahrhunderts zu entnehmen ist, daß die Rückführung der Kriegsgefangenen abgeschlossen sei, doch dauerte es noch bis zum 6. Oktober 1955, ehe die letzten ehemaligen deutschen Soldaten die Heimat wiedersahen. Ihre Rückkehr war ein Erfolg von Bundeskanzler Konrad Adenauer, der bei einem Besuch im September 1955 in Moskau der Aufnahme diplomatischer Beziehungen zwischen der Bundesrepublik Deutschland und der Sowjetunion zugestimmt hatte und dafür die Zusage erhielt, daß die 9 629 noch gefangengehaltenen Soldaten freigelassen würden.

Nachdem im Mai 1949 das Grundgesetz verabschiedet worden war, wurde im August der erste Bundestag gewählt. Im Hamm gab es dabei ein Kopf-an-Kopf-Rennen. Die CDU blieb mit 32,8 Prozent knapp in Führung, die SPD errang 30,4 Prozent, Zentrum (15,3) FDP (13,7) und KPD (5 Prozent) spielten nur Nebenrollen. Erster Bundestagsabgeordneter im Wahlkreis Unna-Hamm (wobei das Schwergewicht der SPD im Kreis Unna lag) wurde der SPD-Politiker Alfred Gleisner.

Ein Jahr später, vor der Landtagswahl am 18. Juni 1950, wurde es turbulent in Hamm. Eine Kundgebung der FDP mit Panzergeneral von Manteuffel wurde von FDJ, Falken und Gewerkschaftsjugend gesprengt. Die CDU gewann die Wahl mit 37,2 Prozent. Die übrigen Ergebnisse: SPD 28,8, FDP 18,2, KPD 2,8 und Zentrum 10,6 Prozent. Da der gewählte Landtagsabgeordnete Dr. Herbert Scholtissek seinen Wahlkreis aus beruflichen Gründen verließ, wurde am 28. Oktober 1951 eine Nachwahl erforderlich. Sie brachte völlig andere Ergebnisse: CDU 49,9, SPD 30,3, FDP 14,1 und KPD 2,7 Prozent. Oberbürgermeister Ferdinand Poggel ging bis zum Ende der Wahlperiode nach Düsseldorf.

Am 9. November 1952 kann es zu einem Generationswechsel im Hammer Rat. Die „alte Garde“ wurde von 17 neuen Ratsmitgliedern verdrängt. In den Wahlkampf hatten sich diesmal auch die Kirchen eingeschaltet, denen die SPD „Kanzelmißbrauch“ vorwarf. Die CDU erhielt 15 Mandate, die SPD zwölf, die FDP sechs und das Zentrum drei. Da Ferdinand Poggel nicht mehr kandidierte, stellte die CDU mit Heinz Diekmann den Oberbürgermeister. Bürgermeister wurde Peter Röttgen (SPD), der als Stadtdirektor pensioniert worden war und wieder in die Reihe der Politiker einrückte. Der Oberbürgermeister mußte alle zwei Jahre neu bestätigt werden. 1954 kam es dabei zu einem Wechsel im Ratsvorsitz: Heinrich Langes (CDU) löste Heinz Diekmann ab.

Ein niemals zuvor und bisher noch von keiner Partei erreichter Wahlerfolg war der CDU in der Stadt Hamm bei der Bundestagswahl 1953 beschieden, als sie ihren Wähleranteil im damaligen Stadtgebiet um mehr als 100 Prozent steigern konnte. Bei einer Rekordwahlbeteiligung von 85,1 Prozent eroberte die Union sensationelle 51,5 Prozent. So wurde, was niemand geglaubt hatte, im Wahlkreis Unna-Hamm der CDU-Kandidat Ernst von Bodelschwingh gewählt. Es war die Wahl, bei der Konrad Adenauers Partei die absolute Mehrheit im Bonner Parlament errang. Bezeichnend und verbürgt ist die Frage einer Hammer Wählerin beim Betreten ihre Wahllokals: „Ist das hier, wo man Adenauer wählt?“ Bei der Kommunalwahl am 28. Oktober 1956 holte die SPD kräftig auf und zog, ebenso wie die CDU mit 16 Vertretern in den Rat ein. Mit Hilfe der FDP wurde Werner Figgen (SPD) Oberbürgermeister. Zum Dank für die Unterstützung stellten die Liberalen mit Bernhard Seveneick und Robert Hesse seine beiden Stellvertreter.

Auch Werner Figgen mußte das Amt des Stadtoberhaupts 1964 an einen „Newcomer“ abgeben. Dr. Günter Rinsche (CDU), der das Heft bis 1979 in der Hand behielt und maßgeblichen Anteil daran hatte, daß Hamm zum 1. Januar 1975 mit den Städten Bockum-Hövel und Heessen und den Großgemeinden Uentrop, Rhynern und Pelkum zur Großstadt zusammengeschlossen wurde.

Vergleich zwischen allen Wahlen von 1945 bis 1975

in %	Ko 46	La 47	Ko 48	Bu 49	La 50	Ko 52	Bu 53	La 54	Ko 56	Bu 57	La 58	Ko 61	Bu 61	La 62	Ko 64	Bu 65	La 66	Ko 68	Bu 69	Ko 69	La 70	Bu 72	Ko 75	La 75
CDU	49,3	30,3	35,4	31,9	34,9	40,8	46,7	37,8	38,9	49,9	43,9	43,9	44,4	43,1	44,5	45,2	41,7	44,0	43,4	47,6	44,6	38,1	46,0	45,2
SPD	37,5	33,7	42,6	37,8	36,9	41,3	37,1	39,6	50,3	38,6	45,1	48,4	41,5	46,9	48,8	45,3	52,2	42,8	48,2	46,2	49,1	55,2	48,0	48,6
FDP	2,6	11,2	5,8	9,3	12,7	8,2	8,1	10,9	7,3	5,9	7,1	7,7	10,5	6,7	6,5	6,5	6,1	7,5	4,1	4,6	4,4	6,0	5,6	5,5
Sonst.	10,1	24,7	16,2	21,0	15,5	9,7	8,1	11,7	3,5	5,6	3,9	–	3,6	3,3	0,2	3,0	–	5,7	4,3	1,6	1,9	0,7	0,4	0,7

Eine komplizierte Aufgabe löste der damalige Leiter des Wahlamtes der Hammer Stadtverwaltung, Heinz-Georg Roth, im Jahr 1985: Er stellte für die ehemaligen Städte und Gemeinden, die jetzt zur Großstadt Hamm zusammengeschlossen sind, sämtliche Wahlergebnisse seit 1946 zusammen und rechnete sie auf das neue Stadtgebiet um. Diese Tabelle, hier bis zum Jahr 1975, war das Ergebnis. Damit war es erstmals möglich, Vergleiche über das Abschneiden der Parteien in Neu-Hamm zu ziehen.

Sachregister

Amt Pelkum 35, 36, 45, 62, 69, 106, 107, 109, 118, 128, 129, 144, 161, 162, 163, 164, 165, 197, 203, 204, 206, 259, 260, 271, 308, 309
Amt Rhynern 35, 55, 56, 57, 67, 68, 98, 99, 102, 103, 129, 138, 139, 143, 175, 176, 203, 204, 206, 253, 262, 263, 264, 265, 266
Amtsgericht 51

Bahn 23, 28, 29, 30, 47, 48, 49, 63, 294, 296
Bergarbeiter 16, 188, 189, 190
Bockum-Hövel 16, 17, 21, 79, 80, 166, 167, 168, 181, 182, 183, 206, 246, 247, 272, 289, 311
Bundestagswahl 329, 330

Demontage 243, 244, 249

Entnazifizierung 25, 26, 80, 99, 104, 105, 130, 131, 132, 133, 226, 230, 231, 297, 316, 317

Flüchtlinge 62, 67, 121, 122, 186, 204, 233, 259, 324

Gesundheitswesen 169, 170, 171, 180, 225, 226, 233
Gewerkschaften 197

Heessen 21, 78, 79, 107, 108, 136, 137, 206, 233, 234, 235, 236, 237

Kasernen 253, 254, 306, 307
Kirchen 40, 41, 195, 234, 235, 311, 318, 319
Kleingärten 41, 232, 242, 310
Kommunalwahl/Kreistagswahl 115, 116, 126, 127, 136, 137, 138, 139, 140, 141, 142, 143, 144, 161, 162, 163, 164, 167, 175, 176, 260, 265, 266, 308, 309, 319, 320, 321, 322, 323, 329, 330
Krankenhäuser 75, 76, 170, 171, 172, 173
Kriegsende 9, 10, 11, 12, 13, 14, 15, 17
Kriegsschäden 17, 105, 184, 185, 234, 238, 263, 270, 328
Kultur 58, 59, 65, 111, 112, 173, 174, 178, 195, 237, 254, 255, 258, 301, 302, 314, 315, 316

Landtagswahl 135, 207, 208, 329
Lippebrücke 54, 55, 76, 77

Militärregierung 13, 16, 22, 27, 28, 60, 191, 192, 193, 196, 229, 310, 324

Oberlandesgericht 51

Parlamentarische Anfänge 13, 17, 30, 31, 35, 36, 42, 55, 57, 66, 67, 68, 71, 72, 73, 74, 75, 78, 79, 80, 98, 99, 102, 103, 107, 109, 128
Parteien 32, 33, 34, 135, 202, 240, 241, 242, 248, 249, 323
Polizei 11, 12, 13
Post 37, 38, 39, 40, 185

Schauspielhaus Hamm 314, 315, 316
Schulen 43, 44, 45, 49, 69, 70, 71, 97, 98, 123, 162, 177, 178, 203, 206, 234, 327
Schwarzmarkt 20, 166, 176, 194, 235
Sparkasse 296
Sport 60, 61, 62, 124, 125, 129, 130, 134, 297
Stadtbücherei 193, 205
Stadtwerke 53, 54, 112, 113, 174, 185
Straßenbahn 40, 185, 200

Verkehrsverein 228, 229
Volkshochschule 198, 199
Volksbank 293, 294, 295

Währungsreform 290, 291, 292, 295, 296, 298, 299, 303, 304, 305
Waldbühne 179
Wohnungsnot 67, 114, 117, 186, 187, 191, 192, 204, 229, 233, 239, 259, 268, 311, 328

Zeche Heinrich Robert 188, 260
Zeche Radbod 167, 188
Zeche Sachsen 188, 234, 262
Zeitungen 23, 60, 100, 101, 325
Zimmertheater 316
Zollamt 257, 258
Zwangsarbeiter 15, 37, 52, 120

Personenregister

Abelshauser, Werner 188
Ackermann, Hermann 152
Adamek, K. 129
Adenauer, Konrad, Bundeskanzler 244, 329
Adler 32
Adolphs, Heinrich 289
Altena, K. 129
Altewischer, Dr. Clemens 127, 241
Althoff, Dietrich 267
Althoff, Otto 105
Altrogge, August 35, 57, 68, 98, 99, 103
Amelunxen 133, 135
Andrass, Carmen 314
Ante, Lutz 34
Arenz, Franz 162
Aring, Ernst 125
Arndt, Gustav 103
Arnold, Karl, Ministerpräsident 243
Aurea, Ordensschwester 70, 148

Baader, Dr. 170
Baer, Paul 195
Bänfer, Ludwig 111, 112, 199
Bainczyk, Eduard 233
Baker, Lt. Col. 252
Bamberg, Dr. Lothar 170
Banaszak, Johann 176, 263
Banning, Werner 18, 19, 20, 24, 27, 39
Barfeld, MdL 126
Barkhaus, Bernhard 167, 168, 181, 182, 272, 289
Barony, Ilona 174
Baroth, Hans Dieter 60, 61
Barz, Heinrich 308
Barz, Reinhard 161
Baus, Dr. 77
Beata, Ordensschwester 70
Becker 68
Becker, Friedrich 266
Becker, Walter 61, 278
Becker, Wilhelm 57, 175, 253
Beckmann, Prof. Dr. 35, 68, 103, 129, 138, 139, 265
Beeck, Josef van 146
Beer, Dipl.-Kfm. 326
Beer, Sofie 163
Beermann, Dr. Karl 181, 182, 183, 272
Begemann, Susanne 27, 28
Behrens, August 109
Beier, Friedrich 41, 47, 63, 91, 119, 137, 150, 157
Beierle, Dr. 145
Bennemann, Albert 29, 47, 91, 232, 294, 300
Bennemann, Else 41
Bennemann, Friedrich 271
Benner, Karl 176, 251
Bennetts, Major 307
Benz, Wolfgang 238
Berckhoff 68
Berges 315
Bergmann, Werner 125
Bergmann, Wilhelm 164
Berkemeier, Josef 30, 32
Berkemeier, Wilhelm 45, 107
Berkemeyer, Adolf 127, 297
Bermant, Captain 35
Berntzen, Josef 197, 198, 267
Bialluch, Berta 145
Biermann, Heinz 125
Biernat, Hubert 26, 32, 128, 132, 183, 207, 208, 248
Billet-Marzahl, Willi 11, 215
Bischoff, Karl 103
Bishop, General 244
Bittner, Herbert 260
Bitzer, Wilhelm 193, 241, 288, 315, 319, 321, 323
Blanke, Hannelore 277
Blanke, Josef 263, 277
Blaß, Marie-Luise 170
Blaurock, Walter 136, 236, 237
Block, Anton 136, 236
Blomeier, Bernhard 272
Blomeier, Hermann 167, 168, 289
Blücher, Finanzminister 127
Blume 244, 315
Blume, Otto 53
Bobe, August 318
Bock, Frau 211
Bock, Karl-Heinz 241, 267
Bodelschwingh, Ernst von 329
Böckelmann, Dr. 9
Böckmann, Bernhard 176, 250, 251
Böckmann, Heinrich 144

Böker, Josef 78, 137, 234, 236
Böse, Karl 143, 266
Boese-Harnier, Annemarie 314
Boese-Harnier, Anny 314
Bohnenkamp, Gerhard 136, 236
Bohnenkamp, Wilhelm 252
Bohnensack, Wilhelm 144
Booth, Major 182
Borgschulze, Heinrich 99, 139, 176, 250, 251
Born, Colonel 47, 48
Bornemann, Ludwig 174, 237
Boustaed, Captain 55
Bracht, Franz 136, 236
Brackelmann, Friedrich 56
Brackelmann, Heinrich 265
Brakelmann, Karl 105
Brand, Emil 36
Brandt, Friedrich 144
Brauckmann, Heinrich 93
Braun, Dr. Robert 171
Brechmann, Winfried 10, 18
Breuer, Walter 167
Bringmann 70
Brockbals, Johann 143
Brocker, Clemens 73, 104, 113, 116, 132, 228
Bröcker, Hugo 30, 67, 73, 74, 77, 104, 197, 200, 231, 276, 288, 297, 319, 321, 323
Brockhaus, Ernst 78, 136, 137, 236
Brockmann, Johannes 241
Brockmann, Wilhelm 288, 322
Brodzinski, Viktor 102
Brück, Hermann, Dechant 33, 70, 171, 244
Brüggemann, Franz 144, 161, 162, 308
Brühl, Adolf 17, 79, 80, 156, 167, 182, 246, 247, 289
Brünninghausen, Karl 139
Bruns, Fritz 164
Bruse, Gottlieb 141
Bucerius, Gerd 126
Budde, Wilhelm 161
Büning, Hans 288, 321
Büscher, Wilhelm 165
Bulian, Erich 11, 12
Bunkowski, Arthur 116, 202, 247, 276
Burfürst, Erich 137
Buschkötter, Sophie 56, 142, 187, 193, 199, 201, 260, 288, 321
Buschmann, August 62
Buschulte, Heinrich 143, 266
Busemann, Theo 125
Bußmann, August 266
Bußmann, Friedrich 266
Bußmann, Heinrich 255, 271

Celibidache, Sergiu 195
Claaßen 101
Cleff, Heinrich 103
Clement, Anton 70, 177, 224
Cobet, Emil 33, 56, 67, 73, 141, 245, 288, 321, 322
Coesfeld, Emma 137
Conrady, Frau 211
Conrady, Friedrich 55, 143, 266
Cordes, Josef 174
Corzilius, Carl 129, 315
Cosfeld, Wilhelm 233
Cramer, Hans 174
Crescentia, Ordensschwester 70
Crüsemann, Herr 120
Cullen, Major 128
Cullmann, Dr. Karl 51

Dabelow, Hans 129
Dahl 107
Dahlhoff, Fritz 57, 68
Damberg, Fritz 266
Damberg, Wilhelm 255
Damisch, Ernst 9
Dau, Albert 164, 308
Degelmann, K. 102, 129, 176
Degler, Alfons 308
Dehnert, Karl 198, 199
Deist, Wilhelm 33, 167, 168, 206, 246, 247
Delius, Major 31, 325
Demmer, Christel 155
Demmer, Dietrich 252
Denzer, Toni 309
Deter, Erich 9, 10, 27, 90
Dettlaff 102
Deuerlein, Ferdi 125
Deutsch, Dr. 145
Dewitz, Arthur 134
Dickmann, Bernhard 163, 164, 260
Dickmann, Emil 163
Diehl, Richard 33, 142, 200
Diekmann, Auguste 164
Diekmann, Heinz 56, 142, 191, 288, 322, 329
Dietrich, Josef 129, 164
Dionysia, Ordensschwester 70

Dirkschnieder, Fritz 45, 106, 107, 118, 260
Ditsche, Dipl.-Handelslehrer 199
Dittrich, Max 162, 308
Dommen, Ludger 61
Drees, Friedrich 36, 109
Dregger, Ferdinand 164
Dregger, Heinrich 163
Drehwald, Gustav 197
Dressel, Heinz 58
Drewer, Karl 101, 129
Dropmann, Bernhard 137
Droste zu Vischering 78
Droste, Norbert 38
Drücke, Karl 308
Drummond, Major 137
Duda, Johann 99, 103
Dübel, Heinrich 163
Duttke, Georg 165

Ebbering 33
Ebert, Friedrich, Reichspräsident 115
Eckard, Gregor 233
Eckervogt, Heidi und Uschi 154
Effert, Willi 99, 103
Ehrhardt, Wilhelm 164, 271
Eickhoff, Franz 125
Eickhoff, Frau 315
Eickhoff, Jupp 125
Einert 272
Eisenhower, General 16
Elbers, Franz 80
Ellbracht, Wilhelm 169, 198, 199
Elsner, Inge 155
Enste, Wilhelm 47, 91
Erdelkamp, Wilhelm 266
Erdelkamp, Friedrich 144
Erhard, Ludwig 291, 295
Erz, Alfred 109
Evermann, Wilhelm 293

Fahnemann, Heinrich 167
Faros, Gisela 155
Feist 197
Felicita, Ordensschwester 70, 71
Feltz, Major 168, 182
Fenske, Theodor 178
Fertmann, Willi 293, 294, 295
Figgen, Werner 193, 248, 287, 330
Fingerle, Mathilde 162
Fischer, Frau 58
Fischer, Fritz 165
Fischer, Hermann 127, 176, 267, 288, 297, 320, 321
Fleischmann, Johann 167
Flessenkämper, K. 128
Flessenkemper, Fritz 255, 266
Fliege, Heinrich 136, 236, 237
Fliege, Wilhelm 116
Fluhme, Karl 109, 308
Förster, Heinz 181
Freitag, Eduard 164
Freitag, Heinrich 178, 199, 228, 229
Freitag, Walter 266
Frieling, Willi 134
Friemauth, Fritz 20
Fries, Fritz 25, 31, 43, 44, 72, 73, 97, 130, 131, 141, 191, 269, 305
Fries, Josef 105, 161
Frigge, Architekt 224
Frigge, Wilhelm 55, 143
Frings, Joseph, Kardinal 48
Frittgen 232
Fröba, Thomas 79, 80, 197
Fröbe, Th. 199
Fröhlich, Gustav 59
Frölich, Franz 98
Fromm, Waltraud 155
Fuchs, Käthe 282, 314, 316,
Fuchs, Robert 200
Funke, Anton 179
Funke, August 179
Funnekötter, Franz 267, 288, 315, 321

Gärtner, Frau 211
Gahlen, Josef 137
Gampert, Paul 109
Gand, Lina 79, 80
Gebauer, Gustav 266
Gehlhaar, Albert 165
Geisler, Fritz 36, 45, 62, 93, 95, 106, 109, 118, 162, 163, 259, 260, 268
Geisthövel, Fritz 73
Geißler, Josef 34
Gellerbeck 70
Gellermann, Karl 57
Gellesch, Franz 80, 289
Gerdes 61
Gerdes, Georg 47, 63, 91, 92
Gerdes, Josef 179
Gerdes, Karl 252
Gerling, Friedrich 34, 67, 105, 297, 320
Gerling, Heinrich 139
Gerö, Hans 314
Gerwin, Gerhard 102

Gerwing, Karl-Heinz 294
Giebert, Karl 67, 73
Giers, Karl 53
Gierse, Otto 297
Giesa, Paul 320, 321, 322
Glania, Paul 263
Glauner, Ernst 33, 73
Gleibe, Dr. 299
Gleisner, Alfred 32, 202, 207, 208, 223, 230, 231, 248, 249, 272, 309
Glowiak, Auguste 109
Göbel, Heinrich 35, 164, 165
Goeke, Dr. 199
Goldstein, Julius 127
Goodson, Major 27, 56, 70, 74, 116, 117, 141, 227, 229
Gorhold, Friedrich 142, 321
Gosewinkel 68
Gosewinkel, Anne 261, 275
Gosewinkel, Ernst 271
Gosewinkel, Friedhelm 261, 275
Gosewinkel, Karl 67, 175, 252
Gosewinkel, Rainer 261, 275
Grabowski, Bruno 271
Graevinghoff, Heinrich 255
Graevinghoff, Leopold 57, 266
Grees, Josef 163, 260, 308
Gretenkord, Josef 289
Grewe 197
Groß, Fritz 136, 236
Große-Katthöfer, Theodor 139
Große-Wortmann, Rolf 76, 105
Grote, Konrad 136, 137
Grotewohl, Otto 135
Grothaus, Helmut 52, 53
Grothoff 211
Grundel, Heinrich 93, 118, 175, 252, 265
Grundmann, Walter 161
Guder, Alfred 109, 260, 308
Güldenhaupt, Alfred 35, 36, 62, 161
Günter, Walter 267
Günther, Georg 99, 102, 138

Haarmann, Emil 10, 13, 22, 24, 31, 74, 86, 88, 90, 112, 114, 132, 206, 228, 229, 245, 260, 315, 328
Häger, Wilhelm 136, 233
Hagels, Dr. 199
Haggeney, Luster 208
Haig, Lt.Col. 27, 86, 128, 175, 193, 196, 244, 264, 324, 327
Hamacher, Dr. 127
Hamburg 315
Hannesen, Rudolf 22, 23, 30
Hans, Dr. Heinrich 31, 74, 171, 228, 268, 315
Halbeisen, Philipp 235
Haritz, Reinhard 297
Harkebusch, Fritz 176
Harnier, Hans 314
Harper 48
Hartleif, Franz 93
Hartmann, Erna 145
Hartmann, Willi 216
Hartstein, Alfons Maria 314
Hartung 247
Hasselmann, Franz 320
Haumann, Günter 120
Haverkamp 211
Heckenkemper, Ludwig 267
Heibert, Adolf 36, 69, 106, 109, 161, 165, 309
Heile, Wilhelm 127
Hein, Karl 109
Hein, Peter 109, 162, 165
Heinkes 61
Heinlein, Emilie 289
Heinrichsmeier, Paul 297, 320
Heitsch, Fritz 35, 57, 68, 102, 103, 138, 139, 176, 202, 203, 252, 262
Held, Lothar 17
Heller, Dr. Theo 56, 57, 103, 129, 139, 224, 264, 265
Heller, Karl 176, 202, 262
Hellmich 124
Hellmich, Heinz 152
Helmich, Josef 293
Hemmer, Franz 139
Hendricks, Willi 160, 177, 178
Henneberg, Dr. 170, 240, 241
Hennekemper, Karl 73, 104, 133
Hensen, Bürgermeister 45
Henßler, Fritz 32, 100, 249
Heppberger, Wilhelm 267
Herbert, Heinrich 45, 109
Hermanny, Karl 251, 252
Hermsen, Dr. Ernst 51
Herrmann 106
Herrmann, Paul 161
Herrmann, Wilhelm 45, 107, 118, 162, 163, 308
Hesse, Robert 330
Hessenbruch, Robert 315
Heuser, Johann 109, 161, 308, 309
Heymann, Max 127

Heyn, Dr.Wilhelm 145
Hickson, Oberstl. 27
Highton, Lt.Col. 60
Hildburga, Ordensschwester 70
Hiller, Wolfgang 314
Hirsch, Heinrich 30, 67, 73, 112, 113, 142
Högger, Fritz 45
Höhler, Walter 129
Höhn, Carola 59
Hölscher, Heinrich 167, 181, 247
Hölter, Bernhard 136, 236
Hoennemann, Margarete 227, 261
Hörenbaum, Heinrich 99
Hötte, Dr. 170
Höving, Franz 167
Hoffmann, Karl 45, 107, 109
Hoffmann, Otto 78
Hofmann, August 167
Hofmann, Max 167
Hofmeister, Dr. Bernhard 78
Hohaus, Friedrich 165, 271
Hohaus, Heinrich 167
Hokamp, Eugenie 73, 142
Hokamp, Lina 67, 127
Holsträter, Heinrich 32, 127, 141, 267, 288, 302, 315, 321
Holtei, Wilhelm 176, 250
Holtermann, Rechtsanwalt 9
Holthoff, Josef 57, 68
Holtmann, Everhard 230
Holtmann, Ferdinand 103
Holzapfel, Dr. 126
Honrott, Hans 164
Honsa, Carl 308
Hoppe, August 252
Horoba, Johann 103, 139
Horstkemper, Heinrich 55, 143, 265, 266
Hoselmann, Fritz 255
Hotze, Johannes 271
Hovenjürgen, Johann 98
Hubert, Dr. 145
Hubold, Ernst 167, 289
Hudson, Brigadier 192
Huelke, Georg 165
Hülshoff, Ludwig 45, 107, 163
Hüsken, Wilhelm 163, 164
Hueßmann 271
Hüster, Dr. Wilhelm 86, 280, 288, 298, 299, 315
Hufelschulte, Friedrich 57, 68
Hugemann, Heinrich 288, 322
Hunter, Major 78
Hüske, Josef 266
Hustadt, Maria 164

Irving, Major 10, 27, 31, 51

Jackenkroll, Karl 265
Jaeger, Erzbischof Dr. Lorenz 318, 319
Jäger, Karl 136
Jakubowski, Otto 241, 288, 315, 319, 321
Janiak, Johann 167, 182
Jasper 107
Johannpeter, Familie 125, 153
Johnen, Dr. 169
Jonath, Ulrich 124
Junker, Heinz 125, 134
Junkermann, Karl-Heinz 125
Jusczyk, Paul 271

Kaim, Georg 79, 80, 289
Kaiser, Frau 315
Kaiser, Karl 323
Kalisch 112
Kalleicher 199
Kampmann, Christian 176, 250
Kampmann, Karl 139, 176, 263
Kannegießer, Martin 300
Kappelmann, Heinrich 267
Kapuscinski, Franz 271
Karlheim, Heinrich 57
Karlheim, Karl 68
Kaßmann, Dr. Fritz 67, 73, 104, 112, 199
Kayser, Eduard 169
Kayser, Rolf 169
Keller, Johann 271
Kellermann, Robert 265
Kellner-Flesch, Ellen 282
Kemper, Heinrich 137
Kemper, Josef 199, 228
Kemper, Rosa 163, 260
Kenworthy, Militärkommandant 132
Kerkhoff, Heinrich 165
Kermelk, Karl 266
Kesseböhmer, Dr. W. 51, 170, 244
Keßler 197
Kettermann, Wilhelm 162, 308
Ketzlick, Bernhard 21
Kielholz, Sofia 107, 163
Kielhorn, Carl 124
Kienecker, Paul 70
Kilwink, August 165

Kirchner, Adolf 29
Klaus, Artur 260
Kleff, Heinrich 263
Kleiböhmer, Karl 293
Klein, Dorothea 314
Klein, Johann 12, 162
Klempt, Karl 315, 321
Klewer, Richard 264
Klingenberg, Wilhelm 252
Klitzing, Egbert von 282
Klüner 125
Klumb, Wilhelm 264, 315
Knäpper, Fritz 109, 162, 308
Knickenberg, Eduard 33
Knickenberg, Fritz 28, 30, 47, 48, 49, 86, 91, 142, 288, 321
Knief, Hermann 267
Knittel, Johannes 34, 67, 73, 104
Koch, D. Präses 319
Koch, Heinrich 175, 253, 265
Koch, Hermann 207
Köckler, Emil 271
Köhne, Heinrich 266
König, Christel 154
König, Olga 137
Königsmann, Franz 78, 137, 236
Körner 67, 106
Körner, Emil 107, 109, 161
Körner, Kitty 154
Köstering, Wilhelm 47, 91, 137
Kohlhaas, Ise 155
Kohlhase, Wilhelm 255
Kollmann, Fritz 162
Komo, Wolfgang 108
Korber, Dr. Hans 182
Körner 67, 106
Korte 68
Korte, Heinrich 57, 175, 253, 265
Korte, Wilhelm 35, 57, 103, 139, 175, 253, 255, 266
Kortmann 61
Kortmann, Dr. 170
Koßmann, Karl 102, 103, 175, 176, 253, 262, 263, 265, 266
Kottenhahn, Karl 79, 80, 289
Krabus, Wilhelm 102, 263
Krähling, Wilhelm 266
Kräusler 197
Krafft, Eva 198
Krampe, Gerhard 32, 33, 142, 193, 219, 220, 239
Krampe, Willi 183
Krause, Irmgard 76
Krautwald, Paul 78
Kreikmann, Josef 78
Kremer 107
Kretschmer, Heinrich 78, 136, 236
Kreuseler, Peter 142, 205, 288, 321
Kreusler 312
Krieger, Fritz 195, 255, 256
Kroeger, Hannes 282, 314, 316
Kroeger, Ruth 316
Krolczyk, Wilhelm 80
Krüger, Dr. 145
Krüger, Jakob 47, 91
Krüger, Maria 107
Krüger, Wolfgang 130, 131
Krüper, Postrat 37, 38, 39
Krull, Dr. 145
Kruse 315
Kruse, Elsbeth 154, 155
Kruse, Heinz 47, 91
Kuchinke, Arthur 265
Kühlmann 68
Kühne, Franz 152
Künzel, Paul 113
Kuhlmann, Engelbert 57, 175, 253, 266
Kunigild, Ordensschwester 70
Kunz, Johannes 13, 33
Küper, Bruno 125
Kusenberg, Emil 109, 161, 162
Kuttge, Wilhelm 34, 67, 73, 104, 320

Lacour 102
Lambardt, Walter 207
Lambrecht, Dr. Konrad 112, 141, 142, 191, 198, 200, 245, 267
Lambrecht, Lieselotte 199
Lang, Eduard 106, 109, 161, 162
Lang, Wilhelm 109
Lange, Hermann 252, 271
Lange, Wilhelm 36, 73, 144, 161, 288, 321
Langer, Alexander 163, 259, 260
Langerbein, Josef 99, 176, 250
Langes, Heinrich 287, 329
Lappe, Josef 179
Laustroer, August 164
Lehmköster, Lisa 155
Lehmkuhl, Dr. Ewald 159, 169, 170, 171
Leise, August 12
Lemmes, Karl 163
Lenz, Dr. 145
Leonilda, Ordensschwester 70
Lettenbräucker, Heinrich 308

Leusmann, Fritz 35, 164, 165, 271
Levsen, Karl 12
Lewandowski, W. 136
Licht, Jakob 80
Lichte, Wilhelm 55, 143, 266
Liedtke, Karl 107
Liedtke, Wilhelm 162
Liesegang, Emil 65
Liesegang, Heinrich 165, 271
Liesegang, Jane 65
Liesens, Richard 136
Lindenborn, Fritz 105
Lindner, Albin 163
Linnemann, Bernhard 137, 236
Linneweber, Bernhard 167, 272, 289
Linnhoff, Marianne 155
Lipke, Felix 176, 250, 251
Lippmann 257, 258
Löw, Günter 294
Lohmann 241
Lohmann, Bernhard 142, 190, 207, 260
Lohmann, Theodor 265, 266
Longerich 315
Lucassen, Franz 99, 252
Ludorf 251
Lübbert, Heinrich 289
Lübke, Dr. Heinrich 220, 291
Lüke, Heinrich 93, 175, 252, 265
Lülf, Heinrich 176, 250, 251
Lüttke, Heinrich 319
Luitgard, Ordensschwester 70
Lungmuß, Dr. 145
Luttau 197

Maas, Franz 105, 141, 201, 231, 297
Mähler, Hermann 118
Mähler, Maria Bernhardine 118
Maibaum, Paul 109
Makorick 200
Maletz, Käthe 45, 107
Mansberg, Hans 35, 43, 69, 97, 100, 162, 178, 185
Manss, Heinrich 293
Manteuffel, von 329
Maroldt, Werner 152
Marshall, Lt.Col. 27, 72, 74, 75, 116
Marshall, US-Außenminister 238
Martens, Hermann 139
Martin, Heinrich 161, 308
Massmann, Karl 207
Matthäi, Karl 233
Matthias, Gerd 216
Maziock 211
Mechthild, Ordensschwester 70
Mecklenbrauck, Wilhelm 176, 263
Meierkord, Werner 134, 288, 292
Meinshausen 224
Mellmann 112
Melzer, Karl 68, 102, 103, 263, 265
Mende, Robert 80, 289
Mensen 59
Mentrop 68
Mentrop, Josef 57, 265
Mentrop, Paul 35, 103, 139, 175, 253
Mentrop-Prenger, Josef 143, 144, 266
Meschede, Dr. 170
Meyer, Edith 154
Middel, Aloys VB 293
Middelhauve, Dr. 241, 323
Middermann, Otto 23
Mikolajczyk 102
Mitchell, Major 28, 31
Mittrop, Fritz 57, 68, 266
Mittrop, Heinrich 139
Modestis, Ordensschwester 70
Möllers, Heinrich 163
Möllmann, Wilhelm 57, 68, 139, 175, 253, 265, 266
Moenikes 67, 175
Mönnighoff, Karl 57, 68, 103, 175, 252, 265
Mönninghoff, Josef 175, 253, 266
Montag, Eduard 252, 266
Montgomery, Feldmarschall 22
Morawe, Christa 270
Morawietz, Adalbert 263
Moskwa, Franz von 282
Mühlenhoff, Paul 164
Mühlhoff, Erna 288, 320, 321
Mühlhoff, Wilhelm 127, 241
Mührs 211
Müller, Erich 80, 167, 168, 182, 246, 247, 289
Müller, Ferdinand 137, 236
Müller, Fritz 241, 322, 323
Müller, Otto 289
Müller, Paul 163
Müller, Theo 143
Münstermann, Karl 165
Mürköster, Franz 263
Müser, Karl 263
Muhle, Friedrich 144
Muth, Karl 320
Muthmann, Walter 45, 107, 163

Nabe, Wilhelm 128, 162, 163, 164, 204, 271
Nagel, Dr. Franz 57, 103, 139, 224, 252, 262, 264
Nagel, Dr. Josef 170, 265
Nebgen, Peter 80
Nell, Otto 136, 236
Nieder, Ilse 211
Niemeyer 126
Niemöller 301
Niermann, Karl 231, 297
Niggemann, Karl 265, 266
Niggemeyer, Maria 109, 127, 129, 308
Nöh, Sigrid 154
Nölken, Heinrich 260
Nölling, Wirtschaftsminister 188, 243
Nolte 101
Nordmeyer ter Brüggen, Else 302
Notthoff, Josef 260
Notzon, Ernst 142, 231, 288, 312, 317, 319, 321
Nünker, Heinrich 109
Nürnberg, Albert 136
Nüse, Franz 142, 200, 288, 321
Nüsken, Karl 265

Oberdorf, Franz 103
Oberdorf, Heinrich 68, 175, 253
Oberdorf, Hubert 56
Ochs, Dr. 171
Oeckinghaus, Dr. 73
Oevel, Carl 293
Offeln, Fritz 308
Orlinski, Bruno 98, 99, 175, 176, 250, 251
Osterbrauck, Karl 36, 45, 109, 163, 164, 203, 271, 308
Ostermann 68
Ostermann, August 35, 57, 103, 129, 175, 252
Ostlender, Friedrich 78
Otte, Heinrich 107, 260
Otterpohl 199
Otto, Ernst 252
Ottofrickenstein, Johann 78, 79

Paasch, Annemarie 27, 70, 86
Paasch, Cilly 27
Pach, Peter 109
Pähler, Pastor 224
Pälmer 77
Pahl, Johann 45
Pannock, Fritz 57, 68, 93, 175, 253, 266
Pape, Heinrich 167
Parakenings, Walter 176, 263
Paschen 200
Paterek, Wladyslaw 307
Paul, Siegfried 11, 12
Pesch, Günter 124
Peters, Inge 52
Peters, W. 199
Peters, Wilhelm 33, 56, 101
Petra, Käte 302
Petras, Ella 241, 288, 319, 321
Pfützner, Paul 101
Pieck, Wilhelm 135
Piepke, Alois 216
Piontek, Benedikt 308
Piork, Paul 142, 200
Pleuger, Fritz 93
Plümpe, Eberhard 143
Plümpe, Friedrich 176, 250, 251, 252, 265
Poggel, Ferdinand 30, 33, 67, 73, 74, 77, 104, 112, 140, 141, 142, 157, 184, 191, 192, 198, 226, 227, 228, 229, 232, 239, 243, 244, 245, 261, 267, 287, 288, 304, 305, 309, 310, 312, 319, 321, 322, 323, 324, 326, 328, 329
Poller, Walter 100, 115, 156, 202
Poth, Fritz 93, 175, 253, 266
Potthoff, Frieda 80
Potthoff, Peter 142
Prenger, Josef 55
Prenger, Karl 47, 91
Prinzler, Paul 109, 129, 161, 162, 308, 309
Püttmann, Heinrich 103, 138, 163, 164, 263
Putzig, Paul 78, 136, 137, 202, 218, 233, 236, 237, 257
Pytlik, Anton 17, 32, 79, 80, 84, 156, 167, 168, 183, 202, 206, 289
Pytlik, Helmut 17, 168, 183, 289

Quade, Heinrich 167

Rademacher, Hermann 207, 308
Radtke, Hermann 289
Radtke, Leo 32, 67, 73, 123, 202, 247
Raschke, Otto 127
Refeuter, Walter 127
Refeuther, Fritz 202
Reich-Richarz, Elisabeth 314

Reilly, Major 13, 27
Reimann, Max 115
Reiner, Karl 289
Reinhard 228
Reinköster, Heinrich 32, 67, 73, 101, 104, 105, 113, 123, 142, 161, 162, 191, 200, 202, 207, 231, 244, 280, 288, 298, 315, 319, 321, 326
Renner, Franz 252, 265
Renninghoff, Heinrich 45, 107, 109, 128, 161, 162, 163, 166, 204, 260, 308, 309
Renteln von, Brandt 43
Reuter, Josef 228, 297
Richter, Wilhelm 163
Riedel 199
Ringkamp, Paul 143, 266,
Ringsdorf, Wilhelm 80
Rinck 112
Rink, Walter 105, 228
Rink, Wilhelm 142
Rinsche, Dr. Günter 55, 287, 307, 330
Röllecke, Heinrich 107
Röllecke, Karl 163
Römer, Heinrich 163, 164
Rösler, Friedrich 109
Roetger, Heinrich 260
Röttgen, Heinrich 174
Röttgen, Peter 13, 30, 31, 58, 65, 67, 73, 74, 83, 100, 115, 141, 187, 287, 288, 329
Röttger, Dr. 199
Rogge 68
Rogge, Fritz 176, 263
Rogge, Heinrich 57
Roggon, Otto 289
Rohkämper 315
Rohn, Ewald 99
Roltzheim, Leny 59
Roschkewitz, Josef 265
Rosenberg, Wilhelm 45, 107, 118
Rosenhövel, Heinrich 139, 176, 250, 265
Rosenstengel 174, 199
Roters, Franz 174
Roth, Heinz-Georg 331
Rother, Otto 193, 288, 297, 315, 321
Rotmann, Dr. Eberhard 11, 12
Rottmayer 168, 181, 182
Rube, Wilhelm 142, 288, 315, 319, 321
Rublitz, Friedrich 164
Rübenacke 35, 68
Rüter, Bernhard 57
Rüter, Heinrich 228, 241, 322, 323
Rüter, Karl 36
Rüter-Alpmann, Ferdinand 55, 143
Rüther, Konrad 33, 127, 142
Ruhnau, Peter 314
Runfelder, Franz 107, 109, 118, 260

Salomon, Ernst von 130
Samson 102
Sandbothe, Heinrich 103, 176, 250
Sandkühler, Minna 176
Sandkühler, Wilhelmine 98, 250
Sasse, Franz 35, 57, 68, 88
Sasse, Gerhard 93, 266
Sasse, Theodor 35, 103, 139
Sattler, Paul 100
Satzer 107
Schäfer, Bernhard 107, 128, 162, 163, 260, 308
Schäfer, Dr. 145
Schäfer, Heinrich 265
Schäfer, Josef 102, 103, 129, 139, 263, 265
Schamer, Paul 13, 14, 33, 67, 74, 83, 104, 142, 191, 193, 207
Scharnagel, Frau 70
Schauerte, Arthur 16
Scheffler, Franz 176, 262, 263
Scheidel, Friedrich 99, 103, 252
Scheidel, Johann 98
Schenkel, Wilhelm 255
Schepers, Wilhelm 167
Scherkamp, Johann 164, 204, 271
Scheven, Dr. Richard von 170
Scheven, Ilsemarie von 9, 15, 22, 122, 173, 198, 253, 269
Schidlowski, Andreas 18, 250, 251
Schidlowski, Helene 176
Schildheuer, Wilhelm 53, 54
Schilf, Artur 297
Schimmelschulze, E. 271
Schindler, Josef 164
Schlange-Schöningen 305
Schledde 129
Schlichter, Josef 31, 42, 49, 50, 55, 66, 73, 74, 75, 87, 104, 112, 117, 133, 140, 141, 170, 198
Schliemann, Hermann 103
Schlieper, Heinrich 251, 267
Schlieper, Wilhelm 93
Schlonsack, Karl 271
Schlotmann, Wilhelm 255
Schmalz 315

Schmerling, Otto 265
Schmid, Carlo 248
Schmidt, Adolf 167
Schmidt, August 197
Schmidt, Ernst 282, 314
Schmidt, Fritz 109
Schmidt, Georg 164
Schmidt, Peter 308
Schmiedel, Alfred 309
Schmiedinghoff, Heinz 319, 321
Schmitt, Heinrich 17, 79, 80, 167
Schmitz, Dr. 17
Schmitz, Heinrich 174
Schnabel, Karl 109
Schneider, Karl 93, 224
Schnittker, Franz 124, 125, 134
Schober, Karl 102, 176, 263
Schönewolf, Mira 211
Scholten, Hans 35, 164, 165
Scholtissek, Dr. Herbert 329
Schreiber, Kaspar 93
Schreiner, Heinrich 32, 202
Schroeder, Dr. 170
Schröder 67, 225
Schröder, Dr. Gerhard 208, 225
Schröder, Fritz 321, 288
Schröder, Hermann 297
Schröer, Friedrich 164
Schröer, Heinrich 156, 167, 289
Schröer, Matthias 137
Schüerhoff, Walter 35, 57, 68, 93, 175, 224, 251, 264, 265
Schürhoff, Theodor 109, 129, 163
Schürmann, Fritz 64
Schütt, Hermann 79, 80, 167
Schüttmann, Heinrich 128, 165, 271
Schulenburg, Theodor 80
Schulte, Dr. Caspar 33
Schulte 104
Schulte, Fritz 103
Schulte, H. 34, 67
Schulte, Lothar 163
Schulte-Wermeling, Franz 293
Schultz, Dr. Ferdinand 31, 74, 96, 141, 201, 228, 244, 264, 288, 299, 304, 305, 315, 326
Schulz, Hans-Otto 257, 258, 274
Schulz, Margarete 257
Schulze, Wilhelm 297
Schulze-Buxloh, Emil 35, 68, 103
Schulze-Wieschen, Wilhelm 231, 297
Schumacher, Dr. Kurt 32, 115, 135, 223
Schumacher, Wilhelm 35, 55, 56, 57, 68, 93, 103, 143, 144, 175, 253, 266
Schuster, Frau 257
Schuster, Willy 12
Schwarz, Gustav 162, 308
Schwarze, Gisela 32
Schwinde, Wilhelm 57, 68, 103, 139, 175, 253, 266
Schwittmann 174
Seifert 197
Seifert, Frau 211
Seifert, Otto 297
Seiler, Josefine 59
Sell 312
Senge, Dr. 145, 170
Seraphika, Ordensschwester 70
Seveneick, Bernhard 288, 319, 322, 323, 330
Sevenich, Maria 126
Severing, Karl 115
Siebel, Peter 314
Siebert, Karl 124, 125, 153
Siegert, Arthur 163
Siepmann, Alfred 35
Siepmann, Josef 164, 165, 271
Simon, Dr. August 159, 170, 172, 173
Simon, Franz 314
Simshäuser, Helmut 237
Skopnik, Andreas 60
Soegtig, Erwin 241, 297, 319, 321, 322
Söltefuß, Josef 73
Sombetzki, Paul 208
Sommer 102
Sondermann, Wilhelm 164
Sonneborn, Dr. 126
Spangenberg, Otto 178
Sperling, R. 202
Spichay, Anton 164
Splietker, Gerhard 266
Splithöfer, Josef 79, 80
Stahmer 198
Steimann, Franz 251, 252, 265
Steinhoff, Karl 161, 308
Steinkühler, Emil 234, 237
Steinmetz 101
Stichmann, Alfred 142, 160, 200, 288, 321
Stichmann, Karl 33
Stickdorn, Heinrich 161, 308
Stickling, Gerhard 142, 200
Stille, Johannes 105, 297
Stillger, Hans-Hermann 241, 242, 288, 315, 320, 321, 323, 326

Stockebrand, Dr. 169, 178
Stockey, Heinrich 252, 266
Sträter, Anton 297
Sträter, Heinrich 100
Strate, Karl 163
Stratmann, Willi 102
Strauch, Ernst 306
Strecker, Willi 251
Strüngmann, Werner 314
Strunck, Robert 288
Struwe, Ewald 101
Stücklen, Richard 291
Studnik, Hans 263
Sudhoff, Emil 139
Surholt, Clemens 293
Sutton, Feldwebel 27, 169

Teegen 259
Teichert, Norbert 124, 129
Teichmann, Helmut 260
Teigelkamp, Rudolf 33
Teiner, Günther 108
Temme, Mimi 288, 319, 322
Ter Veen, Anne 190
Ter Veen, Egbert 190
Theis, Hubert 105
Thiel, Friedrich 109
Thiele, Franz 80, 164, 271, 289
Thiele, Werner 241, 267
Thoene, Christa 302
Thoene, Gerharda 302
Thoene, Walter 33
Tiefenbach, Erich 309
Tiggemann 199
Tigges, Dr. Hans 299
Timm, Willy 32, 34
Timmerberg, Albert 302
Tippkötter, Joseph 256
Tippmann, Christian 62, 162, 260, 309
Torhorst, Dr. Siegfried 302
Torhorst, Friedrich 33, 244
Trahms, Karl 105, 288, 321
Treue, Johann 129
Trippel, Hans 255
Tromm, Helmut 314
Tünnemann, Friedrich 165, 271, 308

Udovc, Stanislaus 164
Überhoff, Julius 178
Uedinghoff, Dr. 171
Unser, Hubert 314
Uppenkamp, Heinz-Rudolph 314

Valkowski, Bruno 164
Varnei, Heinz 21
Vatheuer, Fritz 143
Viegener, Joseph 60
Vogel, Marianne 274, 293, 294
Vokes, Lt.Col. 60
Vossenkaul, Annette 75
Voß, Heinrich 288, 319, 321

Wachowiak, Walter 102
Wältken, Dietrich 175, 252
Wagner, Else 288, 321
Wagner, Rolf 253, 254
Wahl, August 56
Wahle 315
Walchenbach, Hans 163, 164
Wallmeyer, Waltraud 228
Walter 211
Walter, Josef 228
Warlich, Albert 33
Wäsche, Fritz 98
Wege, Jakob 103
Wegener, Theo 174
Wehner, Herbert 248
Weidekamp, Josef 33, 56, 67, 74, 104, 105, 112, 123, 132, 142, 191, 193, 218, 319, 321, 322
Weigelt, Fritz 107
Weischer, Heinz 100, 101, 148
Weischer, Willi 59
Weitkamp, Hermann 236
Welken, Heinrich 266
Wellie 260
Weltermann, Annemarie 315, 325
Weltermann, Anton 164
Wemhöhner, Hermann 142, 200
Wenke, Heinrich 202
Werner, J. 128
Werth, Karl 207
Weskamp 168, 182, 272
Wesoly 307
Wessel, Josef 127
Westemeyer, Johannes 33
Westerhellweg 69
Westermann, Elisabeth 83
Westermeier, Johann 267
Westhoff, Karl 176
Westhoff, Theodor 234
Wetzchewald, Theodor 142
Weyer, Willi 241
Wiebusch, Wilhelm 47, 48, 91
Wiefels, Dr. 244
Wiegel 315

Wieland, Gustav 109, 137, 237
Wieland, Jürgen 109
Wieland, Lisa 32, 109
Wienpahl, Fritz 271
Wiese, Heinrich 237
Wiese, Willi 168, 247
Wiesendahl, Franz 164
Wiesmann, Josef 320
Wiesner 107
Wiesner, Vinzenz 260
Wiethege, Heinrich 255
Wiggermann, Wilhelm 167
Wilke, Hermann 161
Willebrand, Andreas 143
Wilms, Dr. 12
Wilmers, Dr. 170
Wilshaus, Heinrich 252
Wilshaus, Helmut 124
Wimmer, Hermann 109
Windthorst, Ludwig 241
Winner, Alfred 35, 36, 109, 164, 165
Winter, Richard 109
Wittchen, Bruno 314
Witteck, Gottfried 164
Wittek, Gottfried 271
Wittemeier, August 78
Wittenborg, Heinrich 139
Wittkamp, Josef 79, 80, 167, 289
Wittler, Heinz 199
Wöstmann, Ernst 137
Wohlfarth, Paul 102
Wolf, Bruno 80
Wollschläger, Gerda 145
Wolschke, Dr. Martin 58, 59, 65, 302, 319
Wortmann 74, 112, 225, 318
Wortmann, Franz 80
Wrede, Friedrich 67, 199
Wrobe 226
Wüste, Josef 32, 34, 67, 105, 142, 207, 244, 297

Zander, Otto 164, 271
Zeitler, Alfred 207
Zeitvogel, Josef 74
Zimmermann 129
Zimmermann, Willi 105
Zimner, Paul 199, 289
Zink, Dr. Herbert 111, 112, 199, 228
Zöllner, Erich 163, 260
Zotteck-Grote, Irene 74